Ekkehard Kaier
Marc Atkin
Peter Riswick

GFA-Basic Wegweiser
Komplettkurs

Mikrocomputer sind Vielzweck-Computer (General Purpose Computer) mit vielfältigen Anwendungsmöglichkeiten wie Textverarbeitung, Datei/Datenbank, Tabellenverarbeitung, Grafik und Musik.
Gerade für den Anfänger ist diese Vielfalt häufig verwirrend. Hier bieten die Wegweiser-Bücher eine
klare und leicht verständliche Orientierungshilfe.

Jedes Wegweiser-Buch wendet sich an Benutzer eines bestimmten Mikrocomputers bzw. Programmier-
systems mit dem Ziel, Wege zu den grundlegenden Anwendungsmöglichkeiten und damit zum erfolgreichen Einsatz des jeweiligen Computers zu weisen.

Bereits erschienen:

- **BASIC-Wegweser für den Apple II e/c**
  und kompatible Computer
  (Diskette 5.25": Applesoft BASIC unter DOS 3.3 und ProDOS)

- **MBASIC-Wegweiser für Mikrocomputer**
  unter CP/M und MS-DOS
  Disketten 5.25": IBM PC/MS-DOS, Apple-CP/M, Schneider CPC-CP/M)

- **BASIC-Wegweiser für den IBM Personal Computer**
  und Kompatible
  (Diskette 5.25": IBM PC/MS-DOS)

- **BASIC-Wegweiser für den Commodore 64**
  (Diskette 5.25": Floppy 1541)

- **BASIC-Wegweiser für den Commodore 16,**
  Commodore 116 und Commodore plus/4
  (Diskette 5.25": Floppy 1541)

- **BASIC-Wegweiser für den Commodore 128**
  (Diskette 5.25": CP/M 3.0)

- **BASIC-Wegweiser für MSX-Computer**
  (Disketten: 3.5" und 5.25")

- **Turbo Pascal-Wegweiser für Mikrocomputer,**
  Grundkurs
  (Disketten 5.25": Apple-CP/M, IBM PC/MS-DOS, Commodore 128-CP/M, MSX-DOS,
  Diskette 3.5": MSX-DOS)

- **Aufbaukurs**
  (Disketten wie Grundkurs)

- **Übungen zum Grundkurs**
  (Diskette 5.25": IBM PC/MS-DOS)

- **BASIC-Wegweiser für Schneider CPC**
  (Disketten 5.25": Schneider-Format, 40 Spuren)
  (Diskette 3": Schneider-Format, 40 Spuren (beidseitig beschrieben))

- **BASIC-Wegweiser für den Commodore Amiga**
  (Diskette 5 1/4": Amiga-DOS

- **Festplatten-Wegweiser für IBM PC und Kompatible unter MS-DOS**
  (Diskette 5.25": MS-DOS ab Version 2.00)

In Vorbereitung:

BASIC-Wegweiser für den Atari ST

Festplattenwegweiser

Ekkehard Kaier
Marc Atkin
Peter Riswick

GFA-Basic Wegweiser Komplettkurs

Mit 78 vollständigen Programmen
und 160 Bildern

Springer Fachmedien Wiesbaden GmbH

CIP-Titelaufnahme der Deutschen Bibliothek

Kaier, Ekkehard:
GFA-Basic-Wegweiser-Komplettkurs /
Ekkehard Kaier; Marc Atkin; Peter
Riswick. — Braunschweig; Wiesbaden:
Vieweg, 1988
    ISBN 978-3-528-04551-7   ISBN 978-3-663-14109-9 (eBook)
    DOI 10.1007/978-3-663-14109-9
NE: Atkin, Marc:; Riswick, Peter:

Das in diesem Buch enthaltene Programm-Material ist mit keiner Verpflichtung oder Garantie irgendeiner Art verbunden. Die Autoren und der Verlag übernehmen infolgedessen keine Verantwortung und werden keine daraus folgende oder sonstige Haftung übernehmen, die auf irgendeine Art aus der Benutzung dieses Programm-Materials oder Teilen davon entsteht.

Umschlaggestaltung: Peter Lenz, Wiesbaden

Vorwort

Das vorliegende Wegweiser Buch führt den Leser zum erfolgreichen Einsatz von GFA-Basic auf Atari ST und anderen Computern.

Abschnitt 1: Das Wegweiser-Buch vermittelt aktuelles Grundlagenwissen zur Datenverarbeitung bzw. Informatik:

— Was ist Hardware, Software und Firmware?
— Was sind Großcomputer (Mainframes) und Personalcomputer (PCs)?
— Was sind Datenstrukturen und Programmstrukturen?
— Was sind Betriebssysteme und Anwenderprogramme?
— Was heißt „fertige Individual- oder Branchensoftware einsetzen"?
— Was sind Software-Werkzeuge bzw. Tools?
— Was beinhaltet das eigene Programmieren?

Nach der Lektüre dieses Abschnitts sind Sie in der Lage, das Programmentwicklungssystem GFA-Basic in den Gesamtrahmen der „Datenverarbeitung/Informatik" einzuordnen.

Abschnitt 2: Das Wegweiser-Buch gibt eine erste Bedienungsanleitung und liefert die komplette Sprachreferenz zu GFA-Basic 3.0:

— Wie bedient man GFA-Basic mit dem eingebauten Editor?
— Wie geht man um mit Maus, Benutzeroberfläche GEM-Desktop, Pictogrammen, Rolladenmenüs und Fenstern?
— Wie erstellt man das erste Programm in der Programmiersprache GFA-Basic?
— Welche Anweisungen ohne Dateizugriff gibt es? Alle 193 Anweisungen von GFA-Basic 3.0 werden erklärt.
— Welche Funktionen ohne Dateizugriff werden bereitgestellt? Alle 143 Funktionen von GFA-Basic 3.0 werden beschrieben.
— Welche 51 Anweisungen und Funktionen zum Dateizugriff bietet GFA-Basic dem Programmierer?

Nach der Lektüre dieses Abschnitts können Sie Ihren PC (Atari ST oder andere Computer) unter GFA-Basic bedienen, Programme laufen lassen und einfache GFA-Basic-Programme selbst erstellen und speichern. Sie verfügen über ein anschauliches Nachschlagewerk zu den umfangreichen Sprachmitteln von GFA-Basic 3.0.

Abschnitt 3: Das Wegweiser-Buch enthält einen in sich abgeschlossenen Programmierkurs zu GFA-Basic mit den folgenden grundlegenden Anwendungen:

- Programme mit den wichtigen Ablaufstrukturen (Folge-, Auswahl, Wiederholungs- und Unterprogrammstrukturen).
- Strukturiertes Programmieren (Verwendung von Labels, keine Zeilennummern, pascal-ähnliches Arbeiten mit GFA-Basic).
- Verarbeitung von Strings (Text), Arrays (Tabellen) und Ein-/Ausgabe.
- Verfahren zum Suchen, Sortieren, Mischen und Gruppieren von Daten.
- Dateiverarbeitung sequentiell, index-sequentiell, im Direktzugriff und verkettet (Datenbank).
- Gekettete List und Binärer Baum mit Anwendung der Rekursion.
- Unterbrechungsverarbeitung (Event Trapping): Fehlerbehandlung, benutzer- und zeitgesteuerte Unterbrechung.
- Grafikverarbeitung: Screens, Modi, Farben, Zeichenbefehle, Animation.
- Tonerzeugung: Musik mit drei Stimmen, Simulation eines Pianos.
- Maschinennahes Programmieren: Variablenorganisation, Zeiger, Bit-Operationen, Speicherkopie, schnellere Betriebssystemaufrufe).

Nach der Lektüre dieses Abschnitts können Sie die Sprachmöglichkeiten von GFA-Basic als universeller und strukturierender Sprache zur Lösung Ihrer Probleme nutzen.

Das Wegweiser-Buch soll die System-Handbücher keineswegs ersetzen, sondern ergänzen:

- In den Handbüchern werden die Programmiersprache GFA-Basic, der eingebaute Editor, die Oberfläche, das Betriebssystem, die Gerätebedienung und die technischen Eigenschaften (Hardware) beschrieben.
- Das Wegweiser-Buch hingegen beschreibt die Grundlagen der Datenverarbeitung bzw. Informatik, um sie an zahlreichen Anwendungsmöglichkeiten in GFA-Basic zu erklären und zu veranschaulichen.

Das Wegweiser-Buch ist für Zwecke der Schulung, Ausbildung und Weiterbildung konzipiert:

- Zu allen Programmbeispielen werden das Basic-Listing und die Ausführung wiedergegeben und ausführlich kommentiert.
- Das Buch orientiert sich an der bewährten Gliederungsfolge der Informatik: Die grundlegende Programmstrukturen (Folge, Auswahl, Wiederholung und Unterprogramm) werden zunächst auf einfache Datentypen (Zahl, Zeichen, String) angewendet, um sie dann zur Verarbeitung von Datenstrukturen (Array, Datei), Grafik und Musik zu nutzen.
  Leitprinzip ist die strukturierte Programmierung; dieses Prinzip wird von GFA-Basic in hervorragender Weise unterstützt.
- Theorie in Abschnitt 1: Die Grundlagen der Informatik werden system- und sprachenunabhängig dargestellt.

- Praxis in Abschnitt 2 und 3: Das Buch bietet einen in sich abgeschlossenen Kurs zum Entwickeln und Testen elementarer Algorithmen in der Programmiersprache GFA-Basic.
- Vergleichsmöglichkeiten: Zahlreiche Abläufe des GFA-Basic Wegweisers finden sich auch in verschiedenen anderen Wegweiser-Büchern. Damit eröffnet sich ein interessanter und lehrreicher Vergleich auf der Ebene von Betriebssystem wie Programmiersprache.

Vorgehensweise: Die Abschnitte 2 und 3 des Wegweiser-Buches bauen aufeinander auf und sollten in dieser Abfolge gelesen werden. Abschnitt 1 hingegen kann parallel dazu bearbeitet werden.

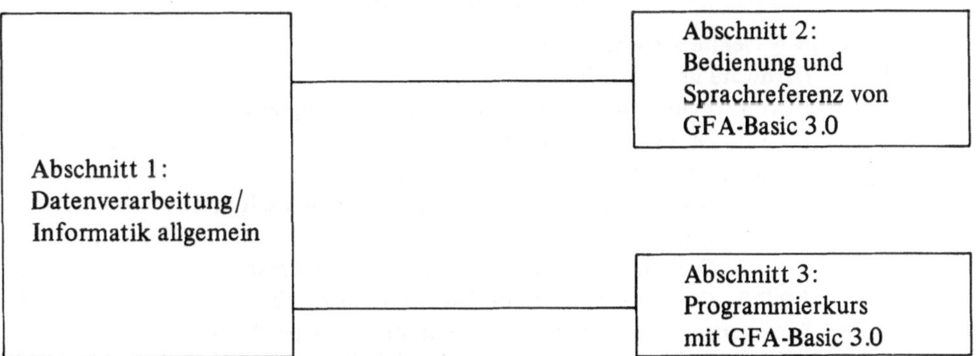

Für eilige und schnelle GFA-Basic-Anwender: Das Wegweiser-Buch läßt sich auch als Nachschlagewerk benutzen. Aus diesem Grunde wurden das Inhalts-, Programm-, Sachwort- und Befehlsverzeichnis (Anweisungen und Funktionen) detailliert aufgegliedert.

Heidelberg und Karlsruhe, im August 1988   *Ekkehard Kaier, Marc Atkin, Peter Riswick*

Inhaltsverzeichnis

1
Computer allgemein

1.1 Computer = Hardware + Software + Firmware

1.1.1 Überblick

Jeder Computer besteht aus *Hardware* (harter Ware), aus *Software* (weicher Ware) und aus *Firmware* (fester Ware). Dies gilt für Mikro- und Personalcomputer ebenso wie für Großcomputer.

Die *Hardware* umfaßt alles das, was man anfassen kann: Geräte einerseits und Datenträger andererseits. Das wichtigste Gerät ist die Zentraleinheit bzw. CPU (für Central Processing Unit), mit der periphere Einheiten als Randeinheiten verbunden sind; so z.B. eine Tastatur zur Eingabe der Daten von Hand, ein Drucker zur Ausgabe der Resultate schwarz auf weiß und eine Disketteneinheit zur langfristigen Speicherung von Daten auf einer Diskette als Datenträger außerhalb der CPU.

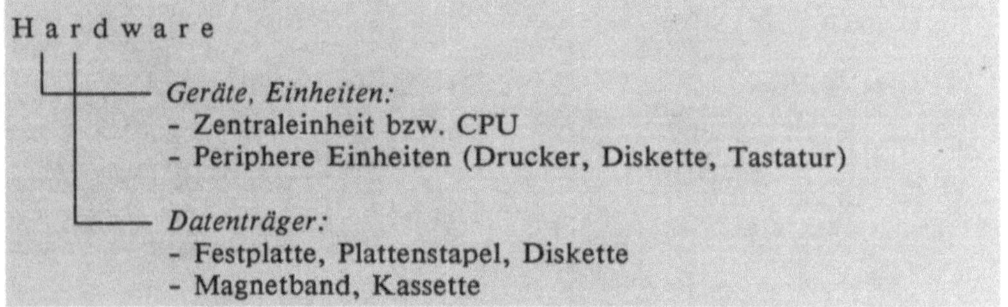

Die Hardware als harte Ware kann man anfassen

Die *Software* als zweite Komponente des Computers kann man im Gegensatz zur Hardware nicht anfassen. Software bedeutet soviel wie Information; sie umfaßt die Daten und auch die Programme als Vorschriften zur Verarbeitung dieser Daten. Ist die Hardware als festverdrahtete Elektronik des Computers fest und vom Benutzer nicht (ohne weiteres) änderbar, dann gilt für die Software genau das Gegenteil: Jeder Benutzer kann Programm wie Daten verändern, austauschen, ergänzen und auch zerstören.

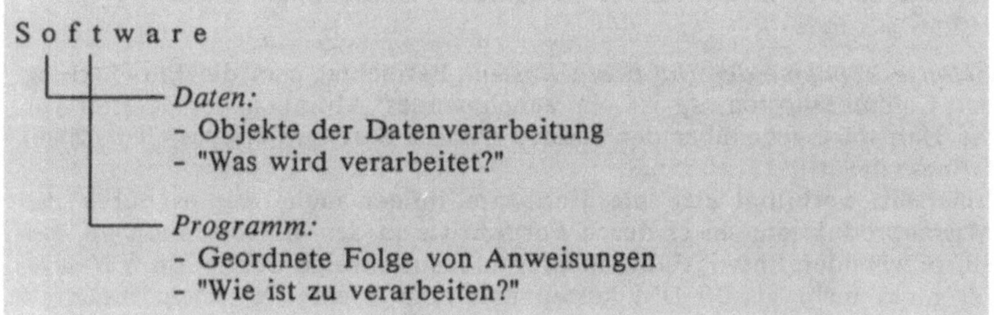

Die Software als weiche Ware kann man nicht anfassen

Die *Firmware* als dritte Komponente des Computers kann man der Hardware oder der Software zuordnen. Sie ist deshalb wie ein "Zwitter" halb Hardware und halb Software. So ist z.B. das Rechenprogramm jedes Taschenrechners in einem speziellen Speicher ROM (Read Only Memory als Nur-Lese-Speicher) enthalten. Der Benutzer kann dieses Programm zwar laufen lassen und Information entnehmen und lesen (read), nicht jedoch abändern. Für den Benutzer ist es wie Hardware fest. Für den Hersteller des ROMs hingegen stellt es sich wie Software veränderbar dar, da er den Speicher ROM ja programmieren kann und muß.
Ein anderes Beispiel: Für viele Mikrocomputer werden Module mit fest im ROM gespeicherten Programmen angeboten: der Anwender steckt ein Modul in den Eingabeschacht seines Computers und befindet sich sogleich im Programm. Er kann dieses Programm als Firmware zwar laufen lassen bzw. ausführen, nicht aber umprogrammieren und verändern. Die Module werden auch als *Software-Chips* bezeichnet.

Mit der Mikrotechnologie, mit dem Chip und dem IC (Integrated Circuit für Integrierter Schaltkreis) hat die Firmware immer mehr an Bedeutung gewonnen.

Drei Komponenten des Computers: Die Hardware (fest verdrahtete Elektronik), die Software (frei änderbare Daten und Programme) und die Firmware (hart für den Benutzer und weich für den Hersteller) stellen die drei grundlegenden Komponenten jedes Computers dar. Darüberhinaus gibt es weitere ....ware: so die *Orgware* (Organisation von Aufbau und Ablauf), die *Menware* (Personen), die *Brainware* (geistige Leistungen) und die *Teachware* (Lehren und Lernen).

1.1.2 Kosten für die Computerleistung

Leistung bedeutet Arbeit pro Zeiteinheit. Bestand die Arbeit des Computers früher im Rechnen, also im Umgang mit Zahlen (Computer heißt wörtlich Rechner), so wird sie heute ergänzt durch das Verarbeiten von Text allgemein. Die Zeiten werden immer kürzer: So arbeiten Computer heute 200mal schneller als vor 25 Jahren (Nanosekundenbereich, 1-milliardstel Sekunde).

Relative Abnahme der Hardware-Kosten: Betrachtet man die Entwicklung der Computerkosten, so ist ein zunehmendes Absinken der Kosten für die Hardware gegenüber den Kosten für die Software festzustellen. Zwei Gründe dafür:
Einerseits verbilligt sich die Hardware immer mehr, sei es durch die Massenproduktion, sei es durch Fortschritte in der Mikrotechnologie. Bei entsprechender Entwicklung anderer Industriezweige dürfte ein VW-Käfer nicht mehr als 50 DM kosten und eine Boeing 767 nicht mehr als 1500 DM.
Andererseits verteuert sich die Software mehr und mehr, sei es durch die Personalkostenintensität (Gehälter für Programmentwicklung, -pflege und -wartung), sei es durch das immer höhere Anspruchsniveau (Erfolgsrechnung heute bereits allwöchentlich und früher nur einmal im Jahr zum Jahresabschluß).
Man spricht schon von einer Kostenrelation von "20 % für Hardware" gegenüber "80 % für Software".

1.1.3 Geschichtliche Entwicklung des Computers

Erst 1941 stellte der deutsche Ingenieur Konrad Zuse erstmals einen richtigen Computer vor, und 1952 wurde erstmals ein Computer an ein privates Wirtschaftsunternehmen in der BRD ausgeliefert. In den 60er Jahren begann die Zeit der Großcomputer und damit der System-Familien wie IBM/360 oder Siemens 4004. Die 70er Jahre wurden von der Mikrotechnologie und damit vom Mikrocomputer geprägt: Die Hardware wurde immer kompakter, schneller und preiswerter.

Zu Beginn der 80er Jahre hat man sich an den Preisverfall der Hardware gewöhnt. Wen wundert es noch, daß Hardware-Preise im Jahr um 25 % bis 40 % sinken? Das Interesse verlagert sich mehr und mehr auf die Software: Die Qualität der Programme wird zum entscheidenden Problem der heutigen Datenverarbeitung. Und in den 90er Jahren ....? Längst wird nicht mehr gelächelt über "intelligente" Computer, die ähnlich dem menschlichen Gehirn selbständig Probleme lösen. Die *"künstliche Intelligenz" (abgekürzt KI)* ist vor allem in Japan und den USA auf dem Vormarsch. Ein japanischer Anbieter hat bereits angekündigt, bis 1992 das erste marktreife Produkt herauszubringen.

1.2 Hardware = Geräte + Datenträger

1.2.1 Hardware im Überblick

1.2.1.1 Fünf Arten peripherer Geräte bzw. Einheiten

Um die Zentraleinheit bzw. CPU herum können bis zu sechs verschiedene periphere Einheiten gruppiert sein:

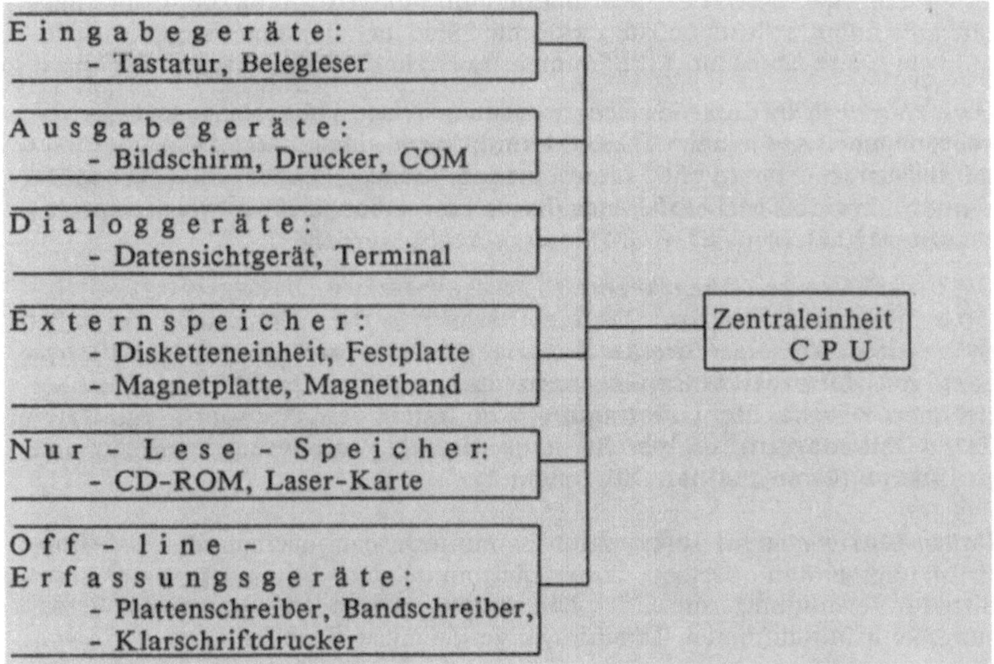

Eine Einheit im Zentrum (= CPU) und mehrere periphere Einheiten um diese CPU herum (= Peripherie)

Die reinen *Eingabegeräte* dienen auschließlich der Eingabe von Information (Daten wie Programme) in die CPU. Zu unterscheiden ist dabei die Direkteingabe von Hand (Tastatur) oder die Eingabe über einen Datenträger (z.B. über Scheck mittels Klarschriftbelegleser).

Die reinen *Ausgabegeräte* geben Information von der CPU aus, z.B. auf den Bildschirm, auf das Endlospapier vom Drucker oder auf Mikrofilm (COM für Computer Output on Microfilm).

Die *Dialoggeräte* übernehmen zwei Aufgaben: die Eingabe (in die CPU hinein) wie auch die Ausgabe (aus der CPU heraus). Das Bildschirmgerät bzw. Datensichtgerät besteht nur aus Tastatur und Bildschirm, es ist das

einfachste Terminal. Terminal heißt soviel wie Datenendstation, Endpunkt des Benutzers zum Computer oder "Benutzerschnittstelle" und bezeichnet das Zugangsmedium des Benutzers zur CPU. Der Zugang kann
dabei die Eingabe, die Ausgabe oder beides umfassen; er kann mecha-
nisch, visuell, manuell und akustisch erfolgen. Ein Terminal umfaßt danach eine oder mehrere periphere Einheiten mit unterschiedlichen Datenträgern.

Die *Externen Speicher* übernehmen zusätzlich zur Ein- und Ausgabe von
Information auch deren Speicherung. Während der Hauptspeicher als interner Speicher der CPU Information nur kurzfristig zur Verarbeitungs-
zeit aufnimmt, so dienen die externen Speicher zur langfristigen Aufbewahrung von Daten und Programmensowie zur Datensicherung (Backup).

Die *externen Nur-Lese-Speicher* wurden von der Unterhaltungselektronik
übernommen. Auf einer CD-ROM sind durch einen Laserstrahl auf einer
spiralförmigen Spur dicht hintereinander winzige Löcher eingebrannt. So
können über 500 MB (550 Mega Bytes bzw. über 250000 Schreibmaschi-
nenseiten) auf einer CD-ROM untergebracht werden.

On-line-Peripherie: Eingabegeräte, Ausgabegeräte, Dialoggeräte und Externe Speicher zählen zur On-line-Peripherie. Die Verbindung zur CPU
ist on-line, d.h. eine direkte Kabelverbindung ermöglicht die Übertragung von Information. Im Gegensatz dazu tritt bei der Off-line-Periphe-
rie an die Stelle der Übertragung von Daten der Transport von Daten
(samt Datenträgern); es besteht keine direkte Verbindung zwischen dem
peripheren Gerät und der CPU mehr.

Datenerfassung heißt, Information computerlesbar machen. Bei Off-line-
Erfassungsgeräten besteht zum Zeitpunkt der Datenerfassung keine
direkte Verbindung zur CPU: Die Daten werden auf einem im Erfassungsgerät mitlaufenden Datenträger gespeichert. Geschieht die Erfassung
hingegen on-line, dann ist die Erfassung gleichbedeutend mit der Eingabe.

1.2.1.2 Drei Gruppen von Datenträgern

Nach den Geräten der Hardware (CPU, Peripherie) kommen wir nun zu
den Datenträgern; diese müßten eigentlich Informationsträger heißen, da
sie nicht nur Daten speichern bzw. tragen, sondern auch Programme.
Man unterscheidet gelochte, magnetische und optische Datenträger - je
nachdem, ob die Information durch Lochungen, magnetisierte Punkte
oder Lichtmarkierungen (hell/dunkel, Laser) dargestellt wird.

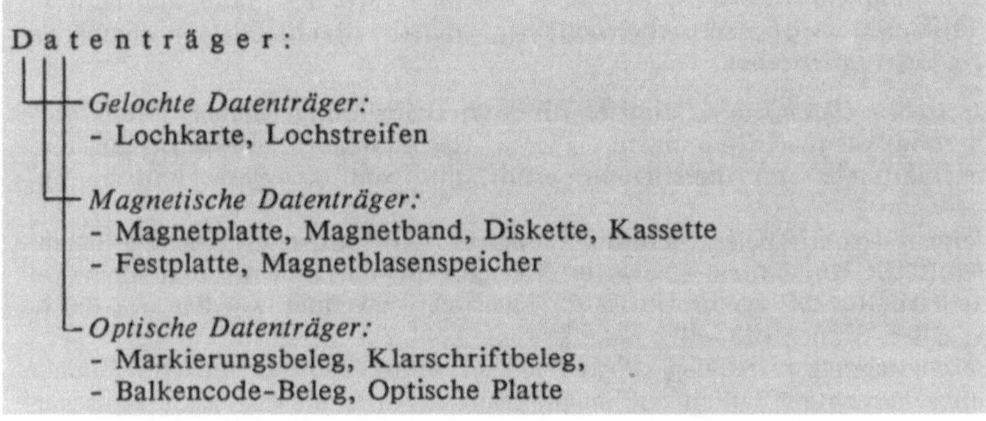

Datenträger zur Aufbewahrung von Daten und Programmen

Die *Lochkarte* und der vom Fernschreiber übernommene Lochstreifen werden zunehmend durch magnetische Datenträger ersetzt.

Die *Magnetplatte* als Wechselplatte (in Platteneinheit auswechselbar) hat meistens 37 cm Durchmesser. Beim Magnetplattenstapel sind z.B. sechs solcher Einzelplatten zu einem Stapel fest übereinander montiert mit einer Speicherkapazität bis 300.000.000 Zeichen (=150.000 DIN A4-Seiten).

Die *Diskette* bzw. Floppy Disk als verkleinerte Form der Magnetplatte wird als Wechselplatte zur einseitigen oder auch zweiseitigen Speicherung bei einfacher oder doppelter (2D) Aufzeichnungsdichte angeboten. Derzeit sind vier Disketten-Größen verbreitet: die Maxi-Diskette mit 8" = ca. 20 cm, die Mini-Diskette mit 5.25" = ca. 13 cm und die Mikro-Disketten mit 3.5" = ca. 9 cm Durchmesser bzw. 3" Durchmesser. Disketten erreichen Kapazitäten von 1.000.000 Zeichen (= 500 DIN A4-Seiten) und mehr.

Die *Festplatte (Hard Disk)* ist fest mit dem Gerät verbunden und somit nicht auswechselbar. Als Kunststoffplatte ist sie z.B. in den Größen 14", 8" und 5.25" im Handel. Aufgrund der hohen Umdrehungszahl (mehrere 1000 mal/min gegenüber 360 mal/min bei der Diskette) wird eine große Zugriffsgeschwindigkeit wie auch Kapazität erreicht: Über 50.000.000 Zeichen/Platte sind möglich (= 25.000 DIN A4-Seiten).

Das *Magnetband* als der typische Massendatenspeicher (1,27 cm breit und 730 m lang) kann bis ca. 35.000.000 Zeichen (= 17.500 DIN A4-Seiten) aufnehmen. In seiner verkleinerten Form als Datenkassette werden ca. 300.000 Zeichen (= 150 DIN A4-Seiten) erreicht; erhältlich ist die Normalkassette, die 1/4-Zoll-Kassette und die 1/8-Zoll-Kassette.

Der *Magnetblasenspeicher (Bubble Memory)* arbeitet ohne mechanische Teile und wird den herkömmlichen Medien (Band, Platte) demnächst Konkurrenz machen.

Optischen Datenträger, die der direkten Beleglesung dienen: Beim Markierungsbeleg (Erhebungen, TÜV, Bestellungen) werden Ja/Nein-Markierungen mit Bleistift ausgefüllt und vom Belegleser optisch eingelesen.
Beim Klarschriftbeleg (Scheck, Zahlkarte) wird optisches Zeichen-Erkennen (OCR für Optical Character Recognition) dadurch erreicht, daß speziell für die DV genormte OCR-Schriften verwendet werden wie OCR-A, OCR-B und IBM-407.
Beim Magnetschriftbeleg (Post-Briefverteilung) werden einzelne Zeichen mit senkrechten Balken aus magnetisierter Farbe dargestellt: jeweils sieben Balken bei der CMC-7-Schrift, Dick-Dünn-Abweichungen bei der E-13-B-Schrift des US-Banksystems.
Seit der Vereinbarung des Europa-Artikel-Nummern-Codes (EAN-Code) im Jahre 1977 findet sich dieser Balkencode - auch Bar- oder Strichcode genannt - zunehmend auf Warenpackungen. Durch Abtasten mit einem Lesegerät bzw. Scanner (to scan = abtasten) wird die Artikelnummer entschlüsselt.

Bei der *optischen Platte* tritt an die Stelle des Schreib-/Lesekopfs der herkömmlichen Magnetplatteneinheiten der Laserlichtstrahl. Dabei sind die gespeicherten Daten nicht mehr änderbar; aufgrund des niedrigen Preises wird einfach auf eine zweite optische Platte kopiert. Die Kapazität liegt bei über 550.000.000 Zeichen (= 275.000 DIN A4-Seiten) bei der CD-ROM und bei über 2.000.000 Zeichen (= 2.000 Seiten) bei der Laser-Karte.

1.2.2 Verarbeitung von Information in der CPU

1.2.2.1 Analogie der Datenverarbeitung bei Mensch und Computer

Die Datenverarbeitung beim Computer vollzieht sich analog zur Datenverarbeitung beim Menschen: Die CPU als "Gehirn des Computers" ist analog zum menschlichen Gehirn aufgebaut.

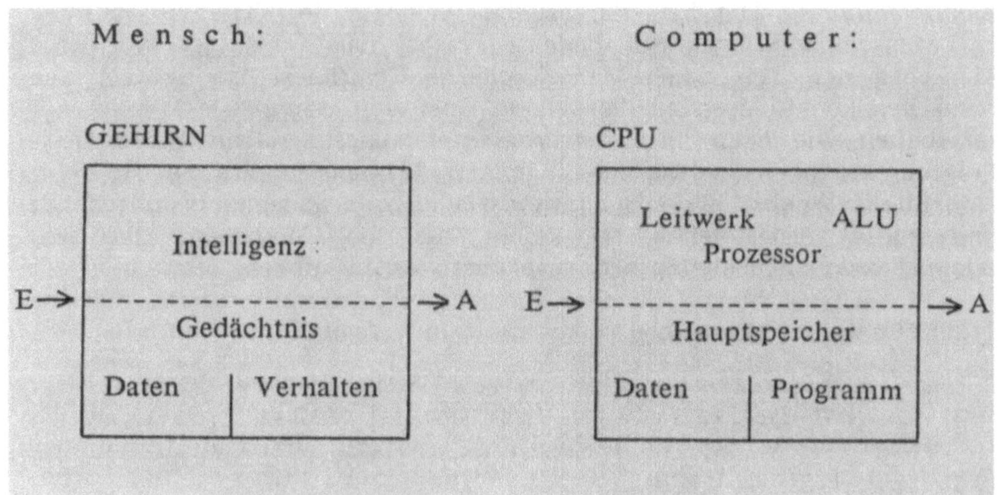

Grundmodelle der Datenverarbeitung bei Mensch und Computer

Eingabe: Der Eingabe (E) beim Menschen (Datenaufnahme über Auge, Ohr, Nase) entspricht die computerlesbare Eingabe von der Tastatur. Die Intelligenz des Computers wird durch einen Prozessor verkörpert, der die arithmetischen und logischen Grundoperationen durchführt (ALU für Arithmetic Logical Unit) sowie das Gesamtsystem steuert (Steuer- bzw. Leitwerk).

Verhalten und Programm: Nach der Intelligenz (Prozessor) als steuerndem bzw. aktivem Teil des Gehirns nun zum Gedächtnis (Hauptspeicher) als aufnehmendem bzw. passivem Teil: Den menschlichen Verhaltensabläufen - sicher äußerst vage - vergleichbar sind die Computerprogramme als Anweisungsfolgen, "wie zu verarbeiten ist", während die gespeicherten Daten angeben, "was verarbeitet wird".

Ausgabe: Die Ausgabe (A) bzw. Datenwiedergabe (z.B. durch Sprechen und handschriftlich) erfolgt beim Computer in computerlesbarer Form (z.B. Ausgabe der Lohndaten auf Diskette) und/oder in menschenlesbarer Form (z.B. am Bildschirm oder Drucker).

Eva-Prinzip: Mensch wie Computer sind datenverarbeitende Systeme, die durch die Drei-Schritt-Folge "Eingabe -> Verarbeitung -> Ausgabe" (kurz EVA-Prinzip genannt) gekennzeichnet werden können. Als CPU dient beim Personalcomputer bzw. Mikrocomputer ein IC auf einem ca. 0,5 cm langen Silicium-Chip. Ein weiterer IC ist für den Hauptspeicher (auch Arbeitsspeicher genannt) vorgesehen. Öffnet man den Computer, dann wird man diese und weitere Chips sehen, die auf Kunststoff-platinen angeordnet und über aufgedruckte Leiterbahnen miteinander verbunden sind.

Analogiebildung: Die hier dargestellte Analogie der Datenverarbeitung bei Mensch und Computer bedeutet nicht, daß Computer künstliche Menschen sind. Das einzig Menschliche an Computern ist, daß sie vom Menschen konstruiert sind. Sonst sind Computer dumm; sie können nur so arbeiten, wie ihnen durch die Programme vorgeschrieben wurde. Diese Programme haben zudem etwas äußerst Unmenschliches an sich: Sie beinhalten vornehmlich sich oft wiederholende, routinemäßig ablaufende und stupid geistestötende Tätigkeiten, die von Computern aber sehr schnell, exakt und beliebig oft ausgeführt werden können.

1.2.2.2 Computer als speicherprogrammierte Anlage

Früher Hardware-Prinzip: Früher - und das ist erst etwa 30 Jahre her - war das jeweilige Programm als Hardware festverdrahtet: So konnte der Buchungsautomat nur die Buchhaltung besorgen, der Fakturierautomat nur Rechnungen schreiben und der Sortierautomat nichts als nur sortieren. Für jede neue Aufgabe mußte ein neuer Automat angeschafft werden.
Heute Software-Prinzip: Diesem sicher unwirtschaftlichen Hardware-Prinzip machte John von Neumann (1903-1957) mit der folgenden ohne Zweifel revolutionärsten Idee in der Geschichte der EDV ein Ende: Danach enthält der Hauptspeicher nicht nur die zu verarbeitenden Daten, sondern auch das Programm. Da neben den Daten (was wird verarbeitet?) auch das Programm (wie ist zu verarbeiten?) geändert und ausgetauscht werden kann, wird ein und derselbe Computer (Hardware bzw. Gerät unverändert) zum universellen Problemlösungsinstrument (Software bzw. Programm änderbar). Die oben angeführten Aufgaben der Buchhaltung, Fakturierung wie Sortierung lassen sich nun von *einem* Computer mit den entsprechenden Programmen lösen.
Das Prinzip der Speicherprogrammierung hat das Hardware-Prinzip abgelöst: Heute dient ein Computer mit vielen austauschbaren Programmen vielen Aufgaben.

1.2.2.3 Computerrechnen im Dual-System Bit für Bit

Das Rechnen vollzieht sich in der ALU als Bestandteil der CPU. Wie ist dies möglich, wo der Computer doch nur *Binärzeichen* (binär bedeutet zweiwertig) mit den zwei möglichen Zuständen 0 (kein Strom) und 1 (Strom) unterscheiden kann? Er rechnet im 2er-System bzw. Dual-System und nicht wie wir Menschen im 10er-System bzw. Dezimal-System.
Addieren wir 5+9 = 14, so erfolgt das berühmte "1 im Köpfchen" bei 10, da wir im 10er-System denken. Der Computer führt den Übertrag nicht bei 10 durch, sondern bei 2, da er gelernt hat, im 2er-System zu funktionieren. Woher aber weiß er, wie groß Stellenergebnis und -übertrag sind? Er weiß es durch folgenden Trick: Die Addition ist auf die logischen Grundoperationen "logisch UND" und "logisch ODER" zurückführ-

bar, und diese Operationen lassen sich als Schalter in der ALU darstellen. Damit benötigt ein Computer im Grunde nur so wenige Schalter, wie logische Operationen darzustellen sind.

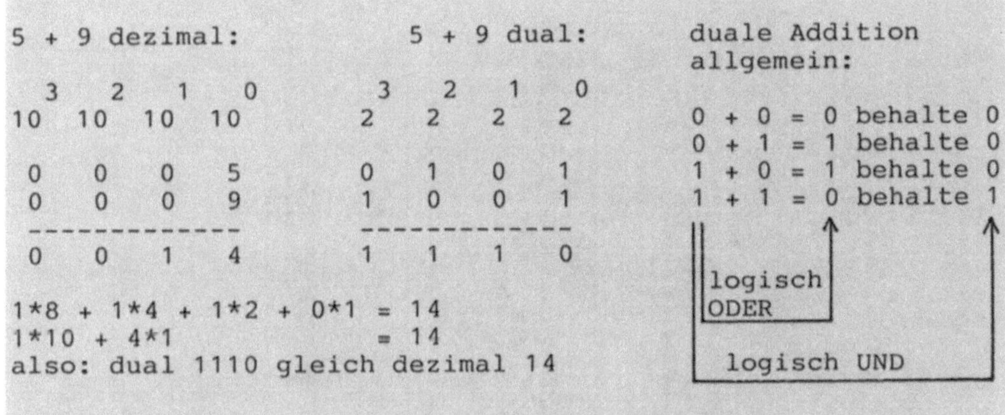

Dezimale Addition 5+9 (links), duale Addition 5+9 (rechts)

Das Binärzeichen wird als *Bit (Binary Digit)* abgekürzt. Die 4-Bit-Folge 1110 als Bitmuster bezeichnet die Dezimalzahl 14.

1.2.3 Speicherung von Information intern im Hauptspeicher

Information (Daten, Programme) setzt sich aus Zeichen wie Buchstaben, Ziffern und Sonderzeichen zusammen. Da der Computer nur ein Bit mit den beiden Werten 0 und 1 unterscheiden kann, muß jedes Zeichen als Bitmuster gespeichert weden, z.B. der Buchstabe K durch das Bitmuster 01001011 als 8-Bit-Folge. Auf den Datenträgern werden Bits meist durch magnetisierte Punkte dargestellt. Im Hauptspeicher dagegen werden Bits durch Schalter dargestellt, die auf "aus" für 0 oder auf "ein" für 1 stehen können; der Hauptspeicher als elektronischer Speicher besteht aus ICs, deren Schalterstellungen den Bitwerten entsprechen. Auf die externe Speicherung auf Datenträgern geht Abschnitt 1.2.4 ein; dieser Abschnitt wendet sich der internen Speicherung im Hauptspeicher (auch Arbeitsspeicher genannt) zu.

1.2.3.1 Informationsdarstellung im ASCII und EBCDI-Code

ASCII (sprich Aski): Im Hauptspeicher wird Information vorherrschend im ASCII (für American Standard Code for Information Interchange) zu jeweils sieben Bits je Zeichen gespeichert. Jedes ASCII-Zeichen wird somit als Siebenbitmuster dargestellt. Im ASCII werden dadurch 128 (2 hoch 7) Möglichkeiten computerlesbar erfaßt.

Hexadezimale Darstellung	ASCII (7 bit)	EBCDIC (8 bit)
⋮		
20	blank	
21	!	
22	"	
23	#	
24	$	
25	%	
26	&	
27	'	
28	(	
29	)	
2A	*	
2B	+	
2C	,	
2D	-	
2E	.	
2F	/	
30	0	
31	1	
32	2	
33	3	
34	4	
35	5	
36	6	
37	7	
38	8	
39	9	
3A	:	
3B	;	
3C	<	
3D	=	
3E	>	
3F	?	
40	@	blank
41	A	
42	B	
43	C	
44	D	
45	E	
46	F	
47	G	
48	H	
49	I	
4A	J	¢
4B	K	.
4C	L	<
4D	M	(
4E	N	+
4F	O	|
50	P	&
51	Q	
52	R	
53	S	
54	T	
55	U	
56	V	
57	W	
58	X	
59	Y	
5A	Z	!
5B	[	$
5C	\	*
5D	]	)
5E	^	;
5F	_	¬
60	`	-
61	a	/
62	b	

Hexadezimale Darstellung	ASCII (7 bit)	EBCDIC (8 bit)
63	c	
64	d	
65	e	
66	f	
67	g	
68	h	
69	i	
6A	j	
6B	k	,
6C	l	%
6D	m	_
6E	n	>
6F	o	?
70	p	
71	q	
72	r	
73	s	
74	t	
75	u	
76	v	
77	w	
78	x	
79	y	
7A	z	:
7B		#
7C		@
7D		'
7E		=
7F		"
80		
81		a
82		b
83		c
84		d
85		e
86		f
87		g
88		h
89		i
8A		
8B		
8C		
8D		
8E		
8F		
90		
91		j
92		k
93		l
94		m
95		n
96		o
97		p
98		q
99		r
9A		
9B		
9C		
9D		
9E		
9F		
A0		
A1		
A2		
A3		s
A4		t
A5		u
A6		v
A7		w

Hexadezimale Darstellung	ASCII (7 bit)	EBCDIC (8 bit)
A8		x
A9		y
AA		z
⋮		
C0		
C1		A
C2		B
C3		C
C4		D
C5		E
C6		F
C7		G
C8		H
C9		I
CA		
CB		
CC		
CD		
CE		
CF		
D0		
D1		J
D2		K
D3		L
D4		M
D5		N
D6		O
D7		P
D8		Q
D9		R
DA		
DB		
DC		
DD		
DE		
DF		
E0		
E1		
E2		S
E3		T
E4		U
E5		V
E6		W
E7		X
E8		Y
E9		Z
EA		
EB		
EC		
ED		
EE		
EF		
F0		0
F1		1
F2		2
F3		3
F4		4
F5		5
F6		6
F7		7
F8		8
F9		9
⋮		

Die beiden Codes ASCII und EBCDI

Byte mit 8 Bits: Unabhängig vom Code faßt man jeweils acht Bits zu einer Einheit zusammen, die man Byte nennt. Beim ASCII als 7-Bit-Code

ist das achte Bit eines Byte prinzipiell frei; je nach Anwendung wird es verschieden behandelt (z.B. stets 0 oder zur Aufnahme eines Prüfbits).
Beispiel: 7.25 DM soll im ASCII dargestellt werden, also zwei Buchstaben (DM), drei Ziffern (725) und zwei Sonderzeichen (. und Blank). Man erhält demnach die folgenden sieben Bytes 00110111 00101110 00110010 00110101 00100000 01000100 01001101; dabei steht das Achtbitmuster 00100000 als fünftes Byte für das Leerzeichen bzw. Blank.

EBCDI-Code: IBM-Großcomputer verwenden nicht den ASCII, sondern den EBCDI-Code (Extended Binary Code Decimal Interchange Code), der als 8-Bit-Code 256 (2 hoch 8) verschiedene Möglichkeiten erfaßt.

1.2.3.2 Hexadezimale Darstellung von Zeichen

Die sieben Bytes für 7.25 DM sind nicht gerade leicht zu entschlüsseln. Um der besseren Lesbarkeit willen wird man sich Zeichen auf dem Bildschirm oder Drucker nicht als Bitmuster ausgeben lasssen, sondern hexadezimal (auch sedezimal oder kurz hex genannt).

- Darstellung von 7.25 DM im ASCII hexadezimal: 37 2E 32 35 20 44 4D.
- Darstellung von 7.25 DM im EBCDI-Code hexadezimal: F7 4B F2 F5 21 C4 D4
- Die hexadezimale Darstellung von 7.25 DM in den beiden Codes ist wesentlich besser lesbar als die zugehörige Bitmusterdarstellung.
- Die Übersetzung von binär nach hex besorgt der Computer selbst.
- Die hexadezimale Darstellung stellt nur eine Lesehilfe dar. Im Hauptspeicher werden die Daten stets binär gespeichert und aufgerufen.

Hex:	Dezimal:	Binär:
0	0	0000
1	1	0001
2	2	0010
3	3	0011
4	4	0100
5	5	0101
6	6	0110
7	7	0111
8	8	1000
9	9	1001
A	10	1010
B	11	1011
C	12	1100
D	13	1101
E	14	1110
F	15	1111

Hexadezimale Darstellung von genau 16 Zeichen

1.2.3.3 Hauptspeicher als RAM und ROM

RAM zum Lesen und Schreiben: Der Speicher RAM ist ein Schreib-Lese-Speicher (Random Access Memory für Direkt-Zugriff-Speicher); der Benutzer kann in den RAM Information schreiben bzw. eingeben wie auch aus dem RAM Information lesen bzw. ausgeben. Insbesondere bei Personalcomputern ist der Hauptspeicher als RAM ausgebildet, um das Anwenderprogramm und die zu verarbeitenden Daten aufzunehmen.

ROM nur zum Lesen: Häufig ist ein zusätzlicher Teil des Hauptspeichers als Speicher ROM vorgesehen (vgl. Abschnitt 1.1.1). Auf diesen Nur-Lese-Speicher (Read Only Memory) kann der Anwender nur lesend zugreifen. Im ROM als Festspeicher werden z.B. Steuerungsprogramme - vom Hersteller fest eingeschmolzen - bereitgestellt, die wir zwar anwenden, aber nicht verändern können.

Die Informationsdarstellung durch die Codes ASCII sowie EBCDI gilt für den Hauptspeicher allgemein - unabhängig, ob er nun als Speicher RAM oder als Speicher ROM ausgebildet ist.

1.2.3.4 Byte als Maßeinheit für die Speicherkapazität

Das Byte dient einerseits zur Darstellung von Zeichen und andererseits zur Angabe der Speicherkapazität.

- 1 KB = 1 Kilo-Byte = 2^{10} Bytes = 1024 Bytes = ca. eintausend Zeichen Speicherkapazität

- 1 MB = 1 Mega-Byte = 1024 KB = 1.048.576 Bytes = ca. eine Million Zeichen Speicherkapazität

Die Angabe "512 KB RAM" oder auch einfach "512 K RAM" bedeutet, daß dem Benutzer ein Hauptspeicherplatz von ca. 512.000 Zeichen Größe für Programm und Daten zur Verfügung steht.

1.2.4 Speicherung von Information extern auf Datenträgern

1.2.4.1 Kassette und Magnetband

Bitserielle Aufzeichnung: Auf Kassette werden Daten Bit für Bit hintereinander, d.h. bitseriell, aufgezeichnet. Dies ist bei Audiokassettenlaufwerken der Fall wie bei den eigens für den Computereinsatz entwickelten Recordern. Die acht Bits 01001101 für den Buchstaben M stehen auf Kassette also hintereinander.

Bitparallele Aufzeichnung: Auf das wesentlich breitere Magnetband hingegen passen die Bits nebeneinander: Demnach liegt beim Magnetband eine bitparallele Aufzeichnung vor.

Streamer: Zu unterscheiden sind Start-/Stop-Geräte und Streaming-Geräte: Bei den Start-/Stop-Geräten wird blockweise gespeichert, wobei jeder Block durh Klüfte (Gaps) als Leerräume vom nächsten Block getrennt ist. Leerräume bzw. Klüfte kosten Speicherplatz. Sie sind erforderlich, da nur bei gleichmäßiger Bandgeschwindigkeit gelesen und geschrieben werden kann. Die Übertragungsraten liegen zwischen 250 und 1500 Baud bzw. bps (Bits pro Sekunde bei serieller und Bytes (Zeichen) pro Sekunde bei paralleler Aufzeichnung).
Bei den Streaming-Geräten entfallen die Klüfte und Start-/Stop-Marken. Die Daten "strömen" (to stream) ohne Stops in der kompletten Bandlänge in den Hauptspeicher. Streaming-Laufwerke werden hauptsächlich zur *Datensicherung* (Back-Up) von Plattendaten (Festplatten) verwendet. Streamer sind billiger, schneller und speicherplatzsparender als Start-/Stop-Cartridges; die kleinste Zugriffseinheit aber ist das gesamte Band (vgl. Abschnitt 1.2.4.5).

Wozu Magnetband? Wichtige Einsatzgebiete des Bandes sind die Langzeitarchivierung, die Datensicherung (Back-Up), der Daten- und Programmaustausch sowie -vertrieb (Postversand), die Ersterfassung von Daten, die Speicherung von Datenbeständen mit Reihenfolgeverarbeitung (z.B. Inventar) und die Programmspeicherung. Im Hinblick auf die Kosten je abgespeichertem Byte schneidet kein Datenträger besser ab als das Magnetband als der typische Massenspeicher.
Muß häufig auf Einzeldaten direkt zugegriffen werden, dann scheidet das Band (großes Magnetband wie kleine Kassette) aus.

1.2.4.2 Diskette, Festplatte und Magnetplatte

Die Speicheroberfläche der Platte als Direktzugriff-Speicher ist stets ähnlich organisiert - ob sie als Diskette im Maxi-, Mini- oder Mikroformat eingesetzt wird, als Festplatte in Winchester-Technologie, als große Magneteinzelplatte oder als Magnetplattenstapel. Am Beispiel des Softsektor-Formats IBM 3740, das bei Mini-Disketten fast zum Standard geworden ist, soll die Speicherorganisation der Platte genauer erklärt werden.
Formatierung: Eine neu gekaufte Diskette ist leer, sie ist weder beschrieben noch irgendwie unterteilt. Beim Softsektor-Format IBM 3740 ist die Formatierung (Form der Speicheroberfläche festlegen) bzw. Sektorierung (Oberfläche in Sektoren als Abschnitte einteilen) softwaremäßig durch ein spezielles Programm wie folgt vorzunehmen:
  - 77 kreisrunde Spuren vorsehen; bei zweiseitiger Diskette bilden gegenüberliegende Spuren je einen Zylinder.
  - Jede Spur in gleichlange Sektoren (Abschnitte) gliedern: 26, 15 oder 8 Sektoren/Spur, je nach der Sektorlänge von 128, 256 oder 512 Bytes.
  - Spuren numerieren von Spur 00 (außen) bis Spur 76 (innen).

- Verwendung festlegen: Spur 00 für Inhaltsverzeichnis, Spuren 01-74 für Benutzerinformation, Spuren 75-76 Fehlerreserve.
- Die Sektoren durch Klüfte bzw. Gaps trennen, um auf den Sektor als kleinste Zugriffseinheit bei 360 Umdrehungen/Minute fehlerfrei zugreifen zu können.
- Die Sektoren unterteilen in ID-Feld (= Identifikationsfeld als Adreßfeld) und Daten-Feld (= Benutzerinformation 128, 256 oder 512 Bytes lang).

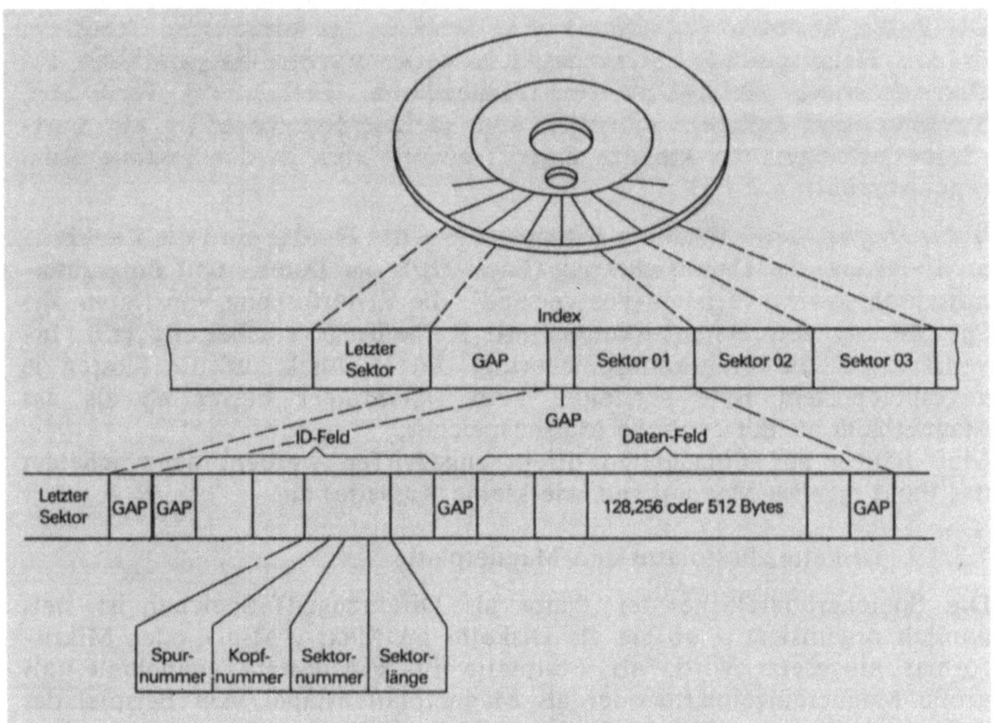

Speicherorganisation der Platte am Beispiel des Softsektor-Formates IBM 3740 für Disketten

Indexloch: Eine Spur hat weder Anfang noch Ende. Wenn eine Lichtschranke das Indexloch überfährt, wird durch einen Impuls der "Spurbeginn" angezeigt.

Hardsektorierung: Im Gegensatz zu der oben erklärten Softsektorierung wird bei der hardsektorierten Diskette die Einteilung hardwaremäßig bereits vom Hersteller vorgenommen.

Aufzeichnungsmethode: Bei Einzelplatten wird bitseriell auf Spuren aufgezeichnet. Die acht Bits 01001101 für M im ASCII stehen also der Reihe nach hintereinander (z.B. auf Spur 34).

Beim Magnetplattenstapel kann zylinderweise auf den jeweils unmittelbar übereinanderliegenden Spuren aufgezeichnet werden.

1.2.4.3 Klarschriftbeleg als Druckerausgabe

Auf einem Klarschriftbeleg wird Information in einer für den Menschen sowie den Computer lesbaren Form extern gespeichert (vgl. Abschnitt 1.2.1.2). Hier die Zeichendarstellung bei der heute besonders weit verbreiteten Klarschrift OCR-A:

```
ABCDEFGHIJKLMNOPQRSTU
VWXYZ          0123456789
```

Klarschriftbelege werden durch Klarschriftdrucker erstellt, bei denen es sich vornehmlich um Laserdrucker und Typenraddrucker handelt. Hier eine Übersicht der Druckertypen:

Zu unterscheiden sind mechanische Drucker (impact) und nicht-mechanische Drucker (non-impact), serielle Drucker (Zeichen für Zeichen drucken) und Zeilendrucker (zeilenweise drucken) sowie in einer Richtung und vor-/rückwärtsschreibende Geräte. Bei den mechanischen Drukkern überwiegen Matrix- und Typenraddrucker.

Der *Typenraddrucker* hat Typen an Armen (Speichen) des Typenrades befestigt. Die Räder lassen sich auswechseln - und damit auch die Schrifttype sowie die Zeichendichte (z.B. 1/10" = 132 Zeichen/Zeile, 1/12" = 158 Zeichen/Zeile, 1/15" = 198 Zeichen/Zeile).
Typenraddrucker werden dort eingesetzt, wo es auf die Druckqualität ankommt: z.B. in der Textverarbeitung und der Klarschrifterfassung. Man nennt diese auch "Schönschreibdrucker".

Der *Matrixdrucker* erzeugt Zeichen in Form einer matrixförmigen Anordnung von Einzelpunkten. Je mehr Rohre bzw. Nadeln pro Matrix, desto besser ist das Druckbild. Kann man Matrixpunkte einzeln anteuern, läßt sich der Matrixdrucker zur Ausgabe von Grafik (wie Kurven und Bildern) verwenden.

Laserdrucker: Nicht-mechanische anschlagsfreie Drucker arbeiten leiser und schneller als Impact-Drucker: Dabei handelt es sich um Tintenstrahldrucker (In-Jet) oder um elektrofotografische Verfahren kombiniert mit Läserstrahlen; beide Druckertypen arbeiten mit Normalpapier. Laserdrucker setzten sich mehr und mehr durch - insbsondere im Zuge des *Desktop-Publishing.*

Thermodrucker: Spezialpapier benötigen die Thermodrucker (wärmeempfindliches Papier), die elektrostatischen Drucker (Dielektrikum auf dem Papier) und die Eletroerosionsdrucker (Kondensatorpapier).

1.2.4.4 Schnittstellen als Bindeglieder CPU - Peripherie

Schnittstelle als Steckverbindung: Soll der Informationsaustausch zwischen der CPU und den angeschlossenen Peripheriegeräten bzw. Datenträgern klappen, dann müssen die Einheiten zueinander passen, d.h. kompatibel (oder besser: steckerkompatibel) sein. Genau als solche Steckverbindungen kann man sich die Schnittstellen (engl. Interfaces) vorstellen. Damit Geräte verschiedener Hersteller miteinander verbunden werden können, müssen die Schnittstellen der Geräte genormt sein. Die vier bei Personalcomputern zumeist anzutreffenden Schnittstellen sind die V.24-, die TTY-, die Centronics- und die IEC-Bus-Schnittstelle.

Die *V.24-Schnittstelle* ist eine asynchrone, serielle Schnittstelle: Asynchron bedeutet, daß zwei Geräte trotz verschiedener Arbeitsgeschwindigkeiten einander angepaßt werden können; seriell heißt, daß Bit für Bit nacheinander übertragen werden. Die US-Schnittstelle RS-232-C entspricht der V.24. Beide Interfaces findet man in der Datenfernverarbeitung.

TTY-Schnittstelle: Als weitere serielle Schnittstelle wurde die TTY-Schnittstelle vom Fernschreiber (Teletype) übernommen zum Anschluß von Bildschirm und Drucker.

Centronics-Schnittstelle: Nach dem Druckerhersteller Centronics benannt ist eine weitere Schnittstelle, mit der Drucker anderer Fabrikate ausgerüstet sind. Als parallele Schnittstelle werden alle Bits eines Zeichens (Byte) über acht parallele Leitungen übertragen (gleichwohl: bitparallel, aber zeichenseriell). Die Centronics-Schnittstelle ist heute zum Quasi-Standard bei Druckern geworden; dabei wird zumeist ein 36-poliger AMPStecker verwendet mit nur teilweise genormter Pinbelegung (exakte Belegung der Pins dem Handbuch zu entnehmen.)

Die *IEC-Bus-Schnittstelle* umfaßt acht Daten-, drei Quittungs- und fünf Steuerleitungen, um bis zu 15 Peripheriegeräte an einen Computer anzuschließen.

Mixed-Hardware: Exakt beschriebene Schnittstellen gehen einher mit dem Trend zur "Mixed Hardware" als dem Zusammenschluß von Peripheriegeräten unterschiedlicher Herstellermarken. Dies wiederum führte zur steten Ausweitung des *OEM-Marktes* (Original Equipment Manufacturer). Ein OEM ist ein Gerätehersteller, der seine Produkte nicht (nur) an Endabnehmer verkauft, sondern ebenso an andere Hersteller: Auf dem OEM-Markt besorgen sich Computerhersteller Peripheriegeräte, die sie in ihr System integrieren. So kann sich z.B. hinter dem IBM-Typenschild eines Druckers, den IBM für seinen Personalcomputer anbietet, durchaus ein Epson-Drucker verbergen.

1.2.4.5 Back-Up-Systeme zur Datensicherung

Für Personalcomputer - autonom als Stand-alone-Systeme genutzt - bietet sich folgender Mix für die externen Speichergeräte an:

D a t e n v e r a r b e i t u n g :
- Festplatte für Systemprogramme und Anwenderprogramme
- Diskette für Anwenderdaten

D a t e n s i c h e r u n g :
- Magnetband als Massenspeicher für Programme wie Daten

Externspeicher zur Datenverarbeitung und zur Datensicherung

Festplatten-Laufwerke bringen dem Anwender von Personalcomputern die gewünschten hohen Speicherkapazitäten, zugleich aber auch das Problem der Datensicherung bzw. des Back-Up. Ein Beispiel:
- eine DIN A4-Seite = ca. zwei KBytes
- 20 MBytes auf einer Festplatte = ca. zehn Karl-May-Bücher
- ein MByte eintippen = ca. zehn Manntage

Bei einem Programm- oder Bedienungsfehler, Defekt des Externen Speichers oder des Computers selbst könnten die Daten zerstört werden; deshalb müssen Sicherungskopien der Daten erstellt werden. Bei Back-Up-Systemen als Reserve- bzw. Sicherungssystemen (Back-Up heißt: Zeichen für Zeichen z.B. auf Band kopieren) gibt es Disketten, Wechselplatten und Bänder als Sicherungsdatenträger (letztere im Start-Stop- sowie im Streaming-Betrieb (Abschnitt 1.2.4.1)). Mit dem zunehmenden Umfang der zu sichernden Datenbestände wird sich das Magnetband als Streamer durchsetzen: So kann ein Cartridge-Tape-Streamer den Inhalt einer 20-MB-Festplatte in wenigen Minuten kopieren und damit sichern.

Logging: Bei dieser Art der Datensicherung werden die Sicherungskopien in einem gesonderten Arbeitsgang z.B. allabendlich oder zweimal je Woche durchgeführt. Anders geht das Logging vor, bei dem sämtliche über Tastatur eigegebenen Daten von einem Datensicherungsprogramm automatisch auf einer Zusatzdatei mitgeschrieben werden; diese Datei wird auch "Log-Datei" genannt. Die Datensicherung wird also bereits im Rahmen der Datenerfassung vorgenommen. Der Datenerfassung wenden wir uns jetzt zu.

1.2.5 Verfahren der Datenerfassung

Datenerfassung heißt, Daten in computerlesbare Form bringen (vgl. Abschnitt 1.2.1.1) und umfaßt den Weg von der Entstehung der Daten bis zu deren Eingabe in die CPU. Da im kaufmännischen Bereich ca. 90 % des Zeitaufwandes auf diesen Weg entfallen, ist der Kostenanteil der Datenerfassung relativ hoch anzusetzen.

Die unterschiedlichen Verfahren der Datenerfassung werden festgelegt durch vier Faktoren:

1) Anzahl der Stufen, die die Daten von der Entstehung bis zur Eingabe durchlaufen.
2) Verbindung zwischen Erfassungsgerät und CPU zum Zeitpunkt der Erfassung: off-line oder on-line.
3) Zentrale oder dezentrale Durchführung der Erfassung.
4) Erfassungsgerät mit eigener Intelligenz ausgestattet oder nicht.

Zunächst ist eine einstufige, zweistufige und dreistufige Datenerfassung zu unterscheiden.

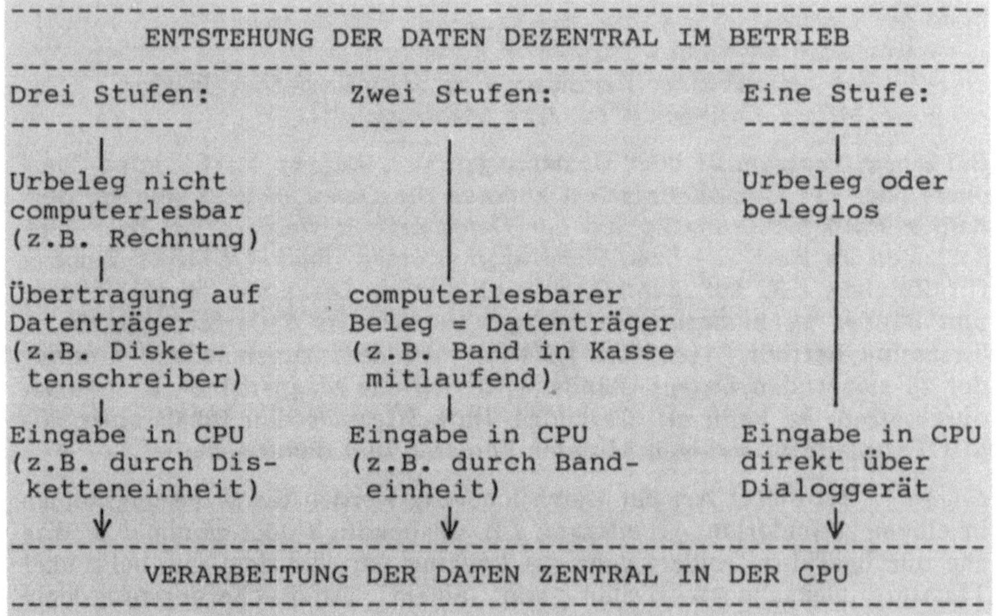

Die *"klassische Datenerfassung"* durchläuft drei Stufen: Erstellen des Urbelegs, Übernehmen auf Datenträger und Eingeben in die CPU. Werden Urbeleg und Datenträger gleichzeitig erstellt, dann verkürzt sich das Vorgehen auf zwei Stufen. Mit der Bildschirmerfassung sowie der Erfassung über Scanner bzw. Lesestift kommt man zur einstufigen Direkterfassung. Beispiel: POS-System (Point-of-Sales-System, Verkaufspunkte-System).

Bei der *Off-line-Erfassung* erfolgen Erfassung und Verarbeitung vollständig getrennt voneinander. Beim Datensammelsystem z.B. wird zunächst von mehreren Erfassungsplätzen ein gemeinsamer Datenträger erstellt, der dann später zur Verarbeitung weitergegeben wird.

Bei der *On-line-Erfassung* gelangen die Daten direkt in die CPU (an die Stelle des Datenträgertransports tritt also die Datenübertragung). Der große Vorteil der on-line gegenüber der off-line durchgeführten Erfassung liegt in der Zeitersparnis. Als nachteilig kann sich der Umstand auswirken, daß während der Erfassung die CPU für andere Arbeiten blokkiert ist.

Dezentrale Erfassung heißt, Daten am Ort ihrer Entstehung zu erfassen - z.B. im Lager und beim Verkauf. Die mobile Datenerfassung über tragbare Personal- und Mikrocomputer zählt hierzu. Bei der zentralen Erfassung hingegen bringt man alle Urbelege an eine bestimmte Stelle (Beispiel: Datensammelsystem).

Intelligente Geräte: Datenerfassungsgeräte werden zunehmend mit eigener Intelligenz ausgerüstet. Oder anders ausgedrückt: Zur Erfassung greift man immer häufiger auf Mikrocomputer zurück, die z.B. wahlweise on-line an einen Großcomputer angeschlossen sind und off-line als selbständige Computereinheit (Stand-alone-System) genutzt werden.

1.2.6 Computertypen

Zunächst: Wenn vom "Computer" die Rede ist, dann ist damit immer der frei programmierbare Allzweckrechner bzw. General-Purpose-Computer gemeint, nicht jedoch der Spezial-"Computer" wie z.B. eine Datenbank-Maschine (vgl. Abschnitt 1.3.5.6) oder ein Textverarbeitungs-Automat.
Zu den zahlreichen Typologien für Computer soll hier keinesfalls eine weitere hinzugefügt werden. Anhand der beiden Extreme *"Personalcomputer"* und *"Großcomputer"* soll allein eine Orientierungshilfe gegeben werden.

1.2.6.1 System-Konfigurationen für Personal- und Großcomputer

Eine System-Konfiguration gibt an, wie periphere Einheiten um eine CPU zu einem funktionsfähigen DV-System zusammengestellt sind. Zunächst eine Gerätezusammenstellung, wie sie für Personalcomputer typisch ist. Die Geräte werden dabei zeichnerisch durch Sinnbilder dargestellt, die nach DIN 66001 genormt sind.

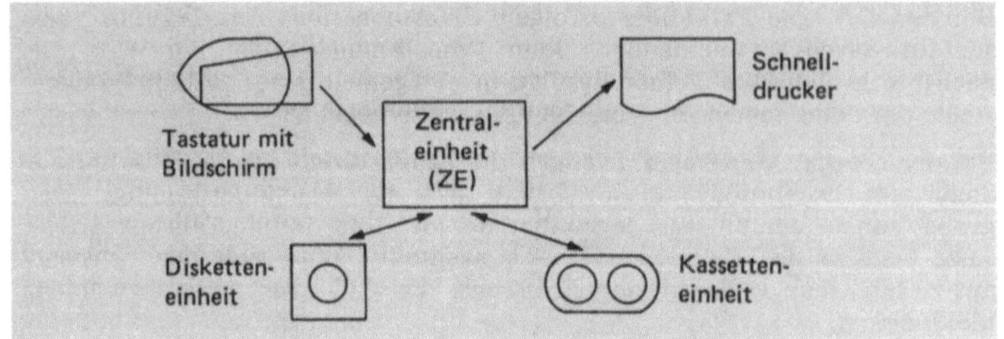

Für Personalcomputer typische System-Konfiguration

Der Personalcomputer - für den persönlichen Gebrauch und durchaus auch zur beruflichen Nutzung gekauft - soll hier nicht von Bezeichnungen wie Privat-Computer, Tischcomputer, Heimrechner, Spielcomputer und Kleinrechner abgegrenzt werden; dazu schreitet die Entwicklung viel zu schnell voran. Vielmehr soll der Personalcomputer als extremes Gegenstück zur Kategorie der Großcomputer aufgefaßt werden, die z.B. mit je fünf Band- und Platteneinheiten als Externspeicher ausgerüstet sein können. Großcomputer werden in Rechenzentren betrieben - sei es im unternehmenseigenen Rechenzentrum oder im Service-Rechenzentrum von einem freien, herstellereigenen bzw. kooperativen DV-Dienstleistungsunternehmen. Die Sinnbilder für Band und Platte werden oft auch für Kassette und Diskette verwendet.

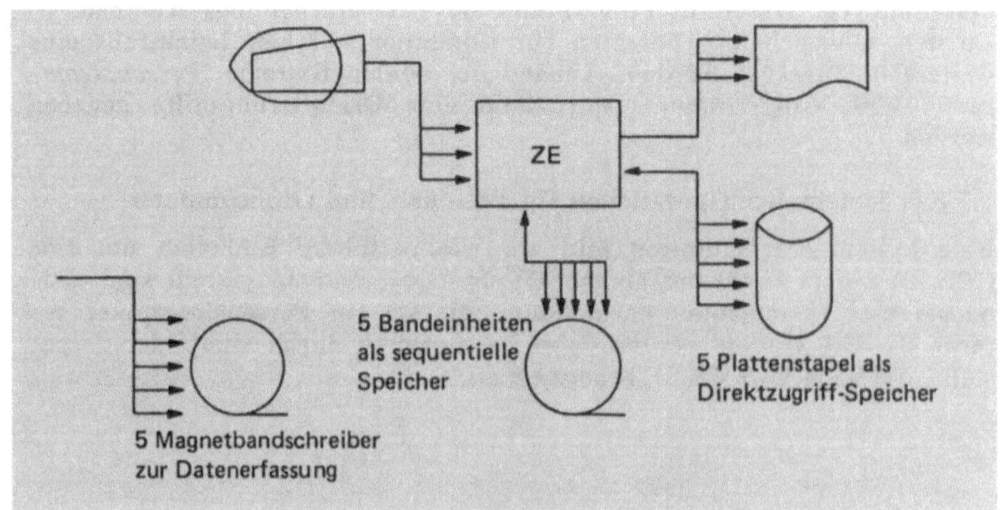

Für Großcomputer typische System-Konfiguration

Computer-"Typen": Zwischen dem Personalcomputer als unterem und dem Großcomputer als oberem Extrem gibt es zahlreiche Abstufungen, wie z.B. Anlagen der Mittleren Datentechnik (MDT), Minicomputer, Bürocomputer oder auch Small-Business-Computer. Ebenso können mehrere Computer zu einem Rechnerverbund vernetzt sein (Netzwerk) mit Satelliten-Computern, die selbständig als Stand-alone-System bzw. online mit einem Haupt-Computer arbeiten. Dabei sind Personalcomputer häufig Teil eines Großcomputer-Systems.

Mainframes: Großcomputer werden oft als Mainframes bezeichnet und damit von der anschließbaren Peripherie abgegrenzt. Personalcomputer zählen immer häufiger zu dieser Peripherie.

1.2.6.2 Eigenschaften von Personalcomputern

Personalcomputer weisen allgemein folgende Eigenschaften auf:

1) Autonom arbeitendes DV-System mit zumindest einem Externspeicher.
2) CPU mit mindestens 512 KB RAM für Benutzerdaten und Benutzerprogramme.
3) Verfügbarkeit mindestens einer höheren Programmiersprache (Basic, Pascal, Forth, ...).
4) Möglichkeit, in Maschinensprache (Assembler) zu programmieren.
5) Betriebssystem (MS-DOS, UNIX u.ä.) ermöglicht Dialog zwischen Benutzer und Computer.
6) Exakt beschriebene Schnittstellen.

Kompatibilität: Wünchenswert ist, daß Personalcomputer hardwaremäßig wie auch softwaremäßig kompatibel sind. So sollten Programmiersprachen wie BASIC und PASCAL genormt sein, für die Externspeicher einheitliche Aufzeichnungsformen übernommen werden und Schnittstellen übereinstimmend definiert sowie steckermäßig vorgesehen sein (z.B. gesamten Systembus an eine Steckerleiste herausführen, damit der Anwender das System später erweitern kann).
Häufig werden für Mikrocomputer die fünf Kategorien Handcomputer (HC), Videocomputer (VC), Grafik-Computer, Personalcomputer im engeren Sinne (PC) und Tragbare Computer (Portables) gebildet.

Hand - Computer:
  - Hand-Held-Computer, Pocket-Computer, Briefcase-Computer
  - Tastatur mit Zeilendisplay, Module, Taschenrechnerformat

Videocomputer:
  - Tastatur mit Videoanschluß, Ausbaumöglichkeit in Richtung PC

Grafik - Computer:
  - Schwerpunkt auf Grafik und Animation
  - Vornehmlich echte 32-Bit-Rechner

Personalcomputer:
  - Tastatur, Diskette/Festplatte, Monitor
  - PC- und AT-Klasse
  - 16- und 32-Bit-rechner
  - Mehrere Betriebssystems

Portable Computer:
  - Tastatur, CPU, Diskette und Monitor als Einheit
  - Tragbar, zumeist PC-kompatibel.
  - Laptop mit LCD-Display

Fünf Kategorien von Mikrocomputern

Daneben unterscheidet man nach der Nutzungsart Homecomputer (privat)
und professionelle Computer (beruflich).

1.2.6.3 Personalcomputer im Computer-Netzwerk

LANs: Sinkende Hardware-Kosten und eine ständig zunehmende Zahl
von Informationsquellen führen immer häufiger zur Vernetzung mehrerer
Personalcomputer zu einem lokalen Netz. Das Attribut "lokal" verweist
auf einen begrenzten Wirkungsbereich, wie z.B. auf eine Abteilung oder
ein Gebäude (sog. Inhouse-Netz); auch hierzulande spricht man dabei von
LANs (Local Area Network).

Struktur: Es gibt Netze mit Stern-, Ring- oder Bus-Struktur. Bei stern-
förmiger Anordnung ist jeder Computer mit einer zentralen Einheit verbunden, die verwaltet und die Netz-Leistung begrenzt; fällt sie aus, so
bricht das gesamte Netz zusammen. Die Ring-Anordnung ist billiger,
doch auch hier führt der Ausfall einer Station zum Ausfall des gesamten
Netzes. Dies ist nicht so bei der Bus-Anordnung als weitverbreitetem
Konzept: Über eine Sammelschiene kann jede Station mit jeder Station in
Kontakt treten.

Master: Es gibt Netze mit und ohne Master-Controller. Der Master-Bild-
schirm weist die höchste Priorität auf und ist zumeist softwaremäßig an-
steuerbar; gegenüber der hardwaremäßigen Verdrahtung ist dies bei Aus-

fall des Master-Bildschirms (andere Station als Master ansteuern) von Vorteil.
Ein Netz verfügt oft nur über einen oder zwei Drucker, die mit Drucker-Spooling angesteuert werden. Anstatt Daten direkt auf den Drucker auszugeben, "drucken" die Stationen auf eine Platte (Zwischenspeicher), deren Information automatisch durch ein Spooler(-programm) ausgedruckt wird. Spool steht für "simultaneous peripheral operations on-line".

BTX-Netz: Personalcomputer finden nicht nur intern im lokalen Netz Verwendung, sondern ebenso im öffentlichen Netz extern. So im BTX-Netz als BTX-Editierplatz des Informationsanbieters, als BTX-Terminal des Konsumenten oder als Kommunikationssystem für kleinere Firmen.

ISDN: Nach Datex, Datex-L, Telex, Teletex und BTX werden Personalcomputer in dem von der Post bereitgestellten Netz ISDN (Integrated Services Digital Network) eingesetzt, das Daten, Text, Standbilder wie auch Sprache übermittelt.

Single-User- und Multi-User-Betrieb: Personalcomputer wurden von Beginn an primär als Stand-Alone-System autonom für sich allein verwendet. Man spricht auch vom Single-User-Betrieb.
Vernetzt man mehrere Personalcomputer, so gelangt man zu einem Multi-User-Betrieb, bei dem mehrere User (Benutzer) über ihre PCs als Terminals verbunden sind.
Single-User-Betrieb wie auch Multi-User-Betrieb können unter *Multitasking* laufen; dabei werden mehrere Aufgaben als Tasks quasi gleichzeitig durch eine CPU abgearbeitet. Multiusing und Multitasking stellen hohe Anforderungen an das Betriebssystem (siehe Abschnitt 1.3.6.6).

1.3 Software = Daten + Programme

1.3.1 Software im Überblick

Software ist Information und wird unterteilt in Daten und Programme
(vgl. Abschnitt 1.1.1). Auf diese beiden Komponenten der Software wollen wir nun eingehen.

1.3.1.1 Begriffsbildungen für Daten

Sieben wichtige Begriffspaare für Daten sind zu unterscheiden (siehe
Abbildung):

Stammdaten bleiben normalerweise über einen längeren Zeitraum hinweg
konstant (z.B. Artikelstammdaten, Kundenstammdaten, Personalstammda-
ten), Änderungsdaten dienen der Anpassung von Stammdaten.

Bestandsdaten: Im Gegensatz zu Stammdaten erfahren Bestandsdaten oft-
malige Änderungen, die durch Bewegungsdaten vorgenommen werden
(Zugang für + und Abgang für -); letztere werden kurz auch als Bewegungen bezeichnet. Die Lagerbestandsfortschreibung nach der Formel
"Anfangsbestand + Zugänge - Abgänge ergibt Endbestand" gehört in
diese Kategorie von Daten.

Ordnungsdaten legen eine Speicherungs-, Sortier- bzw. Verarbeitungs-
folge fest, Mengendaten hingegen eine Anzahl (Stück, Größe, Gewicht,
Preis).

Numerische- und Textdaten: Mit numerischen Daten bzw. Zahlendaten
rechnet jeder Computer, nicht jedoch mit Textdaten. Letztere umfassen
beliebige Zeichen, die stets zwischen Gänsefüßchen oder Hochkommata
stehen. Sie werden auch als alphanumerische Daten, als Zeichenketten-
daten oder als Strings bezeichnet.

Unformatierte Daten weisen keine einheitliche Form auf. In der kommerziellen Datenverarbeitung überwiegen formatierte Daten: Auf einem
Rechnungsformular stehen z.B. die Dezimalpunkte der DM-Beträge
untereinander jeweils auf zwei Nachkommastellen gerundet.

1) Stammdaten (1019 als Kundennummer)
   oder
   Änderungsdaten (1019007 als neue Kundennummer mit PLZ=7)

2) Bestandsdaten (256 als Lagermenge)
   oder
   Bewegungsdaten (70 Stück als Lagerbestandszugang)

3) Ordnungsdaten (6 für die Artikelfarbe "gelb")
oder
Mengendaten (8 kg als Bestellmenge)

4) Numerische Daten (Zahl 10950.25 als Rechnungspreis)
oder
Textdaten ("Francs" als Währungsbezeichnung)

5) Unformatierte Daten (z.B. ein Brief)
oder
Formatierte Daten (z.B. Rechnungsformular)

6) Einfache Datentypen (z.B. 50 als eine Mengenangabe)
oder
Strukturierte Datentypen (z.B. drei Mengen 50 24 98)

7) Im Programm gespeicherte Daten (z.B. 6% in Variable R)
oder
Getrennt vom Programm gespeicherte Daten (z.B. Kundendatei)

Sieben grundlegende Begriffspaare für Daten

Mit die wichtigste Unterscheidung ist die von einfachen Datentypen und Datenstrukturen:

Einfache Datentypen bestehen aus jeweils nur einem einzigen Datum, so aus einer Ganzzahl (INTEGER), aus einer Dezimalzahl (REAL) oder aus einem Textwort (STRING).

Strukturierte Datentypen: Die Datenstrukturen als strukturierte Datentypen hingegen umfassen jeweils mehrere Daten, die unterschiedlich z.B. als Feld (ARRAY), Verbund (RECORD) oder Datei (FILE) angeordnet sein können. In Abschnitt 1.3.5 werden die Datentypen im Zusammenhang mit der Datei genauer erklärt.

Datei bzw. File: Einzeldaten und kleinere Datenbestände lassen sich innerhalb eines Programmes speichern, so z.B. der Rabattsatz in einem Rechnungsschreibungsprogramm. Die umfangreichen in der kommerziellen Datenverarbeitung zu verarbeitenden Datenbstände werden getrennt vom Programm als Datei auf Platte oder Band als externem Speicher untergebracht.

1.3.1.2 Begriffsbildungen für Programme

Man unterscheidet Anwenderprogramme und Systemprogramme. Dazwischen sind die Software-Werkzeuge bzw. Tools einzuordnen.

A n w e n d e r p r o g r a m m e :
   - Vom Anwender selbst erstellt (z.B. eigene Rechnungs-
     schreibung)
   - Von Softwarehaus fremd bezogen (z.B. Standardpaket)

W e r k z e u g e (T o o l s) :
   - Dateiverwaltung (z.B. dBASE)
   - Textverarbeitung (z.B. Word)
   - Tabellenkalkulation (z.B. Multiplan)
   - Grafik (z.B. Chart)

S y s t e m p r o g r a m m e :
   - Steuerprogramm (z.B. COMMAND.COM von MS-DOS)
   - Dienstprogramm (z.B. Utility zum Sortieren von Dateien)
   - Übersetzerprogramm (z.B. TURBO Pascal-Compiler)

Anwenderprogramme (Problem) und Systemprogramme (Computer)
und Tools (dazwischen)

Anwenderprogramme lösen die konkreten Probleme des jeweiligen Anwenders und werden auch Benutzer- bzw. Arbeitsprogramme genannt
oder unter der Bezeichnung Anwender-Software zusammengefaßt. Anwenderprogramme können vom Anwender selbst erstellt und programmiert oder fremd von einer Softwarefirma bezogen sein. Zwischen diesen
beiden Extremen gibt es zahlreiche Abstufungen: so z.B. im Falle der in-
dividuellen Anpassung standardisierter Anwender-Software. Auf das Anpassen wie auch Erstellen von Anwenderprogrammen gehen wir in den
Abschnitten 1.3.7 und 1.3.8 näher ein.

Systemprogramme: Gegenstück sowie Ergänzung zu den Anwenderprogrammen sind die Systemprogramme, deren Gesamtheit als Betriebssystem bezeichnet wird. Ein Betriebssystem gewährleistet den geordneten
Betrieb des jeweiligen DV-Systems. Ganz allgemein wird das Betriebssystem oft als OS (Operating System) und als DOS (Disk Operating
System, da plattenoriertiert) bezeichnet. Jedes Betriebssystem umfaßt drei
Arten von Systemprogrammen:

   - Die *Steuerprogramme* steuern das Zusammenwirken der Peripherie
     mit der CPU und die Ausführung eines Programms. Die
     Dienstprogramme bzw. Utilities sind zwar nicht unbedingt
     notwendig, werden aber als unerläßlicher Komfort zum einfachen
     und benutzerfreundlichen Betrieb des Computers angesehen (ein
     Programm zur Herstellung einer Diskettenkopie gehört eben
     einfach "dazu").

   - Steuer- und *Dienstprogramme* bilden oft eine Einheit: Ein Editor
     z.B. dient zumeist nicht nur dem Eintippen und Bearbeiten von

Programmtext über einen Bildschirm, dem sogenannten Editieren also, sondern ebenso dem Abspeichern dieser Texteingabe auf Diskette oder Band, und damit der Ein-/Ausgabesteuerung.

- Ein *Übersetzerprogramm* übersetzt den in einer Programmiersprache wie z.B. BASIC codiertes Anwenderprogramm in die Muttersprache des Computers bzw. in die 0/1-Form. Das ist vergleichbar mit der Tätigkeit eines Dolmetschers, der Sätze aus einer Fremdsprache (z.B. Englisch) in die eigene Muttersprache (z.B. Deutsch) übersetzt. Ein Computer versteht so viele Fremdsprachen bzw. Programmiersprachen, wie Übersetzerprogramme vorhanden sind. Die meisten Personalcomputer verstehen die Programmiersprachen BASIC und TURBO PASCAL, da die zugehörigen Übersetzerprogramme lieferbar sind.

Betriebssystem: Was für das Auto das Benzin bedeutet, um von Astadt nach Bdorf fahren zu können, das bedeutet für die Computer-Hardware das Betriebssystem, um ein Anwenderprogramm ausführen zu können. In Abschnitt 1.3.6 wenden wir uns dem Betriebssystem genauer zu.

Programmstrukturen: Wie für Daten allgemein Datenstrukturen unterschieden werden, so werden für Programme (Anwender- wie Systemprogramme) üblicherweise vier Programmstrukturen definiert.

(1) F o l g e s t r u k t u r e n :
    - Lineare Programme

(2) A u s w a h l s t r u k t u r e n :
    - Verzweigende Programme

(3) W i e d e r h o l u n g s s t r u k t u r e n :
    - Programme mit Schleifen

(4) U n t e r p r o g r a m m s t r u k t u r e n :
    - Programme mit Unterabläufen (Prozeduren, Funktionen)

Vier grundlegende Programmstrukturen

Diese Programmstrukturen werden als *"Bausteine der Software"* bezeichnet, da die Analyse noch so komplexer Programmabläufe stets zu diesen Strukturen als Grundmuster führt. In Abschnitt 1.3.3 werden die Programmstrukturen an kleinen Beispielen und Abschnitt 1.3.4 im Zusammenhang mit den Datenstrukturen erklärt.

1.3.2 Datentypen und Datenstrukturen

Im vorangehenden Abschnitt wurden sieben Daten-Begriffe angeführt,
darunter der Begriff des Datentyps. Dieser Begriff ist grundlegend für
die Programmierung. Wir wollen ihn erklären: Es gibt einfache und
strukturierte, statische und dynamische sowie standardmäßig vorhandene
und benutzerseitig definierbare Datentypen.

1.3.2.1 Einfache Datentypen als "Moleküle"

Einfache Datentypen lassen sich nicht weiter zerlegen und werden deshalb
auch als elementare, skalare sowie unstrukturierte Datentypen bezeichnet.
Diese Typen enthalten deswegen stets nur ein einziges Datum und stellen
sozusagen die "Moleküle" der Daten dar, da sie vom Programmierer nicht
- so ohne weiteres - unterteilt werden können.

```
C h a r :
        - Einzelzeichen wie z.B. "D"
        - Wertebereich: Zeichen (Buchstabe, Ziffer, Sonderzeichen)

I n t e g e r :
        - Ganze Zahl wie z.B. 126
        - Wertebereich: Ganze Zahlen z.B. von -32768 bis 32767

R e a l :
        - Dezimalzahl wie z.B. 126.75
        - Wertebereich: Reelle Zahlen, Zahlen mit Dezimalpunkt

B o o l e a n :
        - Ja/Nein-Entscheidung wie z.B. ja bzw. True bzw. wahr
        - Wertebereich: True (-1, wahr) oder False (0, unwahr)

S t r i n g :
        - Zeichenkette, Text (als Dateneinheit)
        - Wertebereich: Gesamter Zeichenvorrat des Computers
```

Fünf einfache bzw. elementare Datentypen

Der Datentyp CHAR umfaßt nur *ein* Zeichen. Als STRING (Text) gilt
alles, was zwischen Gänsefüßen oder Hochkommata steht, also auch der
Text "99.50 DM Summe". Numerische Typen sind INTEGER oder REAL.
Der Datentyp BOOLEAN kennt nur die zwei Werte TRUE (z.B. Stammkunde) oder FALSE (kein Stammkunde).

1.3.2.2 Datenstrukturen als strukturierte Datentypen

Strukturierte Datentypen sind neben anderen der ARRAY, der RECORD, der SET und der FILE. Dabei werden mehrere Daten unter einem Namen zusammengefaßt abgelegt. Der ARRAY wird auch als Feld, Tabelle und Bereich bezeichnet und enthält Komponenten bzw. Elemente gleichen Typs. Verarbeitet man den STRING nicht als Einheit, sondern element- bzw. zeichenweise, dann kann man ihn auch zu den Datenstrukturen zählen.

Datenstruktur Array: Beim eindimensionalen ARRAY sind die Elemente in Reihe angeordnet. Beispiel: fünf Wochentagsabsatzmengen 12, 3, 44, 56 und 21. Der zweidimensionale ARRAY hingegen dehnt sich in zwei Richtungen aus: waagerecht in Zeilen (hier vier Zeilen) und senkrecht in Spalten (hier drei Spalten). Es gibt nicht nur Integer-Arrays (alle Elemente sind ganzzahlig) und Real-Arrays (alle Elemente sind Kommazahlen), sondern z.B. auch String-Arrays wie "MO, DI, MI, DO, FR, SA" und "HAMMER, MEISSEL, SAEGE" (alle Elemente sind Textworte).

```
A R R A Y (eindimensional, Vektor, Liste):
   - Komponenten haben alle den gleichen Datentyp
   - Beispiel: | 12   3  44  56  21 |


A R R A Y (zweidimensional, Matrix):
   - Komponenten haben alle den gleichen Datentyp
   - Beispiel mit 4 Zeilen und 3 Spalten:
           | 33.5   36.7   11.2 |
           | 24.0   99.1   74.5 |
           | 10.5   10.0   75.3 |
           | 99.5   22.6   44.2 |


R E C O R D (Verbund, Satz):
   - Komponenten mit unterschiedlichen Datentypen
   - Beispiel: Kundensatz mit Typen Integer, String und Real:
           | 101           (Kundennummer) |
           | Frei          (Kundenname)   |
           | 65000         (Kundenumsatz) |
```

S E T (Menge):
  - Komponenten sind Teilmengen einer Grundmenge
  - Beispiel: () (1) (2) (12) for einen SET OF 1..2

F I L E (Extern auf Diskette abgelegte Datei):
  - Datei als Sammlung zusammengehörender Datensätze
  - Beispiel: über 1000 Datensätze einer Kundendatei

Vier wichtige Datenstrukturen

Datenstruktur Record: Im Gegensatz zum ARRAY können im RECORD auch Daten verschiedener Datentypen abgelegt sein. Der oben wiedergegebene RECORD verbindet drei Komponenten vom Typ INTEGER (Kundennummer ganzzahlig), STRING (Kundenname stets Text) und REAL (Kundenumsatz als Dezimalzahl) - deshalb auch die Bezeichnung "Verbund". In der kommerziellen DV entspricht diese Datenstruktur häufig den Datensätzen bzw. Komponenten von Dateien wie hier der Kundendatei.

Datenstruktur File: Unter einer Datei versteht mann allgemein eine Sammlung von Datensätzen, die getrennt vom Programm auf einem Externspeicher (Diskette, Platte, Kassette, Band) als selbständige Einheit gespeichert sind. Die Datensätze stellen die Datei-Komponenten dar und weisen alle denselben Datentyp auf, d.h. sie sind alle z.B. vom Typ RECORD oder alle vom Typ ARRAY. Eine Datei bzw. ein FILE kann viel größer sein als der im Hauptspeicher verfügbare Speicherplatz.

1.3.2.3 Statische und dynamische Datentypen

Datenstrukturen können statisch oder aber dynamisch vereinbart sein.
Statische Datentypen behalten während der Programmausführung ihren Umfang unverändert bei. Beispiel: Beim Beginn eines Programms wird vereinbart, daß ein eindimensionales Feld bzw. Array mit fünf Elementen zur späteren Aufnahme und Verarbeitung der Absatzmengen für die fünf Wochentage Mo - Fr eingerichtet wird. Statisch heißt, daß die Anzahl der Feldelemente während der Programmausführung gleich bleibt, während sich ihre jeweiligen Inhalte ändern können.

S t a t i s c h e   D a t e n s t r u k t u r e n :

- Werte ändern sich, niemals aber die Anzahl der Komponenten
- Anzahl der Komponenten und belegter Speicherplatz konstant
- Unstrukturiert: Char, Integer, Real, String, Boolean,
  Array (Feld), Menge (Set), Verbund (Record)

D y n a m i s c h e   D a t e n s t r u k t u r e n :

- Werte und Struktur (Anzahl, Aufbau) ändern sich
- Anzahl und Aufbau der Komponenten ist variabel
- Belegter Speicherplatz ist variabel
- Unstrukturiert: Zeiger (Pointer) als Hilfsmittel
- Strukturiert: Datei (File), Stapel (Stack), Schlange,
  Gekettete Liste (Linked List), Binärbaum

Einige dynamische Datentypen

Bei *dynamischen Datentypen* muß die Anzahl der Komponenten nicht bereits beim Schreiben des Programms festgelegt werden, sondern erst im Zuge der Programmausführung. Die Datei bzw. das FILE ist stets als dynamischer Datentyp vereinbart. Warum? Beim Anlegen einer Kundendatei werden z.B. 455 Kunden in 455 Datensätzen auf Diskette erfaßt. Diese Zahl von 455 Dateikomponenten muß veränderbar sein, um neue Kunden aufnehmen und Ex-Kunden löschen zu können. Da die Änderungen aber "trivialer Natur" sind (so Niklaus Wirth, der Erfinder von Pascal), zählt man eine Datei zu den statischen Datenstrukturen. Die dynamischen Datenstrukturen können vom Programmierer selbst durch Verknüpfung der standardmäßig angebotenen Datentypen konstruiert werden. Das heißt, daß alle dynamischen Strukturen auf einer tieferen Komponenten-Ebene irgendwo wieder statisch sind; Listen (z.B. verkettete Liste) und Baumstrukturen gehören dazu.
Zeiger (auch Pointer, Verweis, Referenz genannt) werden dabei als Hilfsmittel zur Strukturierung verwendet.
Die *Rekursion* als Ablauf, der sich selbst aufruft bzw. zur Ausführung bringt, bildet (generiert) dynamisch lokale Variable und wird deshalb häufig im Zusammenhang mit dynamischen Datenstrukturen genannt.

1.3.2.4 Vordefinierte und benutzerdefinierte Datentypen

Vordefinierte Typen: Die bislang dargestellten einfachen und strukturierten Datentypen sind vordefiniert in dem Sinne, daß sie als Standardtypen vom DV-System bereitgestellt werden. Daneben gestatten einige Programmiersprachen wie z.B. Pascal dem Programmierer, selbst eigene

Datentypen zu definieren, die dann eben als benutzerdefiniert bezeichnet werden.

Aufzählungstypen: Eine einfache Möglichkeit dafür besteht darin, alle Werte aufzuzählen, die der Datentyp umfassen soll - deshalb der Begriff Aufzählungstyp. (Mo,Di,Mi,Do,Fr,Sa,So) ist ein solcher Aufzählungstyp für die Wochentage wie auch (6800,6830,6900,6907) für einige Postleitzahlbezirke.

Unterbereichstypen: Eine weitere Möglichkeit bietet sich dem Benutzer dadurch, daß er einen Datentyp als Unterbereich z.B. eines vordefinierten Datentyps definiert - einen Unterbereichstyp. Drei Beispiele: 0..7 umfaßt als Unterbereichstyp des Datentyps INTEGER die acht Ganzzahlen 0, 1, 2, ... ,7. "A".."Z" umfaßt als Unterbereich des Datentyps CHAR alle Großbuchstaben. Di...Fr umfaßt als Unterbereichstyp des obigen Aufzählungstyps vier Werktage. Angegeben wird also stets das kleinste und das größte Element des gewünschten Unterbereiches.

Zeigertypen: Neben den Aufzählungs- und Unterbereichstypen zählen auch die Zeigertypen zur Kategorie der benutzerdefinierten Datentypen.

1.3.2.5 Datentypen bei den verschiedenen Programmiersprachen

Es hängt vom jeweiligen Programmier-System ab, mit welchen Datentypen Sie arbeiten können.
Unstrukturierte Programmiersprachen wie BASIC lassen den Programmierer weitgehend allein bei der Bildung von Datenstrukturen, oder anders: Sie unterstützen ihn kaum. Bei BASIC fehlen der Verbund bzw. Record (was gerade bei der Dateiverarbeitung von Nachteil ist) wie auch die benutzerdefinierten Typen.
Strukturierte Programmiersprachen stellen die oben angeführten Datentypen bereit. Aber auch hier gibt es Unterschiede. So ist Pascal - was die standardmäßige Vorgabe von Datentypen angeht - eher sparsam, aber die wenigen Datentypen können sehr flexibel zum Entwurf komplexer Datenstrukturen genutzt werden. Sprachen wie ADA und auch Modula 2 sind weniger sparsam ausgestattet.

1.3.3 Programmstrukturen

Die vier Programmstrukturen Folge, Auswahl, Wiederholung und Unterprogramm sind die grundlegenden Ablaufarten der Informatik überhaupt. Grundlegend in zweifacher Hinsicht:
Analyse: Zum einen gelangt man beim Auseinandernehmen noch so umfangreicher Programmabläufe immer auf diese vier Programmstrukturen als Grundmuster (Analyse von Programmen).

Synthese: Zum anderen kann umgekehrt jeder zur Problemlösung erforderliche Programmablauf durch geeignetes Anordnen dieser vier Programmstrukturen konstruiert werden (Synthese von Programmen).

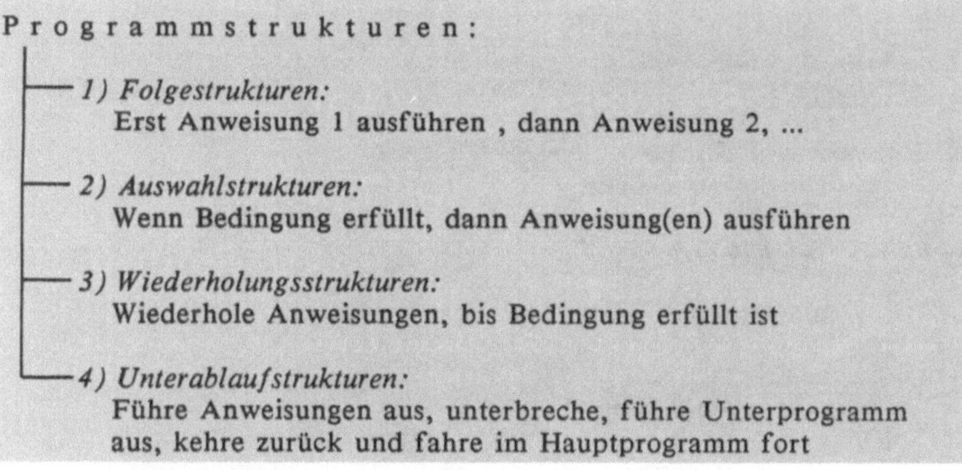

Vier grundlegende Programm- bzw. Ablaufstrukturen

1.3.3.1 Folgestrukturen

Linearer Ablauf: Jedes Programm besteht aus einer Aneinanderreihung von Anweisungen an den Computer (vgl.Abschnitt 1.1.1). Besteht ein bestimmtes Programm nur aus einer Folgestruktur, dann wird Anweisung für Anweisung wie eine Linie abgearbeitet. Man spricht deshalb auch vom linearen Ablauf bzw. unverzweigten Ablauf, vom Geradeaus-Ablauf oder von einer Sequenz.

Ablaufbeispiel mit vier Darstellungsformen: Das Beispiel zeigt ein Programm, bei dem fünf Anweisungen in Folge ausgeführt werden: Über Tastatur wird ein Rechnungsbetrag eingegeben, um nach der Berechnung den Skonto- und Überweisungsbetrag als Ergebnis am Bildschirm auszugeben. Das Ablaufbeispiel wird in vier Darstellungsformen wiedergegeben:
  - als *Ablaufregel* (verbale Kurzform)
  - als *Entwurf* (algorithmischer Entwurf, Pseudocode, Entwurfsprache)
  - als *Dialogprotokoll* (Dialog zwischen Benutzer und Computer)
  - als *Struktogramm* (Nassi-Shneiderman-Diagramm)

1) Allgemeine Regel:
Erst Anweisung 1 ausführen, dann Anweisung 2, dann ...

2) Beispiel in Entwurfsprache:
 Ausgabe Fragestellung
 Eingabe RECHNUNGSBETRAG
 berechne SKONTOBETRAG
 bereichne UEBERWEISUNGSBETRAG
 Ausgabe der Ergebnisse

3) Beispiel als Dialogprotokoll:
 RUN
 Rechnungsbetrag eintippen:
 200
 Skontoabzug: 6 DM
 Überweisung: 196 DM

4) Ablauf als Struktogramm:

Anweisung 1
Anweisung 2
Anweisung 3
Anweisung 4
Anweisung 5

Vier Darstellungsformen eines Ablaufs mit Folgestruktur

Entwurfsprache: Um unabhängig von den Formalitäten der vielen Programmiersprachen Programmabläufe beschreiben zu können, verwenden wir eine einfache Entwurfsprache (auch algorithmischer Entwurf oder Pseudocode genannt), die umgangssprachlich formuliert wird. Im Beispiel werden die umgangssprachlichen Anweisungsworte "Ausgabe", "Eingabe" und "berechne" verwendet. Die Beschreibung von Abläufen mittels einer Entwurfsprache ist in der Informatik weit verbreitet.

Das *Dialogprotokoll* zum Ablaufbeispiel gibt den "Dialog" zwischen Benutzer (der Werte eintippt) und Computer (der Information ausgibt) wieder, wie er bei der Programmausführung am Bildschirm erscheint bzw. protokolliert wird. Im Beispiel gibt der Benutzer den Befehl RUN ein, worauf der Computer mit der Ausgabe "Rechnungsbetrag eintippen:" antwortet; nach der Benutzereingabe von 200 rechnet der Computer (im Dialogprotokoll nicht sichtbar) mit 3%, um dann den Skonto- und den Überweisungsbetrag in zwei Ausgabezeilen am Bildschirm anzuzeigen.

Struktogramm: Nach dem Entwurf und dem Dialogprotokoll ist das Programmbeispiel zeichnerisch als Struktogramm dargestellt. Die Sinnbilder

von Struktogrammen sind nach DIN 66261 genormt. Für jede Programmstruktur gibt es ein gesondertes Strukturblock-Sinnbild.

1.3.3.2 Auswahlstrukturen

Zweiseitige Auswahlstruktur: Die Auswahlstrukturen dienen dazu, aus einer Vielzahl von Möglichkeiten bestimmte Fälle auszuwählen: In der folgenden Abbildung sind es die beiden Fälle "Skontoabzug bei Bezahlung
in weniger als acht Tagen nach Rechnungserhalt (Bedingung TAGE<8 erfüllt)" sowie "Zahlung rein netto bei späterer Überweisung (Bedingung
TAGE<8 nicht erfüllt)". Dieses Beispiel bezeichnet man deshalb auch als
Zweiseitige Auswahl(-struktur).

1) Allgemeine Regel:
Wenn Bedingung 1 erfüllt ist, dann führe Anweisung 2 aus, sonst führe
Anweisung 3 aus, um dann gemeinsam fortzufahren.

2) Beispiel in Entwurfsprache:
    Ausgabe der Fragestellung
    wenn TAGE kleiner 8
      dann überweise mit Skonto
      sonst überweise rein netto
    Ende-wenn

3) Zwei Ausführungsbeispiele als Dialogprotokolle:
    <u>RUN</u>
    Anzahl der Tage =?
    <u>6</u>
    Skontoabzug möglich

    <u>RUN</u>
    Anzahl der Tage =?
    <u>14</u>
    Zahlung rein netto

4) Ablauf als Struktogramm:

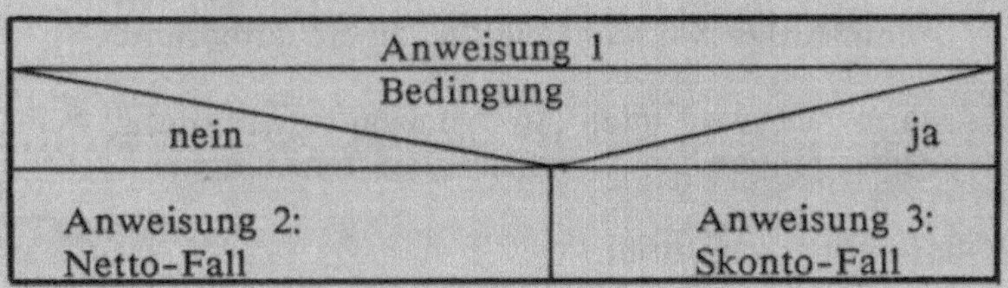

5) Allgemeiner Ablauf in Entwurfsprache:
    Anweisung(en) 1
    wenn Bedingung 1 erfüllt
      dann Anweisung(en) 2
      sonst Anweisung(en) 3
    Ende-wenn

Fünf Darstellungsformen eines Ablaufs mit zweiseitiger Auswahlstruktur

Einseitige Auswahlstruktur: Neben der zweiseitigen Auswahl gibt es zwei weitere Auswahltypen: die einseitige Auswahl mit nur einem Fall und die mehrseitige Auswahl bzw. Fallabfrage mit mehr als zwei Fällen. Bei der einseitigen Auswahl ist ein Zweig leer:

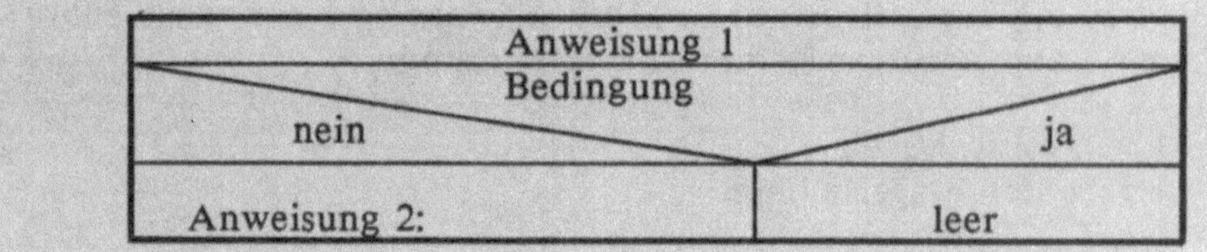

Einseitige Auswahlstruktur als Struktogramm

Mehrseitige Auswahlstruktur: Bei der mehrseitigen Auswahl werden mehrere Fälle unterschieden; im folgenden Beispiel sind es drei Fälle. Das Struktogramm zeigt, daß die mehrseitige Auswahl als Schachtelung von zweiseitigen Auswahlen aufgefaßt werden kann.

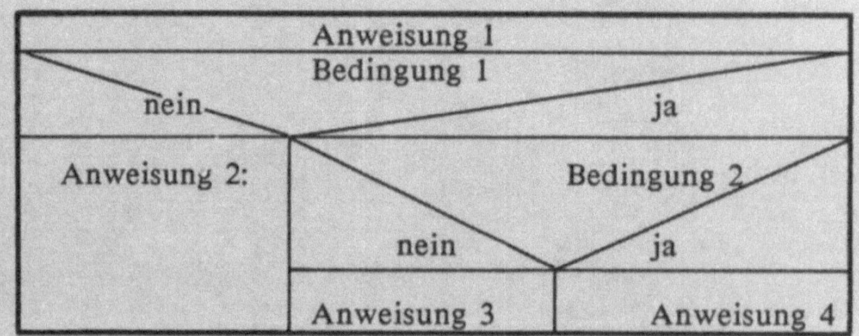

Mehrseitige Auswahlstruktur als Struktogramm

Auswahlstrukturen werden auch als Alternativstrukturen, Abläufe mit (Vorwärts-)Verzweigungen bzw. als Selektion bezeichnet.

1.3.3.3 Wiederholungsstrukturen

Schleifen: Wiederholungsstrukturen führen zu Programmschleifen, die mehrmals durchlaufen werden. In dem unten wiedergegebenen Beispiel wird die Anweisungsfolge "Eingabe", "berechne", "berechne" und "Ausga-

be" wiederholt durchlaufen, bis die Bedingung RECHNUNGSBETRAG =
0 erfüllt ist; diese Bedingung wird über die Tastatur als Signal zum Beenden der Schleife eingetippt. Wiederholungsstrukturen werden auch als
Repetitionen und Iterationen bezeichnet.

1) Allgemeine Regel:
    Wiederhole die Anweisungen 1, 2, 3, ... so lange, bis eine
    bestimmte Bedingung zum Beenden der Schleife erfüllt ist.

2) Beispiel in Entwurfsprache:
    Ausgabe Überschriftszeile
    wiederhole
        wenn RECHNUNGSBETRAG=0 dann Ende
        berechne SKONTOBETRAG
        berechne UEBERWEISUNGSBETRAG
        Ausgabe Ergebnis
    Ende-wiederhole
    Ausgabe Hinweis für Programmende

3) Ausführungsbeispiel als Dialogprotokoll:
    RUN
    Programm mit Schleife
    Rechnungsbetrag =?
    100
    Überweisungsbetrag: 97 DM
    Rechnungsbetrag =?
    200
    Überweisungsbetrag: 194 DM
    Rechnungsbetrag =?
    0
    Programmende.

4) Ablauf als Struktogramm:

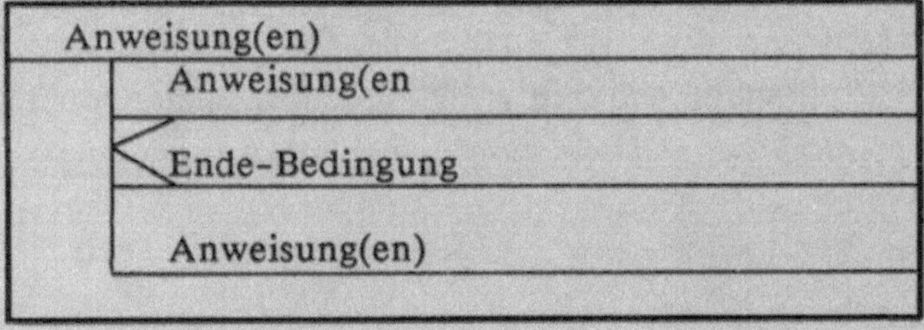

5) Allgemeiner Ablauf in Entwurfsprache:
    Anweisung 0
    wiederhole
        Anweisung 1
        Anweisung 2
        .....
        Anweisung n
        wenn Bedingung erfüllt ist, dann Schleifenende
        Anweisung n+1
        Anweisung n+2
        .....
    Ende-wiederhole

Fünf Darstellungsformen eines Ablaufs mit Wiederholungsstruktur

Schleifentypen: Auf die verschiedenen Schleifentypen wie
    - abweisende und nicht-abweisende Schleife
    - Zählerschleife
    - offene und geschlossene Schleife
gehen wir in Abschnitt 3.1.3 an Beispielen ausführlicher ein.

1.3.3.4 Unterprogrammstrukturen

Unterprogrammstrukturen bieten sich immer dann an, wenn eine Aufgabe während eines Programmablaufes mehrmals benötig wird, so z.B. die
im Beispiel wiedergegebene Aufgabe "Runde kaufmännisch auf zwei
Dezimalstellen". Auch zur übersichtlichen Gliederung eines komplexen
Programmmes und zur Programmentwicklung im Team (jeder Mitarbeiter
entwickelt einen Teil des Programmes) werden Unterprogramme verwendet.

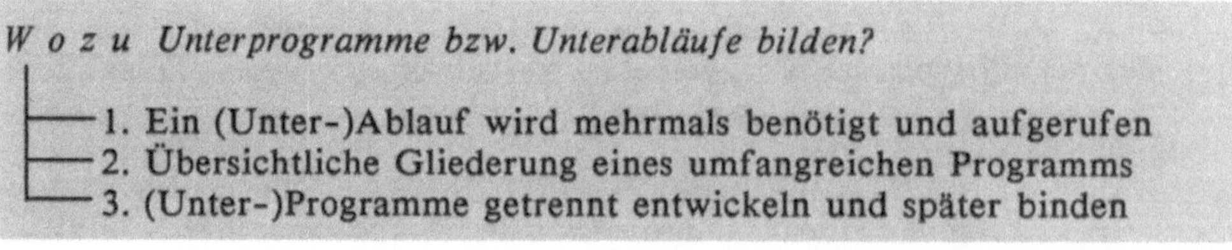

Drei Gründe zur Verwendung von Unterprogrammen

1) Allgemeine Regel:
Führe Anweisungen A1 aus, unterbreche Tätigkeit A, um Anwei
sungen B auszuführen, kehre zurück und fahre mit der Ausführung der Anweisungen A2 fort (A im Haupt- und B im Unterprogramm).

2) Beispiel in Entwurfsprache:
Beginn Hauptprogramm
  Eingabe RECHNUNGSBETRAG
  berechne SKONTOBETRAG
  Aufruf Unterprogramm RUNDEN
  berechne UEBERWEISUNGSBETRAG
  Ausgabe ERGEBNIS
Ende Hauptprogramm

  Beginn-Unterprogramm
    runde BETRAG auf zwei Stellen
    ersetze BETRAG durch den gerundeten BETRAG
  Ende-Unterprogramm

Zwei Darstellungsformen eines Ablaufs mit Unterprogrammstruktur

Prozeduren und Funktionen: Auf die möglichen Unterprogrammarten wie
Prozeduren und Funktionen gehen wir in Abschnitt 3.1.4 konkret an Beispielen ein.

1.3.3.5 Mehrere Strukturen in einem Programm

Die meisten Programme umfassen natürlich mehrere dieser Strukturen.
Dabei sind zwei Anordnungsprinzipien zu unterscheiden. Programmstrukturen können entweder hintereinander oder aber geschachtelt angeordnet
sein.
Anordnung hintereinander: Mit der jeweils folgenden Struktur wird erst
dann begonnen, nachdem die gerade in Ausführung befindliche Struktur
beendet wurde.
Anordnung geschachtelt: Mit der äußeren Struktur kann erst fortgefahren
werden, nachdem die innere Struktur vollständig ausgeführt wurde. Teil-
weises Einschachteln bzw. Überlappen von Programmstrukturen ist folg-
lich nicht erlaubt.

1.3.4 Datenstrukturen und Programmstrukturen als Software-Bausteine

In den beiden vorangegangenen Abschnitten wurden die wesentlichen
Datenstrukturen (was wird verarbeitet?) sowie Programmstrukturen (wie
ist zu verarbeiten?) allgemein dargestellt. Diese Strukturen mit ihren
unterschiedlichen Ausprägungen können insofern als Software-Bausteine

aufgefaßt werden, als aus ihnen bausteinartig die zur Lösung eines Problems erforderlichen Abläufe gebildet werden können.

```
Einfache Datenstrukturen:
        - CHAR für einzelnes Zeichen
        - INTEGER für ganze Zahl
        - REAL für Dezimalzahl
        - STRING für Text bzw. Zeichenkette
        - BOOLEAN für Wahrheitswert bzw. Logische Daten

Strukturierte Datentypen (=Datenstrukturen):
        - ARRAY für Feld bzw. Bereich
        - RECORD für Verbund bzw. Datensatz
        - FILE für Datei (genauer: Datendatei)
        - SET für Menge
```

S O F T W A R E - B A U S T E I N E

```
Programmstrukturen bzw. Ablaufstrukturen:
        - Folge für linearen Ablauf
        - Auswahl für verzweigenden Ablauf
        - Wiederholung für schleifenförmigen Ablauf
        - Unterprogramm als Prozedur oder Funktion
```

Daten- und Programmstrukturen als Software-Bausteine

Wie werden Daten(-strukturen) im Hauptspeicher abgelegt und verarbeitet? Wie werden Programm(-strukturen) abgespeichert? Wie sind Programme aufgebaut? Zu diesen Fragen kommen wir nun.

1.3.4.1 Modell des Hauptspeichers RAM als Regalschrank

Adressen: Der Hauptspeicher (auch Intern- und Arbeitsspeicher genannt) ist als Speicher RAM bzw. Schreib-/Lese-Speicher vorgesehen. Im Hauptspeicher befinden sich die zur Verarbeitung benötigten Daten und Programme. Den RAM können wir uns als Regalschrank mit sehr vielen Speicherstellen vorstellen, wobei in jede Stelle je ein Zeichen abgelegt werden kann. Ein RAM mit 64 KB (vgl. Abschnitt 1.2.3.4) umfaßt genau 65536 solcher Speicherstellen (64*1024), die von 0 an fortlaufend durchnumeriert sind. Die Nummern 0,1,2, ... ,65535 stellen die tatsächlichen Adressen der Speicherstellen dar.

Name als symbolische Adresse: Soll ein Rechnungsbetrag über 200.50 DM von Adresse 2210 oder von Adresse 58934 an gespeichert werden? Um diese tatsächlichen Adressen muß sich der Benutzer nicht kümmern. Wie allen Daten gibt man auch dem Rechnungsbetrag einen Namen, z.B. BETRAG. Dieser Name BETRAG dann als symbolische Adresse zur

Speicherung dient. Der Computer sucht sich selbständig einen für BETRAG freien Speicherplatz und legt die 200.50 dorthin ab. Wo soll das zugehörige Programm abgespeichert werden? Auch darum braucht sich der Benutzer nicht zu kümmern. Man gibt dem Programm einen Namen wie z.B. RECHNUNG1 , und der Computer reserviert selbständig die notwendige Anzahl von Speicherstellen und bestimmt dann einen geeigneten Speicherort. Daten wie Programme werden also über ihre Namen angesprochen.

Modell des RAM als Regalschrank: Einige Regale sind leer. In ihnen ist nichts gespeichert. Auf anderen Regalen aber befinden sich Schachteln, und zwar Daten-Schachteln mit Daten als Inhalt sowie Programm-Schachteln mit Anweisungen als Inhalt. Jede Schachtel ist mit dem von uns jeweils gewählten Namen beschriftet. Durch Angabe dieser Namen ist es uns möglich, Inhalte von Schachteln zu lesen und zu ändern. Für die ausreichende Größe einer Schachtel (= Anzahl von Speicherstellen) sowie das passende Regal (= tatsächliche Adresse) sorgt der Computer selbst.

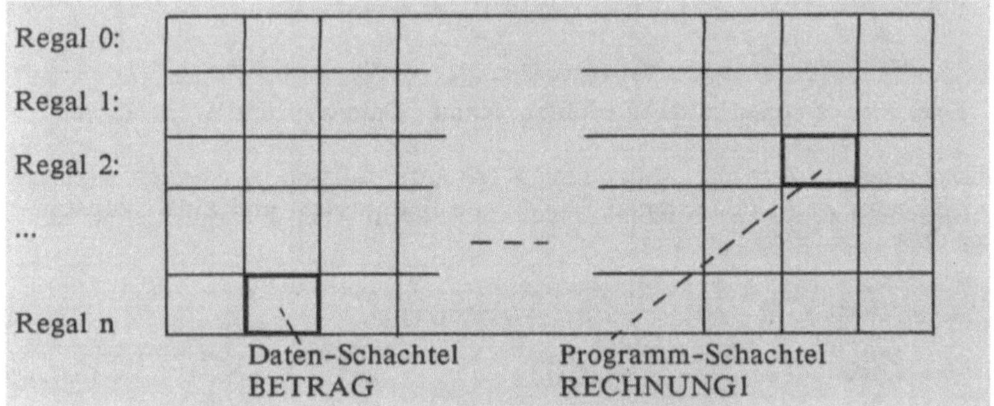

Modell des RAM als Regalschrank

1.3.4.2 Daten als Variablen und Konstanten vereinbaren

Daten sprechen wir mit Namen an. Dies gilt für veränderliche bzw. variable Daten, also für Variablen, wie auch für feste bzw. konstante Daten, also für Konstanten.

Variablen-Vereinbarung: Das Einrichten von Daten-Schachteln bezeichnet man als Deklaration oder als Vereinbarung. Für eine Variable müssen wir vereinbaren, welchen Namen (z.B. den Namen BETRAG) und welchen Datentyp (z.B. Dezimalzahl bzw. REAL) sie haben soll. Mit dem Datentyp wird der Wertebereich angegeben. Den Inhalt als den Wert der Variablen können wir dann später im Rahmen des jeweiligen Wertebereichs

(z.B. der Dezimalzahlen) beliebig verändern. Jede Variable weist somit die drei Komponenten auf:
- Name (=Speicheradresse)
- Datentyp (= Wertebereich)
- Inhalt bzw. Wert (= augenblicklicher Schachtelinhalt)

Schachteln können sehr klein (wie die für den BETRAG) oder auch sehr umfangreich (wie z.B. ein String-Array mit 100 Zeilen und mit fünf Spalten für 100*5=500 Artikelmengen) sein.

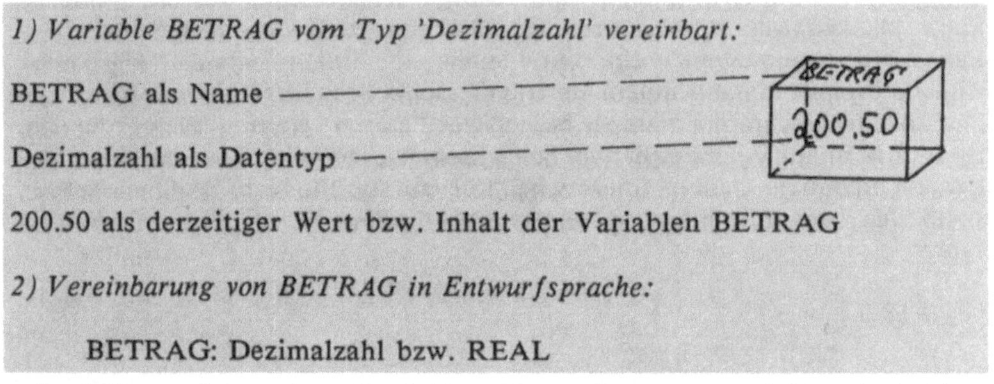

1) Variable BETRAG vom Typ 'Dezimalzahl' vereinbart:

BETRAG als Name — — — — — — — — — — — —

Dezimalzahl als Datentyp — — — — — — — — —

200.50 als derzeitiger Wert bzw. Inhalt der Variablen BETRAG

2) Vereinbarung von BETRAG in Entwurfsprache:

    BETRAG: Dezimalzahl bzw. REAL

Drei Kennzeichen einer Variablen: Name, Datentyp und Wert (Inhalt)

Konstantenvereinbarung: Für eine Konstante müssen wir einen Namen vereinbaren (z.B. den Namen S1 für den Skontosatz) und einen konstanten Wert (z.B. 3 %).

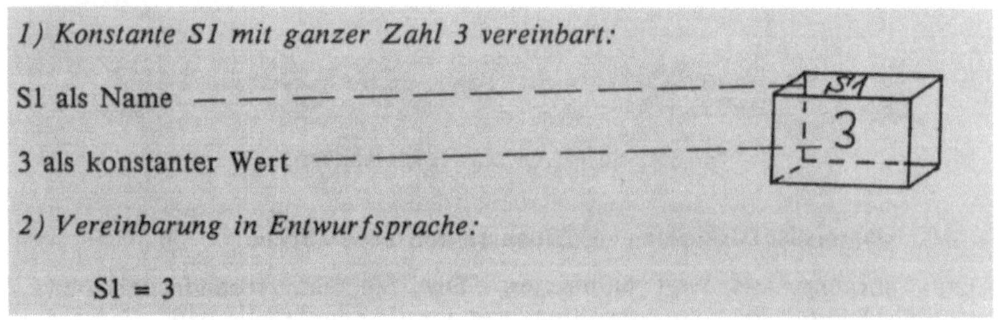

1) Konstante S1 mit ganzer Zahl 3 vereinbart:

S1 als Name — — — — — — — — — — — — — —

3 als konstanter Wert — — — — — — — — — —

2) Vereinbarung in Entwurfsprache:

    S1 = 3

Zwei Kennzeichen einer Konstanten: Name und Wert (Inhalt)

Zuerst vereinbaren, dann verarbeiten: Die Vereinbarungen von Variablen und von Konstanten werden vom Programmierer im Rahmen der Programmerstellung getroffen; sie stehen am Anfang des Programmtextes. Der Computer muß eine Daten-Schachtel zuerst einrichten, um dann mit ihr gemäß den im Programm weiter angegebenen Anweisungen arbeiten zu können.

1.3.4.3 Programm mit Vereinbarungsteil und Anweisungsteil

Jedes Programm weist neben dem Programmnamen zwei weitere Bestandteile auf: den Vereinbarungsteil und den Anweisungsteil. Anstelle von Vereinbarung spricht man auch von Deklaration.
Der Programmname dient zum Aufrufen des Programms. Das Programm kann dabei im RAM als dem internen Speicher wie auch auf Diskette bzw. Festplatte als externen Speichereinheiten abgelegt sein.
Im Vereinbarungsteil legt der Programmierer fest, welche Variablen und Konstanten einzurichten sind. In Abschnitt 3 werden wir sehen, daß ggf. auch selbstdefinierte Datentypen sowie Unterprogramme (Prozeduren und Funktionen) vereinbart werden können.
In den Programmiersprachen wird unterschiedlich vereinbart. So muß in Pascal der Vereinbarungsteil in jedem Fall programmiert werden. In BASIC können Vereinbarungen auch durch die Wahl der Variablen getroffen werden. Aus Gründen der Programmübersicht sollte auch in BASIC explizit vereinbart werden (REM-Anweisungen).

1) Welcher Name hat das Programm, und damit: Wo gespeichert?
   Programm .....

2) Was wird verarbeitet? Welche Bedeutung haben die Namen?
   Vereinbarungsteil mit Deklarationen
   - von Konstanten
   - von selbstdefinierten Datentypen
   - von Variablen
   - von Funktionen
   - von Prozeduren

3) Wie ist zu verarbeiten? Welche Anweisungen sind auszuführen?
   Anweisungsteil mit Anweisungen
   - zur Eingabe (z.B. Tastatureingabe)
   - zur Ausgabe (z.B. auf den Drucker)
   - zur Wertzuweisung (Zuweisungszeichen "=" bzw. ":=")
   - zur Ablaufsteuerung (z.B. Schleife mit FOR)

Drei Bestandteile eines Programmes: Name, Vereinbarungsteil und Anweisungsteil

Der Anweisungsteil als Folge von Anweisungen an den Computer enthält das eigentliche Programm. Auf die einzelnen Anweisungsarten zur Eingabe, Ausgabe, Wertzuweisung und Ablaufsteuerung gehen wir in Abschnitt 3.1 an Beispielen ein.

1.3.5 Datei und Datenbank

Eine Datei stellt die typische Datenstruktur zur langfristigen Speicherung von Massendaten in der kommerziellen DV dar. Am Beispiel der in Abschnitt 1.3.2.2 bereits angesprochenen Kundendatei wollen wir auf die Dateiverarbeitung eingehen. Andere Begriffe für Dateiverarbeitung: Dateiverwaltung, File Handling (File für Datei). Ein Hinweis: Unterscheidet man zwischen Data File (Datendatei) und Program File (Programmdatei), dann ist im folgenden mit dem Begriff "Datei" (ohne weiteren Zusatz) die Datendatei gemeint.

Kundendatei als Beispiel: Die Kundendatei ist bewußt sehr einfach aufgebaut: Zu jedem der derzeit 1580 Kunden einer Handelsfirma werden die drei Angaben NUMMER, NAME und UMSATZ als Kundendatei auf einem Externspeicher abgelegt. Man sagt auch: Die Kundendatei umfaßt derzeit 1580 Datensätze (Kundensätze bzw. Sätze), wobei jeder Satz aus drei Datenfeldern als Komponenten besteht. Für diese Felder wiederum sind Variablen mit unterschiedlichen Datentypen vereinbart: eine Variable namens NUMMER für die Kundennummer ganzzahlig, eine Variable NAME als Text und eine Variable UMSATZ für den getätigten DM-Umsatz vom Datentyp Dezimalzahl. Die Datensätze stellen jeweils Verbunde (Records) dar. Der Datensatz hat den Namen KUNDSATZ, und die Datei heißt KUNDDATEI. Wie die in der Abbildung dargestellten vier Sätze zeigen, sollen die Kunden nach Kundennummern aufsteigend sortiert gespeichert sein. Mit (1),(2),... werden die Datensatznummern innerhalb der Datei angegeben.

1) Vier Datensätze der Kundendatei namens KUNDDATEI ausgedruckt:

(1)	101	Frei	6500.00
(2)	104	Maucher	295.60
(3)	109	Hildebrandt	4590.75
(4)	110	Amann	1018.75
(5)	.....		

2) Datensatz namens KUNDSATZ als Verbund vereinbart:

```
KUNDSATZ: Verbund bzw. Record
    NUMMER: Ganzzahl
    NAME: Text
    UMSATZ: Dezimalzahl
Ende-Verbund
```

3) Vereinbarung der Datei in Entwurfsprache:

KUNDDATEI: Datei mit Datensätzen vom Typ KUNDSATZ

Inhalt und Vereinbarungen zur Kundendatei namens KUNDDATEI

Dateihierarchie: Eine Datei umfaßt mehrere Datensätze. Jeder Satz wiederum hat mehrere Datenfelder. Jedes Feld besteht aus mehreren Zeichen und jedes Zeichen wird als Byte bzw. Kombination von 8 Bits gespeichert. Jeder Datensatz ist gleich aufgebaut und gleich lang (konstante Datensatzlänge für die meisten Dateisysteme). Die Überordnung Datei - Satz - Feld - Zeichen bezeichnet man auch als Dateihierarchie.

Datei (File), z.B. KUNDDATEI

Datensatz (Record), z.B. 1580 Sätze

Datenfeld (Field), z.B. drei Felder NUMMER, NAME, UMSATZ

Zeichen (Character), Byte, z.B. "R" als 2. Zeichen von "FREI"

Bit (Binary Digit:0 oder 1), z.B. 0 als 1. Bit im Byte
01010010 für "R"

Hierarchischer Aufbau einer Datei: Datei-Satz-Feld-Zeichen-Bit

1.3.5.1 Zugriffsart, Speicherungsform und Verarbeitungsweise

Zwei Zugriffsarten: Auf eine Datei wird stets datensatzweise zugegriffen, sei es in den RAM hinein (Lesen = Eingabe) oder aus dem RAM hinaus (Schreiben = Ausgabe). Entsprechend spricht man vom lesenden Zugriff (vom Externspeicher in den RAM) oder vom schreibenden Zugriff (vom RAM auf den Externspeicher). Ist ohne weiteren Zusatz vom Zugriff die Rede, so meint man damit das Lesen von Sätzen. Zwei Zugriffsarten sind zu unterscheiden: der direkte und der indirekte Zugriff. Der *direkte Zugriff* läßt sich mit der Schallplatte vergleichen: Will man z.B. das siebte Musikstück hören, kann der Tonarm direkt bei diesem gewünschten Stück aufgesetzt werden. Entsprechend kann bei der Platte (Magnetplatte, Diskette) in der DV ein bestimmter Datensatz direkt durch Angabe seiner Satensatznummer als Adresse bzw. "Hausnummer" in den RAM gelesen werden.
Der *indirekte Zugriff* ist - wie beim Tonband - umständlicher: Das Tonband muß z.B. zum siebten Musikstück gespult werden; wir können nur in der Reihenfolge zugreifen, in der früher einmal aufgenommen wurde. Dementsprechend muß in der DV Datensatz für Datensatz gelesen werden, bis z.B. der siebte Kunde gefunden ist.

Wir halten fest: Beim Band (Magnetband, Kassette) kann nur indirekt auf den Datensatz einer Datei zugegriffen werden, während bei der Platte (Magnetplatte, Winchesterplatte, Diskette) auch direkt zugegriffen werden kann. Die Platte wird deshalb auch Direktzugriff-Speicher genannt, im Gegensatz zum Band als sequentiellem Speicher (Sequenz = Reihenfolge).

- Zwei Zugriffsarten: indirekt, direkt
- Vier Speicherungsformen: seriell, gestreut, indiziert, verkettet
- Zwei Verarbeitungsweisen: sortiert, unsortiert

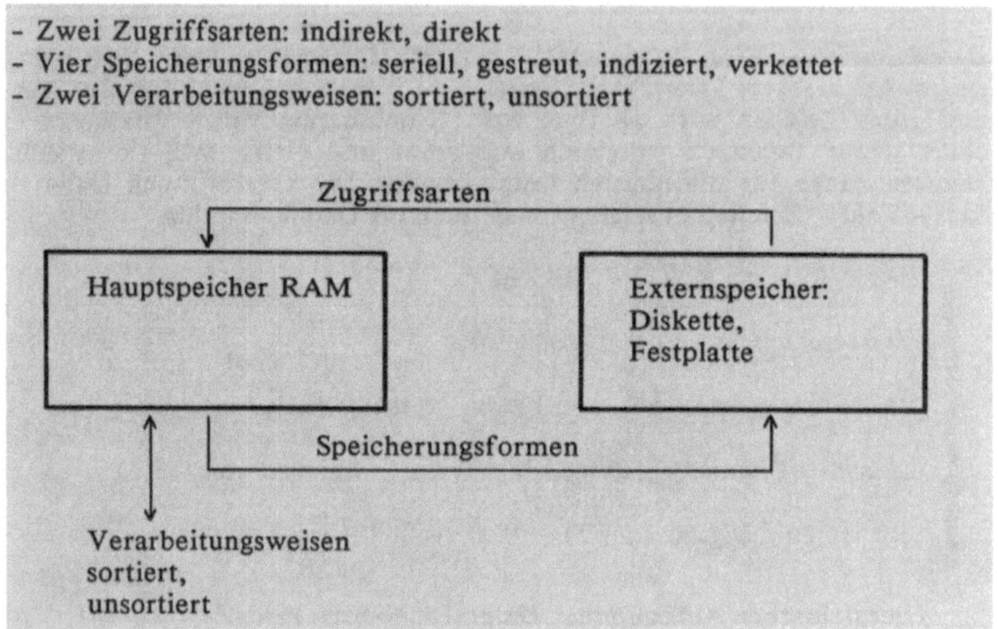

Zugriff, Speicherung und Verarbeitung einer Datei

Der Begriff der Speicherungsform bezieht sich auf das Abspeichern bzw. Schreiben von Sätzen aus dem RAM auf die Datei.

1. Serielle Speicherungsform:

Seriell speichern heißt starr fortlaufend speichern: Der nächste Neukunde wird als nächster Kunde hinter den zuvor gerade geschriebenen Datensatz gespeichert.

2. Gestreute Speicherungsform:

Gestreut speichern heißt, daß die Sätze zufällig über die Plattenoberfläche hinweg streuend abgelegt werden. Zur Erklärung folgendes Beispiel: In einem Betrieb seien die Kundennummern 101,104,109,110,...,50000 vergeben. Würde man nach dem Verfahren "Kundennummer ergibt Datensatznummer" vorgehen, so würde man auf der Platte 50000 Speicherorte für die nur 1580 Kundensätze zu reservieren haben - wahrlich verschwenderisch. Was tun? Man versucht, die

Anzahl der Speicherorte durch die Wahl eines geeigneten Adreßrechnungsverfahrens zu verdichten, wie z.B. mit dem *Divisions-Rest-Verfahren*. Das führt dann dazu, daß Kunde 48236 als 237. Satz und Kunde 3973 als 1831. Satz abgelegt ist, daß also gestreut gespeichert ist. Der Nachteil solcher Verfahren: Für mehrere Kundennummern kann sich ein und dieselbe Datensatznummer ergeben (Problem der Überläufer).

3. Indizierte Speicherungsform:

Nach der seriellen Speicherung und der gestreuten Speicherung nun zur indizierten Speicherung als dritter Form. Zur Erklärung folgendes Beispiel: Zusätzlich zu unserer Kundendatei wird in einer Indexdatei zu jedem Namen die Datensatznummer gespeichert, unter der dieser Name in der Kundendatei zu finden ist: Kunde MAUCHER so z.B. als zweiter Satz. Wie die Kundendatei (zur Unterscheidung Haupt- oder Datendatei genannt) vier Kundensätze hat, so hat auch die Indexdatei vier Indexsätze. Dann wird diese Indexdatei nach Namen sortiert abgespeichert. Möchte man sich nun später alle Kunden nach Namen sortiert ausdrucken lassen, so geht man wie folgt vor:

    a) Indirekter Zugriff auf den jeweils nächsten Indexsatz der sortierten Indexdatei.

    b) Direkter Zugriff auf den Kundensatz, dessen Datensatznummer gerade zuvor aus der Indexdatei gelesen wurde.

    c) Mit a) fortfahren, bis Ende der Indexdatei erreicht ist.

> *1. Zugriff indirekt* auf die Indexdatei bzw. auf den
>   nächsten Indexsatz (Sazunummer S gelesen).
> *2. Zugriff direkt* auf die Datendatei bzw. auf den Satz
>   mit Satznummer S.

Index-sequentieller Zugriff erfolgt stets in zwei Schritten

Eine Indexdatei kann als Inhaltsverzeichnis aufgefaßt werden, das - ähnlich den Seitenangaben in einem Buchinhaltsverzeichnis - die Satznummern der zugehörigen Datendatei anzeigt (indizieren bedeutet anzeigen). Zu der Kundendatei sind zumindest drei Indexdateien möglich: je eine für die NUMMER, für den NAMEn und für den UMSATZ.

1) Kundendatei mit den ersten vier Datensätzen:

101	Frei	6500.00
104	Maucher	295.60
109	Hildebrandt	4590.75
110	Amann	1018.75

2) Indexdatei für Ordnungsbegriff NAME unsortiert:

Frei	1
Maucher	2
Hildebrandt	3
Amann	4

3) Indexdatei für NAME sortiert:

Amann	4
Frei	1
Hildebrandt	3
Maucher	2

Kundendatei als Datendatei mit zwei Indexdateien

Schneller Zugriff über Index: Das Anlegen einer Indexdatei gestattet einen schnellen Zugriff sowie vielseitige Verarbeitungsarten. Zunächst zur Geschwindigkeit: In der kaufmännischen Praxis ist ein Kundensatz mit z.B. 300 Zeichen viel länger als unser Beispielsatz, der Indexsatz hingegen unverändert kurz, da er ja nur die beiden Komponenten NAME als Schlüsselfeld und SATZNR als Adreßfeld umfaßt. Das Durchsuchen oder Sortieren einer Indexdatei geht somit schneller vonstatten als das der zugehörigen Datendatei. Zumal die Indexdatei aufgrund ihres geringen Umfanges dabei komplett im Hauptspeicher gehalten werden kann, während die Datendatei aufgrund ihrer Größe zum Sortieren wiederholt ein- und ausgelagert werden muß.

Vielseitige Verarbeitung über Index: Ein zweiter Vorteil besteht in der Vielseitigkeit: Hat man zu den Schlüsseln NAME, UMSATZ, PLZ, WOHNORT, VERTRETER, RABATT, KUNDESEIT, OFFENERPOSTEN je eine Indexdatei sortiert angelegt, so können die Kunden jederzeit nach diesen acht Ordnungsbegriffen sortiert in einer Übersicht ausgedruckt werden. Ebenso kann ein bestimmter Kunde über schnelle Suchverfahren wie etwa über das "binäre Suchen" am Bildschirm angezeigt werden.

4. Verkettete Speicherungsform:

Als vierte Speicherungsform wurde oben die verkettete Speicherung genannt. Dazu folgendes Beispiel: Der Kundensatz wird um zwei Datenfelder erweitert, in denen Zeiger bzw. Pointer gespeichert sind, die auf den jeweils nächsten Kundensatz zeigen. Das erste Zeigerfeld verkettet die Sätze nach Namen aufsteigend sortiert: Nach dem Lesen von AMANN (A für Ankeradresse) verweist Zeigerfeldinhalt 1 auf FREI, der dann eingelesen wird; dann zeigt Zeiger 3 auf HILDEBRANDT als drittem Satz, worauf mit Zeiger 2 auf MAUCHER zugegriffen wird, dessen Zeiger 0 das Ende der Kette signalisiert. Über diese Kette 3-0-2-1 können die Kunden rasch alphabetisch geordnet aufgelistet werden. Die zweite Kette 0-4-1-3 verkettet Kunden nach deren Umsatz geordnet.

Kundennummer:	Kundenname:	Kundenumsatz:	Zeiger für Name:	Zeiger für Umsatz:
101	Frei	6500.00	3	0
104	Maucher	295.60 A	0	4
109	Hildebrandt	4590.05	2	1
110	Amann A	1018.75	1	3

Kundendatei mit Verkettung über zwei Zeigerfelder (A=Anker)

Logische Ordnungen: Das Beispiel zeigt, daß über die verkettete Speicherung beliebig viele logische Ordnungen gebildet werden können, ohne die Datensätze dazu physisch auf dem Externspeicher umspeichern zu müssen.

Sortierte Verarbeitungsweise:
Nach den zwei Zugriffsarten und den vier Speicherungsformen nun zu den zwei oben unterschiedenen Verarbeitungsweisen, zur sortierten und zur unsortierten Verarbeitung:
Eine Datei sortiert verarbeiten heißt, daß eine physisch oder logisch zusammenhängende Folge von Datensätzen verarbeitet wird, wie z.B. beim Auflisten des gesamten Dateiinhaltes oder bei der Gehaltsabrechnung für alle Angestellten eines Betriebes. Wenn die Bewegungsdatei (Lagerzugänge und -abgänge) genauso sortiert vorliegt wie die Bestandsdatei (Artikel insgesamt), so wird von einer sortierten Verarbeitung gesprochen.

Unsortierte Verarbeitungsweise:
Bei der unsortierten Verarbeitung werden einzelne Sätze einer Datei ggf. mehrmals direkt angesprochen, wie z.B. beim Verarbeiten einzelner Kundenaufträge oder beim Auskunftserteilen über den derzeitigen Kontostand.

1.3.5.2 Vier Organisationsformen von Dateien

Je nach Kombination von Zugriffsart (Eingabe eines Datensatzes vom
Externspeicher in den Hauptspeicher RAM), Speicherungsform (Ausgabe
vom RAM auf den Externspeicher) und Verarbeitungsweise (Verarbeitung intern im Hauptspeicher) kann eine Vielzahl von Datei-
Organisationsformen unterschieden werden. Folgende vier Organisationsformen werden heute am häufigsten genannt - wenn auch kaum einheit-
lich ausgelegt.

Sequentielle Datei:
     - Indirekter Zugriff, serielle Speicherung und sortierte
      Verarbeitung bei zumeist sortierter Speicherungsfolge.
     - Typische Banddatei (Magnetband, Kassette).

Direktzugriff-Datei:
     - Direkter Zugriff, oft gestreute Speicherung und unsortierte
      Verarbeitung.
     - Typische Plattendatei (Magnetplatte, Diskette, Festplatte).
     - Bezeichnungen: Random-Datei, Relative Datei.

Index-sequentielle Datei:
     - Kombination von sequentieller - und Direktzugriff-Datei.
     - Alle Zugriffsarten, Speicherungsformen und Verarbeitungs-
      weisen möglich.
     - Kennzeichnend ist die indizierte Speicherung.

Verkettete Datei:
     - Indirekter Zugriff, Verkettete Speicherungsform bei
      sortierter Verarbeitung.

Vier grundlegende Organisationsformen von Dateien

Die rein sequentiell organisierte Datei wird mit der zunehmenden Verbreitung von Wechselplatte, Festplatte und Diskette immer mehr durch
die Direktzugriff-Datei und die index-sequentielle Datei verdrängt.

1.3.5.3 Grundlegende Abläufe auf Dateien

Die Dateiverarbeitung umfaßt viele Abläufe: So müssen Daten zunächst
einmal erfaßt bzw. computerlesbar gemacht wrden, um sie dann auf einem Externspeicher abzulegen, später wieder zu suchen, abzuändern,
auszudrucken, zu löschen usw. Zusammenfassend können wir hierzu elf
grundlegende Abläufe zum Einrichten, Verwalten und Auswerten von
Dateien unterscheiden. Jedes kommerzielle Datei-System mit dem An-

spruch auf eine universelle Verwendbarkeit wird diese Abläufe bereitstellen.

Vier Dateiarten: In Abschnitt 1.3.1.1 wurden Bestands- und Bewegungsdaten sowie Stamm- und Änderungsdaten unterschieden. Entsprechend
gibt es dem Inhalt nach vier Dateiarten:
- die Bestandsdatei (z.B. Artikelbestandsdatei)
- die Bewegungsdatei (z.B. Zu-/Abgänge von Artikellagerbeständen)
- die Stammdatei (z.B. Kundenstammdatei)
- die Änderungsdatei (z.B. Anschriftsänderung von Kunden).

1) Anlegen:
Datei(-struktur) auf einem Externspeicher leer einrichten.

2) Neu schreiben:
Datensätze erfassen und neu in die Datei hinzufügen.

3) Lesen:
Einen oder mehrere Sätze in den RAM lesen und dann anzeigen.

4) Bewegen:
Zu- und Abgänge mengenmäßig (Lagerbestandsfortschreibung)
oder wertmäßig (Kontoführung) aktualisieren.

5) Ändern:
Sätze löschen (entfernen) oder inhaltlich abändern.

6) Sortieren:
Sätze in eine auf- oder absteigende Sortierfolge bringen.

7) Mischen:
Quelldateien zu einer Zieldatei sortiert zusammenfügen.

8) Kopieren:
Datei abbildgetreu (Back up) oder geändert (Teildatei bilden)
übertragen bzw. kopieren.

9) Auswählen:
Sätze, die bestimmten Bedingungen genügen, heraussuchen
bzw. selektieren (Satzgruppen bilden).

10) Klassifizieren:
Datei nach bestimmten Größenklassen auswerten.

11) Verdichten:
Sätze nach Merkmalen gruppieren und Gruppensummen
bilden (Gruppenwechsel).

Elf grundlegende Abläufe bzw. Algorithmen auf Dateien

Datei-Algorithmen: Die elf grundlegenden Abläufe beziehen sich auf die
vier Datei-Organisationsformen (sequentiell, Direktzugriff, index-sequentiell, verkettet) gleichermaßen. Man spricht auch von den grundlegenden Datei-Algorithmen (ein Algorithmus ist eine Folge von Anweisungen, der in einer endlichen Schritt-Anzahl zur Lösung eines Problems
führt).

Zum Ablauf "1) Anlegen": Hier wird die Struktur als das Definitionsge-
rüst einer neuen Datei festgelegt. Spezielle Dateiverwaltungssysteme wie
z.B. dBASE sehen dazu gesonderte Befehle vor (z.B. CREATE).

Zum Ablauf "4) Bewegen": Bewegungen werden in der Regel gesammelt
(gestapelt), als Bewegungsdatei gepeichert und dann zu einem Termin wie
z.B. zum Wochenende in einem Arbeitsgang verarbeitet.

Zum Ablauf "5) Ändern": Sätze können tatsächlich (= physisch) oder nur
durch eine bestimmte Markierung wie BESTAND=-99 (= logisch) gelöscht werden; die Inhaltsänderung kann ein oder mehrere Datenfelder
betreffen.

Zum Ablauf "6) Sortieren": Es kann intern im RAM und/oder extern auf
Band bzw. Platte sortiert werden. Dabei werden die Datensätze selbst
oder aber nur deren Adressen (Speicherplätze) in eine neue Reihenfolge
gebracht.

Zum Ablauf "8) Kopieren": Beim Back Up duplizieren wir eine Datei unverändert. Ebenso läßt sich eine Datei als Kopie von einer anderen Datei
bei gleichzeitigem Ändern (Verkürzen, Erweitern, Modifizieren) erstellen.

Zum Ablauf "9) Auswählen": Hat die Datei n Sätze, so kann man genau
einen Kunden (110), mehrere vorgegebene Sätze (Kunden 101, 104 und
110) oder eine unbestimmte Satzanzahl (alle Kunden unter 10.000 DM
Umsatz) auswählen.

Zum Ablauf "10) Klassifizieren": Hier wird z.B. eine Artikeldatei nach
Lagerorten und Umschlagshäufigkeit tabellarisch ausgewertet.

Zum Ablauf "11) Verdichten": Gruppenwechsel kann einstufig (Absatz je
Vertreter) oder zweistufig (Absatz je Vertreter und Artikel) vorgenommen werden.

1.3.5.4 Datei öffen, verarbeiten und schließen

Beim Lesen, Schreiben oder Ändern einer Datei geht man immer in drei
Schritten vor: Datei öffnen, verarbeiten und schließen.

1. Datei öffnen:
Verbindung zwischen Datei und Programm herstellen (Dateiname,
Zugriffsart, Verbindungskanal usw.).

2. Datei verarbeiten:
Lesen (eingeben), schreiben (ausgeben) und/oder ändern (ein/-
ausgeben bzw. überschreiben).

3. Datei schließen:
Verbindung ordnungsgemäß beenden (Dateiende EOF (End of File)
kennzeichnen, Directory (Inhaltsverzeichnis) auf Datei zurück-
übertragen).

Dateizugriff in drei Schritten

Treiber: Bei komplexen Datei-Algorithmen sind für diese drei Schritte
jeweils gesonderte Unterprogramme vorgesehen, die Programmvorlauf,
Programmtreiber und Programmabschluß genannt werden.

Dateiweiser Datenverkehr: Ist eine Datei auf Kassette abgespeichert, liest
man nach dem Eröffnen häufig die Datei in einem Arbeitsgang komplett
in den Hauptspeicher, um sie dort z.B. als Array (Feld, Bereich, Tabelle)
verarbeiten zu können. Erst unmittelbar vor dem Schließen wird die
aktualisierte Datei dann - wiederum komplett - auf die Kassette
zurückgeschrieben. Man bezeichnet dies als dateiweisen Datenverkehr.

Datensatzweiser Datenverkehr: Ist die Datei größer als der im RAM intern verfügbare Speicherplatz, dann ist dieses Vorgehen nicht möglich.
Als Gegenstück kann man mit Schritt 2 je einen Datensatz einzeln in den
RAM übertragen und umgekehrt (datensatzweiser Datenverkehr). Zwischen diesen beiden Extremen - Datenverkehr dateiweise oder datensatzweise - gibt es natürlich zahlreiche Abstufungen.

1.3.5.5 Eine oder mehrere Dateien verarbeiten

Dateiverkettung: In der kaufmännischen Praxis wird man nur selten eine
Datei einzeln verarbeiten. Vielmehr sind zumeist mehrere Dateien in ein
System eingebunden; man spricht dann häufig von Dateiverkettung. Dazu
ein Beispiel: In einer Lagerverwaltung sind die "Artikelstammdatei", "Bestandsdatei", "Bestelldatei (Einkauf)" und "Auftragsdatei (Verkauf)" verkettet, um von einem Programm(-paket) verwaltet zu werden; Datenver-
waltungssystem ist die oft verwendete Bezeichnung hierfür.

Integrierte DV: Wird nicht nur die Aufgabe der Lagerverwaltung gelöst, sondern werden sämtliche betrieblichen Aufgaben in einem Datei-System eingebunden, dann spricht man oft von integrierter Datenverarbeitung.

1.3.5.6 Datenbank

Bei isolierter Verarbeitung einzelner Dateien wie auch bei der Dateiverkettung ist nicht zu vermeiden, daß ein Datum mehrfach in verschiedenen Dateien gespeichert ist; man spricht von der *Datenredundanz.* So kann z.B. ein Kunde samt Kundenanschrift in der Kundenstammdatei, der Offene-Posten-Datei und der Weihnachtsgeschenkedatei dreifach gespeichert sein. Um dies zu vermeiden, faßt man sämtliche Daten in einer gemeinsamen Datenbasis zusammen, die Datenbank genannt wird. Eine solche Datenbank kann - für sich allein genommen - ebenfalls als Verkettung von Dateien angesehen werden. Das wesentlich Neue dabei ist, daß auf alle Elemente der Datenbank über ein *Datenbankmanagementsystem (DBMS)* zentral zugegriffen wird. Das DBMS besteht aus mehreren Systemprogrammen zur Durchführung von Aufgaben wie dem Ändern von Daten der Datenbank, dem gleichzeitigen Zugriff mehrerer Benutzer, dem Abfragen von Daten, dem Überprüfen der Zugriffsberechtigung usw..

Das Datenbank-System (DBS) besteht aus Datenbank (DB) und DBMS

Mit dem DBMS werden dem Benutzer unter anderem zwei sprachliche Hilfsmittel zur Verfügung gestellt:
Zum einen die Daten-Definitions-Sprache DDL (Data Definition Language) zum Aufbau und zur Pflege der Datenbank. Mit der DDL werden z.B. die Datensätze definiert (Name, Anzahl, Datentyp, Länge der Satzkomponenten). Sie richten sich mehr an den Programmierer bzw. an den Datenbankverwalter.
Zum anderen eine Daten-Manipulations-Sprache DML (Data Manipulation Language) zur eigentlichen Behandlung der Daten. Diese DML richtet sich mehr an den Sachbearbeiter, der ein Abfragen wie "Drucke eine

Übersicht aller Kunden aus, die offene Rechnungen über DM 5000.- zu begleichen haben" laufen läßt. Die DML wird auch als Abfragesprache bzw. Query-Language bezeichnet.
Datenbank-Sprachen weisen wie Programmiersprachen zumeist englische Anweisungsworte auf wie etwa FIND zur Suchanfrage, READ zum Lesen, WRITE zum Schreiben, DELETE zum Entfernen, INSERT zum Einfügen von Datensätzen.

Das herkömmliche Datei-System unterscheidet sich in zumindest drei Punkten vom Datenbank-System: in der Redundanz, Vielfachverwendbarkeit und Datenunabhängigkeit.

- *Redundanzfreiheit:*
    In der Datenbank werden die Daten möglichst redundanzfrei abgelegt, d.h. nicht mehrfach gespeichert.

- *Vielfache Verwendbarkeit:*
    In der Datenbank werden die Daten vielfach verwendbar abgelegt, um vielen Benutzern einen möglichst einfachen Direktzugriff zu gestatten.

- *Datenunabhängigkeit:*
    Die Programme bzw. Zugriffspfade arbeiten datenunabhängig in dem Sinne, daß bei der Änderung der Daten keine Änderung des Programms notwendig wird.

Drei Vorteile des Datenbank-Systems gegenüber dem Datei-System

Strukturiertes und unstrukturiertes Datenbank-System:
Zwei grundlegende Datenbank-Systeme sind zu unterscheiden: das strukturierte und das unstrukturierte Datenbank-System. Strukturiert bedeutet, daß in der Datenbank selbst Information zum Verweisen auf weitere Information abgespeichert ist; damit muß bei Anfragen stets entlang der vorgegebenen Pfade vorgegangen werden. Im Gegensatz dazu gibt es bei der unstrukturierten Datenbank keine vordefinierten Zugriffspfade; damit verlangsamt sich der Zugriff, gleichzeitig jedoch hat man unbegrenzte Möglichkeiten, Daten nach bestimmten Suchkriterien abzufragen.

Datenbank-System (DBS)

— STRUKTURIERT:
- Suchbegriffe, Zugriffspfade festgelegt gespeichert.
- Hierarchisches DBS: Daten baumartig verkettet.
- *Netzwerk-Modell CODASYL:* Netz von Zugriffspfaden.

— UNSTRUKTURIERT:
- Verknüpfung der Information erst im Moment der Abfrage.
- Invertierte Dateien: Zugriff über Indexlisten.
- *Relationen-Modell:* Anordnung der Daten in Tabellenform.

Strukturiertes und unstrukturiertes Datenbank-System

Beim Netzwerk-Modell gemäß dem CODASYL-Ausschuß (COnference of DAta SYstem Language in den USA im Jahre 1971) sind die in der Datenbank abgelegten Daten in Datentypen (Item Types) sowie in Datensatztypen (Record Types) zu gliedern, wobei zwischen den verschiedenen Datensatz-Typen sogenannte Beziehungstypen (Set Types) definiert werden.
Bei der relationalen Datenbank als Gegenstück zum Netzwerk-Modell werden nur Datensätze im herkömmlichen Sinne unterschieden, wobei die einzelnen Datensatzkomponenten bzw. Datenfelder in Beziehung zueinander stehen wie die Zeilen und Spalten einer Matrix (Tabelle bzw. zweidimensionaler Array). Das Datenbanksystem dBASE gilt als weitverbreiteter Vertreter der relationalen Datenbank. Dazu als Beispiel unsere Kundendatei von Abschnitt 1.3.5:

101	FREI	6500.00
104	MAUCHER	295.60
109	HILDEBRANDT	4590.05
110	AMANN	1018.75
...		

- Matrix mit n Zeilen und 3 Spalten.
- Jeder Zeile entspricht ein Datensatz.
- Jeder Spalte entspricht ein Datenfeld.
- Zugriffsbeispiel: Matrix(2,3) ergibt 295.60 (2. Zeile, 3. Spalte).

Kundendatei als Beispiel einer Relation (Matrix)

Das Relationen-Modell ist weit anschaulicher als das Netzwerk-Modell. Komplexe Datenstrukturen allerdings lassen sich in einer "flachen Matrix" nur schwer darstellen.

Mehrfunktionale Pakete:
Ursprünglich lag die Aufgabe eines Datenbank-Systems in der Informationswiedergewinnung (= Information Retrieval) bzw. in der Auskunftserteilung. Zunehmend werden kommerzielle Datenbank-Systeme angeboten, die darüberhinaus andere Aufgaben bzw. Funktionen wie das Rechnen (sogenannte "rechnende Datenbanken") oder z.B. die Textverarbeitung übernehmen.

Datenbank-Maschine:
"... eine dedizierte Datenbank-Maschine, die mit einem Host-Computer günstiges Datenmanagement bietet". Was beinhaltet eine solche Anzeige? Eine Datenbank-Maschine ist kein Allzweck-Computer, sondern ein Automat, dessen Hardware ausschließlich auf die Verwaltung einer Datenbank ausgerichtet bzw. dediziert ist. Darüberhinaus gibt es kein "normales" Betriebssystem, sondern nur ein Softwarepaket, das immer im Speicher resident ist und dabei sämtliche Funktionen einer relationalen Datenbank übernimmt. Damit sind wir bei der Begründung: Relationale Datenbanken benötigen viel Speicherplatz sowie CPU-Zeit, der Personalcomputer wird allzu leicht überlastet. Deshalb die Hinwendung von der "Software-Datenbank" zur "Hardware-Datenbank-Maschine", die an den Personalcomputer als Host bzw. Wirt und Gastgeber (vgl. auch Abschnitt 1.3.6.5) angeschlossen wird. Diese Lösung hat die folgenden Vorteile: Der PC als Host wird nicht durch die Datenbank belastet; die Größe der Datenbank ist unabhängig von der Größe des Personalcomputers.

1.3.6 System-Software (Betriebssystem)

Das Betriebssystem mit seinen Steuer-, Dienst- und Übersetzerprogrammen (vgl. Abschnitt 1.3.1.2) dient als Mittler zwischen dem Anwender bzw. Anwenderprogramm und dem Computerkern (Hardware).

1.3.6.1 Betriebssystem als Firmware (ROM) oder als Software

Hinsichtlich der Speicherung des Betriebssystems gibt es zwei extreme Möglichkeiten, die gerade für Personalcomputer von Interesse sind:
Betriebssystem im ROM: Auf der einen Seite ist das Betriebssystem fest in ROMs untergebracht (ROM als Festspeicher enthält die Systemprogramme als Firmware) und steht beim Einschalten des Computers unmittelbar zur Verfügung. Diese Möglichkeit ist vorteilhaft, wenn man nur mit einer einzigen Programmiersprache arbeiten möchte. "Reine BASIC-Maschinen" z.B. sind oft so aufgebaut und sehr einfach zu bedienen.
Betriebssystem im RAM: Auf der anderen Seite ist das Betriebssystem als Software auf einem Externspeicher (Diskette, Hard Disk) gespeichert und muß beim Einschalten des Computers vom Benutzer in den Internspeicher geladen werden. Diese umständlichere Art der Bedienung (Handling)

hat für den Benutzer jedoch den Vorteil, daß leicht z.B. auf eine andere Programmiersprache wie COBOL, Pascal, Prolog oder Modula-2 umgerüstet werden kann: Er muß nur das zugehörige Übersetzerprogramm für COBOL, Pascal, Prolog bzw. Modula-2 von einer Diskette in den RAM laden. Personalcomputer mit mehreren Betriebssystemen (z.B. MS-DOS, Unix und UCSD-p) haben diese stets als Software gespeichert.

Zwischen der reinen Firmware-Lösung (Betriebssystem im ROM) und der reinen Software-Lösung (Betriebssystem auf Diskette) als Extremen gibt es natürlich Zwischenlösungen. So kann beim Einschalten des Computers z.B. die Sprache BASIC aus dem ROM automatisch für den Benutzer mit der Möglichkeit zur Verfügung gestellt werden, später aus BASIC "auszusteigen", um ein anderes Betriebssystem bzw. Sprachmittel softwaremäßig zu laden.

1.3.6.2 Beispiel: Betriebssystem unterstützt Computer-Start

Die Funktion des Betriebssystems läßt sich gut am Beispiel des Startens eines Personalcomputers veranschaulichen. Man geht in drei Schritten vor.

Schritt (1): Gerät anschalten. Aus einem ROM als Nur-Lese-Speicher wird automatisch ein Startprogramm zur Ureingabe in den Hauptspeicher gebracht. Dieses lädt die Datei-Directory (Verzeichnis der auf Diskette gespeicherten Dateien sowie Programme) ebenfalls in den RAM wie auch das Betriebssystem mit seinen Programmen. Das Betriebssystem zeigt nun dem Benutzer am Bildschirm durch ein Zeichen an, daß der Computer betriebsbereit ist. Der Benutzer befindet sich auf der Betriebssystem-Ebene (System Mode).

Schritt (2): Programmiersprache laden: Der Benutzer hat sich entschieden, BASIC zu laden und tippt den entsprechenden Betriebssystem-Befehl ein. Das Betriebssystem prüft in der Disketten-Directory nach, ob auf der Diskette das BASIC-Übersetzerprogramm auch vorhanden ist und lädt es zusätzlich in den RAM. Dies entspricht der oben angesprochenen Software-Lösung; bei der Firmware-Lösung würde Schritt (2) automatisch als Teil einer starren Befehlsfolge nach dem Einschalten ablaufen.

Schritt (3) Unter Kontrolle der Programmiersprache arbeiten: Der Benutzer kann sich jetzt ein auf der Diskette enthaltenes Anwenderprogramm in den RAM laden wie im Beispiel das Programm A. Das Übersetzerprogramm (ein Interpreter, wie im folgenden Abschnitt zu zeigen ist) ruft zum Laden das Betriebssystem auf, welches nach dem Ladevorgang wiederum die Kontrolle an das Übersetzerprogramm zurückgibt. Anschließend kann der Benutzer das Anwenderprogramm A ausführen lassen.

1.3.6.3 Übersetzerprogramme

Ein Computer versteht so viele Programmiersprachen (= Fremdsprachen),
wie Übersetzerprogramme verfügbar sind. Die Übersetzerprogramme wandeln
Programmiersprache (= Fremdsprache des Computers) in Maschinensprache
(= Muttersprache des Computers) um.

Maschinen- und problemorientierte Programmiersprachen:
Es gibt maschinenorientierte Programmiersprachen, bei denen als "1-zu-
1-Sprachen" dann zumeist eine Fremdsprachenanweisung zu einem Ma-
chinenbefehl führt; sie heißen auch Assembler(-sprachen).
Das Gegenstück sind die problemorientierten Programmiersprachen als
"1-zu-mehr-Sprachen". Bei ihnen wird eine Fremdsprachenanweisung in
mehrere Maschinensprachenbefehle übersetzt. Die zugehörigen Übersetzerprogramme sind entweder Compiler oder aber Interpreter.

Maschinenorientierte 1-zu-1-Sprachen:

  - Übersetzung vom Quellen- zum Maschinenprogramm
  - ASSEMBLER übersetzt programmweise (Übersetzungslauf)

Problemorientierte 1-zu-mehr-Sprachen:

  - Übersetzung vom Quellen- zum Maschinenprogramm
  - COMPILER übersetzt programmweise (Übersetzungslauf)

  - Übersetzungen des Quellenprogramms während der Ausführung
  - INTERPRETER übersetzt befehlsweise

Maschinen- und problemorientierte Programmiersprachen

Maschinensprache:
Jeder Computer hat seine eigene maschinenorientierte Programmiersprache, die - obwohl von Computer zu Computer z.T. verschieden aufgebaut
- stets Assembler heißt. Das in Assembler geschriebene Programm (auch
Quellenprogramm, Quellcode oder Source-Listing genannt) kann der
Computer noch nicht verstehen. Ein Übersetzerprogramm, das (verwirrend?) ebenfalls Assembler genannt wird, übersetzt nun das Quellenprogramm in die für die CPU verständliche Maschinensprache als
Objektprogramm. Das eigentliche Maschinenprogramm steht als Abfolge
von Bytes computerverständlich im Internspeicher; da es für uns nur
schwer lesbar ist, wird es vom Assembler zur Kontrolle als Assembler-
Listing in hexadezimaler Schreibweise ausgegeben.

Interpreter als Übersetzer:
Interpreter und Compiler als Übersetzerprogramme arbeiten analog zum menschlichen Sprachübersetzer wie folgt: Ein Interpreter (to interprete = auslegen) arbeitet wie ein Simultan-Dolmetscher. Der Dolmetscher übersetzt Satz für Satz, um das Ergebnis sofort mitzuteilen. Ein Interpreter übersetzt Anweisung für Anweisung, um jede Anweisung sofort auszuführen.

Compiler als Übersetzer:
Ein Compiler (to compile = zusammensetzen) hingegen arbeitet wie ein "normaler" Fremdsprachenübersetzer: Dieser übersetzt das gesamte Fremdsprachenschriftstück zu einem bestimmten Termin. Entsprechend übersetzt ein Compiler das gesamte Anwenderprogramm komplett in einem Arbeitsgang: Das in einer sogenannten Hochsprache verfaßte Programm wird in einem gesonderten Compilierungslauf in ein lauffähiges Maschinenprogramm übersetzt.
Die Vorteile eines compilierenden Systems (z.B. Objektprogramm in 0/1-Form ablauffähig auf Externspeicher abgelegt, Programmausführung sehr schnell) und seine Nachteile (z.B. eine Fehlerkorrektur erfordert die komplette Neuübersetzung, Speicherbedarf für Quelle, Übersetzer und Objekt sehr groß) sind stets abzuwägen. Günstig ist: Programmentwicklung sowie Programmtest mit einem Interpreter und dann abschließende Compilierung des Programms.

Gerade bei Personalcomputern lassen sich Interpreter und Compiler kaum mehr streng trennen. So gibt es compilierende Interpreter und interpretierende Compiler.
Zum "compilierenden Interpreter" ein Beispiel: Die Softwarefirma Microsoft hat solche Zwischenlösungen als BASIC-Interpreter entwickelt. Dabei werden die BASIC-Zeilen beim Eintippen (für den Benutzer unbemerkt) in einen sogenannten Zwischencode übersetzt (PRINT wird z.B. als hexadezimal BA bzw. dezimal 186 zwischengespeichert, nicht aber in fünf ASCII-Zeichen bzw. Bytes als PRINT).
Zum "interpretierenden Compiler" ebenfalls ein Beispiel: Der unter dem Betriebssystem USCD laufende Pascal-Compiler übersetzt den Quellcode in einem getrennten Übersetzungslauf in einen Zwischencode (P-Code genannt mit "P" für Pseudo-Code), der dann zur Ausführungszeit durch einen Interpreter weiter übersetzt wird.

1.3.6.4 Programmiersprachen

Es gibt mehrere hundert Programmiersprachen. Die wichtigsten Sprachen werden im folgenden in Stichworten beschrieben:
ADA: Diese nach Lady Ada Augusta benannte Sprache wurde 1980 vom USVerteidigungsministerium herausgebracht (wie früher COBOL) und

wird als Universalsprache genutzt. ADA-Subsets laufen auf Personalcomputern.
ALGOL 60: Diese "ALGOrithmic Language" gibt es seit 1960. Sie wird
vornehmlich im Hochschulbereich eingesetzt.
APL: "A Programming Language" gilt als eines der mächtigsten und
knappsten Sprachmittel. Berühmt sind die APL-Einzeiler mit ihren Kurz-
Operatoren (griechische Symbolik). Auf Personalcomputern mit 16-Bit-
Prozessoren läuft APL stets als Interpreter.
ASSEMBLER: Die maschinenorientierten Assembler-Sprachen (vgl. Abschnitt 1.3.6.3) gehören eigentlich nicht in diese Übersicht von Hochsprachen bzw. 1-zu-mehr-Sprachen. Makros als Gruppe von Einzelbefehlen
jedoch machen das maschinennahe Arbeiten in Assembler etwas weniger
mühsam.
BASIC: Für diese auf Personalcomputern weit verbreitete Sprache (Beginners All Purpose Symbolic Instruction Code) gibt es fast so viele Dialekte
wie Computertypen. Am weitesten ist das "Microsoft-BASIC" verbreitet.
BASIC gibt es sowohl als compilierende Sprache (z. B. C-BASIC, Microsoft
QuickBASIC, Turbo BASIC) wie auch als Interpreter. BASIC gehört zu
den unstrukturierten Sprachen.
C: In der Sprache C sind z.B. das Betriebssystem Unix und die Datenverwaltung dBASE III geschrieben. Es kann Pascal-ähnlich strukturiert programmiert werden; dabei werden aber weniger Datentypen und mehr
Operatoren (etwa wie in APL) bereitgestellt. Gut in C: Zeiger (Pointer)
zur Adreßverkettung.
COBOL: Die "Common Business Oriented Language" gibt es bereits seit
1959. COBOL ist die kommerzielle Programmiersprache, genormt, äußerst
umfangreich. Ungefähr 50 % aller US-Software ist in COBOL geschrieben. Zitat: "COBOL" ist nicht gut, aber es gibt viele Programmierer, die
diese Sprache gut beherrschen.
ELAN: Die Ende der 70er Jahre in Berlin entwickelte Sprache unterstützt
das strukturierte Programmieren und wird im Schulbereich in Konkurrenz zu Pascal und Modula-2 eingesetzt.
FORTH: Dies ist eine interpretierende Sprache, die jedoch zunächst den
FORTH-Text in einen Zwischencode übersetzt (siehe Abschnitt 1.3.6.3).
FORTH gibt es auch für kleinere Computer.
FORTRAN: Der "FORMula TRANSlator" entstand 1950 und gilt als die
wichtigste Hochsprache zur Lösung mathematisch/naturwissenschaftlicher
Probleme. Wie COBOL ist FORTRAN eine typische Großcomputersprache. BASIC ist ein FORTRAN-Abkömmling.
LISP: Der LISP-Interpreter wird insbesondere von Wissenschaftlern verwendet, die sich mit der "Künstlichen Intelligenz" beschäftigen (Nachahmung des menschlichen Gehirns durch die CPU, Abschnitt 1.1.3). Eine
LISP-Variable hat als "Atom" neben Namen und Wert vom Programmierer frei zu vereinbarende Merkmale, die als Liste geführt werden (deshalb die Bezeichnung LISP für LISt Processor). Siehe auch Prolog.

LOGO: "Anders als die anderen Sprachen"; diese Aussage trifft für APL (im Hinblick auf die komprimierte Problembeschreibung über mächtige Operatoren) sowie für LOGO (im Hinblick auf die kindgerechte Schildkrötengrafik) zu. Bei den "Turtle Graphics" kann die am Bildschirm kriechende Schildkröte zum Zeichnen von Bildern gesteuert werden. LOGO-Interpreter kommen mit wenig Platz aus und sind für Personalcomputer erhältlich.

Modula-2: Diese Sprache wurde von Niklaus Wirth als Nachfolgesprache zu Pascal entwickelt. Besondere Merkmale: Typische "Hochsprachen-Anwendungen" sind ebenso möglich wie maschinennahe Programmierung; ausgereifte Modularisierung (Module als Bausteine - anders als in Pascal - separat speicherbar in Modul-Bibliothek); Compiler kann Maschinencode erzeugen zwecks Einbrennen in PROMs (damit Nutzung als Entwicklungssprache für Mikrocomputerprodukte).

- *Pascal:* "Pascal" erzieht zum klaren Programmieren" - aus diesem Grunde halten gerade die Lehrer so viel von dieser von Niklaus Wirth 1972 erstmalig beschriebenen Sprache. Pascal ist nach dem Mathematiker und Philosophen Blaise Pascal (1623-1662) benannt und gilt als die Sprache für das strukturierte Programmieren. Leider ist nur das ursprüngliche Wirthsche PASCAL standardisiert, nicht aber die später notwendig gewordenen Erweiterungen (wie Grafik-, Text- und Dateiverarbeitung; Wirth beschrieb so z.B. nur die sequentielle Banddatei). TURBO-Pascal gilt zunehmend als neuer Pascal-Standard.

- *PILOT:* Das "Programmed Inquiry Learning or Teaching" ist für Personalcomputer als BASIC-Ersatz für Lehr-/Lernzwecke entwickelt worden. PILOT arbeitet ausschließlich interpretierend. PILOT wird eingesetzt im Rahmen des Computer-unterstützten Unterrichts (CUU) bzw. der Computer Aided Instruction (CAI).

- *PL/1:* Die "Programming Language 1" wurde von der IBM für Großcomputer entwickelt und umfaßt die Sprachelemente von COBOL und FORTRAN zusammen - aber modern strukturiert. Wertmäßig dürfte die in PL/1 geschriebene Software nach der COBOL-Software den zweiten Platz einnehmen.

- *Prolog:* Wie LISP zählt auch Prolog zu den Programmiersprachen, die dem KI-Ansatz (Künstliche Intelligenz) folgen. TURBO-Prolog wird dabei als in sich abgeschlossenes Programmiersystem angeboten. Im Mittelpunkt dieser Programmiersprache steht die Beschreibung eines Problems, während die Lösung vom System gefunden wird.

Diese Auswahl kann keinesfalls vollständig sein. Die Liste von Programmiersprachen ließe sich fortsetzen: BCPL, COMAL, CORAL, DIBOL, EUCLID, MUMPS, PEARL, PL/M, RPG II, SIMULA 67, SNOBOL, STOIC, ... Abschließend: Vermutlich werden in zehn Jahren Programmiersprachen überwiegen, die heute noch nicht einmal entworfen sind.

1.3.6.5 Herstellerabhängige und unabhängige Betriebssysteme

Herstellerabhängige Betriebssysteme:
Die Abkürzung DOS steht für "Disk Operating System". Es ist ein Systemprogramm, das alle mit der Diskette verbundenen Ein- und Ausgaben kontrolliert. Die Bezeichnung DOS findet sich als Namensbestandteil zahlreicher Betriebssysteme. Das DOS für Apple II und Commodore 128 sind Beispiele für Betriebssysteme, welche vom Hersteller speziell auf das eigene Gerät hin zugeschnitten wurden. Herstellerabhängige Systeme findet man vornehmlich bei kleineren Computern mit 8-Bit-Mikroprozessoren.

Herstellerunabhängige Betriebssysteme:
Personalcomputer der 16-Bit-Klasse und 32-Bit-Klasse arbeiten mit herstellerunabhängigen Betriebssystemen, die von Software-Produzenten entwickelt wurden. So mit den Betriebssystemen CP/M und MS-DOS der beiden Software-Giganten Digital Research und Microsoft, mit UCSD der Universität von San Diego in Kalifornien, mit UNIX, XENIX, OASIS, ...
Wie kam es dazu? Früher baute jeder Hersteller sein eigenes Betriebssystem, um es mit dem Computer als Einheit anzubieten. Um das Betriebssystem herum wurde ein großer Schleier gelegt – ein Übernehmen oder Anpassen an einen anderen Computer war somit unmöglich. Dies änderte sich erst, als die Software-Firma Digital Research ihr "Control Programm for Microcomputers", genannt CP/M, als herstellerunabhängiges Software-Produkt anbot: mit einer exakten Beschreibung der Verbindung (Schnittstellen) des Betriebssystems zur Computerhardware. Nun begannen immer mehr Hersteller, CP/M-fähige Computer zu produzieren. Mit der raschen Verbreitung von CP/M nahmen solche Programme zu, die CP/M-verträglich waren. Ursprünglich wurde CP/M für den Mikroprozessor 8080 und später für den Z-80-Prozessor eingesetzt, deshalb die Bezeichnung CP/M-80. Die Variante CP/M-86 wurde für den 8086-Prozessor entwickelt. Über das BIOS (Basic Input-Output System) als dem adaptierbaren Teil des CP/M läßt sich dieses prozessorabhängige System an Computer anpassen, die eine CPU haben, welche z.B. den Code des Intel 8088 verarbeiten.

Herstellerunabhängige Betriebssysteme:

Prozessorabhängig (Implementierung über BIOS):
- CP/M-80 als "Standard" für Prozessoren 8080, Z80
- CP/M-86 z.B. für Prozessoren 8088, 8086
- MS-DOS als "Standard" z.B. für Prozezzoren 8088, 8086

Prozessorunabhängig (Implementierung über P-Code-Intertreter):
- UCSD-P - System

CP/M-80 und MS-DOS als Betriebssystem-Standards

1.3.6.6 Einige Betriebssysteme kurzgefaßt

Auf die Betriebssysteme CP/M, MS-DOS, UNIX und USCD wollen wir kurz eingehen.

Zunächst zu CP/M von Digital Research:
CP/M war das erste Betriebssystem für Mikrocomputer, wurde seit 1974 angeboten und entwickelte sich schon bald zum Quasi-Standard für 8-Bit-Computer mit den CPUs 8080, 8085 und Z-80. Im Hinblick auf die 80er-CPUs bezeichnet man dieses Betriebssystem oft als CP/M-80.
Für 16-Bit-Computer mit der CPU 8086 von Intel entwickelte Digital Research das Betriebssystem CP/M-86. Da CP/M-80 zum Teil in Assembler geschrieben ist, stellt CP/M-86 eine Neuentwicklung dar (die CPU 8086 arbeitet in einem anderen Code als die CPUs der 80er Serie). Deshalb auch die Probleme bei der Kompatibilität zwischen CP/M-80 und CP/M-86.
Für den Multi-User-Betrieb bietet Digital Research die Systeme MP/M-80 sowie MP/M (Multiprogramming Monitor für Microcomputer) an.
Das Betriebssystem CONCURRENT CP/M wurde für den Single-User-Betrieb unter Multi-Tasking entworfen: Mehrere Aufgaben können als Tasks gleichzeitig auf einem PC bearbeitet werden. MP/M sowie CONCURRENT CP/M erweitern den Leistungsumfang des CP/M um die jeweiligen Funktionen des Multi-Using bzw. Multi-Tasking.
Das Betriebssystem PERSONAL CP/M läßt sich in einem ROM unterbringen und eignet sich deswegen auch für PCs ohne Diskettenlaufwerk. PERSONAL CP/M wurde eigens für kleinere PCs entwickelt und unterstützt sowohl 8-Bit-CPUs als auch 16-Bit-CPUs.

Zu MS-DOS von Microsoft:
Als Konkurrenzprodukt zu CP/M-86 von Digital Research brachte die Softwarefirma Microsoft das Betriebssystem MS-DOS heraus. IBM wählte für seinen PC als Betriebssystem MS-DOS, und zwar in einer Version, die den Namen PC-DOS erhielt und hardwareabhängiger ist als MS-DOS selbst. Durch die Wahl dieses Betriebssystems wurde MS-DOS sehr popu-

lär. Die Version MS-DOS 3.x ist für Multi-Using und für Multi-Tasking konzipiert.

Zum Betriebssystem UNIX:
Im Gegensatz zu CP/M sowie MS-DOS ist das Betriebssystem UNIX nicht in Assembler, sondern fast vollständig in der Sprache C geschrieben. Damit ist UNIX auf alle PCs übertragbar, die über einen C-Compiler verfügen. UNIX wurde von Wissenschaftlern für Wissenschaftler geschrieben - entsprechend profihaft wie kompliziert ist seine Benutzung. Deshalb wurden viele von UNIX abgeleitete und leichter bedienbare Betriebssysteme entwickelt wie ZEUS von Zilog, GENIUS von National, REGULUS von Motorola und XENIX von Microsoft. Das bekannteste UNIX-Derivat ist XENIX. Es unterstützt Multi-Using wie auch Multi-Tasking.

Zum Betriebssystem UCSD:
UCSD ist die Abkürzung für University of California San Diego. Früher stand UCSD für das Programmiersprachsystem UCSD-Pascal, während es heute als umfassendes Betriebssystem mehrere Übersetzer anbietet, wie BASIC-Compiler, FORTRAN 77-Compiler, LISP-Interpreter, Modula-2-Compiler und natürlich Pascal-Compiler. UCSD (auch als UCSD-P oder UOS für Universal Operating System bezeichnet) unterscheidet sich von CP/M und MS-DOS durch drei Merkmale:

- Konsequente Menüsteuerung anstelle einer Kommandosteuerung und damit enge Benutzerführung.
- Bereitstellung einer komfortablen und abgeschlossenen Programmentwicklungsumgebung (mit Editor, Filer, Compiler, ...) anstelle einer reinen Laufzeitumgebung.
- Hervorragende Portabilität durch die Mitnahme der Computerarchitektur.

Das UCSD-Betriebssystem ist prozessorunabhängig und damit für Computer jeglichen Prozessortyps einsetzbar. Wie ist dies möglich? UCSD benutzt den jeweiligen Computer als *Host-Computer* im Sinne eines Wirtes bzw. Gastgebers. Er arbeitet also nicht unmittelbar mit dem Computer, sondern mit einem Pseudo-Computer. Gibt der Benutzer z.B. ein Quellenprogramm in Pascal ein, so übersetzt der Compiler dieses Textfile in einen Zwischencode (vgl. Abschnitt 1.3.6.3), der P-Code genannt wird, um das resultierende P-Code-File dann ebenfalls abzuspeichern. Soll dieses Programm nun ausgeführt werden, so wird es von einem P-Code-Interpreter vom P-Code in die Maschinensprache des jeweiligen Computers als Host übersetzt. Der Compiler ist fester Bestandteil des Betriebssystems und selbst in Pascal geschrieben. Der P-Code-Interpreter dagegen ist in der Maschinensprache des Hosts geschrieben. Soll UCSD auf einem Computer implementiert werden, so ist u.a. nur ein P-Code-Interpreter für die entsprechende CPU zu schreiben.

1.3.7 Anwender-Software entwickeln

Die Programmentwicklung wird als Teil der DV-Systementwicklung vorgenommen und vollzieht sich wie diese in Teilschritten. Mag die Terminologie hierzu auch unterschiedlich sein, die Programmentwicklung wird stets in der Schrittfolge

1. PROBLEMSTELLUNG
2. PROGRAMMENTWURF
3. PROGRAMMIERUNG
4. DOKUMENTATION und
5. ANWENDUNG

durchgeführt werden. Am Beispiel der Rechnungsstellung wollen wir diese Teilschritte im Abriß kurz erläutern.

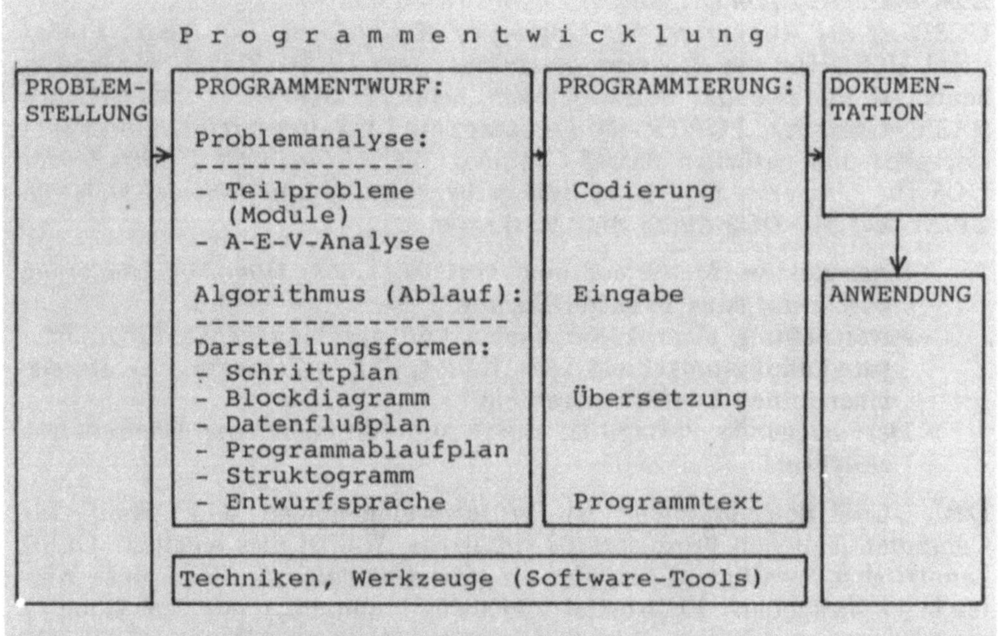

Programmentwicklung in Teilschritten

1.3.7.1 Problemanalyse

Ein Problem analysieren heißt, dieses in seine Bestandteile zu zerlegen. Bei der Problemanalyse geht man nach der Idee "Vom Einfachen zum Schwierigen" von den Ausgabedaten aus, da diese ja mit der Problemstellung als erwartetem Resultat vorgegeben sind. Erst danach wendet man sich der Analyse der Eingabe und der Verarbeitung zu.

Ausgabe-Analyse: Daten (z.B. Rechnungszeile mit Artikelnummer, Bezeichnung, Menge, Einheit, Einzel- und Gesamtpreis), Form (z.B. Drukker für Rechnung, Diskette für Offene-Posten-Datei), Listbilder zum Ausgabeformat, Zeitpunkt der Ausgabe.

Eingabe-Analyse: Daten (Kundennummer, Artikelnummer und Anzahl sowie Datum), Form (z.B. Tastatur, Diskette für Kundendatei und Artikeldatei).

Verarbeitungs-Analyse: Die Verarbeitungsschritte ergeben sich aus den Ausgabe- und Eingabeanforderungen (z.B. Menge * Einzelpreis ergibt Gesamtpreis).

Variablenliste: In einer Variablenliste werden sämtliche Namen mit ihren Datentypen zusammengefaßt. In einem Datei-Verzeichnis werden die Dateien mit den entsprechenden Datensatz-Beschreibungen festgehalten.

1.3.7.2 Formen zur Darstellung des Lösungsablaufes

Für den dann zu entwickelnden Algorithmus bzw. Lösungsablauf stehen verschiedene Darstellungsformen zu Verfügung:

Darstellung verbal:
  - Schrittplan
  - Entwurfsprache bzw. Pseudocode

Darstellung grafisch:
  - Blockdiagramm bzw. Strukturbaum (nur Aufgaben)
  - Datenflußlan (primär Datenträger, Geräte)
  - Programmablaufplan (PAP)
  - Struktogramm

Darstellung computerverständlich:
  - Programmiersprache (z.B. Pascal-Text)

Sieben Formen zur Darstellung eines Ablaufes

Schrittplan: Der Schrittplan zum Beispielproblem der Rechnungsschreibung kann z.B. so aussehen:

  1. Rechnungs- und Kundennummer mit Datum eintippen
  2. Rechnungskopf drucken
  3. Rechnungszeile(n) aufbereiten und drucken
  4. Rechnungsabschluß drucken
  5. Kundendatei aktualisieren
  6. Eintrag Offene-Posten-Datei

Strukturbaum: Als Strukturbaum bzw. Blockdiagramm kann dieser Schrittplan schon feiner gegliedert bzw. strukturiert sein. Hier ein Beispiel zum Schritt 1:

Schritt 1
Tastatur-eingabe
Kunde prüfen
Ausgabe Kundensatz

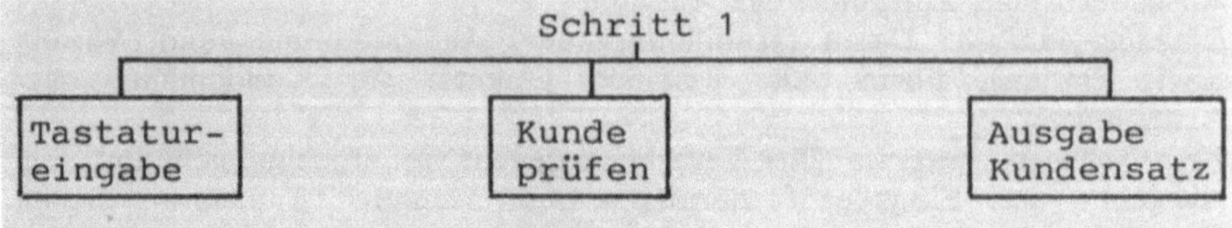

Datenflußplan: Im Datenflußplan werden die Datenträger bzw. Geräte, die Arten zur Bearbeitung und der Datenfluß zwischen den Datenträgern grafisch festgehalten.

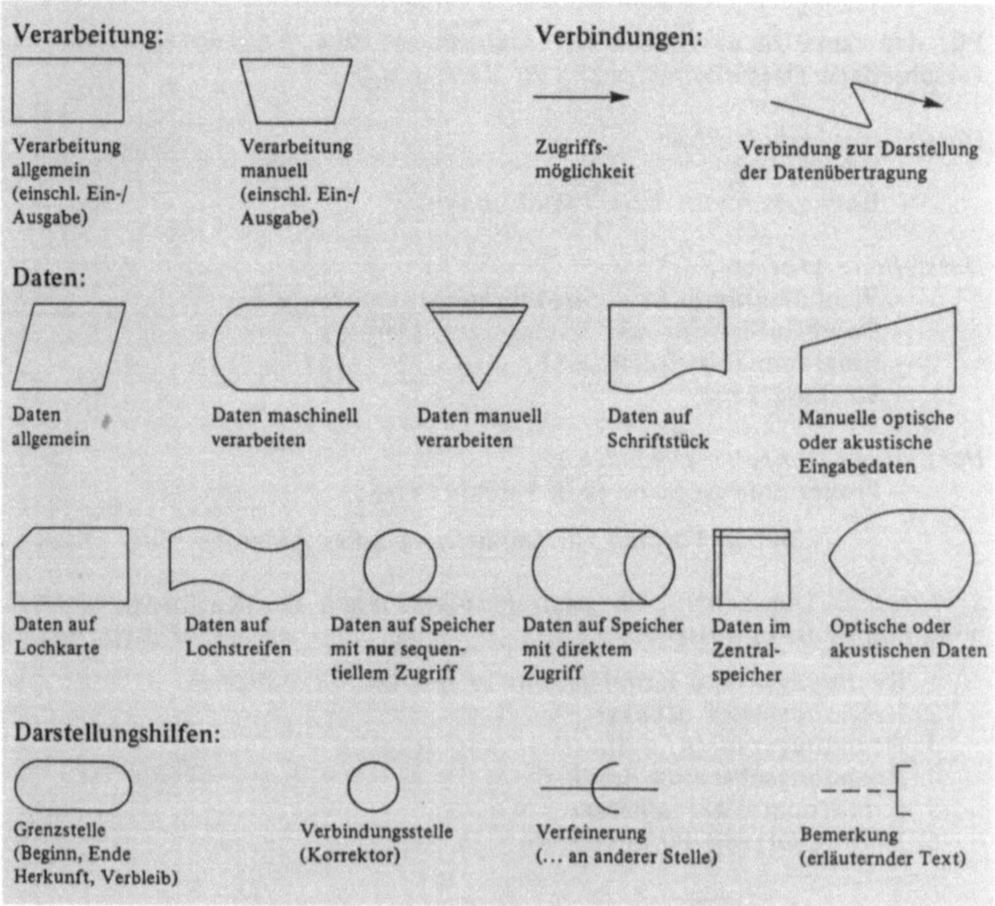

Verarbeitung:
Verarbeitung allgemein (einschl. Ein-/Ausgabe)
Verarbeitung manuell (einschl. Ein-/Ausgabe)
Verbindungen:
Zugriffs-möglichkeit
Verbindung zur Darstellung der Datenübertragung
Daten:
Daten allgemein
Daten maschinell verarbeiten
Daten manuell verarbeiten
Daten auf Schriftstück
Manuelle optische oder akustische Eingabedaten
Daten auf Lochkarte
Daten auf Lochstreifen
Daten auf Speicher mit nur sequentiellem Zugriff
Daten auf Speicher mit direktem Zugriff
Daten im Zentral-speicher
Optische oder akustischen Daten
Darstellungshilfen:
Grenzstelle (Beginn, Ende Herkunft, Verbleib)
Verbindungsstelle (Korrektor)
Verfeinerung (... an anderer Stelle)
Bemerkung (erläuternder Text)

Sinnbilder für Datenflußpläne nach DIN 66001

Für die Rechnungsschreibung könnte der Datenflußplan in seiner knappsten Form etwa so aussehen:

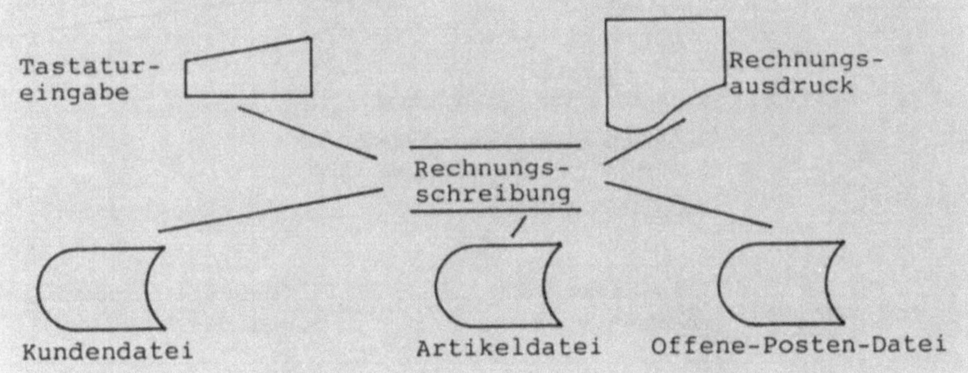

Einfacher Datenflußplan zur Rechnungsschreibung

Programmablaufplan (PAP):
Der Datenflußplan bezieht sich mehr auf die Hardware, während der
Programmablaufplan (PAP) mit der zeichnerischen Darstellung des ge-
planten Programmablaufes eindeutig softwarebezogen ist. Die Sinnbilder
für den PAP sind ebenfalls nach DIN 66001 genormt. Im Datenflußplan
wie im PAP gleichbedeutend sind die Sinnbilder für Anschlußpunkt und
Bemerkung. Eine im PAP etwas andere Bedeutung hat das Rechteck
(Wertzuweisung) und das Parallelogramm (Eingabe, Ausgabe). Neu im
PAP sind die Sinnbilder für die Verzweigung und für das Aufrufen eines
Unterprogramms.

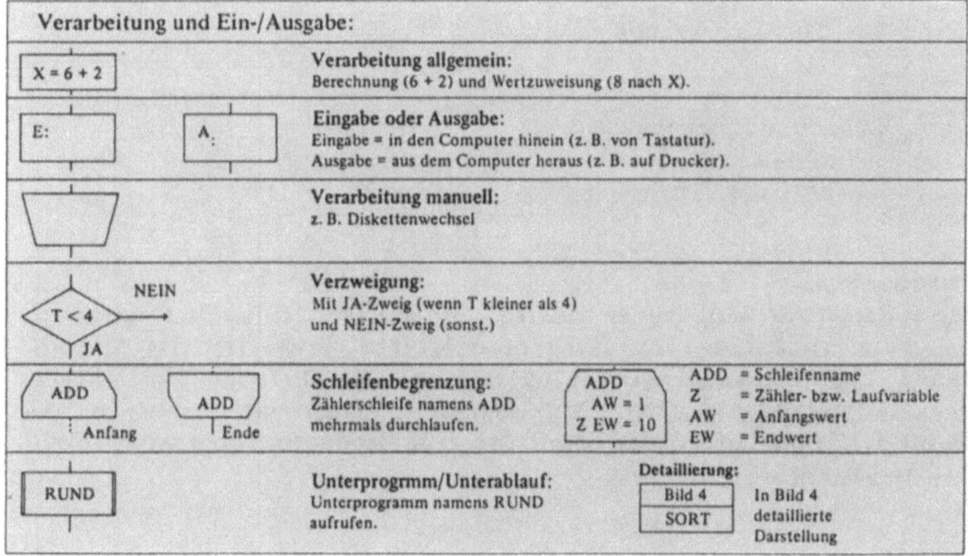

Verbindungen und Darstellungshilfen:	
⬭	**Grenzstelle:** Programmanfang und -ende.
⟶	**Verarbeitungsfolge:** Zur direkten Verbindung der Sinnbilder.
	Verbindungsstelle (Konnektor): Zur Verbindung auseinanderliegender Sinnbilder.
⟶▷⟶	**Sprung mit Rückkehr** ⟶◁▷⟶ **Sprung ohne Rückkehr**
⟶◁⟶	**Unterbrechung einer anderen Verarbeitung** **Steuerung der Verarbeitungsfolge von außen**
─⟨─	**Verfeinerung in einer weiteren Teildarstellung**
⌈EINZELN ⌊EINGEBEN	Bemerkung: Zur Erklärung der Sinnbilder.

Sinnbilder für Programmablaufpläne (PAPs)

Die zum Teilschritt "Kunde prüfen" (obiger Schrittplan) zugehörige Anweisungsfolge kann als PAP z.B. so aussehen:

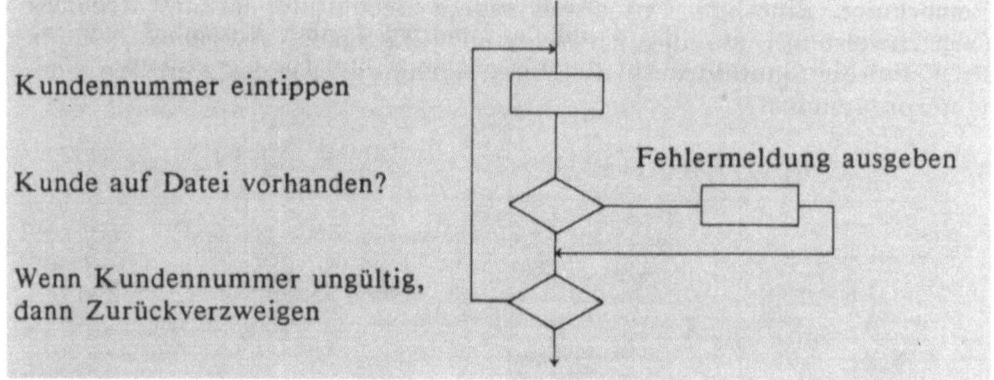

Struktogramm:
Neben dem PAP wird immer häufiger ein weiteres Hilfsmittel zur zeichnerischen Darstellung von Programmabläufen verwendet: das Struktogramm, auch Strukturdiagramm oder (nach dem Erfinder) Nassi-Shneiderman-Diagramm genannt. Struktogramme haben wir bereits in Abschnitt 1.3.3 verwendet, um damit die grundlegenden Programmstrukturen darzustellen.

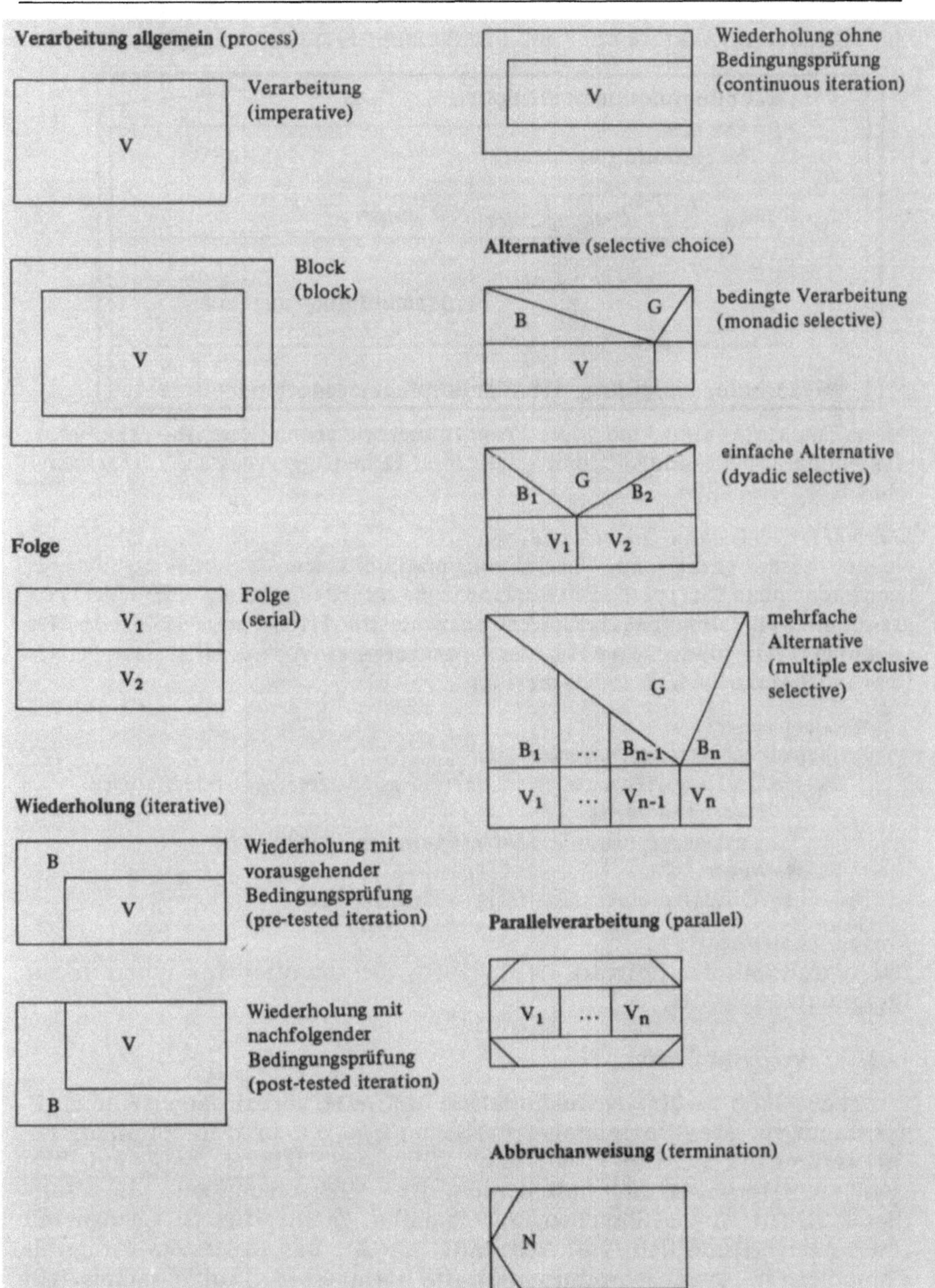

Sinnbilder für Struktogramme nach DIN 66261

Im folgenden Struktogramm wird der Ablauf "Kunde prüfen" dargestellt:

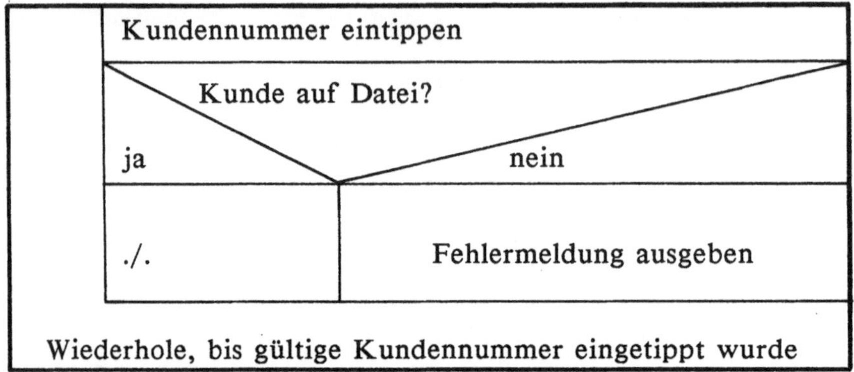

Beim Struktogramm sind die Programmstrukturen deutlich erkennbar:
eine nicht-abweisende Schleife, die eine "Einseitige Auswahl" einschach-
telt.

Entwurfsprache bzw. Pseudocode:
Neben diesen grafischen Darstellungsmöglichkeiten des Lösungsablaufes
verwendet man oft eine Entwurfsprache als Pseudocode, um den Programmentwurf umgangssprachlich darzustellen (Abschnitt 1.3.3.1.). Der
oben als PAP sowie Struktogramm dargestellte Ablauf läßt sich in der
Entwurfsprache wie folgt beschreiben:

```
Wiederhole
   Tippe die Kundennummer ein
   wenn die Kundennummer in der Kundendatei gefunden wurde
        dann tue nichts
        sonst zeige eine Fehlermeldung am Bildschirm
   Ende-wenn
bis eine Kundenummer als gültig erkannt wurde
```

Programmierung:
Der algorithmische Entwurf stellt häufig die unmittelbare Vorstufe zur
Programmierung dar.

1.3.7.3 Programmierung

Programmieren heißt, den zeichnerisch und/oder verbal dargestellten Algorithmus in eine Programmiersprache umzusetzen und auszutesten. Dabei werden die Schritte "Codierung", "Eingabe", "Übersetzung" und "Testen" zumeist wiederholt durchlaufen. Der Übersetzungslauf als geson-
derter Schritt ist bei Sprachen mit Compiler, nicht aber bei solchen mit
Interpreter erforderlich (vgl. Abschnitt 1.3.6.3). Das Austesten erfolgt als
Computertest sowie Schreibtischtest. In Form eines Struktogramms läßt
sich das Vorgehen beim Programmieren wie folgt darstellen:

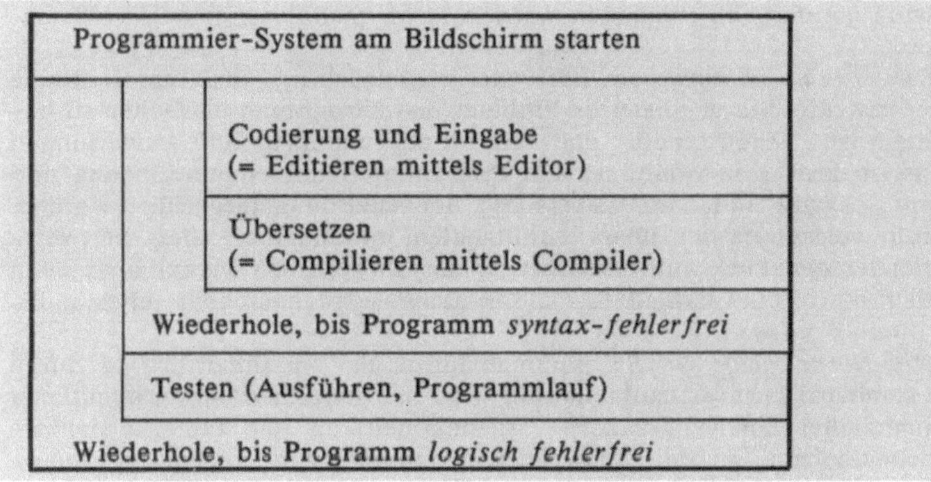

Programmieren im engeren Sinne als Struktogramm

Dokumentation:
Abschließend faßt man mit der Dokumentation alle Programmunterlagen
als Gebrauchsanleitung zusammen: sei es als Anleitung für den Operator,
damit dieser den Computer bei den Programmläufen auch richtig bedienen kann (Operator-Handbuch), oder als Anleitung für den Benutzer für
die spätere Programmpflege und Programmkorrektur (Benutzer-Handbuch). Zusätzlich zum Benutzer-Handbuch sollte eine Kurzanleitung vorliegen, die nur die wichtigsten für den Umgang mit dem Programm not-
wendigen Schritte und Anweisungen für den Interssenten bereithält.

Programmentwurf im Mittelpunkt:
Zentraler Teil der Programmentwicklung ist der Programmentwurf und
nicht - wie es manchem DV-Einsteiger scheinen mag - die Programmierung bzw. Codierung in einer Programmiersprache. Es ist denkbar, daß
die Codierung eines Tages automatisiert durchgeführt werden kann.

Software-Engineering:
Angesichts der steigenden Software-Kosten (Abschnitt 1.1.2) geht man
immer mehr dazu über, die Programmentwicklung und dabei besonders
den Programmentwurf industriell und ingenieurmäßig vorzunehmen:
Software-Engineering lautet die darauf verweisende Begriffsbildung. Auf
einige der im Rahmen des Software-Engineering eingesetzten
Programmiertechniken sowie Entwurfsprinzipien gehen wir nachfolgend
ein.

1.3.7.4 Programmiertechniken und Entwurfsprinzipien

Programmiertechniken werden durch Begriffe wie Modularisierung, Normierung, Jackson-Methode, Top-Down-Entwurf, Buttom-Up-Entwurf,
Unterprogrammtechnik, Menütechnik, Overlaytechnik und Strukturierter

Entwurf geprägt. Im folgenden werden diese grundlegenden Begriffe erläutert:

1) Die Modularisierung von Software berücksichtigt, daß ein in kleine Teile bzw. Moduln gegliedertes Problem bzw. Programm einfacher zu bearbeiten ist. "Klein" heißt, daß ein Modul maximal 200 Anweisungen umfassen darf. Ein Modul ist ein Programmteil mit einem Eingang und einem Ausgang und kann selbständig übersetzt und ausgeführt werden. Moduln verkehren nur über Schnittstellen miteinander, über die Werte (Parameter genannt) vom rufenden an das aufgerufene Modul übergeben werden; ein Modul darf als Black Box nichts vom Innenleben eines anderen Moduls wissen.

2) Die Normierung von Programmabläufen als Vereinheitlichung durch eine standardisierte Ablaufsteuerung wird bei der Entwicklung komplexer kommerzieller Software-Pakete vorgenommen, an der zumeist mehrere Mitarbeiter beteiligt sind. Jedes Softwarehaus hat seine eigenen Normen.

3) Die Jackson-Methode geht bei der Programmentwicklung von der exakten Analyse der Datenstrukturen aus, um dann die entsprechenden Programm- bzw. Ablaufstrukturen zu entwerfen. Warum? In der kommerziellen DV sind die Daten zumeist bis in die Details vorgegeben, während die Abläufe den Daten gemäß formuliert werden müssen. Anders ausgedrückt: *Die Datenstruktur prägt die Programmstruktur.*

4) Dem Top-Down-Entwurf als Von-oben-nach-unten-Entwurf entspricht die Technik der schrittweisen Verfeinerung: Vom Gesamtproblem ausgehend bildet man Teilprobleme, um diese dann schrittweise weiter zu unterteilen und zu verfeinern bis hin zum lauffähigen Programm. Der Top-Down-Entwurf führt immer zu einem hierarchisch gegliederten Programmaufbau.

5) Der Bottom-Up-Entwurf als Gegenstück zum Top-Down-Entwurf geht als Von-unten-nach-oben-Entwurf von den oft verwendeten Teilproblemen der untersten Ebene aus, um sukzessive solche Teilprobleme zu integrieren. Beide Entwurfsprinzipien werden in der Praxis zumeist kombiniert angewendet.

6) Die Unterprogrammtechnik wird in folgenden drei Fällen genutzt:
- Ein Ablauf wird mehrfach benötigt.
- Mehrere Personen kooperieren und liefern Unterprogramme ab.
- Menügesteuerter Dialog (Menütechnik).

Der Begriff des Unterprogramms bzw. der Prozedur entspricht dabei dem des Moduls. Die bekannteste Schnittstelle ist der Unterprogrammaufruf mit Parameterübergabe.

7) Die Menütechnik erleichtert den benutzergesteuerten Dialog. Über das Menü als Auswahlübersicht steuert der Benutzer den Ablauf des Programmes, ohne zuerst alle Befehle lernen zu müssen. Das Menü als Gedächtnisstütze bei der Eingabe kann in Tabellenform alternativ zum Bildschirm, auf dem sonst der Dialog protokolliert wird, angeboten werden. Dies setzt den schnellen Wechsel zwischen den Bildschirmseiten

voraus. Oder das Menü wird als (Prompt-)Zeile ausgegeben, die zusätzlich zum Dialog ständig am oberen Bildschirmrand stehen bleibt.
Bei der Split-Screen-Technik werden Rechteckbereiche des Bildschirms
wie eigenständige Bildschirme bzw. *Fenster* (Windows) behandelt. Über
ein solches Fenstersystem kann der Benutzer Menüs an jeder Stelle des
Bildschirms erscheinen lassen.
Die Menütechnik kann sich auf das Arbeiten innerhalb eines Programms
wie auch auf das Verbinden mehrerer Programme beziehen. Im letzteren
Fall wird beim Einschalten des Computers bzw. beim Beenden eines Programms automatisch ein Menüprogramm geladen, das am Monitor alle
verfügbaren Programme anzeigt; der Benutzer kann durch Tippen z.B.
eines Buchstabens dann das gewünschte Programm laden, ohne sich um
den Speicherort auf Diskette kümmern zu müssen.
Hierarchische Menüs teilen eine Aufgabe in übergeordnete Menü-Ebenen
auf. Im Hauptmenü stehen häufig verwendete Funktionen, und nach der
Wahl erscheint das nächste Menü mit weiter detaillierten Funktionen.
Pop-up-Menüs erscheinen auf Tastendruck, bieten mehrere Möglichkeiten zur Auswahl an und verschwinden, sobald eine Wahl getroffen
wurde. Pop-up-Menüs halten also nicht auf und lenken auch nicht ab:
Sie erscheinen nur, wenn sie auch benötigt werden.
Die Menüwahl erfolgt durch Klartexteingabe (Fehlerrisiko groß) bzw.
durch Tasten eines Zeichens oder dadurch, daß der Cursor auf die gewünschte Position gesetzt wird und dann die RETURN-Taste gedrückt
wird. Die Menüwahl vereinfacht sich weiter bei Einsatz von Lichtgriffel
oder Maus (siehe Abschnitt 1.3.7.6).
8) Bei der Overlaytechnik werden Moduln überlagert (= overlay). Dies ist
z.B. dann erforderlich, wenn der Hauptspeicherplatz nicht ausreicht, um
alle Moduln gleichzeitig aufzunehmen. Das im Hauptspeicher stehende
Modul ruft ein anderes Modul auf, das dann von einem Externspeicher
geladen und dem rufenden Modul überlagert wird.
9) Der strukturierte Entwurf bedeutet, daß ein Programm unabhängig von
seiner Größe nur aus den vier (in Abschnitt 1.3.3 erklärten) grundlegenden Programmstrukturen aufgebaut sein darf:

- Folgestrukturen
- Auswahlstrukturen
- Wiederholungsstrukturen
- Unterprogrammstrukturen

Dabei soll auf unbedingtes Verzweigen mittels GOTO verzichtet werden.
Jede Programmstruktur bildet einen Strukturblock. Blöcke sind entweder
- hintereinander angeordnet oder
- vollständig eingeschachtelt.
Die teilweise Einschachtelung (überlappung) ist nicht zulässig. Sogenannte
"blockorientierte Sprachen" wie Pascal und Modula-2 unterstützen das
Prinzip des strukturierten Entwurfs weit mehr als die "unstrukturierten
Sprachen" wie BASIC und APL.

10) Strukturierte Programmierung: Diese nur stichwortartig dargestellten Prinzipien dürfen nicht getrennt betrachtet werden; unter dem Informatik-Sammelbegriff 'strukturierte Programmierung' faßt man sie zu einem heute allgemein anerkannten Vorgehen zusammen. Die tragenden Prinzipien sind der Top-Down-Entwurf mit der schrittweisen Verfeinerung einerseits und der strukturierte Entwurf mit der Blockbildung andererseits.

1.3.7.5 Programmgeneratoren

Ein Programmgenerator hat als Zwischenlösung seinen Standort zwischen der Programmierung in einer höheren Programmiersprache (BASIC, Pascal) einerseits und dem Anpassen eines gekauften Anwenderprogramms durch Änderung der dafür angegebenen Parameter andererseits. So können im Dialog Benutzer-Computer Masken (Formulare) sowie Programmbeschreibungen erstellt werden, aus denen später z.B. BASIC-Anweisungen generiert, d.h. erzeugt werden. Die so erzeugten BASIC-Programme sind über einen Interpreter lauffähig, können ggf. aber auch noch compiliert werden.

Entsprechend spezialisiert werden Programmgeneratoren als Maskengenerator, Listengenerator, Grafikgenerator usw. bezeichnet und vor allem im Rahmen von Standard-Software bereitgestellt. Zum Maskengenerator ein Beispiel: Soll eine Maske für die Kundendatei erstellt werden, dann wird nach Aufruf des Generators auf dem Bildschirm eine Grundeinteilung vorgenommen. Der Benutzer setzt den Cursor dann auf die Stelle, an der ein Datenfeld angelegt werden soll, gibt die Bezeichnung ein (NAME) sowie die Feldlänge (mit Cursor 20 Stellen nach rechts fahren). Auf diese Weise wird eine Bildschirmmaske aufgebaut. Der Generator kann dann eine der Maske (als Blankoformular vorzustellen) entsprechende Datei erzeugen bzw. einrichten.

1.3.7.6 Kleine Mauskunde

Durch grafikorientierte Benutzeroberflächen wie Lisa-Umgebung, GEM, Windows und Sidekick wird die Maus als Bindeglied zwischen Benutzer und Bildschirm-Schreibtisch immer mehr verbreitet. In der folgenden Mauskunde werden wichtige Begriffe kurz erklärt.

1) Anklicken: Durch Drücken der Maustaste wird das Objekt, auf das der Mauszeiger gerade zeigt, aktiviert und somit gezeigt bzw. ausgeführt.

2) Desktop: Der Bildschirm bildet einen Schreibtisch nach, auf dem sich die Arbeitsmittel (dargestellt als Pictogramme) und der Papierkorb befinden. Man arbeitet mit Objekten (Inhaltsverzeichnis, Ordner, Frame bzw. Dokument), die man durch Anklicken mit der Maus öffnen und in Fenstern betrachten kann.

3) Dialogbox: Umrandeter Kasten, in dem Fehlerhinweise, Antworten bzw. Protokolle gezeigt werden.

4) Dokument: ... steht für Datei, die mittels Pictogramm als Papierblatt mit umgeknickter Ecke angezeigt wird.

5) Editierfeld: Unterlegtes Feld, in das der Benutzer seine Eingabe einträgt.

6) Fenster: Bereich des Bildschirms, in dem Information unabhängig von anderen Bildschirmbereichen (Fenstern, Windows) gezeigt und bearbeitet werden kann.

7) Frame: Rahmen, dessen Inhalt ähnlich wie bei einem Fenster bearbeitet werden kann (speziell z.B. beim Paket Framework II).

8) Maus: Handliches Gerät, durch dessen Bewegen auf der Tischunterlage ein Mauszeiger auf dem Bildschirm verschoben wird. Die Maus hat ein oder mehrere Knöpfe; auf Knopfdruck wird das Objekt gezeigt bzw. ausgeführt, auf das der Mauszeiger gerade zeigt (anklicken).

9) Mausknopf: Dient dem ein- oder mehrfachen Anklicken sowie dem Verschieben eines Objekts: Beim Verschieben bewegt man das Pictogramm selbst (z.B. in den Papierkorb zwecks Löschen).

10) Objekte: Dateien (Dokumente), Ordner, Schalter, Papierkorb usw., die als Pictogramme auf dem Bildschirm gezeigt und durch Anklicken ausgeführt werden.

11) Ordner: Objekt, das als Inhaltsverzeichnis auf weitere Objekte verweist. Enthalten Ordner weitere Ordner, spricht man von Subdirectories (hierarchisches Inhaltsverzeichnis).

12) Papierkorb: Durch Verschieben eines Objektes in den Papierkorb (Mülleimer, Trash Can) wird es gelöscht. Objekte können aus dem Papierkorb entnommen und eingefügt (insert) werden (z.B. bei Lisa, Word), oder aber sie sind verloren (z.B. bei GEM).

13) Pictogramm: Grafische Darstellung eines Objekts, auch als Icon (für Bildchen) bezeichnet.

14) Pull-Down-Menü: Eine Menüleiste (menu bar) am oberen Bildschirmrand nennt Wahlmöglichkeiten, die durch Anklicken mit der Maus heruntergezogen und damit geöffnet werden können.

1.3.8 Anwender-Software einsetzen

Der Anwender hat drei Möglichkeiten, seinen Personalcomputer mit Software zu versorgen: Er kann selbst Programme entwickeln und den Computer als frei programmierbares Gerät nutzen - darauf sind wir im vorangehenden Abschnitt 1.3.6 eingegangen. Er kann aber auch fremde Software-Produkte kaufen: sei es in Form von individueller Software, die (entsprechend teuer) genau nach seinen Vorgaben entwickelt wird, sei es in Form von Standard-Software, die zwar preisgünstiger ist, aber das Risiko birgt, die eigenen Organisationsstrukturen anpassen zu müssen. Als Kompromiß zwischen der kompletten Individuallösung einerseits und der standardisierten Allgemeinlösung andererseits versucht man, individuelle Software auf Standardbasis zu entwickeln.

1.3.8.1 Menügesteuerter oder kommandogesteuerter Dialog

Beim Einsatz fremder Software muß der Benutzer sicher und komfortabel durchs Programm geführt werden, es kommt also auf die Benutzerführung an. Dabei bieten sich menü- und kommandogesteuerte Anwendungen an.

Menüsteuerung:
Der Anfänger wird die Menüsteuerung schätzen; er wird über die ihm gerade zur Verfügung stehenden Eingabemöglichkeiten - im Menü zusammengefaßt - am Bildschirm jederzeit informiert, mehr noch: Diese Möglichkeiten sind eingegrenzt, um den Benutzer relativ eng zu führen. Der Anfänger kann sich so ohne langes Handbuch-Studium an den Programmeinsatz wagen. Kennt er sich einmal im Programm aus, so wird der Weg durch Menüs und Menü-Ebenen allerdings auch als Hemmnis empfunden.

Kommandosteuerung:
Dann bietet sich die Kommandosteuerung über Kommandos an, die in einem Handbuch aufgelistet sind und vom Benutzer wahlfrei eingetippt werden können - mit dem Risiko entsprechender Fehlermeldungen natürlich.

Kombination:
Gute Anwenderprogramme können beide Arten der Benutzerführung vorsehen: Arbeitet der Benutzer fehlerlos, dann läuft das Programm kommandogesteuert ab, um bei häufiger auftretenden Fehlern in einen menügesteuerten Ablauf zu wechseln.
Oft werden auch zwei Bildschirmseiten vorgesehen: eine Hauptseite mit dem eigentlichen Dialog sowie eine zusätzliche Hilfsseite mit Kommentaren und Texthilfen, zwischen denen der Benutzer jederzeit hin und her springen kann.

Die Dialogsteuerung über Menü und Kommando ist bei der System-Software natürlich ebenso zu finden wie bei der Anwender-Software. So ist z.B. das Betriebssystem UCSD rein menügesteuert. Dies steht im Gegensatz zur Kommandosteuerung bei MS-DOS und CP/M.

Benutzeroberflächen wie GEM und Windows verwenden die Grafik, um die Dialogsteuerung weiter zu vereinfachen.

1.3.8.2 Einige Programm-Qualitätsmerkmale

Es soll hier kein Merkmalskatalog formuliert werden (dies auch im Hinblick darauf, daß solche Merkmale für Software äußerst schwer meßbar sind). Im folgenden werden einige praktikable Einzeltips angegeben:

Turn-Key-Paket: Wird Anwender-Software zu einem Turn-Key-Paket geschnürt verkauft, so startet das (Menü-)Programm automatisch sofort nach dem Einschalten des Computers (Programmladen sowie Betriebssystem-Kenntnisse sind dann nicht erforderlich).

Beim *Scrolling* rutscht der Bildschirminhalt um eine Zeile hoch, wenn der Cursor unten den Bildrand erreicht hat. Zum schnellen Durchblättern zusammenhängender Texte kann dieses Durchrollen von Information vorteilhaft sein. Andernfalls wird man den Bildschirm abschnittsweise total löschen und oben am Bildschirm neu beginnen.

Beim *Screen Editing* kann der Benutzer den Cursor an jede beliebige Bildschirmposition bewegen, um dort dann etwas zu korrigieren oder neu einzugeben. Der Bildschirm dient als Arbeitsblatt, -seite bzw. Formular. Sehr häufig bleibt am Bildschirmrand eine Menüzeile (auch Prompt- oder Systemzeile genannt) permanent stehen, um den Benutzer über Steuerungsmöglichkeiten (Kommandos) und aktuelle Parameter (wie Zeilenlänge oder freien Speicherplatz) zu informieren.

Die *Zeichendarstellung* darf nicht zu verwirrend sein. Häufige Invers-Felder (dunklere Schrift auf hellem Hintergrund) führen z.B. zu erhöhter Augenbelastung und sollten sparsam verwendet werden.

Eine *benutzerfreundliche Fehlerbehandlung* muß alle möglichen Fehler abfangen (Plausibilitätskontrollen).

Zur Sicherheit müssen Tasten, die zum Absturz führen (z.B. ESC-Taste), gesperrt sein. Eine Eingabe, auch nicht die "berühmte" Division durch Null, darf dabei zum Aussteigen führen (Deadlock-Situation), die ein Abschalten und Neustarten erforderlich macht. Zur Sicherheit zählt auch die Datenschutzfähigkeit eines Programms.

Die *Zuverlässigkeit* nimmt den sicher höchsten Rang ein: Das raffinierteste Programm ist wertlos, wenn es die Aufgaben nicht zuverlässig löst.

Der *Software-Qualitätssicherung* wird heute im Rahmen des Software-Engineering mehr und mehr Beachtung geschenkt.

1.3.8.3 Vier Standard-Programmpakete

Software-Tools: Die vier Programme
- Tabellenkalkulation
- Textverarbeitung
- Datei bzw. Datenbank
- Grafik

werden auch als Tools bzw. Werkzeuge bezeichnet. Sie werden als eigenständige Programme oder als integrierte Programmpakete angeboten. Die folgende Software-Pyramide zeigt, daß die Tools zwischen den Programmiersprachen und den (fertigen) Anwenderlösungen einzuordnen sind.

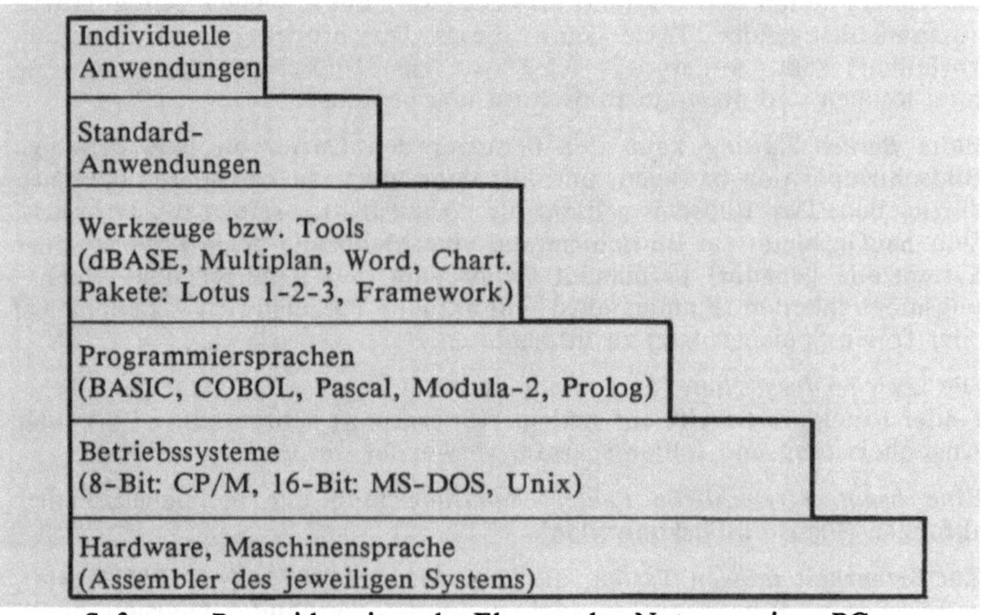

Software-Pyramide mit sechs Ebenen der Nutzung eines PCs

Tabellenkalkulationsprogramme als "Spread Sheets" bzw. "Ausgebreitete Papierbogen" übertragen alles das, was bislang mit Bleistift, Papier und Taschenrechner vorgenommen wurde, in den Hauptspeicher und auf den Bildschirm. Der Benutzer baut jedes Arbeitsblatt als Tabelle auf, kann in die Tabellenzeilen und -spalten numerische oder auch Textwerte eintragen und durch eine Vielzahl von Formeln verknüpfen. Bei "Visicalc" als dem ersten größeren Kalkulationsprogramm werden die Tabellenelemente ähnlich dem Schachbrett (Namen A1,A2,A3,...) angesprochen; "Multiplan" als Konkurrenzprogramm von Microsoft ermöglicht dies mittels einfacher Cursor-Positionierung am Bildschirm. Arbeitsblätter können auf einem externen Speicher aufbewahrt werden. Tabellenkalkulationsprogramme lassen sich "zweckentfremden": Trägt man Text anstelle von Zahlen in die Tabelle ein, so kann leicht ein kleines Informationssystem realisiert werden. Genauso sind Anwendungen zur Fakturierung, zum Bestellwesen, zur Bilanzierun usw. denkbar. Das Beiwort "Kalkulation" verweist also eher auf die Ursprünge der Tabellenkalkulationsprogramme als auf deren heute universellen Nutzungsmöglichkeiten.

Textverarbeitungsprogramme für Personalcomputer sind aus den Editoren entstanden, also aus den Programmhilfen zum Eingeben und Aufbereiten von Programmtext am Bildschirm. Man hat sie zur Verarbeitung anderer Dokumente (Briefe, Rechnungen, Manuskripte, Formulare usw.) weiterentwickelt. Damit treten sie in Konkurrenz zur Schreibmaschine, zum Text-Automaten sowie zur Großrechner-Textverarbeitung. Die Textverarbeitung umfaßt die Teilprogramme Editor, Ausgabeformatierer und Verarbeitung; diese Programme können zu einem Paket integriert oder getrennt sein.

Editor als Eingabe- und Bearbeitungsprogramm:
Der Bildschirm wird ähnlich wie eine Lupe über den Text bewegt bis zu einem Bildschirmausschnitt, der cursorgesteuert zu bearbeiten ist (verschieben, einfügen, kopieren, Rand ausgleichen usw.).

Formatierer zur Aufbereitung der Druckausgabe:
Man unterscheidet die folgenden zwei Arten von Formatierern. Bei der ersten Art erscheint der Text am Bildschirm so, wie er später ausgedruckt wird. Bei der zweiten Art sind in den Bildschirmtext Befehle zur Steuerung des Druckformates eingefügt. Bei der ersten Art wird "gedruckt wie gezeigt". Oft ist dies aber kaum exakt einzuhalten (Beispiel: 120 Zeichen je Druckzeile; Bildschirmzeile 80 Zeichen; Ausgabe-Text aus mehreren Dateien).

Eigentliches Verarbeitungsprogramm:
Dieses richtet sich nach den Anforderungen der unterschiedlichen Benutzer wie Sekretärin, Abteilungsleiter, Schriftsteller, Schriftsetzer: Textbausteine als häufig vorkommende Textteile speichern, Serien- sowie Ganzbriefe erstellen, Formulararbeiten, Textdateien anlegen, Autorenkorrektur usw.

Desktop-Publishing:
Dieses Gebiet der Textverarbeitung wird auch als CAP (Computer Aided Publishing) bezeichnet und wurde mit dem Macintosh (Laserdrucker, Grafikfähigkeit, Benutzeroberfläche, Grafiksprache Postskript, Programm Pagemaker) bekannt. Bei der "Druckerei auf dem Schreibtisch" stellt der Ausdruck der Laserdruckers entweder das Endprodukt dar, oder er dient als Vorlage für eine Belichtungsmaschine wie z.B. Linotype.

Datei/Datenbank: Nach den Programmen zur Tabellenkalkulation und Textverarbeitung nun zur Datei/Datenbank, deren Grundlagen bereits in Abschnitt 1.3.5 dargestellt wurden.

Die kommerziellen Programm-Pakete hierzu werden unter den unterschiedlichsten Bezeichnungen angeboten, z.B. als Dateiverwaltung, Datenmanager, Datenbankmeister, Datenbank-System oder schlicht als Datei-System. Da solche Begriffe kaum etwas aussagen, ist es sinnvoll, einzelne Eigenschaften dieser Software-Produkte wie folgt zu überprüfen:

Dateiaufbau: Anzahl der gleichzeitig geöffneten Dateien? Satzanzahl einer Datei? Anzahl der Datenfelder je Satz? Feste Satzlänge? Datentypen? Maximale Feldlänge? Maximale Dateigröße? Eine Datei auf mehreren Disketten?

Systemverwaltung: Schnittstelle zu höheren Programmiersprachen? In Mehrplatz-Umgebung einsetzbar? Abfragesprachen, Listen- bzw. Programmgeneratoren? Dynamische Dateiverwaltung? Kompatibilität zu anderen Dateien (z.B. aus Textverarbeitung)? Datensatzaufbau nachträglich änderbar? Implementierungen für welche Mikros? Datei-Sicherheitskopien leicht erstellbar? Daten nach Löschen wiederherstellbar? Datenschutz durch Datei- bzw. Satzpaßwort? Realisierung als Datenbankmaschine? Eingebaute eigene Programmiersprache?

Speicherung: Aufwand zum Neueinrichten der Datenbank? Cursorsteuerung? Datenprüfung bei Eingabe? Daten aus anderen Dateien kopierbar? Speicherung satz-, block- oder dateiweise? Eingabefehlerkorrektur möglich? Ablegen als Binärdatei oder Textdatei?

Zugriff: Zugriffsmodus direkt oder indirekt? Anzahl der Suchbegriffe? Schlüssel aus einem oder mehreren Datenfeldern bestehend? Sortierbegriffe für wieviele Datenfelder? Sortierprogramme? Index intern als Tabelle? Möglichkeiten zur Datenausgabe? Ausgabeeinheiten für Listen? Zwischensummenbildung in Listen möglich?

Zum Grafikprogramm als viertem Standard-Paket: Programme dieser Kategorie erlauben es, Kuchen-, Säulen- sowie Liniengrafiken menügesteuert über einen hochauflösenden Bildschirm und z.B. einen Matrixdrucker mit Einzelpunktansteuerung zu erstellen und auszugeben. Die Skalierung der Bilder kann im Dialog festgelegt werden. Oft können dreidimensionale Grafiken bzw. räumliche Formen erzeugt werden. Gerade für kommerzielle Veranschaulichungen sind Grafikprogramme mit den statistischen Grundfunktionen von Vorteil.

Schnittstellen für Tools: Ein Grafikprogramm kann nur dann sinnvoll genutzt werden, wenn man Daten aus anderen Programmen übergeben kann. Wir kommen so zur Frage der Verbindung bzw. Kompatibilität dieser Programme.
Sollen Tabellenkalkulation, Textverarbeitung, Datenbank sowie Grafik nicht isoliert, sondern als eine Einheit genutzt werden, müssen entsprechende Schnittstellen zu den Programmen gegeben sein. Zur Verbindung dieser Programme ein Beispiel:

In einem Tabellenkalkulationsprogramm verknüpft man Zahlen, um diese dann an ein Grafikprogramm zwecks Diagrammdarstellung zu übergeben. Anschließend wird über das Textverarbeitungsprogramm ein Bericht verfaßt, in den diese Zahlen als Tabelle wie auch als Diagramm bildlich eingebunden sind. Schließlich kann man die Teile dieser Arbeit über das Dateiprogramm extern und langfristig speichern.
Wie können die vier Programme nun verbunden werden?
Zum Beispiel über Textdateien (alle Zeichen als Text im ASCII-Code gleichermaßen dargestellt) als gemeinsamer Schnittstelle. Die Steuerung kann über ein übergeordnetes Menüprogramm erfolgen, das die einzelnen Programme aufruft und den Datenaustausch überwacht.
Bei integrierten Paketen wird die Schnittstelle zur Verknüpfung von Text, Tabelle, Datei und Grafik natürlich im Programm mitgeliefert.

1.3.8.4 Teillösung und Gesamtlösung im Betrieb

Integrierte DV:
Wird ein Personalcomputer im kleineren Betrieb als Allzweck-System eingesetzt, dann sicher mit dem (Fern-)Ziel, sämtliche betrieblichen Funktionen wie Materialwirtschaft, Betriebsabrechnung, Finanzbuchhaltung, Personalwesen sowie Auftragsbearbeitung über ein Software-Paket zu bearbeiten: Man spricht dabei von "integrierter DV" (vgl. Abschnitt 1.3.5.5). Auf dem weiten Weg zu einer solchen Gesamtlösung wird man zunächst als Teillösung einzelne Funktionen auf die DV übernehmen: so die Fakturierung der Ausgangsrechnungen mit Kunden-, Artikelstamm- und Offene-Posten-Datei, die später in die Auftragsbearbeitung integriert werden kann. Oder als weitere Teillösung das Personalwesen mit Lohn- und Gehaltsabrechnung mit der späteren Anbindung zur Finanzbuchhaltung mit Kreditoren-, Debitoren- und Sachbuchhaltung.

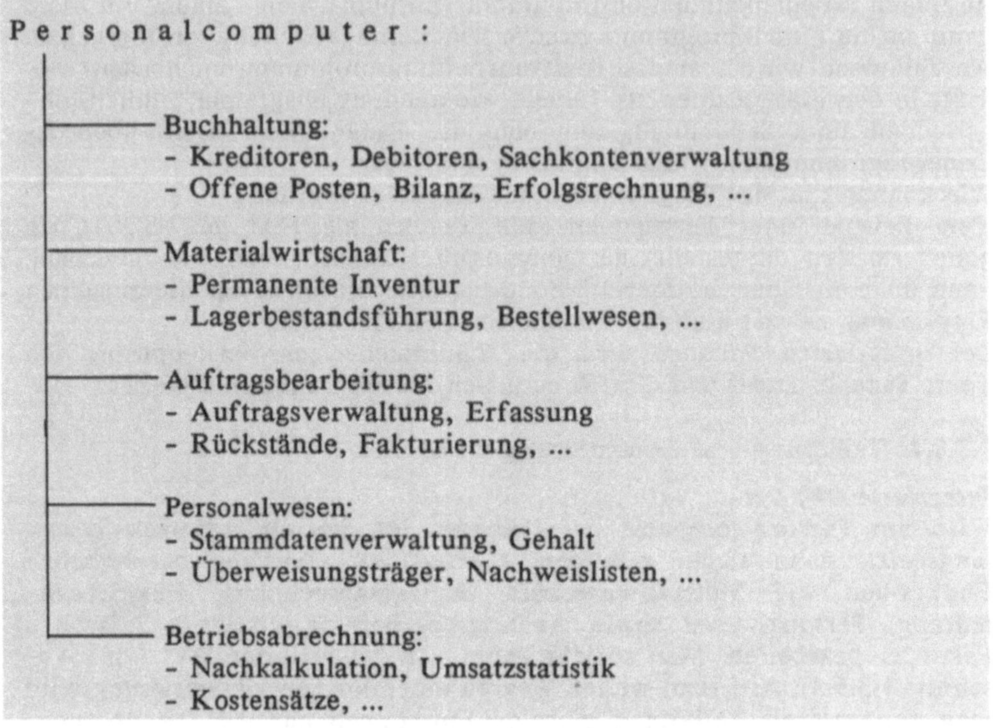

Integrierte Datenverarbeitung als Ziel

Branchenlösungen: Anwender-Software, die eine integrierte Bearbeitung aller innerbetrieblichen Vorgänge ermöglichen soll, wird immer häufiger als Branchenlösung angeboten. Diese ist auf eine bestimmte Branche gerichtet. Beispiele: Handwerksbetrieb, Rechtsanwaltskanzlei, Immobilienfirma, Großhandel, Versicherung, Zahnarztpraxis, Einzelhandel, Leasing oder Vertreter.

1.3.8.5 Nicht nur am Rande: Spielprogramme

"Immerhin noch besser als das nur passive Fernsehen" - so wird das Vordringen der "Arcade-Games" genannten, computergesteuerten Spiele von der Spielhalle ins Wohnzimmer sehr häufig kommentiert.
Gespielt wird mit reinen Spielautomaten ("rein", weil sie ausschließlich zum Spielen da sind; "Automat", da sie nicht frei programmierbar sind und deswegen strenggenommen auch nicht als Computer bezeichnet werden dürfen) oder mit *Personalcomputern*, die hardwaremäßig durch Steuerknüppel (Joystick), Auslösetaste, Lichtgriffel usw. entsprechend ausgestattet sind. Gerätehersteller und spezialisierte Softwareproduzenten teilen sich den Markt. Angeboten werden die Spielprogramme dabei auf Einsteckmodul (Firmware) und auf Kassette wie Diskette (Software). Die vom Hersteller programmierten ROM-Moduln sind sehr einfach zu

bedienen (Modul in den Schacht stecken und Programm starten) und vom Benutzer nicht zu kopieren. Da immer häufiger kommerziell genutzte Personalcomputer zum Spielen benutzt werden, wird das Spielangebot auf Diskette bestimmt nicht abnehmen.

Gemeinsam mit und gegen den Computer kann auf unterschiedliche Weise gespielt werden:
Geschicklichkeitsspiele: Übernahme altbekannter Spiele auf den Computer.
Neue Spielarten: Spiele wie Pac Man und Pillenfresser sind erst durch den Computer möglich geworden (Bewegung, hochauflösende Grafik).
Abenteuerspiele: Von der Wirklichkeit in die Phantasiewelt am Bildschirm.
Simulations- und Rollenspiele: Modellbildung der Wirklichkeit; Planspieltechnik.
Spezielle Kinderspiele: ... auch Mickey Mouse und Sesamstraße.
Schachspielprogramme: Schon weniger als "Spielzeug" abzutun.
Lehr- und Lernspiele: Fremdsprachen erlernen, naturwissenschaftliche Experimente, Computer-Unterstützter Unterricht (CUU), ...

Bleiben die Unterhaltungsspiele, die weder die Kreativität anregen noch das Denkvermögen fordern, weiter die Verkaufsschlager? Werden in Zukunft auch die Lehr-/Lernspiele nachgefragt? Wird der Computer als "perfekter Gespiele" den Menschen als "menschlich nicht-perfekten Spielpartner" noch mehr verdrängen können?
In jedem Falle positiv: Ganz im Gegensatz zum Konsumieren ist das Entwerfen und *Programmieren neuer Spielprogramme* ein sehr anregendes und kreatives Unterfangen.

1.4   Firmware = halb Hardware + halb Software

Als *Firmware (feste Ware)* hatten wir alle Information bezeichnet, die an der Nahtstelle zwischen Hardware und Software in computerverständlicher Form gespeichert vorliegt (vgl. Abschnitt 1.1.1). Speichermedium für die Firmware ist der ROM als Festwert-Speicher. Für den ROM-Hersteller, der Information in den ROM speichert, handelt es sich dabei um Software; für den Benutzer dagegen, der den ROM z.B. als Steck-Modul kauft, sind die Daten und Programme wie Hardware, da er sie nur anwenden (also lesen), nicht aber verändern (also beschreiben) kann.

1.4.1   IC als Integrierter Schaltkreis

Beim Öffnen des Gehäuses eines Personalcomputers entdeckt man in jedem Fall die folgenden vier Teile:
- Ein Netzteil als großes Teil zur Stromversorgung
- Platinen als Leiterplatten mit montierten Schaltkreisen (Chips)
- Verbindungsleitungen
- Stecker als Schnittstellen zum Kontakt mit der "Außenwelt"

Wichtig sind die Chips: Ein Chip ist ein kleines Plättchen aus Silizium, auf das im Zuge der Herstellung bestimmte Schaltelemente zu einer untrennbaren Einheit eingeschmolzen bzw. integriert werden. Deshalb bezeichnet man den Chip auch als *Integrierten Schaltkreis* mit der Abkürzung IC für "Integrated Circuit". Genaugenommen schmelzt man auf einen Chip mehrere Schichten aus jeweils verschiedenen Stoffen ein, deren Strukturen dann ein Verhalten ergeben, das einem Transistor, Kondensator, Widerstand usw. entspricht.

IC als Logikbaustein bzw. aktiver Baustein:

- Mikroprozessor
- Funktionen von Steuer- und Rechenwerk auf einem Chip

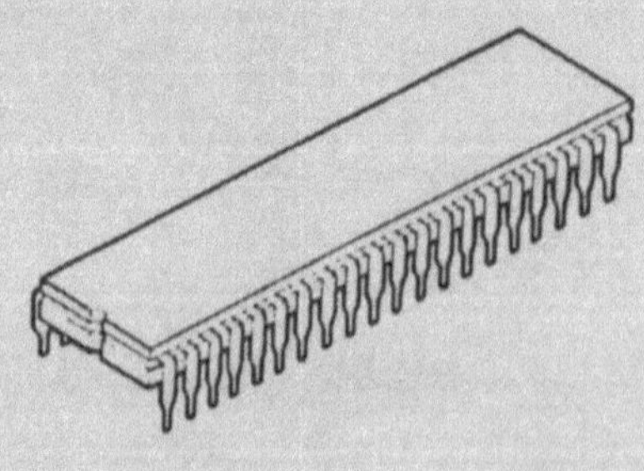

IC als Speicherbaustein bzw. passiver Baustein:

- Speicher ROM
- Hersteller hat Information fest gespeichert
- Anwender kann nur lesen
- Zumeist Programme gespeichert

- Speicher RAM
- Hersteller liefert Baustein ohne Inhalt
- Anwender kann schreiben und lesen
- Programme wie Daten speicherbar

Zwei grundsätzliche Verwendungsmöglichkeiten von ICs

Das Siliziumplättchen als Trägerkristall ist stets in ein Gehäuse mit z.B. 16 Füßen (Pins) als Anschlüsse eingebaut. Je nach Anordnung der Bauelemente kann man einen Chip als Logikbaustein oder als Speicherbaustein verwenden:

IC als Logikbaustein: Wird ein Chip als aktiver Baustein zur Ausführung von Befehlen verwendet, dann nennt man den Chip Logikbaustein (weil nach einer bestimmten Ablauflogik vorgegangen wird) oder kurz *Mikroprozessor.* Der erste Mikroprozessor wurde 1970 auf den Markt gebracht.

IC als Speicherbaustein: Der Chip als Speicherbaustein zur Speicherung von Daten und Programmen wurde erst später entwickelt. Zwei Speicherarten unterscheidet man: Bei dem mehrfach erwähnten Speicher ROM (Read Only Memory) als Nur-Lese-Speicher kann der Benutzer nur lesen, da die Programme als Firmware fest im ROM gespeichert sind. Im Gegensatz dazu ist der Speicher RAM (Random-Access-Memory) ein Schreib-Lese-Speicher, d.h. ein Direkt-Zugriff-Speicher. Hauptspeicher von Personalcomputern liegen als RAM-Speicher vor und nehmen das Anwenderprogramm sowie die zu verarbeitenden Daten auf.

1.4.2 Prinzipieller Aufbau eines Mikrocomputers

Aufbau:
Ein Mikro- bzw. Personalcomputer ist im Prinzip genauso aufgebaut wie jeder andere Computer auch (vgl. Abschnitt 1.2.2.1), nur liegen die Internspeicher als Speicher RAM bzw. ROM und die CPU als Mikroprozessor vor. Der Prozessor besteht dabei aus der ALU (Arithmetic Logic Unit bzw. Rechenwerk), dem Leitwerk und den Registern als Speichereinheiten. Ein I/0-Baustein regelt den Datenaustausch mit den jeweiligen Ein/-Ausgabegeräten, ein Datenbus die Übertragung von Daten (Ziffern, Buchstaben und Befehlen) und ein Adreßbus die Übertragung von Speicherplatzadressen.

Interner und externer Datenbus:
Der Mikrocomputer hat interne Speicher RAM und ROM (als Hauptspeicher, Arbeitsspeicher, Memory oder Kurzzeitgedächtnis bezeichnet) einerseits und externe Speicher wie z.B. eine Disketteneinheit andererseits. Deshalb unterscheidet man zwischen dem internen und dem externen Datenbus: Über den internen Datenbus werden Daten zwischen der ALU, dem Leitwerk, den Registern und den Speichern RAM und ROM transportiert, während der externe Datenbus die Datenübertragung zu den Externspeichern übernimmt, also zu einer Diskette oder einer Hard Disk. Entsprechend gibt es auch einen internen und einen externen Adreßbus.

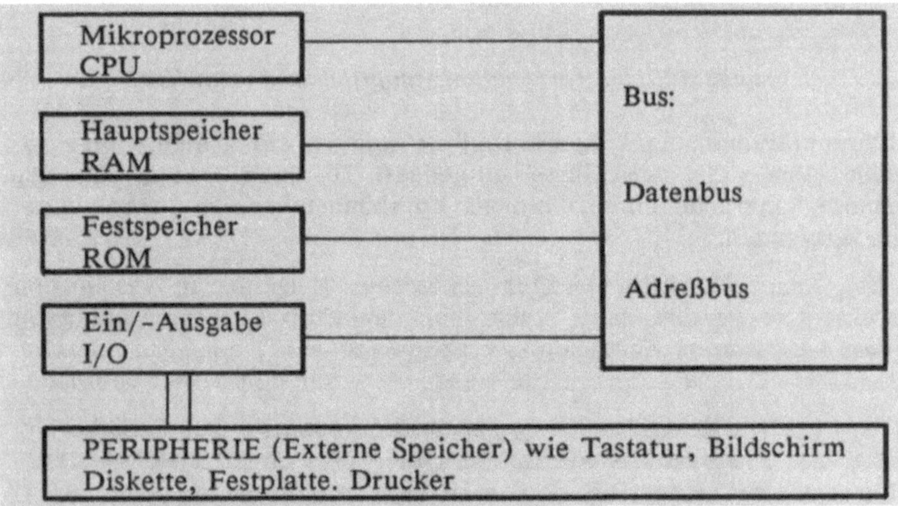

Aufbaumodell eines Mikro- bzw. Personalcomputers

Ablauf einer Programmes: Nach dem Start schickt der Mikroprozessor über den Adreßbus die Adresse der ersten Programmbefehls an den Speicher, in dem sich das Programm befindet. Dann transportiert der Speicher den unter dieser Adresse gefundenen Befehl über den Datenbus an den Mikroprozessor. Nach Ausführung des Befehls schickt dieser wiederum die Adresse des zweiten Programmbefehls an den Speicher usw.

1.4.3 Typen von Mikroprozessoren

Es gibt Mikroprozessoren mit 8-, 16 und 32-Bit-Struktur. Da der Mikroprozessor als "Herz des Computers" die Computereigenschaften entscheidend prägt, unterscheidet man auch für Mikrocomputer diese drei Typen.

1.4.3.1 8-Bit-Mikrocomputer

Wortbreite: "Das ist ein 8-Bit-Computer". Damit ist ein Computer mit einem 8-Bit-Mikroprozessor bzw. einer 8-Bit-CPU gemeint. Die 8 Bit als

Wortbreite des Prozessors kann als elementarer Denkinhalt des Computers aufgefaßt werden. Warum?

Der *Datenbus* transportiert Daten und Befehle und besteht aus acht parallelen Leitungen. Übertragen wird zeichenweise: Der Buchstabe "K" wird im ASCII-Code als 01001011 (1. Leitung 1, 2. Leitung 1, 3. Leitung 0, ...) durch den Datenbus gesendet. Mit den acht Bits bzw. den acht Leitungen des 8-Bit-Datenbus können also genau 256 (gleich 2 hoch 8) Zeichen vom Computer unterschieden werden. Für die Verarbeitung im ASCIICode ist diese Zahl von 256 gerade passend. Es genügt, 256 verschiedene Zeichen unterscheiden zu können.

Beim *Adreßbus* sieht dies anders aus: Durch diesen Bus gelangen nicht die Daten selbst, sondern deren Hausnummern bzw. Adressen, unter denen sie im Speicher abgelegt sind (jeder Speicher ist fortlaufend durchnumeriert mit Speicherplatz 1, Speicherplatz 2, Speicherplatz 3, ...). Damit bestimmt die Anzahl der Adreßbus-Leitungen die Anzahl der Speicherplätze, die der Computer unterscheiden bzw. adressieren kann. *Ein 8-Bit-Adreßbus kann nur 256 Speicherplätze direkt adressieren.* Da dies viel zu wenig ist, verwenden die gängigen 8-Bit-Mikroprozessoren in der Regel einen Trick: Sie bauen Adressen aus zwei Bytes auf, die nacheinander über den Adreßbus zum Hauptspeicher geschickt werden. Damit können diese 8-Bit-Computer dann genau 65536 (2 hoch 16) Zeichen bzw. Bytes anwählen und auch adressieren (65536 Bytes: 64 mal 2 hoch 10 bzw. 64 KBytes, d.h. kurz 64 K). Dies gilt für die beiden weitverbreiteten 8-Bit-CPUs Z80 und 6502.

1.4.3.2 16-Bit-Mikrocomputer

Externer und interner Bus:
Die Wortbreite des externen Datenbus bestimmt, ob man einen 8-Bit-Computer oder aber einen 16-Bit-Computer vor sich hat, nicht aber die interne Länge von Registern, die Wortbreite des Rechenwerks oder die Befehlslänge. Danach verfügt ein "echter" 16-Bit-Computer über einen internen wie auch einen externen 16-Bit-Bus.

Unechter 16-Bit-Computer:
Wenn Personalcomputer wie der IBM-PC häufig als 16-Bit-Computer bezeichnet werden, dann muß man sich darüber im klaren sein, daß die dabei verwendete CPU 8088 zwar 16-Bit-Register und Operationen zur Verarbeitung von 16-Bit-Worten aufweist, also einen internen 16-Bit-Bus hat, aber nur einen externen 8-Bit-Bus. Dies bedeutet, daß die 16 Bits der Register zum Ausgeben wie zum Laden durch den Datenbus stets halbiert bzw. zusammengefügt werden müssen.
Geräte mit externem 8-Bit-Bus und internem 16-Bit-Bus bezeichnen wir als 8/16-Bit-Computer. Aufgrund ihrer Stellung zwischen der echten 8-

Bit-Struktur und der echten 16-Bit-Struktur bezeichnet man sie häufig als "Zwitter".

Warum arbeitet ein 16-Bit-Computer schneller als ein 8-Bit-Computer?
Der Bus eines 8-Bit-Computers hat 8 parallele Leitungen. Damit können die 2 hoch 8 bzw. 256 Zahlenwerte 0,1,2,...,255 in einem Schritt bzw. Zeittakt übermittelt werden. Will man größere Zahlen übertragen, dann müssen diese aufgeteilt und in zwei oder mehreren Schritten transportiert werden. Dieses Aufteilen kostet natürlich Zeit.
Dies erübrigt sich beim 16-Bit-Computer, wenn die Zahlenwerte 0, 1 , 2, ..., 65535 übermittelt werden sollen. Der 16-Bit-Bus mit 16 Leitungen erlaubt 2 hoch 16 bzw. 65536 Kombinationen bzw. Zahlenwerte, die in einem Schritt übermittelt werden.
Der Unterschied zwischen 8-Bit-Computern und 16-Bit-Computern ist also viel größer, als es der Zahlenvergleich "8 zu 16 Bit" nahelegt: Die Hochrechnung "256 zu 65536 Kombinationen" zeigt den wahren Unterschied zwischen diesen Computertypen auf.

1.4.3.3 32-Bit-Mikrocomputer

Das Leistungsvermögen eines Computers hängt im wesenlichen von zwei Größen ab: von der Anzahl der Bits (Wortbreite) und von der Schnelligkeit. 32-Bit-Computer weisen bei beiden Größen günstige Werte auf.
Zunächst zur Bitanzahl: Bei den echten 32-Bit-Computern sind 32 parallele Leitungen im Bus zusammengefaßt. Damit vergrößert sich ihr Adreßraum theoretisch auf vier Milliarden Zeichen (vier Gigabytes). Außerdem können Computer mit 32-Bit-Struktur binäre Zahlen anstatt auf acht Stellen (beim 8-Bit-Mikro) auf 32 Binärstellen genau bearbeiten. Der Befehlsvorrat nimmt ebenfalls zu: Die 8-Bit-CPU des 6502 versteht 56 Befehle gegenüber den 134 Befehlen des 16-Bit-Prozessors 8086 und den z.B. 230 Befehlen eines 32-Bit-Computers.

Die Schnelligkeit eines Computers gibt man in "Millionen Instruktionen je Sekunde" (Mips) an. Sie hängt von der Taktfrequenz und von den Abmessungen des Prozessor-Chips ab (je kleiner die Abstände der Leiterbahnen auf der Prozessor-Platine, desto höhere Taktfrequenzen und damit Instruktionen je Sekunde sind möglich). Beispiel: Eine 32-Bit-CPU wie 32032 ermöglicht 1,1 Mips.

1.4.4 Logikbausteine (Mikroprozessoren) im Überblick

Die bislang angeführten Mikroprozessor-Kürzel Z80, 6502 sowie 8088 können leicht in eine etwas übersichtlichere Ordnung gebracht werden, da es im Grunde nur zwei "Familien" von 8-Bit-Prozessoren gibt: die 80-Familie einerseits und die 65xx- bzw. 68xx-Familie andererseits. 1970 erfand Dr. Ted Hoff bei Intel mit dem 4004 den 4-Bit-Mikroprozessor und 1973 folgte der 8080 als 8-Bit-CPU. Seit 1976 gelten der Z80 von Intel/Zilog und der 6502 von Motorola als hauptsächliche Vertreter der nach ihnen benannten Familien. In der Abbildung (Quelle: Computer Persönlich, 15(1986)) wird dies verdeutlicht.

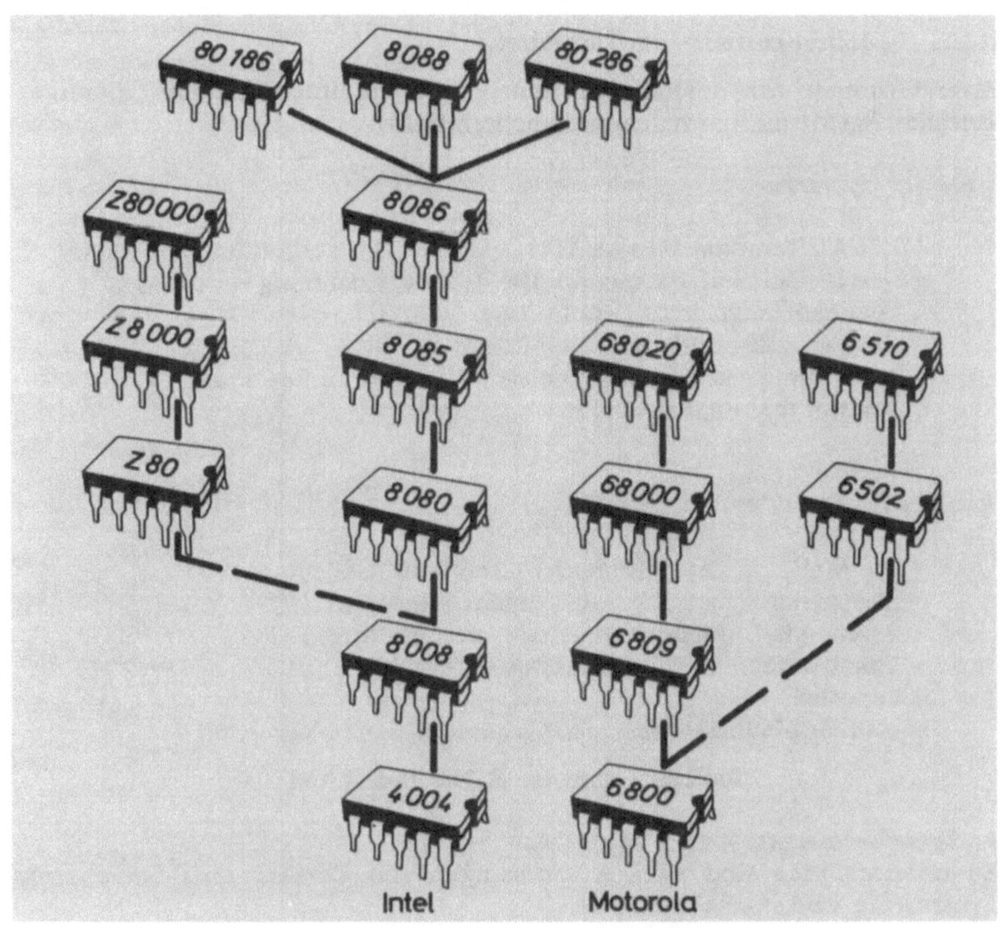

Zwei "Familien" von Mikroprozessoren

Zur Motorola-Familie: Bereits 1979 war der 6502 der weltweit meistverkaufte Mikroprozessor. Sein Nachfolger 68000 weist als 16-Bit-Mikroprozessor bereits einen 16-Bit-Datenbus bei intern 32-Bit-breiten Registern auf, er zählt also zu den "Zwittern" mit 16/32-Struktur. Computer wie Macintosh, Atari ST und Commodore Amiga verwenden diesen Prozessor.

Zur Intel-Familie: Im Jahre 1981 führte IBM den 8088 für seinen PC ein. Der IBM PC AT arbeitet mit einem Intel 80286. Da sich die IBM Personalcomputer rasch zum Industriestandard entwickelten, verbreiteten sich die Mikroprozessoren von Intel mehr als die von Motorola. Mit der zunehmenden Bedeutung von Computergrafik, Anomation und grafischen Benutzeroberflächen jedoch erfährt der mit seiner 32-Bit-Arithmetik leistungsfähigere 68000 eine deutliche Aufwertung.

1.4.5 Speicherbausteine im Überblick

Zwei Gruppen von Speicherbausteinen sind zu unterscheiden: flüchtige Speicher RAM und permanente Speicher ROM.

Flüchtige Speicher:

- RAM (Random Access Memory) bzw. "Schreib-Lese-Speicher"
- Inhalt geht bei Abschalten der Betriebsspannung verloren
- Speicher leicht neu beschreibbar
- Dynamischer und statischer RAM
- Nutzung als schneller Arbeitsspeicher für Daten und Programme des Anwenders.

Permanente Speicher

- ROM (Read Only Memory) bzw. "Nur-Lese-Speicher"
- Festspeicher bzw. Festwertspeicher genannt
- Inhalt bleibt auch ohne Betriebsspannung erhalten
- Inhalt nicht (ROM) oder schwer (PROM, EPROM, EEPROM) änderbar
- Nutzung von Steuerungsprogrammen (Betriebssystem)

Speicherbausteine ROM und RAM

1) Speicherbaustein RAM:
Zu unterscheiden sind zwei Ausführungen von Direktzugriff-Speichern: dynamische und statische RAMs.

Beim dynamischen RAM wird in vielen auf dem Chip angeordneten Kondensatoren gespeichert. Da bei jedem Speicherzugriff (Lesen wie Schreiben) immer wieder Spannung abfließt, verlieren diese Chips tausende Mal in der Sekunde ihren gesamten Inhalt: sie müssen deshalb immer wieder "aufgefrischt" (engl. refreshed) werden. Bei jedem *Refresh* werden alle Speicherstellen vor dem Datenverlust ausgelesen und dann neu beschrieben. Auf der einen Seite sind dynamische RAMs deshalb sparsamer (Leistungsaufnahme gering), kleiner (Kondensator anstelle Flipflop), mächtiger (Speicherkapazität) und preiswerter als statische RAMs; auf der anderen Seite ist ihr schaltungsmäßiger Aufwand größer und ihre Arbeitsgeschwindigkeit kleiner (da beim Refresh kein Speicherzugriff möglich ist).

Beim statischen RAM tritt an die Stelle des Kondensators der Flipflop: Information wird in den zahlreichen auf dem Chip befindlichen Flipflops gespeichert.

2) Speicherbaustein ROM:
Der ROM wird vom Hersteller z.B. dadurch beschrieben, daß man bestimmte Kontakte auf dem Speicherchip schließt bzw. unterbricht. Produktion und Speicherung fallen zusammen. Dabei ist nur die Massenproduktion sinnvoll.

3) Speicherbaustein PROM:
Beim dem als PROM abgekürzten programmierbaren ROM (Programmable Read Only Memory) wird die Programmierung bzw. Speicherung nicht vom Hersteller, sondern vom Anwender vorgenommen. Ein neuer PROM ist deshalb leer, da alle Bits z.B. auf 0 gesetzt sind. Beim anschließenden Speichern brennt der Anwender über die Programmierspannung gezielt Kontakte auf dem PROM durch. Die Informationsspeicherung ist somit endgültig, d.h. sie kann nicht mehr rückgängig gemacht werden. Bei jeder Änderung muß ein neuer PROM gebrannt werden.

4) Speicherbaustein EPROM:
Den EPROM (Erasable PROM) als löschbaren PROM erkennt man an dem kleinen Glasfenster; bestrahlt man den EPROM durch dieses Fenster mit UV-Licht, wird alle Information gelöscht. Anders als beim PROM wird beim Beschreiben durch Anlegen der Programmierspannung nichts unwiderrufbar durchgebrannt, sondern der Stromfluß durch einen Feldeffekttransistor verändert.

5) Speicherbaustein EEPROM:
Beim EEPROM (Electrically Erasable PROM) wird nicht durch UV-Licht gelöscht, sondern durch Anlegen einer Spannung an den Chip. Da der EEPROM vom Computer selbst beschrieben werden kann, könnte man ihn auch als RAM bezeichnen.

1.4.6 Mikrocomputer-Benutzer als Löter und Tipper

Benutzer von Mikrocomputern werden zuweilen in "Löter" und in "Tipper" eingeteilt: Bauen sich die "Löter" ihr DV-System aus elektronischen Bausteinen hardwaremäßig individuell zusammen, so erwerben sich die "Tipper" einen Computer, um diesen selbst zu programmieren (Programm-Tipper) oder gekaufte Software auf die eigenen Daten anzuwenden (Daten-Tipper). Die zwei folgenden Entwicklungen verwischen diese Einteilung in "Löter" sowie in "Tipper" immer mehr:

Zum einen werden EPROMs als löschbare Speicher immer einfacher in der Handhabung, wodurch es auch für die "Tipper" leichter wird, die bislang dem "Löter" vorbehaltenen Arbeiten durchzuführen:
Durch Bestrahlen des ICs läßt sich Information leicht löschen. Umgekehrt können über ein Programmiergerät neue Daten und Programme in den EPROM gespeichert werden. Da EPROMs direkt bus-kompatibel sind, d.h. die Ausgänge sich direkt an den Datenbus legen lassen, ist dieses Vorhaben nicht nur für die "Löter" interessant. Auch der "Tipper" kann so seine eigenen Programmentwicklungen leicht in einen Festwertspeicher laden.
Zum anderen können kommerzielle Programme ebenfalls über ein EPROM kopiert werden. Dazu als Beispiel die EPROM-Kartusche: Der "Tipper" geht mit seiner Kartusche in einen Software-Laden, sucht ein Programm aus, läßt sich eine Kopie dieses Programms gegen Gebühr über ein im Software-Laden befindliches Gerät in seine EPROM-Kartusche laden, geht nach Hause, steckt die Kartusche in seinen Computer und läßt das Programm laufen. Später kann er bei Bedarf dann immer wieder ein anderes Programm in den EPROM hineinkopieren.

2
Bedienung und Sprachreferenz von GFA-Basic

Als die Rechner der Atari ST Reihe auf den Markt kamen, wurde wie bei
den meisten Rechnern dieser Klasse die Programmiersprache BASIC mit-
geliefert. Dabei handelte es sich um eine Version von der Firma Digital
Research, die allerdings noch einiges zu wünschen übrig lies. Das Atari-
BASIC war langsam, verwirrte den Benutzer durch viele Fenster, und vor
allem störten die Fehler, die oft sogar das System zum Absturz brachten.
Mittlerweile ist Atari sogar dazu übergegangen die neuen Geräte mit
Omikron-BASIC auszuliefern.

In diese Lücke stieß schon bald das BASIC der Firma GFA-System-
technik. GFA-Basic ist von Grund auf neu konzipiert worden, es ist nicht
in das GEM eingebunden, hat einen eigenen Editor und kann eine für
einen Interpreter beachtliche Geschwindigkeit vorweisen.
Schon bald folgte eine neue, verbesserte Version 3.0, die einen größeren
Sprachumfang zu bieten hat.

Neu an GFA-Basic ist vor allem, daß die aus vielen BASIC Dialekten bekannten Zeilennummern ganz verbannt worden sind. Vielmehr setzt man
jetzt auf Befehle, die ähnlich wie in der Programmiersprache Pascal
Struktur in die Programme bringen. Dazu gehören verschiedene Schleifentypen und vor allem Unterprogramme mit der Möglichkeit der Parameterübergabe. Die Sprache ist so aufgebaut, daß man ganz ohne direkte
Sprünge (GOTO) auskommen kann.

Weiterhin fallen viele Befehle und Funktionen auf, die die speziellen
Möglichkeiten des Atari wie Grafik und Menütechnik unterstützen. GFA-
Basic selber ist wie gesagt nicht in das GEM eingebunden, aber die Programme, die man damit schreibt, können die GEM-Routinen voll nutzen.
So kann man sich bei der Arbeit den Griff zur Maus meistens sparen,
wenn man will. Der eingebaute Editor erledigt aber noch einige andere
Aufgaben. So wird schon bei der Eingabe geprüft, ob die Syntax korrekt
ist, und die Zeilen werden automatisch eingerückt, um die Programmstruktur zu betonen.

2

Bedienung und Sprachreferenz von GFA-Basic

Die Rechner der Atari ST Reihe werden mit einer komfortablen Benutzeroberfläche, dem GEM-Desktop (GEM = Graphics Environment
Manager), geliefert. Im folgenden soll kurz erklärt werden wie man mit
dem Desktop umgeht, um nachher einigermaßen sicher damit arbeiten zu
können.

2.2.1 Starten des Systems

Nach dem Einschalten aller an den Atari angeschlossenen Geräte, wie
Monitor, Diskettenlaufwerke und Drucker, kann der Rechner selbst ein-
geschaltet werden. Besitzen Sie ein Gerät mit dem Betriebssystem im
ROM, so brauchen Sie keine Betriebssystemdiskette einlegen. Ist das Be-
triebssystem auf einer Diskette mitgeliefert worden, so ist diese **vor** dem
Einschalten in das Diskettenlaufwerk einzulegen.

Nach einiger Zeit meldet sich der Rechner mit dem Desktop (siehe
1.3.7.6), unserem Computer-Arbeitstisch. Nun können wir mit der eigentlichen Arbeit beginnen. Wir sehen auf dem Bildschirm neben der Menüleiste noch einige Objekte, wie einen Papierkorb, einen Pfeil und mindestens zwei Karteikästen. Der Pfeil wird auch als *Mauszeiger* bezeichnet.

2.2.2 Der Umgang mit dem Desktop

Das Arbeiten mit der Maus

Mit der Maus kann der *Mauszeiger* auf dem Bildschirm bewegt werden.
Wenn Sie die Maus auf dem Tisch verschieben, führt der Mauszeiger die
Bewegung analog auf dem Schirm aus. Die beiden Maustasten dienen
dazu, etwas auszuwählen, wir werden im folgenden nur die linke Taste
benutzen.

Auswahl eines Objekts

Um etwas auf dem Bildschirm auszuwählen, muß der Mauszeiger auf das
betreffende Objekt bewegt und die linke Maustaste gedrückt werden.
Wollen wir z.B. mit dem Diskettenlaufwerk arbeiten, bewegen wir den
Mauszeiger auf das Piktogramm des Diskettenlaufwerks (Karteikasten)
und betätigen die linke Maustaste. Der Karteikasten wird nun als Bestäti-
gung invers dargestellt.

Verschieben eines Objekts

Um uns den "Arbeitstisch" einzurichten, können wir jedes Objekt auf dem Bildschirm beliebig verschieben. Bewegen wir den Mauszeiger auf den Papierkorb und drücken wir die linke Taste der Maus, lassen sie aber nicht wieder los, so können wir einen "Umriss" des Papierkorbes über den Bildschirm bewegen. Lassen wir die Taste wieder los, so wird der Papierkorb an den Platz gesetzt, an dem sich der Umriss zuletzt befand. So kann mit jedem Objekt auf dem Desktop verfahren werden.

Auswahl eines Menüpunktes

In der Menüleiste befinden sich die Auswahlpunkte "DESK", "DATEI", "INDEX" und "EXTRAS". Bewegen wir den Mauszeiger auf eines dieser Worte, so klappt das zugehörige Menü herunter. Aus den sogenannten "drop-down" Menüs können nur die fett geschriebenen Menüpunkte ausgewählt werden. Bewegen wir den Mauszeiger auf einen dieser Menüpunkte, wird er invers dargestellt und kann durch betätigen der linken Maustaste ausgewählt werden, das Menü verschwindet dann. Will man keinen Punkt aus dem Menü auswählen, so bewegt man den Mauszeiger irgendwo auf einen freien Platz außerhalb des Menüs und drückt dann die linke Maustaste. Anders als bei der Auswahl von *Objekten* zieht die Auswahl eines *Menüpunktes* immer eine Verarbeitung nach sich. Ein ausgewähltes Diskettenlaufwerk kann mit dem Punkt "öffne" aus dem Menü DATEI geöffnet werden, d.h. es erscheint ein Fenster, in dem der Inhalt der eingelegten Diskette dargestellt wird.

Starten und Öffnen

Eine wichtige Funktion ist das zweimalige Betätigen der linken Maustaste kurz hintereinander ("Doppelklick"). Durch diese Aktion ist es möglich, ein Diskettenlaufwerk zu *öffnen* oder ein Programm zu *starten*. Wir hatten schon eine andere Methode kennengelernt, ein Laufwerk zu öffnen (Auswahl und Menüpunkt öffne), aber in der Praxis wird man dem Doppelklick den Vorzug geben, da er schneller durchzuführen ist.

Arbeit mit Fenstern

Unter einem Fenster kann man sich einen Ausschnitt eines Arbeitsblattes vorstellen, das auf dem Schreibtisch, dem Desktop, liegt. Es ist immer nur dieser Ausschnitt des Arbeitsblattes zu sehen, daher auch die Bezeichnung Fenster. Wird ein Diskettenlaufwerk geöffnet, so erscheint ein Fenster, in

dem die auf der Diskette befindlichen Dateien dargestellt sind. Als Beispiel hier die GFA-Basic Systemdiskette:

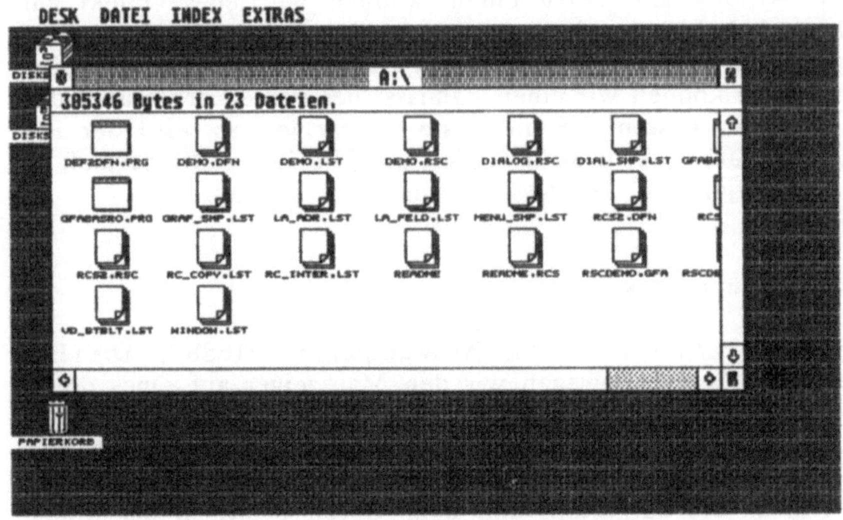

Wie man deutlich erkennt, befinden sich ganz rechts im Fenster noch
Objekte, die nur zum Teil sichtbar sind. Ein Fenster wie im obigen Beispiel kann nun auf verschiedene Arten manipuliert werden:

Verschieben eines Fensters

Ein Fenster kann wie jedes andere Objekt auf dem Schirm verschoben werden. Dazu muß auf die Titelleiste geklickt werden, das ist
der gepunktete Bereich ganz oben am Fenster. Mit gedrückter linker
Maustaste kann das Fenster nun bewegt werden.

Vergrößern eines Fensters auf Maximalgröße

Wird das Symbol in der rechten oberen Ecke angeklickt, vergrößert
sich das Fenster auf Maximalgröße, es nimmt nun den ganzen Bildschirm ein. Durch erneutes Anklicken dieses Symbols wird es
wieder auf die Größe gebracht, die es vorher hatte.

Verändern der Größe eines Fensters

Bewegen wir den Mauszeiger auf das Symbol in der rechten unteren
Ecke des Fensters und halten die linke Maustaste gedrückt, so erscheint ein Umriß des Fensters, der durch Bewegen der Maus in der
Größe verändert werden kann. Wird die Maustaste wieder losgelassen, nimmt das Fenster die so gewählte Größe an.

2.2.3 Vorbereitende Arbeiten

Formatieren einer Diskette

Damit wir uns später eine Sicherheitskopie und eine Arbeitsdiskette anlegen können, benötigen wir Leerdisketten, die noch keine Daten enthalten. Der Rechner kann eine solche Diskette noch nicht lesen oder beschreiben, sie muß dazu erst in Spuren und Sektoren aufgeteilt werden. Das wird ebenfalls von unserem Computer erledigt, man nennt diesen Vorgang Formatieren. Beim Atari sind dazu folgende Arbeitschritte durchzuführen:

1) Einlegen der Diskette in ein Laufwerk des Computers.

2) Anwählen des entsprechenden Diskettensymbols auf dem Desktop.

3) Auswahl des Menüpunktes "formatiere.." im Menü "DATEI". Es erscheint zunächst ein Warnfeld, damit können wir den Vorgang noch unterbrechen. Um fortzufahren klickt man auf "OK".

4) Es erscheint ein Dialogfeld, in dem man den Diskettennamen eingeben kann. Außerdem wird gefragt, ob die Diskette ein- oder zweiseitig formatiert werden soll. Das Atari-Laufwerk SF354 kann z.B. nur einseitig formatierte Disketten verarbeiten. Besitzen Sie hingegen ein Laufwerk SF314, einen 1040ST Rechner oder einen Mega-ST, so können Sie beide Formate benutzen. Auf der zweiseitig formatierten Diskette können natürlich auch doppelt so viele Daten gespeichert werden als auf einer einseitigen.

5) Es erscheint ein neues Fenster, in dem der Fortgang der Formatierung an einem Balken sichtbar ist. Ist er vollständig ausgefüllt, ist der Formatiervorgang beendet. Es erscheint wieder das Dialogfeld und wir könnten eine weitere Diskette formatieren. Um wieder zum Desktop zu gelangen, klicken wir einfach auf Abbruch.

Anlegen einer Sicherheitskopie

Eine Sicherheitskopie wird angelegt, indem man Daten von einer Diskette auf eine andere überträgt. Die Praxis hat gezeigt, daß immer wieder mal Fehler auf Disketten auftreten, oder versehentlich wichtige Dateien überschrieben werden. Eine Kopie unserer Arbeit kann dann viel Zeit und Ärger sparen. Wie legt man nun eine solche Kopie an?

Verschieben des Fensterinhaltes
Wie schon erwähnt, kann es vorkommen, daß ein Fenster nur einen
Ausschnitt eines Arbeitsblattes darstellen kann, da es zu klein ist.
Dieser Ausschnitt kann so verschoben werden, daß alle Teile des
Arbeitsblattes erreicht werden können. Dazu dienen die beiden
Rollbalken unten und rechts am Fenster. Ein Rollbalken besteht aus
zwei Rollpfeilen an den Enden des Balkens und aus der Rollbox
zwischen den beiden Pfeilen. Der schraffierte Teil der Rollbox stellt
den gerade nicht sichtbaren Teil des Arbeitsblattes dar. Durch Anklicken eines Pfeiles wird der Ausschnitt um einen Schritt in die
gewünschte Richtung verschoben. Man sieht, daß sich auch der
nichtschraffierte Teil in der Rollbox verschoben hat. Will man
schneller verschieben, kann auch direkt im schraffierten Teil geklickt werden, es erfolgt dann eine Verschiebung um einen Fenster-
inhalt. Eine weitere Möglichkeit ist das direkte Anklicken des nicht
schraffierten Teiles der Rollbox. Mit gedrückt gehaltener linker
Maustaste kann der Bereich direkt bewegt werden.

Schließen eines Fensters
Das Symbol in der linken oberen Ecke dient dazu, ein Fenster wieder zu schließen. Es verschwindet dann vollständig vom Bildschirm.

Sind mehrere Fenster auf dem Desktop geöffnet, kann davon immer nur
eins aktiv sein. Man erkennt das aktive Fenster an seiner ausgefüllten
Titelleiste. Wollen wir in einem anderen Fenster arbeiten, so brauchen wir
es nur irgendwo anklicken. Wie man am Beispiel der Systemdiskette sehen
kann, befinden sich innerhalb des Fensters wieder einige Objekte. Es
handelt sich hierbei um die Dateien, die sich auf der eingelegten Diskette
befinden. Diese Objekte können wie gewohnt bewegt werden, aber
Vorsicht! Das Bewegen eines Dateiobjekts bewirkt, daß eine Kopie der
Datei angelegt wird. Vorher wird allerdings noch durch eine Sicherheitsabfrage geprüft, ob das wirklich geschehen soll. Das Anklicken von
Abbruch verhindert in diesem Fall das ungewollte Anlegen einer Kopie.
Wird ein Dateipiktogramm gestartet oder geöffnet (Doppelklick), so können zwei Dinge passieren:

a)   Ist es ein ein ausführbares Programm, wird es gestartet.

b)   Handelt es sich um eine Datei, erscheint ein Dialogfeld. In diesem
      Feld kann man nun auswählen, ob die Datei angezeigt oder ge-
      druckt werden soll. Möchte man nichts von beidem, so klickt man
      auf Abbruch. Diese Methode, sich eine Datei am Bildschirm anzei-
      gen zu lassen, werden wir später verwenden, wenn wir uns mit Da-
      teien beschäftigen.

Auch hier gibt es wieder einige Arbeitsschritte:

1) Die Diskette, die kopiert werden soll, muß zunächst schreibgeschützt werden, um ein versehentliches Überschreiben zu verhindern (Man muß die Kerbe an der Diskette in die Position bringen, in der man durch das Loch hindurchsehen kann). Diese Diskette muß dann in ein Laufwerk eingelegt werden.

2) Wir bewegen auf dem Bildschirm das Piktogramm des Diskettenlaufwerks in dem sich die Diskette befindet, auf das Bild eines anderen Laufwerks. Selbst wenn Sie nur ein Laufwerk besitzen, hat dieses Vorgehen einen Sinn, denn der Rechner fordert Sie dann immer wieder auf, die Disketten zu wechseln. Mit zwei Laufwerken brauchen Sie das natürlich nicht zu tun, Sie legen einfach eine leere formatierte Diskette in das andere Laufwerk.

3) Es erscheint ein Warnfeld auf dem Bildschirm, in dem wir gefragt werden, ob die Aktion auch wirklich beabsichtigt ist, denn es gehen auf der Zieldiskette alle Daten verloren. Wir bestätigen die Frage, indem wir auf das Feld "OK" klicken.

4) Auf dem erschienen Dialogfeld "Diskkopie" klicken wir auf das Feld "Kopiere". Besitzen Sie nur ein Laufwerk, folgen nun einige Anweisungen Disketten einzulegen. Mit Quelldiskette wird dabei die Diskette bezeichnet, auf der sich unsere Daten befinden. Die leere, formatierte Diskette wird mit Zieldiskette bezeichnet. Sie darf natürlich nicht schreibgeschützt sein. Ist der Kopiervorgang abgeschlossen, so erscheint wieder das Dialogfeld auf dem Bildschirm. Wir können nun weitere Kopien anfertigen, oder "Abbruch" anklicken, um zum Desktop zurückzukehren.

Bitte beachten Sie, daß eine einseitig beschriebene Diskette nur auf eine einseitg formatierte Diskette kopiert werden kann. Das gleiche gilt für zweiseitige Disketten. Stimmt die Art der Quelldiskette nicht mit der der Zieldiskette überein, wird der Kopiervorgang mit einer Fehlermeldung abgebrochen.

2.2.4 Unser erstes Programm

Als erstes Programm wollen wir ein Programm mit dem Namen
VERBRAU erstellen, d.h. über Tastatur im Editor eintippen, testen und
dann auf Diskette abspeichern.
Das Programm VERBRAU löst das folgende Problem:

> "Benzinverbrauch beim Pkw: Ermittlung des Verbrauchs in
> Liter/100 km für eine Tankfüllung von 60 Litern"

Wie bei allen größeren Vorhaben gehen wir auch bei der Programmentwicklung schrittweise vor. Beginnen wir mit Schritt 1.

Schritt 1: System mit BASIC starten

Wir starten zunächst den Rechner, wie wir es in Abschnitt 2.1.1 gelernt
haben. Danach legen wir die Diskette, die GFA-Basic enthält, in das Dis-
kettenlaufwerk. Es empfiehlt sich, mit einer Sicherheitskopie zu arbeiten.
Wir öffnen nun das Diskettenlaufwerk durch zweimaliges anklicken des
Piktogrammes. Nach einiger Zeit erscheint der Editor-Bildschirm von
GFA-Basic. Der Bildschirm ist bis auf zwei Menüzeilen leer. Direkt unter
den Menüzeilen befindet sich ganz links ein ausgefülltes Quadrat, der
Cursor. Ab dieser durch den Cursor markierten Position wird der Text,
den wir eintippen, auf dem Bildschirm erscheinen. Machen wir einen
Versuch und geben das Wort PRINT ein. Nachdem wir die Return Taste
gedrückt haben, springt der Cursor in die nächste Zeile. Wir befinden uns
im Editor, der dazu da ist, den Programmtext komfortabel zu bearbeiten.
In GFA-Basic werden im Editor zusätzlich noch die Eingaben auf
Korrektheit geprüft. Eine Zeile kann erst verlassen werden, wenn sie
korrekt eingegeben worden ist. Es erscheint im Fehlerfall in der zweiten
Bildschirmzeile eine Meldung.

Schritt 2: Programm Zeile für Zeile eintippen

Wir wollen das (auch in Abschnitt 3.1.1.1 angegebene) Programm namens
VERBRAU eintippen: Zeile für Zeile, wobei am Ende jeder Zeile die
Return-Taste gedrückt wird (angedeutet durch /RETURN/). Um sicher
zu gehen, daß der Programmspeicher leer ist, wenn wir beginnen unser
Programm einzugeben, klicken wir in der ersten Menüzeile "New" an.
Alternativ kann man auch /SHIFT/+/F4/ drücken (gleichzeitig). Es er-
scheint ein Fenster, das uns fragt, ob wir mit dem Verlust der im Spei-
cher befindlichen Daten einverstanden sind. Wir klicken auf das Feld
"OK". Damit ist der Speicher gelöscht.

Wir können nun beginnen, unser Programm einzutippen. Es spielt dabei keine Rolle, ob wir Groß- oder Kleinschreibung verwenden. Alle Basic-Befehle wie "LET" oder "PRINT" werden automatisch in Großbuchstaben, alle Variablen in Kleinbuchstaben umgewandelt. Nur Texte in Anführungsstrichen werden so belassen, wie sie eingegeben worden sind. Das /RETURN/ am Ende einer Zeile soll daran erinnern, daß nach Eingabe der Zeile die Return-Taste gedrückt werden soll.

```
LET t=60      /RETURN/
PRINT "Eingabe: Gefahrene km"      /RETURN/
INPUT k       /RETURN/
```

Haben wir uns an einer Stelle vertippt, so können wir den Cursor mit den Pfeiltasten auf der Tastatur nach oben bewegen und korrigieren. Neu eingegebene Zeichen werden dabei eingeschoben. wollen wir Zeichen löschen, so drücken wir auf die Delete-Taste. Nun können wir den Rest des Programms eintippen. Dazu muß der Cursor unter der letzten Eingabezeile stehen, also direkt unter dem I von Input.

```
LET d=100*t/k
PRINT "Ausgabe: Liter/100km"
PRINT d
END
```

Auf dem Bildschirm steht nun die komplette Anweisungsfolge unseres Programms. Diese Anweisungsfolge nennt man Listing oder *Codierung*: Sie ist im folgenden wiedergegeben.

Codierung zum Programm VERBRAU:

```
LET t=60
PRINT "Eingabe: Gefahrene km"
INPUT k
LET d=100*t/k
PRINT "Ausgabe: Liter/100 km"
PRINT d
END
```

Schritt 3: Programm ausführen lassen

Um das nun im Hauptspeicher befindliche Programm ausführen zu lassen, haben wir drei Möglichkeiten:

a)   Wir klicken mit der Maus auf den Befehl "RUN" in der oberen Menüzeile.

b)   Wir betätigen die Tasten /SHIFT/+/F10/ gleichzeitig.

c)   Wir schalten mit /SHIFT/+/F9/ in den Direkt-Modus und tippen RUN ein.

Das Programm wird jetzt so ausgeführt, wie es dem Computer durch die sieben Anweisungen vorgeschrieben wird. Automatisch wird auf den Ausgabebildschirm umgeschaltet. Tippen wir zum Beispiel 600 als Kilometerzahl ein, so zeigt sich uns folgender Dialog (auch *Ausführung*, Dialogprotokoll oder Programmlauf genannt):

```
Eingabe: Gefahrene km
? 600
Ausgabe: Liter/100 km
  10
```
(=Ausgabe des Computers)
(=Eingabe von uns)
(=Ausgabe des Computers)
(=Ausgabe des Computers)

Um Eingaben hervorzugeben werden sie unterstrichen, wie im obigen Beispiel. Wenn Sie Beispiele ausprobieren, brauchen Sie Ihre Eingaben natürlich nicht zu unterstreichen.

Mit dem Ende des Programms erscheint in der Mitte des Bildschirms ein Fenster, in dem uns mitgeteilt wird, daß unser Programm beendet ist. Klicken wir nun auf "OK" in diesem Fenster, wird wieder in den Editor geschaltet.

Die Gegenüberstellung von Codierung und Ausführung zu unserem Programm zeigt, daß die Anweisungsworte "LET" (setze gleich), "PRINT" (gib aus), "INPUT" (gib ein) und "END", die Anführungszeichen und die gesamten Berechnungen innerhalb von LET-Anweisungen in der Ausführung nicht am Bildschirm erscheinen.
Wir können das im RAM gespeicherte Programm jetzt wiederholt laufen lassen: Mit jeweils anderen Zahlen, aber stets in der gleichen Anweisungsreihenfolge, die durch die Reihenfolge festgelegt ist, in der die Anweisungen im RAM stehen bzw. in der die Anweisungen im Editor erscheinen. Der exakte Programmablauf und die genaue Bedeutung der Befehle werden in Abschnitt 3.1.1.1 erklärt.

Im RAM befindet sich *ein* Programm mit dem Namen VERBRAU und die drei Variablen t, k und d. Das Programm stellen wir uns als große Schachtel mit einer Anweisungsfolge als Inhalt bzw. Wert (hier sieben Anweisungen) vor und die Variablen als drei kleine Schachteln mit jeweils einer Zahl als Inhalt.

Die Abbildung veranschaulicht die drei Speicherzustände, in die wir den Speicher RAM nach und nach versetzt haben. Dabei ist festzuhalten: Im für den BASIC-Interpreter reservierten RAM können wir jeweils nur *ein* Programm speichern, aber mehrere Variablen.

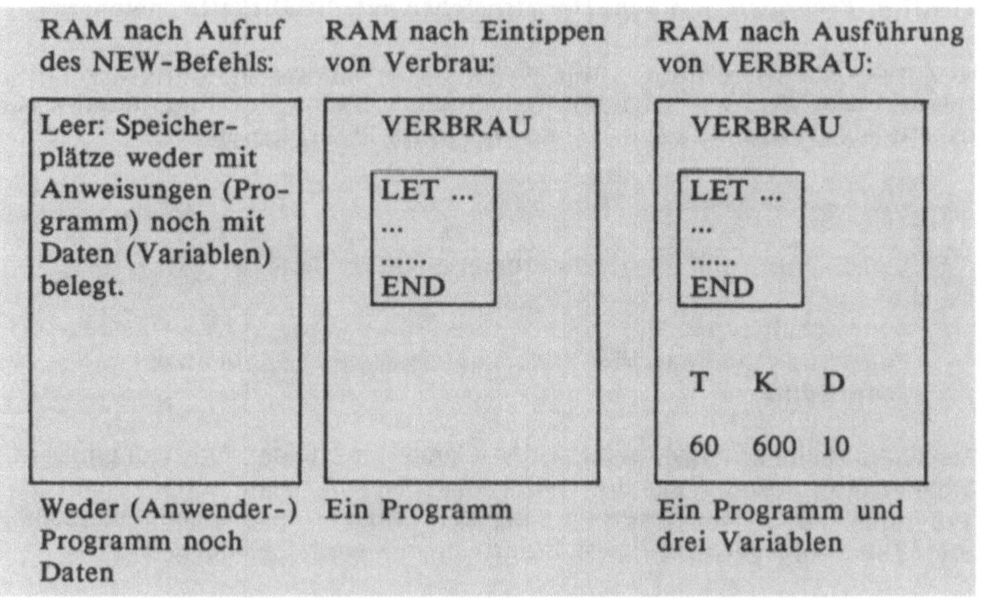

Speicherbelegung des RAM zu drei Zeitpunkten

Über PRINT-Anweisungen, die wir im Direkt-Modus eingeben (mit /SHIFT/+/F9/ umschalten), können wir uns die derzeitigen Werte der Variablen zeigen lassen:

`>print t`
`60`
`>`
`>print k,d`
`600        10`
`>`
	(=Eingabe von uns)
	(=Ausgabe des Computers)
	(=Ausgabe des Computers)
	(=Eingabe von uns)
	(=Ausgabe des Computers)

In t ist 60 gespeichert, in k 600 und in d 10. Wir haben den PRINT-Befehl im Direkt-Modus eingegeben, weil wir wollten, daß er sofort nach der Eingabe ausgeführt und nicht als Programm in den Speicher übernommen wird. Schreiben wir Befehle oder allgemein gesagt Programmtext im Editor, so wird dieser in den Speicher übernommen und später nach dem Starten gemäß der Reihenfolge ausgeführt, in der er im Arbeitsspeicher steht.

Schritt 4: Programm aus dem Hauptspeicher auf die Diskette speichern

Bei Abschalten des Stromes (bitte nicht, erst weiterlesen) wäre unser Programm verloren. Wir speichern deshalb eine Kopie des Programms auf Diskette ab. Dazu haben wir wieder mehrere Möglichkeiten:

a)   Wir klicken auf SAVE im Menü, oder

b)   wir betätigen die Tastenkombination /SHIFT/+/F1/

c)   wir schalten in den Direkt-Modus und geben SAVE "VERBRAU"
     ein. Mit /Esc/ und /RETURN/ gelangt man anschließend wieder in
     den Editor.

In ersten beiden Fällen reagiert der Computer gleich: Es erscheint ein Dateiauswahlfenster, das uns nach dem Namen fragt, unter dem das Programm abgespeichert werden soll. Zur Eingabe des Namens ist rechts eine Zeile vorgegeben, in der sich der Cursor bereits befindet.

```
VERBRAU.GFA /RETURN/
```

Daraufhin verschwindet das Fenster und unser Programm wird auf der Diskette gespeichert, von der wir GFA-Basic geladen haben. Liegt diese Diskette nicht im Laufwerk, so werden wir aufgefordert, sie einzulegen. Wollen wir das Programm auf einer anderen Diskette speichern, müssen wir diese Diskette in das Laufwerk einlegen.

Im Fall c) geben wir den Befehl zum Speichern im Direkt-Modus, wobei kein Dateiauswahlfenster erscheint. Wir geben ein:

```
save "VERBRAU"
```

Durch Eintippen des Befehls

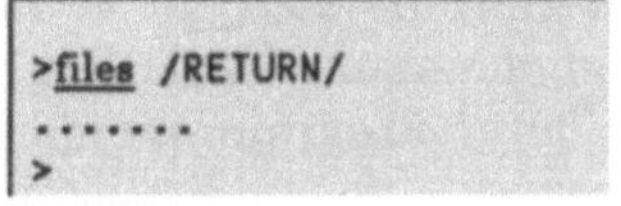

(=Eingabe von uns)
(=Ausgabe: aktuelles Inhaltsverzeichnis)
(=Ausgabe des Computers)

erhalten wir eine Liste aller Programme des aktuellen Inhaltsverzeichnis-
ses.
Haben wir VERBRAU bereits gespeichert, dann können wir es in der von
FILES ausgegebenen Liste ebenfalls entdecken. Der Programmname ist
um ".GFA" ergänzt worden, was diese Datei eindeutig als GFA-Basic-
Programm ausweist.

Schritt 5: Programm von der Diskette in den Hauptspeicher laden

Angenommen, wir wollen morgen wieder mit dem Programm VERBRAU
arbeiten. Dazu haben wir nach dem Starten des Systems drei Möglichkeiten:

a)   Wir klicken auf "LOAD" im Menü,

b)   betätigen die Taste /F1/, oder

c)   geben im Direktmodus LOAD "VERBRAU" ein.

Bei a) und b) erscheint wie bei "SAVE" ein Dateiauswahlfenster. Wir
klicken unser Programm in der Liste an. Wahlweise kann man auch den
Programmnamen im Eingabefeld eingeben. Klicken wir nun auf OK, wird
das Programm geladen.
Im Direkt-Modus geben wir äquivalent beispielsweise ein:

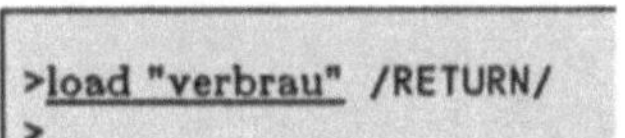

(=Eingabe von uns)
(=Ausgabe des Computers)

Daraufhin wird das Programm VERBRAU im aktuellen Inhaltsverzeichnis
gesucht und eine Kopie davon in den RAM geladen. Befindet sich aber
schon ein anderes BASIC-Programm im RAM, wird dieses überschrieben
und somit zerstört.
Ähnliches gilt für den SAVE-Befehl: Ändern wir zum Beispiel das
Programm VERBRAU ab durch Eintippen von

```
PRINT "Durchschnittsverbrauch ermitteln"
```

als erste Zeile, so können wir diese verbesserte Programmversion durch
den Befehl SAVE "VERBRAU" /RETURN/ (eingegeben im Direkt-
Modus) neu auf Diskette retten. Was tut der SAVE-Befehl jetzt, da er im
aktuellen Inhaltsverzeichnis bereits ein Programm namens VERBRAU
vorfindet? Er überschreibt es, d.h. er zerstört die "alte" Programmversion
und speichert das "neue" VERBRAU dafür ab.

2
Bedienung und Sprachreferenz von GFA-Basic

Mit GFA-Basic bekommt der Anwender nicht nur einen Basic-Interpreter in die Hand, sondern ein komplettes Entwicklungssystem. Das bedeutet, daß ein Editor und Hilfsmittel zur Fehlersuche mitgeliefert werden. Der Editor ist speziell dafür vorgesehen, GFA-Basic Programme einzugeben und zu bearbeiten und übernimmt unter anderem noch folgende Aufgaben:

- Die Programmzeilen werden entsprechend der Programmstruktur eingerückt, so z.B. alle Zeilen innerhalb einer Zählerschleife. Das erhöht die Übersichtlichkeit des Programmtextes.
- Eingegebene Zeilen werden sofort auf syntaktische Korrektheit geprüft. Eine Programmzeile kann mit dem Cursor erst verlassen werden, wenn sie keine Fehler mehr enthält. Diese Überprüfung verhindert jedoch nicht logische Fehler.
- Alle Befehle können abgekürzt eingegeben werden, sie werden dann vom Editor automatisch ausgeschrieben, wenn die Zeile verlassen wird. So genügt es, anstelle von PRINT ein P einzutippen.

2.3.1 Programmeingabe mit dem Editor

Wird das System mit Basic, wie im Abschnitt 2.2 geschildert, gestartet, so befindet man sich zunächst im Editor. In den obersten zwei Zeilen befinden sich, neben einer Uhr und der Zeilenanzeige, zwei Menüzeilen mit insgesamt 20 Kommandos. Sonst ist der Bildschirm leer, wir könnten direkt mit der Programmeingabe beginnen.

2.3.1.1 Die Kommandos der Menüleiste

Alle Kommandos der Menüzeile lassen sich auf zwei verschiedene Arten auslösen:

- Anklicken des Kommandos in der Menüzeile mit der Maus.
- Betätigen einer Funktionstaste (in Verbindung mit /SHIFT/ für die obere Menüzeile). Die einzelnen Kommandos sind dabei so angeordnet wie die Funktionstasten, also LOAD entspricht /F1/ und RUN /SHIFT/+/F10/.

Einige Kommandos können auch durch eine "Kurz-Tastenkombination" oder durch die Eingabe im Direkt-Modus gegeben werden.
Hier nun die Beschreibung der einzelnen Kommandos:

LOAD, /F1/, LOAD "Programmname" im Direktmodus
Mit dem LOAD-Kommando kann ein Programm von einem Externspeicher (Diskette,Platte) in den Arbeitsspeicher geladen werden. Das Programm muß mit dem SAVE-Kommando abgespeichert worden sein.

SAVE, /SHIFT/+/F1/, SAVE "Programmname" im Direktmodus
Mit dem SAVE-Kommando kann ein im Arbeitsspeicher befindliches
Programm auf einen Externspeicher (Diskette, Platte) gespeichert werden.
Das Programm wird dabei in codierter Form gespeichert und kann nur
mit LOAD wieder geladen werden.

MERGE, /F2/
Mit MERGE kann eine Textdatei (ASCII-Datei) in den Speicher gelesen
werden. Da es sich um einen beliebigen Text handeln kann, wird er nach
dem Laden geprüft und fehlerhaften Zeilen wird die Zeichenfolge "==>"
vorangestellt.

SAVE,A, /SHIFT/+/F2/, LIST "Programmname" im Direktmodus
Speichert den Inhalt des Arbeitsspeichers als Textdatei ab.

LLIST, /F3/, LLIST im Direktmodus
Druckt den im Arbeitsspeicher befindlichen Programmtext auf einen angeschlossenen Drucker aus.

QUIT, /SHIFT/+/F3/, QUIT oder SYSTEM im Direktmodus
Mit dem QUIT-Kommando kann GFA-Basic wieder verlassen werden.

BLOCK, /F4/
Dieses Kommando beinhaltet eigentlich eine ganze Reihe von Unter-
Kommandos. Sie dienen dazu einen Teil des Programmtextes als Block zu
verarbeiten (kopieren, verschieben usw.). Wir werden diese Kommandos
im folgenden noch kennenlernen.

NEW, /SHIFT/+/F4/, NEW im Direktmodus
Löscht das im Arbeitsspeicher befindliche Programm.

BLKEND, /F5/, /CONTROL/+/K/
Setzt das Ende des zu markierenden Blocks an die Zeile oberhalb der
aktuellen Cursorposition.

BLKSTA, /SHIFT//F5/, /CONTROL/+/B/
Setzt den Anfang des zu markierenden Blocks an die aktuelle Cursorposition.

FIND, /F6/, /SHIFT/+/CONTROL/+/F/
Ermöglicht das Suchen eines beliebigen Textes im Arbeitsspeicher . Nach
dem Aufruf des Kommandos muß zunächst der Suchtext eingegeben
werden. Wird er gefunden, steht der Cursor an der Stelle im Programmtext.

REPLACE, /SHIFT/+/F6/, /SHIFT/+/CONTROL/+/E/
Das Kommando REPLACE sucht nach einem eingegebenen Text und ersetzt ihn gleichzeitig durch einen anderen.

PG Pfeil nach unten, /F7/, /CONTROL/+/Cursor nach unten/
Blättert den Programmtext eine Bildschirmseite nach unten.

PG Pfeil nach oben , /SHIFT/+/F7/, /CONTROL/+/Cursor nach oben/
Blättert den Programmtext eine Bildschirmseite nach oben.

INSERT/OVERWR, /F8/
Schaltet um zwischen Einfüge- und Überschreib-Modus.

TXT 16/TXT 8, /SHIFT/+/F8/
Schaltet zwischen einer Bildschirmauflösung mit 48 und einer mit 23
Zeilen um.

FLIP, /F9/
Schaltet auf den Ausgabebildschirm um. Mit dem Drücken einer beliebigen Taste wird wieder zurückgeschaltet.

DIREKT, /SHIFT/+/F9/
Schaltet in den Direkt-Modus um. Genaueres dazu erfahren Sie in Abschnitt 2.3.1.4.

TEST, /F10/
Prüft, ob die Struktur des im Arbeitsspeicher befindlichen Programms
korrekt ist, d.h. ob alle Schleifen und Verzweigungen auch geschlossen
sind.

RUN, /SHIFT/+/F10/, RUN im Direktmodus
Startet das Programm im Arbeitsspeicher.

2.3.1.2 Die Bedienung des Editors

Will man ein Programm eintippen, so kann man nach dem Starten von GFA-Basic direkt damit beginnen. Eine eingegebene Zeile wird mit /RETURN/ abgeschlossen. Ist ein Fehler in dieser Zeile, wird das sofort gemeldet, und die Zeile wird nicht verlassen. Dann gilt es, den Fehler zu beseitigen. Mit den Pfeiltasten kann der Cursor innerhalb der Zeile bewegt werden. Befindet man sich im INSERT-Modus, so werden neu eingetippte Zeichen in die Zeile eingefügt und nicht überschrieben. Mit der Delete-Taste kann das Zeichen, auf dem der Cursor gerade steht, gelöscht werden. Die Backspace-Taste verschiebt den Cursor eine Stelle nach links und löscht dabei ein Zeichen (der Rest der Zeile wird nachgezogen). Ist die Zeile nun fehlerfrei, kann sie mit /RETURN/ verlassen werden.

Um den Cursor im Programmtext zu positionieren gibt es vielfältige Möglichkeiten, hier sollen aber nur die wichtigsten beschrieben werden. Die einfachste Art den Cursor zu bewegen ist, die mit Pfeilen gekennzeichneten Tasten zu benutzen. Es ist aber auch möglich, den Mauszeiger auf die gewünschte Stelle zu bewegen und die linke Maustaste zu betätigen. Hier noch weitere Möglichkeiten im Überblick:

Taste	Position des Cursors
/CONTROL/+/Pfeil links/	Anfang der Zeile
/CONTROL/+/Pfeil rechts/	Ende der Zeile
/CONTROL/+/CLR HOME/	Anfang des Programms
/CONTROL/+/Z/	Ende des Programms
/CONTROL/+/G/	Beliebige Zeile im Programm (nach Eingabe der Zeilennummer)

Kommandos zur Cursorpositionierung

Um größere Änderungen im Programmtext durchführen zu können, stehen weitere Befehle bereit. So löscht die Tastenkombination /CONTROL/+/DELETE/ die gesamte Zeile, in der der Cursor steht. Sie ist nun vom Bildschirm verschwunden. Der Editor merkt sich immer die letzte so gelöschte Zeile, sie kann mit /CONTROL/+/U/ wieder eingefügt werden. Auf diese Weise können einzelne Zeilen komfortabel kopiert oder vervielfacht werden. Eine Leerzeile kann mit /INSERT/ erzeugt werden. Will man nun mehr als eine Zeile verarbeiten, so muß man zu den Block-Kommandos greifen.

Als erstes muß dem Editor mitgeteilt werden, welcher Teil des Programmtextes als Block verarbeitet werden soll. Dies geschieht mit den Kommandos der Menüleiste oder einfacher mit /CONTROL/+/B/ für den Blockanfang und /CONTROL/+/K/ für das Ende. Auf dem Bildschirm wird der so markierte Block unterlegt, um ihn leicht erkennen zu können. Es stehen verschiedene Kommandos zur Verfügung, diesen Block zu verarbeiten, sie können nach dem Drücken der Funktionstaste /F4/ aufgerufen werden. In der zweiten Menüzeile erscheinen nun alle möglichen Kommandos, die wir hier zusammenfassen wollen:

Block Kommando	Erklärung
/C/	Kopiert den Block an die aktuelle Cursorposition.
/M/	Verschiebt den Block an die aktuelle Cursorposition.
/W/	Speichert den Block als Text-Datei (wie SAVE,A) ab.
/L/	Druckt den Block auf dem Drucker aus.
/S/	Positioniert den Cursor auf den Anfang des Blocks.
/E/	Positioniert den Cursor auf das Ende des Blocks.
/CTRL/+/D/	Löscht den Block.
H	Hebt die Markierung des Blocks wieder auf.

Übersicht über die Block-Kommandos

Zuletzt möchten wir auf zwei Kommandos eingehen, die ein Suchen und Ersetzen von Texten erlauben. Nach Auslösen des Kommandos FIND (/F6/) wird man zunächst aufgefordert einen Suchtext einzugeben. Der Programmtext wird nach diesem Text durchsucht und bei Erfolg wird der Cursor an die Stelle positioniert, an der unser Text gefunden wurde. Mit der Tastenkombination /CONTROL/+/F/ kann nun weitergesucht werden, wobei es nicht erforderlich ist, den Text noch einmal einzutippen.
Das Kommando REPLACE funktioniert ähnlich, hier muß ein weiterer Text eingegeben werden, der den Suchtext ersetzen soll. Jede Stelle, an der der Suchtext gefunden wird, wird angesprungen, und wir können mit /CONTROL/+/E/ bestätigen, daß hier der Suchtext ersetzt werden soll.

2.3.1.3 Besonderheiten des GFA-Basic Editors

Der GFA-Basic Editor bietet zusätzlich noch einige nützliche Hilfen an, wie den DEFLIST-Befehl, der es erlaubt, verschiedene Darstellungen des Programmtextes im Editor einzustellen. Folgende Übersicht zeigt die Einstellungsmöglichkeiten:

DEFLIST	Einstellung
0	Befehle und Funktionen groß geschrieben, Variablennamen klein geschrieben, Typzeichen werden nicht automatisch angezeigt.
1	Befehle, Funktionen und Variablennamen in Groß- und Kleinschrift (erster Buchstabe groß), Typzeichen werden nicht automatisch angezeigt.
2	Befehle und Funktionen groß geschrieben, Variablennamen klein geschrieben, Typzeichen werden automatisch angezeigt.
3	Befehle, Funktionen und Variablennamen in Groß- und Kleinschrift (erster Buchstabe groß), Typzeichen werden automatisch angezeigt.

Der Deflist Befehl

Da alle Variablen auch implizit, d.h. über einen DEF-Befehl (s. 2.4.1.2),
definiert werden können, ist das Typzeichen nicht immer erforderlich.
Bei den Werten 2 und 3 als Parameter des DEFLIST-Befehls werden die
Typzeichen dann bei der Ausgabe automatisch ergänzt, so daß man im
Programmtext einen Überblick über die Typen der Variablen hat. Der
DEFLIST-Befehl kann entweder im Direktmodus, im Programm oder
durch Anklicken des Atari-Zeichens links oben im Editor-Bildschirm gegeben werden. Bei der letzteren Möglichkeit erscheint ein neuer
Menübalken. Er bietet zwei Rolladenmenüs an, im rechten davon finden
wir den DEFLIST-Befehl aufgeführt. Dort ist auch ein Menüpunkt, um
wieder in den Editor zu gelangen.

Eine weitere nützliche Einrichtung ist das "Zusammenklappen" von
Unterprogrammen. Wird der Cursor auf die Kopfzeile eines Unterprogramms (PROCEDURE) positioniert und die Taste /HELP/ gedrückt, so
verschwindet der Programmtext des Unterprogramms und nur die Kopfzeile bleibt stehen. So kann ein großes Programm an Übersichtlichkeit
gewinnen. Nach erneutem Betätigen der /HELP/-Taste wird das Unterprogramm wieder vollständig sichtbar.

Die letzte Besonderheit, die hier nur kurz erwähnt werden soll, ist die
Druckersteuerung. Mit Hilfe von verschiedenen Kommandos, die durch
einen Punkt eingeleitet werden, kann das Format der Druckausgabe beim
LLIST-Kommando verändert werden. Hier wollen wir jedoch auf das

Handbuch verweisen, da diese Kommandos nicht von großer Wichtigkeit
sind.

2.3.1.4 Der Direktmodus

Mit der Tastenkombination /SHIFT/+/F9/ kann vom Editor in den
Direkt-Modus geschaltet werden. Es erscheint der Ausgabebildschirm und
ein Prompt, eine Eingabeaufforderung. Nun können BASIC-Befehle eingegeben werden. Sie werden nicht im Hauptspeicher abgelegt wie Programme, sondern direkt ausgeführt. Da der Ausgabebildschirm angezeigt
wird, kann man die Wirkung des eingegebenen Befehls verfolgen. Damit
wir vielbenutzte Befehle nicht immer neu eintippen müssen, können sie
mittels der Tasten /Pfeil nach oben/ und /Pfeil nach unten/ wieder
"hervorgeholt" werden. Ein Beispiel:

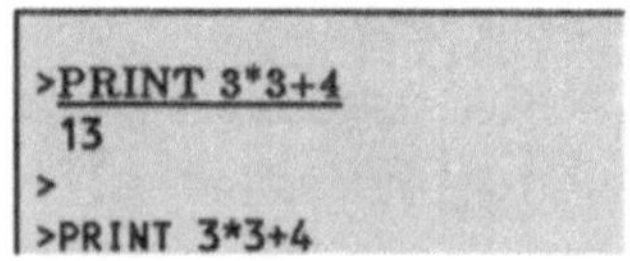

/RETURN/

/Pfeil nach oben/

Nach Drücken der Taste /Pfeil nach oben/ erscheint der letzte im Direkt-
Modus eingegebene Befehl und der Cursor befindet sich weiterhin in
dieser Zeile. Wir können sie nun ändern, z.B. statt der ersten 3 eine 9
schreiben und mit /RETURN/ zur Ausführung bringen.
Der Direktmodus kann wieder verlassen werden, indem man EDIT oder
/ESCAPE/ eingibt, jeweils gefolgt von /RETURN/.

2.3.2 Testhilfen zur Fehlersuche (Debugging)

Jeder Programmierer wird irgendwann einmal feststellen, daß ein großer
Teil der Programmentwicklung für die Fehlersuche einzuplanen ist.
Syntaktische Fehler sind in der Regel schnell beseitigt, aber allzu schnell
schleichen sich logische Fehler ein, die oft schwer zu finden sind. Dies ist
ein Grund bei einem Programmentwicklungssystem wie es GFA-Basic
darstellt, Testhilfen mitzuliefern. Oft findet man als Hilfe spezielle
Programme, die sogenannten Debugger, bei GFA-Basic ist man einen
anderen Weg gegangen: Die Testhilfen wurden in die Sprache integriert
und können vom Programmierer bei Bedarf in den Programmtext
eingefügt werden.

Die einfachste Anweisung zur Fehlersuche ist der STOP-Befehl. Trifft
der Interpreter auf einen STOP-Befehl, wird die Programmausführung

sofort angehalten und in den Direkt-Modus geschaltet. Hier kann man sich durch einfache PRINT-Befehle Variableninhalte zeigen lassen, oder sogar deren Wert ändern. Eine komfortablere Art, sich Variableninhalte auflisten zu lassen, bietet der DUMP-Befehl. Er hat folgendes Format:

```
DUMP Stringausdruck
```

Die Argumente sind optional, werden sie weggelassen, so werden alle Variablen mit ihrem Namen und Inhalt auf dem Bildschirm aufgelistet. Mit den Argumenten kann man die Ausgabe auf bestimmte Variablen beschränken. Ein paar Beispiele:

`DUMP "i"`	Listet alle Variablen (auch Arrays) auf, die mit einem "i" beginnen.
`DUMP "@"`	Listet die Kopfzeilen aller Unterprogramme und Funktionen auf.

Im folgenden Format der DUMP Anweisung wird die Ausgabe auf eine Datei ausgegeben und kann nachher weiterverarbeitet werden:

```
DUMP Stringausdruck TO Dateiname
```

Wir wollen nun zwei Befehl betrachten, die es erlauben, den Programmfluß zu verfolgen, um z.B. festzustellen, ob eine Anweisung überhaupt ausgeführt wird:

```
TRON
```

Der TRON-Befehl dient dazu, den sogenannten Trace-Modus einzuschalten, in dem der Interpreter alle Befehle die er ausführt, zusätzlich auch auf dem Bildschirm anzeigt. Um z.B. ein Unterprogramm zu testen, setzt man an den Anfang des Unterprogramms einen TRON-Befehl. Mit dem Befehl

```
TROFF
```

kann dieser Modus wieder verlassen werden. Es sei noch erwähnt, daß auch die Ausgabe der Befehle im Trace-Modus auf eine Datei oder den Drucker umgelenkt werden kann. Dazu muß noch ein geöffneter Datenkanal mit angegeben werden (s. 3.6.3):

```
OPEN "O",#3,"TRACE.DAT"
TRON #3
...
TROFF
CLOSE #3
```

Dieses Beispiel schreibt alle ausgeführten Befehle auf die Datei
TRACE.DAT.

Eine weitere Variante des TRON-Befehls ist wohl die komfortabelste Art,
ein Programm zu testen.

```
TRON Unterprogrammname
```

bewirkt, daß das angegebene Unterprogramm vor Ausführung jedes
Befehls angesprungen wird. Zusätzlich existiert noch eine String-Variable
TRACE$, die den Befehl als Text enthält. Mit dieser Version des TRON-
Befehls kann man leicht verschiedene Testhilfen selbst programmieren.
Ein Beispiel:

Unser Programm bricht aus unbekanntem Grund ab, und wir haben mit
Hilfe des DUMP Befehls herausgefunden, daß es genau dann geschieht,
wenn die Variable skonto den Wert 3 hat (skonto = 3 ist eigentlich nicht
vorgesehen). Da skonto an mehreren Stellen des Programmes verändert
wird, ist nicht klar, welcher Befehl skonto auf 3 gesetzt hat. Wir
konstruieren ein Unterprogramm (Die benutzten Befehle werden alle noch
in Kapitel 3 erklärt, Sie brauchen sie an dieser Stelle noch nicht zu
verstehen.):

```
PROCEDURE test
  IF skonto = 3 THEN
    PRINT "Kritische Stelle gefunden:"
    PRINT temp$
    DUMP
    STOP
  ENDIF
  temp$=TRACE$
RETURN
```

Mit dem Befehl "TRACE test" schalten wir am Anfang des Programms in
den Trace-Modus. Vor Ausführung jedes Befehls wird nun in unser
Unterprogramm test gesprungen und dort geprüft, ob die Variable skonto
bereits den Wert 3 angenommen hat. Da wir im Augenblick, in dem
skonto den kritischen Wert annimmt, bereits eine Programmzeile
fortgefahren sind, müssen wir die letzte Programmzeile in einer
Hilfsvariablen zwischenspeichern. Das Programm wird mit einem STOP-
Befehl unterbrochen, wenn skonto den Wert 3 annimmt. Gleichzeitig wird
der Befehl ausgegeben, der skonto verändert hat.

Wie man sieht, kann kann man sich zum Testen mit dem TRACE-Befehl
komfortable Routinen schreiben, die das "Programmiererleben" sehr
erleichtern.

2

Bedienung und Sprachreferenz von GFA-Basic

Die folgende Kurzbeschreibung orientiert sich an Beispielen. Dies gilt für die Beschreibung der Datentypen wie die der Anweisungen, die die Programmiersprache GFA-BASIC dem Anwender bereitstellt. Wir beziehen uns dabei auf die allgemeine Darstellung der Datenstrukturen und Programmstrukturen von Abschnitt 1.3.

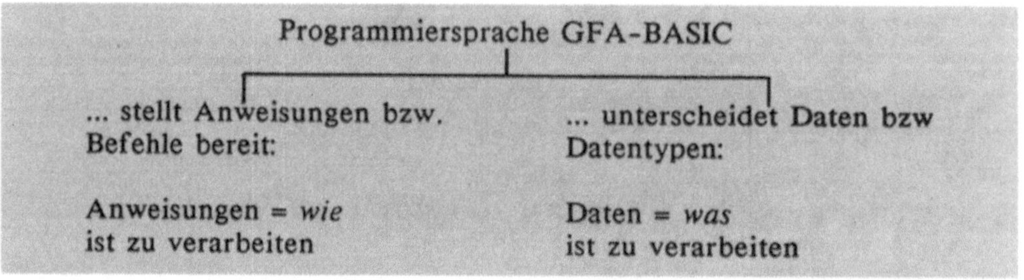

Anweisungen und Daten als aktive und passive Elemente in BASIC

2.4.1 Daten

2.4.1.1 Konstanten mit Zahlen und Text

GFA-Basic unterscheidet vier Grundtypen von *Konstanten*, also vier Grundtypen von Daten, die während des Programmablaufs unverändert bleiben:

- INTEGER-Konstante	Ganze Zahlen	z.B. 25000
- REAL-Konstante	Dezimalzahlen	z.B. 7.1258
- STRING-Konstante	Texte	z.B. "Guten Tag"
- BOOL'SCHe-Konstante	Wahrheitswerte	TRUE, FALSE

Diese Grundtypen von Konstanten haben verschiedene Darstellungsformen und belegen unterschiedlich viel Speicherplatz.

Datentyp:	Kennzeichen:	Speicher- bedarf:	Beispiele:
INTEGER	Prozentzeichen -2147483648 bis 2147483647	4 Bytes	1000000000 -75467
REAL	Dezimalpunkt oder E (Exponent)	6 Bytes	999.182, -11111.11 3.1E8 = 3.1*10^8,
STRING	Max. 32767 Zeichen; steht in An- führungszeichen	bis 32773 Bytes	"DM-BETRAG", "", "12", "Ergebnis"
BOOLEAN	TRUE oder FALSE	2 Bytes	-1, 0

Konstanten (INTEGER/REAL/STRING/BOOLEAN)

Zahlen vom Datentyp INTEGER können als Werte alle ganzen Zahlen von -2147483648 bis 2147483647 annehmen. Zahlen vom Datentyp REAL werden mit 14 Stellen Genauigkeit verarbeitet.

Neben diesen Dezimal-Konstanten kennt BASIC hexadezimale, oktale, duale und logische Konstanten:

Hexadezimale Konstanten werden durch das Präfix *&H* oder einfach *&* gekennzeichnet und im Sechzehnersystem dargestellt. Sie bestehen aus den Ziffern 0 - 9 und A - F. Zwei Beispiele: &HE oder &E ist gleich HEX E bzw. gleich Dezimal 14. &HFFFF ist gleich Hexadezimal FFFF bzw. gleich Dezimal 65535.

Oktale Konstanten erscheinen im Achtersystem und sind am Präfix *&O* zu erkennen. Ein Beispiel: &O64 ergibt Dezimal 52, da $6*8^1+4*8^0$ gleich 48+4 und dies gleich 52 ist.

Duale Konstanten zeichnen sich durch den Präfix *&X* aus und enthalten nur die Ziffern 1 und 0. Zwei Beispiele: &X1011 ist gleich $1*2^0+1*2^1+0*2^2+1*2^3$ = 11. &X10011001 = &H99 = 153.

Bool'sche Konstanten sind eigentlich auch Zahlen, denn man hat den Wahrheitswerten "wahr" und "falsch" Zahlenbereiche zugeordnet. Mit "TRUE" bezeichnet man den Wert -1 und mit "FALSE" alle anderen. In

GFA-Basic existieren dafür die Konstanten TRUE und FALSE. Sie sind nur andere Namen für die Werte -1 (TRUE) und 0 (FALSE).

2.4.1.2 Variablen für einfache Datentypen

Jede Variable hat einen Namen, einen Datentyp und einen Wert, der sich ändern kann und somit variabel ist (Abschnitt 1.3.4). Eine Variable kann einen ganzahligen Wert (Typ BYTE, WORD oder INTEGER), eine Fließkommazahl (Typ REAL), eine Zeichenkette (Typ STRING) oder einen Wahrheitswert (Typ BOOLEAN) enthalten.

Datentyp:	Typzeichen:	Beispiele für Variablennamen:
BYTE	|	wert|, port|
WORD	&	strecke&, max&
INTEGER	%	gewinn%, c3_1%, a33%, adresse%
REAL		mult, a, a1, winkel
	#	proz#, winkel#
STRING	$	wort$, a1$, bezeichnung$, file$
BOOLEAN	!	flagge!, gefunden!, w!

Numerische Variablen (BYTE, WORD, INTEGER, REAL), Textvariablen (STRING),logische Variablen (BOOLEAN)

Vom Typzeichen abgesehen kann man Variablennamen beliebig wählen, vorausgesetzt, sie sind nicht länger als eine Zeile. Dabei muß der Name mit einem Buchstaben beginnen, auf den weitere Buchstaben oder Ziffern folgen können. Den Punkt oder den Unterstrich kann man zur Abgrenzung von Wörtern im Namen verwenden. In einem Zinsprogramm bieten sich z.B. die Variablennamen zins_satz, zins_teiler, zins_summe und zins_abzuege an.

BASIC verfügt über *reservierte* Worte wie LIST, FN, GOSUB oder PRINT. In Abschnitt 2.4.2 sind diese Worte für Anweisungen usw. wiedergegeben. Diese Worte dürfen normalerweise nicht als Variablennamen benutzt werden, da der Interpreter sie nicht von einem Befehl unterscheiden könnte. Wird eine Wertzuweisung allerdings mit einem LET-Befehl eingeführt, so sind sogar die reservierten Worte als Variablennamen erlaubt.

Das Einrichten von Variablen nennt man ihre *Vereinbarung* (vgl. Abschnitt 1.3.4.2). In BASIC sind hierzu zwei Arten zu unterscheiden: die implizite sowie die explizite Vereinbarung.

Bei der *impliziten Vereinbarung* teilen wir durch die Angabe des Typzeichens den Datentyp mit. So soll m$ Strings aufnehmen können (Typzeichen $), m aber Zahlen vom Typ REAL (# oder kein Typzeichen).

Bei der *expliziten Vereinbarung* brauchen die Typzeichen nicht mehr mit angegeben werden, da im Programm ausdrücklich vereinbart wird welche Variablen nun welchen Datentyp haben sollen. Dazu dienen die in der folgenden Übersicht aufgeführten Befehle:

`DEFBIT "f"`	Variablen mit dem Anfangsbuchstaben f sind automatisch vom Typ BOOLEAN.
`DEFBYT "we"`	Variablen mit den beiden Anfangsbuchstaben we sind vom Typ BYTE.
`DEFWRD "a-e"`	Variablen mit Anfangsbuchstaben aus dem Bereich a bis e sind vom Typ WORD.
`DEFINT "i-n"`	Vereinbarung von INTEGER-Variablen.
`DEFFLT "m-z"`	Vereinbarung von Fließkommavariablen vom Typ REAL.
`DEFSTR "t"`	Variablen mit dem Anfangsbuchstaben t sind Strings.

Explizite Vereinbarung mit DEF*typ*

2.4.1.3 Variablen für strukturierte Datentypen

In den Variablen für einfache Datentypen wird jeweils nur *ein* Datum gespeichert, bei den Variablen für strukturierte Datentypen bzw. *Datenstrukturen* sind es mehrere Daten (vgl. 1.3.2).
In BASIC stehen uns als Datenstrukturen ARRAYs bzw. Tabellen sowie FILEs bzw. Dateien zur Verfügung.

Arrays (oft auch Tabellen, Felder, Listen oder Vektoren/Matrizen genannt) umfassen mehrere Elemente vom gleichen Datentyp. Es kann also
z.B. ein Array aus INTEGER-Variablen aufgebaut sein.
Zur Vereinbarung des Arrays dient die DIM-Anweisung. Arrays müssen
in jedem Falle explizit durch die DIM-Anweisung vereinbart werden. In
Abschnitt 3.4 wenden wir uns den Arrays ausführlich zu.

Zum *FILE* (Datei) als zweiter Datenstruktur. BASIC unterstützt direkt
zwei Dateiarten: Die sequentielle Datei mit Reihenfolgezugriff und die
Direktzugriff-Datei mit RANDOM-Zugriff bzw. wahlfreien Zugriff. In
den Abschnitten 3.6 - 3.11 beschäftigen wir uns ausschließlich mit dieser
Datenstruktur, d.h. mit der Dateiverarbeitung (File Processing).

2.4.2 Anweisungen, Funktionen und Operatoren

Im folgenden werden alle Anweisungen, Funktionen und Operatoren von
BASIC alphabetisch geordnet und an Beispielen kurz erläutert. Der Funktions- bzw. Befehlsname ist dabei fett gedruckt. Angaben in eckigen
Klammern sind optional, d.h. sie können weggelassen werden.
Schrägstriche bedeuten "entweder oder", z.B. /a/b/ "entweder a oder b"
kann angeben werden. Die folgende Befehls- und Funktionenübersicht ist
mehr zum Nachschlagen als zum Durchlesen gedacht, eine ausführliche
Beschreibung finden Sie dann in Abschnitt 3.

2.4.2.1 Alle Anweisungen ohne Dateizugriff

Anweisungen, die sich auf die Übertragung von Daten auf eine Datei
(File) bzw. Diskette beziehen, werden in Abschnitt 2.4.2.3 zusammengefaßt.

Variablenname
- Nimmt den Wert der Variablen als Zeiger auf eine andere Variable.

```
zeiger%=*a
*zeiger%=17
```
    zeiger% enthält die Adresse an der a
gespeichert ist. *zeiger% spricht also
die Variable a an.

{*numerischer Ausdruck*}=*numerischer Ausdruck*
- Der Ausdruck in den geschweiften Klammer wird als Adresse interpretiert und der Wert rechts vom Gleichheitszeichen wird an diese Adresse in
den Speicher geschrieben. Entspricht LPOKE.

```
{XBIOS(2)}=255
```
    Schreibt einen Wert in den Bildschirmspeicher.

~Funktionsname
- Verwirft das Ergebnis der Funktion. Entspricht VOID.

ABSOLUTE *Variable,Adresse*
- Legt fest, an welcher Stelle im Hauptspeicher die Variable abgelegt werden soll.

    `ABSOLUTE x,VARPTR(a(5))`   Die Variable a liegt an derselben Stelle im Speicher wie a(5), das 5. Element des Arrays a.

ACLIP */0/1/,x1,y1,x2,y2*
- Begrenzt den Bereich in dem die Line-A-Befehle wirksam sind. ACLIP 0... schaltet die Begrenzung aus, ACLIP 1... ein. ACLIP funktioniert nicht für alle Line-A-Befehle !

    `ACLIP 1,0,0,639,399`   Es kann auf dem ganzen Bildschirm gezeichnet werden, aber nicht darüber hinaus.

ACHAR *ASCII-Code,x,y,Zeichensatz,Stil,Winkel*
- Zeichnet ein Zeichen im Grafikmodus auf den Bildschirm. Ist der Wert für *Zeichensatz* größer als 2, so wird er als Font-Header-Adresse aufgefaßt (Line-A-Routine).

    `ACHAR 65,10,10,2,0,0`   Gibt ein "A" an Position (10,10) in normaler Schrift aus.

ADD *Variable,numerischer Ausdruck*
- Addiert den Wert des numerischen Ausdruckes zur Variablen hinzu.

AFTER *Integer-Ausdruck* **GOSUB** *Unterprogrammname*
- Nach Ablauf der angegebenen Zeit wird das laufende Programm unterbrochen und das Unterprogramm angesprungen. Die Zeit ist in zweihunderstel Sekunden anzugeben.

AFTER STOP
- Stoppt die laufende Zeit für den AFTER...GOSUB Befehl.

AFTER CONT
- Läßt die Zeit für den AFTER...GOSUB Befehl weiterlaufen.

ALERT *Typ,Meldungstext,Rahmen,Buttontext,Eingabewert*
- Gibt ein Fenster mit einer Meldung aus und wartet auf eine Eingabe mit der Maus oder RETURN.

`ALERT 2,"Sicher ?",1,"Ja|Nein",a%` Fenster mit zwei Buttons ausgeben. Bei "Ja" hat a% den Wert 1, bei "Nein" den Wert 2. Bei RETURN wird "Nein" als Antwort angenommen.

ALINE *x1,y1,x2,y2,Farbe (0-15),Linienmuster,Modus*
- Zeichnet eine Linie zwischen den angegebenen Punkten (Line-A-Routine)

APOLY *Adresse Punkte,Anzahl Punkte,y0* **TO** *y1,Farbe,Modus,*
Adresse Muster,Musterlänge
- Zeichnet einen Polygonzug. An der angegebenen Adresse für die Punkte müssen die x und y Koordinaten abwechselnd in Wortlänge stehen (Line-A-Routine).

ARECT *x1,y1,x2,y2,Farbe,Modus,Adresse Muster,Musterlänge*
- Zeichnet ein ausgefülltes Rechteck (Line-A-Routine).

ARRAYFILL *Feldname(),Wert*
- Füllt ein Array vom Typ Ganzzahl (d.h. Integer, Byte, Word) oder Boolean mit einem Wert.

ATEXT *x,y,Zeichensatz,Stringausdruck*
- Gibt eine Zeichenkette im Grafikmodus aus (Line-A-Routine).

`ATEXT 10,10,0,"BASIC"` Gibt den Text BASIC in kleiner Schrift aus.

BITBLT *Quellraster,Zielraster,Koordinaten/Modus*
- Schnelles verschieben eines Bildschirmausschnittes.

BMOVE *Quellenadresse,Zieladresse,Anzahl Bytes*
- Schnelles Verschieben von Speicherbereichen.

BOUNDARY */0/1/*
- Schaltet die Umrahmung einer Füllfläche ein (1) bzw. aus (0).

BOX *x0,y0,x1,y1*
- Zeichnet ein Rechteck.

BYTE{*Adresse***}**=*numerischer Ausdruck*
- Schreibt den Wert des numerischen Ausdrucks mit 1 Byte Länge in den Speicher. Entspricht dem POKE-Befehl.

CALL *Startadresse,[Parameterliste]*
- Aufruf eines Maschinenprogramms.

    `CALL adr(3,i%)`   Ruft ein Programm an der Adresse, die in der Variablen adr steht auf. Übergibt die Konstante 3 und die Variable i%.

CARD *{Adresse}=numerischer Ausdruck*
- Schreibt den Wert des numerischen Ausdruckes als 2-Byte-Integer Zahl ohne Vorzeichen in den Speicher.

CIRCLE *x,y,Radius[,Anfangswinkel,Endwinkel]*
- Zeichnen eines Kreises oder Kreisbogens.

CLEAR
- Löscht alle Variablen und Felder.

CLEARW *Fensternummer*
- Löscht den Inhalt eines Fensters.

CLIP *x-Position,y-Position,Breite,Höhe* **[OFFSET** *x,y*]
CLIP *x-Position,y-Position* **TO** *x-Position,y-Position* **[OFFSET** *x,y*]
CLIP OFFSET *x,y*
- Begrenzt die Grafikausgabe der Zeichenbefehle auf einen bestimmten Bildschirmbereich. Mit OFFSET kann der Ursprung der Bildschirmkoordinaten neu gesetzt werden.

CLIP *#Fensternummer* **[OFFSET** *x,y*]
- Begrenzt die Grafikausgabe der Zeichenbefehle auf das Fenster mit der angegebenen Nummer. OFFSET setzt den Ursprung der Bildschirmkoordinaten neu.

CLIP OFF
- Hebt die Begrenzung durch einen vorhergehenden CLIP-Befehl auf.

CLOSEW *Fensternummer*
- Schließen eines Fensters.

    `CLOSEW 1`   Schließt das Fenster mit Nummer 1.

CLR *Variablenliste*
- Löscht die angegebenen Variablen.

    `CLR i%,r,b!,s$`   Entspricht i%=0, r=0, b!=FALSE und s$="".

CLS *[#Kanalnummer]*
- Löscht den Bildschirm.

COLOR *Farbe*
- Setzen der aktuellen Zeichenfarbe.
>   COLOR 2   Zeichenfarbe 2 bei mittlerer oder
>   hoher Auflösung.

CONT
- Fortsetzen der Programmausführung nach einer Unterbrechung durch
STOP. Funktioniert nur, wenn das Programm inzwischen nicht geändert
worden ist.

CONT
- Der dem CONT Befehl folgende CASE oder DEFAULT Block einer
SELECT Anweisung wird unabhängig von der Bedingung ausgeführt.

DATA *Konstante1[,Konstante2,...]*
- Programminterne Datei für alle Arten von Konstanten.

DEC *Variablename*
- Wert einer Variablen um 1 vermindern.

DEFBIT *Stringausdruck*
DEFBYT *Stringausdruck*
DEFWRD *Stringausdruck*
DEFINT *Stringausdruck*
DEFFLT *Stringausdruck*
DEFSTR *Stringausdruck*
- Explizite Vereinbarung von Variablen (siehe 2.4.1.2).

DEFFILL *[Farbe],[Stil],[Muster]*
- Festlegen der Füllfarbe bzw. des Füllmusters zum Flächenfüllen.
>   DEFFILL 1,2,9   Mit "Backsteinmuster" ausgefülltes
>   PBOX 100,100,200,200   Rechteck zeichnen.

DEFFILL *[Farbe],Stringvariable*
- Definieren eines eigenen Füllmusters.

DEFFN *Funktionsname [(Variablenliste)]* = *Ergebnisausdruck*
- Definieren einer Benutzerfunktion.

DEFLINE *[Stil],[Linienbreite],[Anfangsform],[Endform]*
- Festlegen der Linienform.
>   DEFLINE 1,5,1,1   Doppelpfeil mit Breite 5.

DEFLIST *Numerischer Ausdruck (0-3)*
- Festlegen des Listingformates.

DEFLIST 0	Befehls- und Funktionsnamen in Großschrift, Variablen in Kleinschrift.
DEFLIST 1	Alle Namen in Groß und Kleinschrift.

DEFMARK *[Farbe],[Markierungsart],[Größe]*
- Festlegen der Form der Eckpunkte, die über den Befehl POLYMARK gezeichnet werden.

DEFMARK 1,3,20	Stern der Größe 20 als Markierungszeichen.

DEFMOUSE *Numerischer Ausdruck (0-7)*
- Festlegen der Form des Mauszeigers.

DEFMOUSE 3	Zeigende Hand.
DEFMOUSE 5	Fadenkreuz.

DEFMOUSE *Stringvariable*
- Definieren einer eigenen Mausform. Auf der GFA-Basic Diskette befindet sich ein Programm, mit dem man einen Mauszeiger entwerfen und abspeichern kann.

DEFNUM *Stellenzahl (3-11)*
- Legt fest, wieviele Stellen einer Zahl bei der Ausgabe ausgedruckt werden sollen.

DEFNUM 5	Das Ergebnis der Rechnung wird mit 5
PRINT 17+1/3	Stellen ausgegeben: 17.33.

DEFTEXT *[Farbe],[Stil (0-31)],[Drehwinkel],[Schrifthöhe],[Fontnr.]*
- Festlegen der Textform für die Textausgabe mit dem TEXT Befehl.

DEFTEXT 1,12,0,32	Der Text wird kursiv und fett in
TEXT 10,10,"Kursiv/Fett"	großer Schrift ausgegeben.

DELAY *Anzahl Sekunden*
- Hält die Programmausführung für die angegebene Anzahl Sekunden an.

DIM *Variable(Feldgröße),[Variable(Feldgröße),...]*
- Dimensionieren von Feldern (Arrays).

DIV *Variable,numerischer Ausdruck*
- Division des Wertes einer Variablen durch den Wert des numerischen Ausdruckes.

DELETE *Arrayname(Index)*
- Löscht das Element mit dem angegebenen Index aus dem Array, d.h.
alle nachfolgenden Elemente werden verschoben, um die Lücke wieder
zufüllen. Am Ende des Arrays entsteht dabei ein leeres Element.

DO [/WHILE *Bedingung*/**UNTIL** *Bedingung*/]
Anweisungsfolge
LOOP [/WHILE *Bedingung*/**UNTIL** *Bedingung*/]
- Schleife mit Bedingungen am Anfang und am Ende. Ohne eine Be-
dingung ergibt sich eine Endlosschleife, die nur mit dem EXIT-Befehl
wieder verlassen werden kann.

DOUBLE {*Adresse*}=*numerischer Ausdruck*
- Schreibt den Wert des Ausdrucks als 8 Bit Fließkomma-Variable (IEEE-
Double Format) an die angegebene Stelle im Speicher.

DPOKE *numerischer Ausdruck,Wert 0..65535*
- Schreibt einen Wert in zwei Speicherzellen (2 Byte = 1 Wort).

DRAW [TO] *x0,y0*
- Einen Punkt zeichnen (ohne TO), oder eine Linie von der aktuellen Position des Graphikcursors zum Punkt (x0,y0) zeichnen (mit TO).

DRAW *Liste von Ausdrücken*
- Zeichnen von Turtle-Grafiken.

DRAW *x0,y0* **TO** *x1,y1* [**TO** *x2,y2* ...]
- Zeichnet einen Polygonzug.

DUMP [*String-Ausdruck* [**TO** *Stringausdruck*]]
- Listet Variableninhalte, Labels, Unterprogramm- und Funktionsnamen
während der Programmausführung auf.
```
DUMP "m"
```
Alle Variablen, die mit einem "m"
beginnen auflisten.
```
DUMP ":"
```
Alle Labels auflisten.

EDIT
- Sprung in den Editor.
```
PRINT "Direkt in den Editor."
```
Ohne Programmendebox in den Editor.
```
EDIT
```

ELLIPSE *x,y,Radius x,Radius y* [*,Anfangswinkel,Endwinkel*]
- Zeichnet eine Ellipse um den Mittelpunkt (x,y).

END
- Beenden der Programmausführung. Es werden alle offenen Dateien geschlossen.

ERASE *Feldname()*
- Löschen eines Feldes und freigeben des Speicherplatzes.

```
DIM a(100)
ERASE a()
DIM a(400)
```
Ein Feld kann nach dem Löschen neu dimensioniert werden.

ERROR *Fehlernummer*
- Simulierung eines BASIC-Fehlers zum Prüfen von Fehlerroutinen.

```
ERROR 8
```
Ergibt den Fehler "Speicher voll", obwohl das nicht der Fall ist.

EVERY *Integer-Ausdruck* **GOSUB** *Unterprogrammname*
- Unterbrechung des laufenden Programms in den angegebenen Zeitabständen. Es wird dann jeweils das Unterprogramm angesprungen. Der Zeitabstand zwischen den Unterbrechungen ist in zweihunderstel Sekunden anzugeben.

EVERY STOP
- Stoppt die Unterbrechung durch EVERY ... GOSUB, das Unterprogramm wird nicht mehr angesprungen.

EVERY CONT
- Erlaubt die Unterbrechung wieder, das Unterprogramm aus dem EVERY ... GOSUB Befehl wird wieder angesprungen.

EXEC *Funktion,Dateiname,Kommandozeile,Stringausdruck*
- Lädt ein ausführbares Programm von der Diskette und führt es aus.

```
EXEC 0,"KERMIT.TOS","vi",""
```
Lädt "Kermit" und führt es aus. Es wird der String "vi" übergeben.

```
EXEC 3,"COMMAND.TOS","",""
```
Lädt das Programm, führt es aber nicht aus.

EXIT IF *Bedingung*
- Verlassen einer Schleife, wenn die Bedingung erfüllt ist. Einsetzbar in allen Scheifentypen.

FILESELECT *"Suchpfad","Dateiname",Stringvariable*
- Stellt ein Dateiauswahlfenster auf dem Bildschirm dar.

```
FILESELECT "\*.*",b$,a$
```
Liefert den ausgewählten Dateinamen in a$.

FILL *x,y[,Begrenzungsfarbe]*
- Füllen einer begrenzten Fläche mit einem Muster, das mit DEFFILL festgelegt worden ist. Wird als Begrenzungsfarbe -1 angegeben, so wird jeder Punkt mit einer anderen Farbe als der Startpunkt als Begrenzung betrachtet.

FLOAT *{Adresse}=numerischer Ausdruck*
- Schreibt den Wert des numerischen Ausdrucks als 8 Byte Fließkommavariable (GFA-3.0 Format) an die angegebene Adresse in den Speicher.

FOR *Laufvariable = Anfangswert* **[DOWN]TO** *Endwert* **[STEP** *Schritt]*
Anweisungen
NEXT *Laufvariable*
- Zählerschleife mit beliebiger Schrittweite.

FORM INPUT *Länge,Stringvariable*
- Eingabe eines Strings mit festgelegter Maximallänge.

```
PRINT "Bezeichnung :";        Der String darf maximal 10 Stellen
FORM INPUT 10,bez$            lang sein.
```

FORM INPUT *Länge* **AS** *Stringvariable*
- Funktioniert genau wie FORM INPUT gibt jedoch den String vorher aus.

FULLW *Fensternummer*
- Vergrößern eines Fensters auf volle Bildschirmgröße.

```
FULLW 2                       Öffnen des Fensters 2 auf Bildschirm-
                              größe.
```

FUNCTION *Funktionenname [Parameterliste]*
RETURN *Rückgabewert*
ENDFUNC
- Definieren einer Benutzerfunktion. Endet der Funktionenname mit einem "$", so ist der Rückgabewert ein String, sonst numerisch.

GET *x0,y0,x1,y1,Stringvariable*
- Ausschnitt des Bildschirms in einer Stringvariable speichern. (siehe PUT).

GOSUB *Unterprogrammname [(Übergabeparameter)]*
- Ruft ein Unterprogramm (PROCEDURE) auf. GOSUB kann auch weggelassen oder durch ein @ ersetzt werden.

GOTO *Label*
- Sprunganweisung zum angegebenen Label.

GRAPHMODE *Modus(1-4).*
- Setzen des Graphikmodus.
> GRAPHMODE 3   Gesetzte Punkte werden gelöscht, nicht gesetzte Punkte werden gesetzt. (XOR)

HARDCOPY
- Gibt den Bildschirminhalt auf einen angeschlossenen Drucker aus.

HIDEM
- Schaltet den Mauszeiger ab.

HLINE *x1,y,x2,Farbe,Modus,Adresse Muster,Anzahl Muster*
Zeichnet eine waagerechte Linie (LINE-A-Routine).

HTAB *Spaltennummer*
- Positioniert den Cursor in die angegebene Spalte.

IF *Bedingung*
[THEN] *Anweisungen*
[ELSE IF *Anweisungen,* ...]
[ELSE *Anweisungen*]
ENDIF
- Zweiseitige Auswahl (ohne ELSE IF) oder mehrseitige Auswahl (mit ELSE IF).

INC *numerische Variable*
- Erhöhen des Wertes einer Variablen um 1.

INFOW *Fensternummer,"Text"*
- Text für die Informationszeile eines Fensters setzen.

INLINE *Adresse,Anzahl Bytes*
- Reserviert einen Speicherbereich in der gewünschten Länge. Der Bereich wird bei den Funktionen LOAD und SAVE mitgeladen bzw. gespeichert.

INPUT [*"Text"*(;/,)] *Variablenliste*
- Auf Tastatureingabe warten und diese dann den Variablen zuweisen.

INSERT *Arrayname(Index)=Ausdruck*
- Fügt ein Element in ein Array an die angegebene Stelle ein. Alle folgenden Elemente werden um eine Position verschoben. Das letzte Element des Arrays geht dabei verloren.

KEYDEF *Numerischer Ausdruck (1-20),Stringausdruck*
- Belegen einer Funktiontaste mit einem String.

KEYGET *Variablenname*
- Wartet auf einen Tastendruck und liefert den ASCII-Code in der Variablen.

KEYLOOK *Variablenname*
- Liest ein Zeichen aus dem Tastaturpuffer, ohne es dort zu löschen.

KEYPAD *numerischer Ausdruck (0-5)*
- Legt die Belegung des Zehnerblocks und der Funktionstasten fest.

KEYPRESS *numerischer Ausdruck*
- Schreibt den Wert des Ausdrucks als ASCII Wert in den Tastaturpuffer.

KEYTEST *numerischer Ausdruck*
Liest ein Zeichen von der Tastatur, ohne zu warten.

LET *Variablenname = Ausdruck*
- Wert des Ausdrucks der Variablen zuweisen. Das LET kann auch weggelassen werden.

LINE *x0,y0,x1,y1*
- Linie zwischen zwei Punkten zeichnen.

```
LINE 0,0,639,399
```
Zeichnet eine Linie von der linken oberen Ecke in die rechte untere Ecke des Bildschirms.

LINE INPUT *["Text"(;/,)] Stringvariable*
- Ganze Zeile ohne Trennzeichen in die Variablen einlesen.

```
LINE INPUT "Name";s$
```
Liest String ein. (incl. Kommata).

LLIST
- Listet das im Hauptspeicher befindliche Programm auf den Drucker.

LOCAL *Variablenliste*
- Variablen in einer Procedure als lokal vereinbaren.

LOCATE *Zeilennummer,Spaltennummer*
- Positioniert den Cursor in die angegebene Zeile und Spalte.

LONG *{Adresse}=numerischer Ausdruck*
- Schreibt den Wert des Ausdrucks als 4 Byte Integerwert in den Speicher. Entspricht LPOKE.

LPOKE *numerischer Ausdruck,Wert -2147483648..2147483647*
- Schreibt einen Wert in vier Speicherzellen (4 Byte = 1 Langwort).

LPRINT [*Liste von Ausdrücken*[,][;][']]
- Gibt Daten auf dem Drucker aus, sonst identisch mit **PRINT**.

MENU */Feldname( )/***KILL/OFF/***Eintragnummer,0-3/*
- Festlegen und Ändern der Menüleiste.

MID$(*Stringvariable,Startposition,[Länge]***)=***Stringausdruck*
- Setzt den Stringausdruck ab der Startposition in die Stringvariable ein.
Wird die Längenangabe weggelassen, so wird der gesamte String über-
tragen.

MODE *0-3*
- Stellt die Darstellungsform für DATE$ und Zahlendarstellung ein.

MONITOR [*Übergabewert*]
- Ruft einen Monitor oder Debugger auf, wenn einer geladen ist.

MUL *Variablenname,numerischer Ausdruck*
- Multipliziert den Inhalt der Variablen mit dem Wert des numerischen
Ausdrucks und speichert das Ergebnis in der Variablen.

```
MUL a,33
```
Multipliziert a mit 33, entspricht also
LET a=a*33.

NEW
- Löscht das Programm im Hauptspeicher.

ON *numerischer Ausdruck* **GOSUB** *Unterprogrammliste*
- Springt das Unterprogramm an, dessen "Positionsnummer" in der Unterprogrammliste dem Wert des numerischen Ausdruckes entspricht.

ON BREAK /CONT/GOSUB *Unterprogrammname/*
- Verbietet die Programmunterbrechung durch "BREAK" =
<CONTROL>+<SHIFT>+<ALTERNATE> oder lenkt den Programmfluß
in ein Unterprogramm um.

ON BREAK
- Erlaubt die Programmunterbrechung durch "BREAK".

ON ERROR GOSUB *Unterprogrammname*
- Tritt ein Fehler auf, so wird direkt in das angegebene Unterprogramm
verzweigt und nicht abgebrochen.

ON ERROR
- Hebt vorhergehende ON ERROR GOSUB-Befehle auf, das Programm
wird bei einem Fehler abgebrochen.

ON MENU
Fragt Menüereignisse ab und verzweigt ggf. in die durch andere ON
MENU... festgelegten Unterprogramme.

ON MENU BUTTON *Clicks,Maske,Status* **GOSUB** *Unterprogrammname*
- Verzweigt in das angegebene Unterprogramm, wenn eine Maustaste betätigt wird.

ON MENU GOSUB *Unterprogrammname*
- Festlegen des Unterprogramms zur Behandlung der Menüauswahl.

ON MENU IBOX *Rechteck,x,y,Breite,Höhe* **GOSUB** *Unterprogrammname*
- Festlegen eines Unterprogramms, das angesprungen werden soll, wenn
der Mauszeiger in das angegebene Rechteck bewegt wird.

ON MENU KEY GOSUB *Unterprogrammname*
- Festlegen des Unterprogramms zur Behandlung von Tastendrücken.

ON MENU MESSAGE GOSUB *Unterprogrammname*
- Legt die Behandlungsroutine für GEM-Mitteilungen fest.

ON MENU OBOX *Rechteck,x,y,Breite,Höhe* **GOSUB** *Unterprogrammname*
- Festlegen eines Unterprogramms, das angesprungen werden soll, wenn
der Mauszeiger aus dem angegebenen Rechteck herausbewegt wird.

OPENW *Fensternummer[,x,y]*
- Fenster öffnen und festlegen des Berührungspunktes der vier möglichen
Fenster.

OPTION BASE /0/1/
- Legt fest ob Arrays mit dem Index 0 oder 1 beginnen.
```
OPTION BASE 1              Alle Arrays beginnen mit dem Index 1.
DIM a%(10)                 a%() hat einen Indexbereich von 1 bis
                           10.
```

PAUSE *numerischer Ausdruck*
- Wartet eine bestimmte Zeit bevor die Programmausführung fortgesetzt
wird.
```
PAUSE 500                  10 Sekunden (500/50) warten.
```

PBOX *x0,y0,x1,y1*
- Entspricht dem BOX-Befehl, nur wird hier das Rechteck ausgefüllt.

PCIRCLE *x,y,Radius[,Anfangswinkel,Endwinkel]*
- Entspricht dem CIRCLE-Befehl, nur wird hier der Kreis ausgefüllt.

PELLIPSE *x,y,Radius x,Radius y [,Anfangswinkel,Endwinkel]*
- Entspricht dem ELLIPSE-Befehl, nur wird hier die Ellipse ausgefüllt.

PLOT *x,y*
- Zeichnet einen Punkt.

POKE *numerischer Ausdruck,Wert 0..255*
- Schreibt einen Wert in eine Speicherzelle (1 Byte).

POLY/LINE/FILL/MARK/*Anzahl Punkte,Feld-x,Feld-y* **[OFFSET** *x0,y0]*
- Zeichnet einen Polygonzug. POLYFILL füllt die durch den Polygonzug
umschlossene Fläche aus, und POLYMARK markiert die Eckpunkte.

`POLYLINE 3,x%(),y%()`	Zeichnet einen Polygonzug mit den 3 Eckpunkten, die in den Feldern x%() und y%() angegeben sind.
`POLYFILL 3,x%(),y%() OFFSET 10,10`	Zeichnet einen Polygonzug, jedoch ausgefüllt und um 10 Punkte in x- und y-Richtung verschoben.

PRBOX
- Entspricht dem RBOX-Befehl, nur wird hier das Rechteck ausgefüllt.

PRINT [AT *(Spalte,Zeile)][;][Liste von Ausdrücken][,][;]*
- Daten auf dem Bildschirm ausgeben.

PRINT USING *Format String,Variablenliste[;]*
- Daten formatiert ausgeben.

`PRINT USING "###.##",PI*100`	Die Ausgabe erfolgt mit 3 Vor- und 2 Nachkommastellen

PROCEDURE *Unterprogrammname [(Parameterliste)]*
- Unterprogramm definieren.

PSET *x,y,Farbe*
- Setzt einen Punkt an der angegebenen Position (LINE-A-Routine).

PUT *x0,y0,Stringvariable[,Modus]*
- Inhalt eines mit GET gespeicherten Bildschirmausschnittes auf den
Bildschirm kopieren.

QSORT *Arrayname([/+/-/])[,Anzahl Elemente][,Integerarray]*
- Sortiert ein Array mit numerischen Werten nach dem Quicksortverfahren. Die Vertauschungen, die dabei durchgeführt werden, können
analog in einem weiteren Array durchgeführt werden.

QSORT *Arrayname([/+/-/])* **WITH** *Arrayname [,Integerarray]*
- Sortiert ein Array mit Strings nach dem Quicksortverfahren. Das Array
hinter WITH gibt die Sortierreihenfolge an.

QUIT
- Befehl zum Verlassen des Interpreters (entspricht SYSTEM).

RANDOMIZE *numerischer Ausdruck*
- Initialisiert den Zufallsgenerator mit dem angegebenen Wert.

RBOX *x0,y0,x1,y1*
- Zeichnet ein Rechteck wie der BOX-Befehl, nur mit abgerundeten
Ecken.

RCALL *Adresse,Integer-Arrayname()*
- Ruft ein Maschinensprache Programm an der angegebenen Adresse auf.
Die Feldelemente des Arrays werden dabei den Prozessorregistern zugewiesen.

READ *Variablenliste*
- Einlesen von Werten in die angegebenen Variablen und erhöhen des
DATA-Zeigers.

REM *Kommentar*
- Kommentar in den Quelltext schreiben (besser Zeichen ' verwenden).

REPEAT *Anweisungsfolge* **UNTIL** *logischer Ausdruck*
- Nicht-abweisende Schleife, d.h. die Schleifenbedingung wird am Ende
geprüft. Ist der logische Ausdruck wahr, wird die Schleife abgebrochen.

RESERVE *Anzahl Bytes*
- Schützt einen Speicherbereich vor dem Zugriff durch GFA-Basic.

RESTORE [*Label*]
- DATA-Zeiger auf eine bestimmte Position setzen.

```
namen:                          Ein RESTORE namen Befehl setzt den
DATA "Axel","Markus","Monika"   DATA-Zeiger auf "Axel".
```

RESUME [/NEXT/*Label*/]
- Rücksprung aus der Fehlerroutine.

RETURN
- Rücksprung aus einem Unterprogramm.

RUN
- Starten der Programmausführung (kann auch im Programm verwendet werden).

SELECT *Variablenname*
CASE */Konstantenliste/Bereich/*
  Anweisungen
[DEFAULT *Anweisungen*]
ENDSELECT
- Mehrfachauswahl, es wird immer nur ein CASE-Block oder der DEFAULT-Block ausgeführt.

SETCOLOR *Farbregister,/rot,grün,blau 0..7/Farbe 0..1911/*
- Für ein Farbregister die Farbe setzen.

SETMOUSE *x-Position,y-Position*
Setzt den Mauszeiger auf die angegebene Position.

SETTIME *Zeit-String,Datums-String*
- Setzen der Systemzeit bzw. des Systemdatums.
    SETTIME "10:13","19.02.1988"   Sekunden brauchen nicht angegeben zu werden.

SGET *Stringvariable*
- Lies den gesamten Bildschirmspeicher in die Stringvariable ein.

SHOWM
- Schaltet den Mauszeiger wieder ein.

SINGLE {*Adresse*}=*numerischer Ausdruck*
- Schreibt den Wert des Ausdrucks als 4 Byte Fließkommavariable (IEEE-Single-Format) in den Speicher.

SOUND *Stimme 1..3,Lautstärke,Note,Oktave,Verzögerung*
- Spielen von Tönen.
    SOUND 1,15,10,4,500   Spielt den Kammerton a (440 Hz) 10 Sekunden lang (500/50)

SOUND *Stimme,Lautstärke,#Periode,Verzögerung*
- Spielen von Tönen.
    SOUND 1,15,#284,500   Spielt den Kammerton a (284 = 125000 DIV 440).

SPOKE *numerischer Ausdruck,Wert 0..255*
SDPOKE *numerischer Ausdruck,Wert 0..65535*
SLPOKE *numerischer Ausdruck,Wert -2147483648..2147483647*
- Haben die gleiche Funktion wie die oben beschriebenen Befehle POKE,
DPOKE und LPOKE, arbeiten jedoch im Supervisiormodus und können
somit auch geschützte Speicherbereiche ansprechen.

SPRITE *Stringvariable[,x,y]*
- Setzt ein Sprite an die Stelle x,y. Die Definition eines Sprite erfolgt
ähnlich wie bei dem Befehl DEFMOUSE.

SPUT *Stringvariable*
- Kopiert den Inhalt der Stringvariablen in den Bildschirmspeicher. (siehe
SGET).

SSORT *Arrayname([/+/-/])[,Anzahl Elemente][,Integerarray]*
- Sortiert das Array (mit numerischen Werten) in der angegebenen Länge
auf- oder absteigend nach dem Shell-Sort Verfahren. In dem zusätzlich
aufgelisteten Array werden die Vertauschungen analog durchgeführt.

SSORT *Arrayname([/+/-/])* **WITH** *Arrayname [,Integerarray]*
- Sortiert das Array (mit Strings) nach dem Shell-Sort Verfahren. In dem
zusätzlich aufgeführten Integerarray werden die Vertauschungen gleichzeitig durchgeführt. Das Array das hinter WITH steht gibt die Sortierreihenfolge an.

STICK */0/1/*
- Umschalten zwischen Maus- (0) und Joystickkoordinaten (1) bei den
Funktionen STICK() und STRIG().

STOP
- Stoppt die Programmausführung. Wird das Programm nicht geändert, so
kann mit dem Befehl CONT beim nächsten Befehl fortgefahren werden.

SUB *Variablenname,numerischer Ausdruck*
- Vermindert den Wert einer Variablen um den den Wert des numerischen
Ausdruckes.

SWAP *Variablenname,Variablenname*
- Vertauscht den Inhalt der beiden Variablen ohne zusätzliches
Zwischenspeichern.
```
SWAP l,r
```
                                    Vertauscht den Inhalt von l und r.

SYSTEM
- Befehl zum Verlassen des Interpreters (Entspricht QUIT).

TEXT *x,y,[Länge,]Stringausdruck*
- Text im Graphikmodus auf den Bildschirm ausgeben.

TITLEW *Fensternummer,Zeichenkette*
- Setzen der Überschrift eines Fensters.

TOPW *#Fensternummer*
- Aktiviert das angegebene Fenster.

TRON [*#Kanalnummer*]
- Schaltet den Trace-Modus ein. Die Ausgabe kann auch auf einen geöffneten Datenkanal erfolgen.

TRON *Unterprogrammname*
- Schaltet den Trace-Modus ein. Vor Abarbeitung eines Befehls wird in die angegebene Unterroutine gesprungen.

TROFF
- Schaltet den Trace-Modus wieder aus.

VOID *Funktionsaufruf*
- Verwirft das Ergebnis des Funktionsaufrufes, z.B. wenn es nicht benötigt wird.
```
VOID INP(2)                        Wartet auf einen Tastendruck.
```

VSETCOLOR *Farbregister,/rot,grün,blau 0..7/Farbe 0..1911/*
- Für ein Farbregister die Farbe setzen. Die Farbregister-Zuordnung entspricht der für den COLOR-Befehl.

VSYNC
- Wartet, bis der Bildsynchronimpuls auftritt. (Für Grafik).

VTAB *Zeilennummer*
- Positioniert den Cursor in die angegebene Zeile.

WAVE *Stimme,Hüllkurve,Wellenform,Dauer,Verzögerung*
- Einstellen der Parameter für die Tonerzeugung.
```
WAVE 7,7,10,5000,300               Alle   Kanäle   an   und   Dreieck-
WAVE 0,0                           schwingung  einstellen.  WAVE  0,0
                                   schaltet alles wieder aus.
```

WHILE *logischer Ausdruck Anweisungsfolge* **WEND**
- Abweisende Schleife. Die Schleifenbedingung wird am Anfang geprüft.

2.4.2.2 Alle Funktionen ohne Dateizugriff

**Variablenname*
- Ergibt die Adresse, wo die Variable gespeichert ist (Zeiger auf die Variable).

```
zeiger% = *a
*zeiger% = 17.
```
Entspricht a=17. (siehe auch ***** als Befehl).

{Adresse}
- Liefert einen 4 Byte langen Wert aus dem Speicher. Entspricht LPEEK.

ABS(*numerischer Ausdruck*)
- Ergibt den Betrag des Ausdrucks.

ACOS(*numerischer Ausdruck*)
- Liefert den Arcuscosinus des Ausdrucks (im Bogenmaß angeben).

ADD(*numerischer Ausdruck,numerischer Ausdruck*)
- Ergibt die Summe der beiden Ausdrücke.

ADDRIN
- Ergibt die Adresse des AES-Adress-Input Blockes

ADDROUT
- Ergibt die Adresse des AES-Adress-Output Blockes

AND(*numerischer Ausdruck,numerischer Ausdruck*)
- Ergibt die logische AND-Verknüpfung der beiden Ausdrücke.

ARRPTR(*String oder Feldvariable*)
- Ergibt die Adresse des Descriptors der angegebenen Variablen. Der Descriptor enthält Informationen über Länge des Feldes und die Adresse, wo es im Speicher abgelegt ist.

ASC(*Stringausdruck*)
- Codezahl gemäß ASCII für das erste Zeichen des Strings nennen.

```
PRINT ASC("=")
```
Ergibt 61 (Ordnungszahl im ASCII-Code).

```
PRINT ASC(y$)
```
Ergibt die Ordnungszahl für das erste Zeichen im String y$.

ASIN(*numerischer Ausdruck*)
- Liefert den Arcussinus des Ausdrucks (im Bogenmaß angeben).

ATN(*numerischer Ausdruck*)
- Arcustangens im Bogenmaß angeben.

BASEPAGE
- Ermittelt die Adresse der Basepage von GFA-Basic. Dort sind Systeminformationen gespeichert.

BCHG(*numerischer Ausdruck,Nummer des Bits*)
- Invertiert das angegebene Bit, d.h. 0 wird zu 1 und 1 zu 0.

BCLR(*numerischer Ausdruck,Nummer des Bits*)
- Löscht das Bit an der angegebenen Position.
    PRINT BCLR(7,2)   Gibt 3 aus, da Bit 2 gelöscht worden
                                  ist. $7-2^2 = 4$

BIN$(*numerischer Ausdruck,Stellenzahl*)
- Ergibt die binäre Darstellung des Wertes als String. Die Ausgabe erfolgt in der angegebenen Anzahl Dualstellen.
    PRINT BIN$(14,5)   Es wird "01110" ausgegeben.

BIOS(*Funktionsnummer,[,Parameterliste]*)
- Aufruf einer Betriebssystemroutine (BIOS = Basic Input/Output System).

BSET(*numerischer Ausdruck,Nummer des Bits*)
- Setzt das angegebene Bit unabhängig vom vorhergehenden Zustand.
    PRINT BSET(1,2)   Gibt 5 aus.

BTST(*numerischer Ausdruck,Nummer des Bits*)
- Testet, ob ein bestimmtes Bit in dem Wert des Ausdruckes gesetzt ist.
    PRINT BTST(5,0)   Gibt -1 (TRUE) aus, da Bit 0 gesetzt.

BYTE {*Adresse*}
- Liest ein Byte aus dem Hauptspeicher.

BYTE (*numerischer Ausdruck*)
- Ergibt den Wert, den die untersten acht Bits des Ausdruckes darstellen.
    PRINT BYTE(257)   Gibt 1 aus, denn nur Bit 0 und 9 sind
                              gesetzt.

C:*Variablenname***(***Parameterliste***)**
- Ruft ein Maschinenspracheprogramm auf. Die Parameter werden nach
Konventionen der Programmiersprache "C" übergeben.

    `C:a%(L:0)`   a% enthält die Anfangsadresse des
                                          Maschinenprogrammes. Es wird eine 0
                                          als Langwort (4 Bytes) übergeben.

CARD {*Adresse***}**
- Liest zwei Bytes aus dem Speicher.

CARD(*numerischer Ausdruck***)**
- Ergibt den Wert, den die untersten 16 Bits des Ausdruckes darstellen.

CFLOAT(*numerischer Ausdruck***)**
- Wandelt den ganzahligen Wert des Ausdrucks in einen Wert vom Typ
Real um.

CHR$(*numerischer Ausdruck***)**
- Ergibt das Zeichen, dessen ASCII-Code dem Wert des numerischen
Ausdruckes entspricht.

    `PRINT CHR$(65)`   Gibt "A" aus.

CINT(*Stringausdruck***)**
- Wandelt den Stringausdruck in einen Zahlenwert vom Typ Integer um.

CONTRL
- Ergibt die Adresse des VDI-Control Blocks.

COS(*numerischer Ausdruck***)**
- Liefert den Cosinus des Ausdrucks (im Bogenmaß angeben).

COSQ(*numerischer Ausdruck***)**
- Wie COS, das Ergebnis wird jedoch aus einer Tabelle gelesen und
interpoliert. Diese Funktion ist wesentlich schneller, aber auch ungenauer.

CRSCOL
- Ergibt die Spaltennummer, in der der Cursor sich gerade befindet.

CRSLIN
- Ergibt die Zeilennummer, in der der Cursor sich gerade befindet.

    `PRINT CRSLIN`   Gibt die Zeilenposition des Cursors
                                          aus.

DATE$
- Ergibt das Systemdatum als Zeichenkette.
```
PRINT DATE$
```
Ergibt String im Format "tt.mm.jjjj"

DEG(*Winkel im Bogenmaß*)
- Rechnet den gegebenen Winkel in Gradmaß um.

DFREE(*Laufwerknummer*)
- Ergibt den freien Speicherplatz auf der Diskette im angegebenen Laufwerk.

DIM?(*Feldname*())
- Ergibt die Anzahl der Elemente des Arrays.
```
DIM a%(210)
PRINT DIM?(a%())
```
Gibt 211 aus, denn das Feld beginnt mit dem Index 0.

DIV(*Integer-Ausdruck,Integer-Ausdruck*)
- Liefert das Ergebnis der Division des Wertes des ersten Ausdrucks durch den Wert des zweiten.

DOUBLE {*Adresse*}
- Liest 8 Bytes aus dem Speicher und übergibt den Wert im IEEE-Double Format.

EQV(*numerischer Ausdruck,numerischer Ausdruck*)
Verknüpft die beiden Argumente bitweise. Stimmt der Zustand eines Bits in beiden Werten überein, so wird das entsprechende Bit im Ergebnis gesetzt.

ERR
- Fehlercode des zuletzt aufgetretenen Fehlers angeben.

ERR$(*Fehlernummer*)
- Ergibt die zu der Fehlernummer gehörende GFA-Basic Fehlermeldung im für die FORM_ALERT-Funktion verständlichen Format.

EXP(*numerischer Ausdruck*)
- Exponentialfunktion zur Basis e.
```
PRINT EXP(1)
```
Gibt die Eulersche Zahl e aus.

EVEN(*numerischer Ausdruck*)
- Ermittelt, ob der Wert des numerischen Ausdruckes eine gerade Zahl ist.
```
PRINT EVEN(1024)
```
Ergibt -1 = TRUE.

FATAL
- Gibt bei "normalen" Fehlern eine 0 bei Systemfehlern eine –1 zurück.

FIX(*numerischer Ausdruck*)
- Liefert die nachkommastellenlose Zahl als Ergebnis.

FLOAT {*Adresse*}
- Liest 8 Bytes aus dem Speicher und übergibt den Wert im GFA-Basic 3.0 Format.

FRAC(*numerischer Ausdruck*)
- Ergibt die Nachkommastellen eines Wertes.

FREE(*n*)
- Ergibt die Größe des freien Hauptspeicherplatz. n muß angegeben werden, wird aber nicht beachtet.

GB
- Ergibt die Adresse des AES-Parameter Blocks.

GCONTRL
- Ergibt die Adresse des AES-Control Blocks.

GDOS?
- Ergibt TRUE, wenn GDOS geladen ist, sonst FALSE.

GEMDOS(*Funktionsnummer*[,*Parameterliste*])
- Aufruf einer Betriebssystemroutine (GEMDOS = GEM Disk Operating System).

GEMSYS [*Funktionsnummer*]
- Aufruf einer Betriebssystemroutine.

GINTIN
- Ergibt die Adresse des AES-Integer-Input Blocks.

GINTOUT
- Ergibt die Adresse des AES-Integer-Output Blocks.

HEX$(*numerischer Ausdruck*)
- Ergibt die hexadezimale Darstellung eines Wertes als String.
```
PRINT HEX$(65535)              Gibt den String "FFFF" aus.
```

IMP (*Integer-Ausdruck,Integer-Ausdruck*)
- Liefert als Ergebnis die bitweise Verknüpfung der beiden Ausdrücke mittels der Implikation.

INKEY$
- ASCII-Code der zuletzt gedrückten Taste angeben.
```
    REPEAT                          Wartet auf einen Tastendruck.
    UNTIL INKEY$ <> ""
```

INP?(*Gerätenummer*)
- Ergibt den Eingabestatus eines Gerätes.
```
    REPEAT                          Wartet bis eine Taste gedrückt wird,
    UNTIL INP?(2)                   dann hat INP?(2) den Wert -1, also
                                    TRUE.
```

INTIN
- Ergibt die Adresse des VDI-Integer-Input Blocks.

INTOUT
- Ergibt die Adresse des VDI-Integer-Output Blocks.

INSTR([*numerischer Ausdruck,*]*String-Ausdruck,String-Ausdruck*)
INSTR(*String-Ausdruck,String-Ausdruck*[*,numerischer Ausdruck*])
- Ergibt die Position eines Strings innerhalb eines anderen Strings.

INT{*Adresse***}**
- Liest 2 Bytes aus dem Speicher und übergibt den Wert im Integer Format mit Vorzeichen.

INT(*numerischer Ausdruck***)**
- Ergibt die größte ganze Zahl kleiner oder gleich dem Wert des numerischen Ausdruckes.

L~A
- Ergibt die Basisadresse der Line-A-Variablen.

LEFT$(*String-Ausdruck*[*,Stellenanzahl*]**)**
- Linken Teilstring angeben.

LEN(*String-Ausdruck***)**
- Ergibt die Länge eines String-Ausdruckes.

LOG(*numerischer Ausdruck*)
- Ergibt den natürlichen Logarithmus (Basis e).
    `PRINT LOG(1)`   Der Logarithmus von 1 ist 0, da e^0
                                                  gleich 1 ist.

LOG10(*numerischer Ausdruck*)
- Ergibt den dekadischen Logarithmus (Basis 10).

LONG {*Adresse*}
- Liest 4 Bytes aus dem Speicher und übergibt den Wert im Integer-format.

LPOS(*n*)
- Anzahl der Druckzeichen seit letztem Zeilenvorschub angeben.

MALLOC (/-1/*Anzahl Bytes*/)
- Reserviert Speicherplatz in der angegebenen Länge und übergibt die Anfangsadresse. Bei Angabe von -1 als Argument wird die Länge des größten zusammenhängenden Speicherbereichs zurückgegeben.

MAX(*Liste von numerischen Ausdrücken*)
- Ergibt den größten Wert aus der Liste.
    `PRINT MAX(1,10,3,2,11)`   Gibt das größte Element der Liste, also
                                            11, aus

MENU(*numerischer Ausdruck(-2..15)*)
- Vordefiniertes Array, das Daten über Ereignisse enthält.

MFREE(*Adresse*)
- Gibt einen zuvor mit MALLOC reservierten Speicherbereich wieder frei. Rückgabewert ist 0, wenn die Freigabe korrekt durchgeführt worden ist, oder ein negativer Wert, wenn ein Fehler aufgetreten ist.

MID$(*String-Ausdruck,Startposition,Länge*)
- Teilstring ab einer Startposition in einer bestimmten Länge angeben.
    `PRINT MID$("Rosen",3)`   ergibt "sen".

MIN(*Liste von numerischen Ausdrücken*)
- Ergibt das kleinste Element der Liste.
    `PRINT MIN(1,10,-1,3)`   Gibt das kleinste Element, also -1, aus

MOD (*Integer-Ausdruck,Integer-Ausdruck*)
- Ergibt den Rest bei Ganzzahl-Division des ersten Ausdrucks durch den zweiten.

MOUSE *x-Position,y-Position,Tastenstatus*
- Gibt die Mausposition und den Zustand der Maustasten zurück.
```
DO
  MOUSE a,b,c
  PRINT AT(1,1);a,b,c
LOOP
```

MOUSEX
MOUSEY
MOUSEK
- Gibt die Mausposition und den Zustand der Maustasten zurück.

```
DO
  PRINT MOUSEX,MOUSEY,MOUSEK
  EXIT IF MOUSEK=3
LOOP
```
Gibt die aktuelle Position der Maus und den Status der Tasten aus. Werden beide Tasten gedrückt, wird die Schleife verlassen.

MSHRINK (*Adresse*)
- Verkleinert einen zuvor mit MALLOC reservierten Speicherbereich. Der Rückgabewert ist 0, wenn die Funktion korrekt durchgeführt worden ist, oder negativ, wenn ein Fehler aufgetreten ist.

MUL (*Integer-Ausdruck,Integer-Ausdruck*)
- Liefert den Wert der Multiplikation der beiden Ausdrücke miteinander.

OCT$(*numerischer Ausdruck*)
- Ergibt die oktale Darstellung eines Wertes als String.
```
PRINT OCT$(&HFF)
PRINT OCT(512)
```
Gibt jeweils 377 aus.

ODD(*numerischer Ausdruck*)
- Ergibt -1 (TRUE), wenn der Ausdruck eine ungerade Zahl ist, sonst 0 (FALSE).
```
PRINT ODD(3)
```
Ergibt -1, denn 3 ist ungerade.

OR(*Integer-Ausdruck,Integer-Ausdruck*)
- Ergibt die logische OR-Verknüpfung der beiden Ausdrücke.

OUT?(*Gerätenummer*)
- Ergibt den Ausgabestatus eines Gerätes. (TRUE, wenn das Gerät bereit ist ein Zeichen zu empfangen, sonst FALSE).

PEEK(*numerischer Ausdruck*)
- Gibt den Wert einer Speicherstelle zurück (1 Byte).

PI
- Konstante PI = 3.15159265... (Kreiszahl)
    `PRINT PI`

POINT(*x,y*)
- Ergibt den Farbwert des Punktes (x,y)
    `PLOT 10,10`   Gibt die Farbe des Punktes (0-15) aus.
    `PRINT POINT(10,10)`

POS(*n*)
- Ergibt die Anzahl der seit dem letzten Wagenrücklauf ausgegebenen
Zeichen.

PRED(*Integer-Ausdruck*)
- Liefert den "Vorgänger", also die nächst kleinere ganze Zahl.

PTSIN
- Ergibt die Adresse des VDI-Punkt-Input Blocks.

PTSOUT
- Ergibt die Adresse des VDI-Inpunkt-Output-Blocks.

PTST(*x,y*)
- Ergibt die Farbe des Bildpunktes an der angegebenen Position.

RAD(*Winkel im Gradmaß*)
- Rechnet den gegebenen Winkel in Bogenmaß um.

RAND(*Integer-Ausdruck*)
- Erzeugt eine Zufallszahl und übergibt sie im 2 Byte Integer Format.

RANDOM(*numerischer Ausdruck*)
- Gibt eine ganzahlige Zufallszahl zwischen 0 und dem angegebenen Wert
minus 1 zurück.
    `PRINT RANDOM(10)`   Die ausgegebene Zufallszahl hat einen
                                        Wert zwischen 0 und 9.

RC_INTERSECT(*x1,y1,Breite1,Höhe1,x2,y2,Breite2,Höhe2*)
- Stellt fest, ob sich zwei gegebene Rechtecke überlappen. Es wird **TRUE**
zurückgegeben, wenn sie sich überlappen, sonst **FALSE**. x2, y2, Breite2
und Höhe2 müssen Variablen sein, sie enthalten nach dem Aufruf die
Koordinaten des überlappenden Rechtecks.

RC_COPY *Quell-Adresse,x,y,Breite,Höhe*
TO *Ziel-Adresse,x,y,Breite,Höhe*
- Erlaubt das Kopieren von Rechtecken zwischen verschiedenen Bildschirmen. Es muß jeweils die Anfangsadresse des Bildschirmspeichers angegeben werden.

RIGHT$(*String-Ausdruck[,Länge]***)**
- Rechten Teilstring angeben.

RINSTR([*numerischer Ausdruck,]String-Ausdruck,String-Ausdruck***)**
RINSTR(*String-Ausdruck,String-Ausdruck[,numerischer Ausdruck]***)**
- Wie INSTR, nur wird hier der String von rechts beginnend durchsucht.

RND[(x)]
- Zufallszahl vom Typ Real zwischen 0 (einschließlich) und 1 (ausschließlich) angeben.

ROL *Typzeichen* (*Integer-Ausdruck,Integer-Ausdruck*)
ROR *Typzeichen* (*Integer-Ausdruck,Integer-Ausdruck*)
- Liefert das Ergebnis der bitweisen Rotation des Wertes des ersten Aus-
drucks um den Wert des zweiten Ausdrucks. ROL rotiert nach links, ROR
nach rechts.
```
PRINT ROL(1,1)
```
Rotiert den Wert 1 um ein Bit nach links. Es wird 2 ausgegeben.

ROUND(*numerischer Ausdruck[,Anzahl Stellen]***)**
- Rundet den Wert des Ausdrucks auf die angegebene Anzahl Nachkommastellen.

SGN(*numerischer Ausdruck***)**
- Vorzeichen +1 (positiv), 0 (null) oder -1 (negativ) angeben.
```
PRINT SGN(-4.35)
```
Gibt "-1" aus.

SHL *Typzeichen* (*Integer-Ausdruck,Integer-Ausdruck*)
SHR *Typzeichen* (*Integer-Ausdruck,Integer-Ausdruck*)
- Liefert das Ergebnis der bitweisen Verschiebung des ersten Ausdrucks
um den Wert des zweiten Ausdrucks. SHL verschiebt nach links, SHR
nach rechts.

SIN(*numerischer Ausdruck***)**
- Sinus eines Winkels in Bogenmaß angeben.

SINGLE {*Adresse*}
- Liest 4 Bytes aus dem Speicher und übergibt den Wert im IEEE-Single
Format.

SINQ(*numerischer Ausdruck***)**
- Sinus eines Winkels in Bogenmaß angeben. Der Wert wird aus einer Tabelle ermittelt, die Funktion ist darum schneller aber auch ungenauer als SIN.

SPACE$(*numerischer Ausdruck***)**
- String aus Leerstellen in angebener Länge bereitstellen.
```
LET a$=SPACE$(5)+"A"
```
a$ den String "   A" zuweisen.

SPC(*numerischer Ausdruck***)**
- In einem PRINT-Befehl eine bestimmte Anzahl Leerstellen ausgeben.
```
PRINT "A";SPC(5);"B"
```
Gibt "A   B" aus.

SQR(*numerischer Ausdruck***)**
- Ergibt die Quadratwurzel des Argumentes.
```
PRINT SQR(2)
```
Gibt die Quadratwurzel von 2 aus: 1.4142... .

STICK(*Port***)**
- Fragt den Joystick ab.

STRIG(*Port***)**
- Fragt den Zustand des Knopfes am Joysticks ab.

STR$(*numerischer Ausdruck[,Integer-Ausdruck[,Integer-Ausdruck]]***)**
- Zahl in einen String umwandeln (Umkehrung zu VAL).
```
LET z$=STR$(76,3)
```
ergibt String " 76".
```
LET r$=STR$(-88.5)
```
ergibt String "-88.5"

STRING$(*Anzahl,/String-Ausdruck/numerischer Ausdruck/***)**
- Verketten eines Strings zu einem neuen String.
```
PRINT STRING$(2,"ABC")
```
Ergibt die Ausgabe "ABCABC"
```
z$=STRING$(5,65)
```
Ergibt "AAAAA", denn der ASCII-Code von "A" ist 65.

SUB(*Integer-Ausdruck,Integer-Ausdruck***)**
- Liefert das Ergebnis der Subtraktion des Wertes des zweiten Ausdrucks vom Wert des ersten.

SUCC(*numerischer Ausdruck***)**
- Ergibt den "Nachfolgewert" des Ausdrucks, d.h. die nächstgrößere ganze Zahl.

SWAP(*Integer-Ausdruck***)**
- Vertauscht das obere Wort (16 Bits) des Wertes mit dem unteren Wort.

TAB(*numerischer Ausdruck*)
- In einem PRINT-Befehl Tabulatorsprung in die angegebene Spalte durchführen. Bei TAB hat die erste Spalte die Nummer 0.

TAN(*numerischer Ausdruck*)
- Ergibt den Tangens eines Winkels im Bogenmaß.

TIME$
- Ergibt die Systemzeit als String.
```
PRINT TIME$
```
Systemzeit im Format "hh:mm:ss" ausgeben.

TIMER
- Ergibt die Zeit seit dem Einschalten in 1/200 Sekunden.

TRACE$
- Enthält im Trace-Modus immer den nächsten Befehl der ausgeführt werden soll.

TRIM$(*Stringausdruck*)
- Ergibt den Stringausdruck ohne Leerzeichen am linken und rechten Rand.

TRUNC(*numerischer Ausdruck*)
- Ergibt den ganzzahligen Anteil einer Zahl durch Abschneiden der Nachkommastellen.

TYPE(*Zeigervariable*)
- Ergibt den Typ der Variablen, auf den die Variable zeigt.
```
zeiger%=*a!
PRINT TYPE(zeiger%)
```
Gibt 3 aus. (Zeiger auf Bool'sche Variable).

UPPER$(*String-Ausdruck*)
- Liefert den String-Ausdruck in Großbuchstaben.
```
PRINT UPPER$("Yasemin")
```
Gibt "YASEMIN" aus.

V:*Variablenname*
- Entspricht der Funktion VARPTR.

VAL(*String-Ausdruck*)
- String in einen numerischen Wert umwandeln (Umkehrung zu STR$).
```
PRINT VAL("51 DM")
```
ergibt 51 (bis zur ersten Nicht-Ziffer).
```
PRINT VAL("7 5 9 7 ")
```
ergibt 7597 (Leerstellen ignoriert).

VAL?(*String-Ausdruck***)**
- Ergibt die Anzahl der Zeichen, die mit VAL in eine Zahl umgewandelt
werden können.

    `PRINT VAL?("51 DM")`   ergibt 2.

VARPTR(*Variablenname***)**
- Ergibt die Anfangsadresse einer Variablen im Speicher.

VDIBASE
- Ergibt die Adresse, an der die Systemtabellen des GEM gespeichert
sind.

VDISYS [*Funktionsnummer[,Anzahl INTIN,Anzahl PTSIN[,Unterfkt.]]]***
- Aufruf einer Betriebssystemroutine (VDI = Virtuell Device Interface).

W_HAND(*#Fensternummer***)**
- Ergibt den GEM-Handle des Fensters.

W_INDEX(*#Handle-Nummer***)**
- Ergibt die Fensternummer zu einer gegebenen Handle-Nummer

WINDTAB
- Enthält die Adresse der Parameter-Tabelle für die Fensterdaten.

WINDTAB(*Fensternummer,Parameter***)**
- Vordefiniertes Array, in dem die Fensterdaten direkt gesetzt werden
können.

WORD(*Integer-Ausdruck***)**
- Ergibt den Wert, den die untersten 16 Bits des Ausdrucks darstellen.

WORK_OUT(*0-57***)**
- Vordefiniertes Feld mit VDI-Systemvariablen.

XBIOS(*Funktionsnummer[,Parameterliste]***
- Aufruf einer Betriebssystemroutine (XBIOS = Extended Basic
Input/Output System).

XOR(*Integer-Ausdruck,Integer-Ausdruck***)**
- Ergibt die logische XOR-Verknüpfung der beiden Ausdrücke.

2.4.2.3 Alle Anweisungen und Funktionen zum Dateizugriff

BLOAD *"Filename"[,Adresse]*
- Laden einer Datei in den durch die angegebene Adresse festgelegten
Speicherbereich. Wird sie nicht angegeben, so wird die Adresse benutzt,
die beim Speichern mit BSAVE mit in die Datei geschrieben wurde.

```
BLOAD "Screen",XBIOS(2)
```
Laden des mit BSAVE abgespeicherten Bildschirminhaltes.

BGET [#]*Kanalnummer,Adresse,Länge*
- Liest einen Datenblock mit angegebener Länge über einen Datenkanal
ein. Im Unterschied zu BLOAD kann eine Datei auch aus mehr als einem
Block bestehen.

BPUT [#]*Kanalnummer,Adresse,Länge*
- Gibt einen Speicherbereich ab einer Adresse in der angegebenen Länge
über einen Datenkanal aus. Im Unterschied zu BSAVE kann eine Datei
auch aus mehr als einem Block bestehen.

BSAVE *"Filename",Adresse,Länge*
- Abspeichern eines Hauptspeicherbereiches. Die Adresse wird dabei mit
in die Datei geschrieben.

```
BSAVE "Screen",XBIOS(2),32000
```
Speichert den aktuellen Bildschirminhalt ab. XBIOS(2) liefert dabei die
Adresse, wo die Bilddaten im Speicher
zu finden sind.

CHAIN *"Programmname"*
- Dient der Verkettung von Programmen, d.h. das angegebene Programm
wird geladen und gestartet. Das Programm,das bis dahin gelaufen ist steht
nicht mehr zur Verfügung.

```
CHAIN "MENUE.GFA"
```
Das Programm MENUE.GFA wird geladen und gestartet.

CHDIR *"Verzeichnisname"*
- Wechseln des aktuellen Verzeichnisses.

```
CHDIR "\"
CHDIR "\2-5"
```
Wechselt in das Wurzelverzeichnis.
Wechselt in das Verzeichnis "2-5".

CHDRIVE *Stringausdruck*
- Wechseln des aktuellen Laufwerks. Der erste Buchstabe des Ausdrucks
wird als Laufwerkskennung herangezogen.

CLOSE [#[*Kanalnummer*]]
- Schließen eines geöffneten Datenkanals. Ohne Angabe der Kanalnummer werden alle offenen Kanäle geschlossen.

```
CLOSE #2                         Schließt Kanal 2.
```

CVI (*Stringausdruck*)
CVL (*Stringausdruck*)
CVS (*Stringausdruck*)
CVF (*Stringausdruck*)
CVD (*Stringausdruck*)
- Diese Befehle werden benutzt, um nach dem Lesen aus einer Direktzu-
griffsdatei die im Dateipuffer stehende Werte in numerische Werte um-
zuwandeln.

DIR ["*Dateiname*"[TO /"*Filename*"/*Ausgabeeinheit*/]]
- Ausgabe der Directory. Wird TO angegeben, so kann die Ausgabe in
eine Datei, oder auf eine andere Ausgabeeinheit geleitet werden.

```
DIR "*.BAS" to "Verz"            Listet alle Dateien mit der Erweiterung
                                 "BAS" in die Datei "Verz".
```

DIR$(*Laufwerknummer*)
- Ergibt den Namen des aktuellen Zugriffspfades für das angegebene
Laufwerk.

```
CHDIR "\"                        Es wird ein Leerstring ausgegeben, da
PRINT DIR$(0)                    das    Wurzelverzeichnis    angewählt
                                 wurde.
```

EOF ([#]*Kanalnummer*)
- Ergibt -1 (TRUE) wenn das Dateiende erreicht ist, sonst 0 (FALSE).

```
IF EOF(#1) THEN                  Steht der Dateizeiger der Datei, die
   GOSUB datei_erweitern         auf Datenkanal 1 geöffnet ist, auf
ENDIF                            Dateiende, so wird das Unterprogramm
                                 aufgerufen.
```

EXIST ("*Filename*")
- Ergibt -1 (TRUE) wenn die angegebene Datei existiert, sonst 0
(FALSE).

```
IF EXIST ("SEQUEN_M") THEN       Gibt den Text nur aus, wenn die Datei
   PRINT "Existiert."            existiert.
ENDIF
```

FGETDTA()
- Ergibt die Disk-Transfer-Adresse.

FIELD [#]*Kanalnummer,numerischer Ausdruck* **AS** *Stringvariablenname* ...
FIELD [#]*Kanalnummer,numerischer Ausdruck* **AT** *(*Variablenname)*
- Pufferspeicher zur Aufnahme der umgewandelten Datenfeldvariablen für die Direktzugriffsdatei vereinbaren.

```
FIELD #1,2 AS p1$,20 AS p2$
```
Dateipuffer mit zwei Feldern.

FILES ["*Filename*" **[TO** /"*Filename*"/*Ausgabeeinheit*/]]
- Listet ein Dateiverzeichnis wie DIR, nur etwas ausführlicher.

```
FILES "*.BAS" TO "PAR:"
```
Listet das Inhaltsverzeichnis auf den Drucker.

FSETDTA(*Adresse***)**
- Setzt die Disk-Transfer-Adresse auf die angegebene Adresse.

FSFIRST(*Stringausdruck,Attribute***)**
- Sucht nach der ersten Datei, die die angegebenen Suchkriterien erfüllt.

FSNEXT()
- Sucht nach weiteren Dateien nach dem Aufruf von FSFIRST.

GET [#]*Kanalnummer[,Datensatznummer]*
- Datensatz von Direktzugriffsdatei in den FIELD-Dateipuffer lesen.

INP(#*Kanalnummer***)**
- Ein Byte von einer Datei lesen.

INP(*Eingabeeinheit***)**
- Liest ein Byte von einer Eingabeeinheit.

INPUT #*Kanalnummer,Variablenliste*
- Von einer Datei Datenfelder in den Hauptspeicher lesen.

```
INPUT #1,z%,a$
```
Eine Zahl und einen String einlesen.

INPUT$(*Anzahl[,#Kanalnummer]***)**
- Eine Anzahl Zeichen aus einer Datei oder von der Tastatur einlesen.

KILL "*Filename*"
- Eine oder mehrere Dateien von der Diskette löschen.

```
KILL "EINKAUF.TOS"
```
Löscht die Datei EINKAUF.TOS.
```
KILL "*.BAK"
```
Löscht alle Dateien vom Typ "BAK".

LINE INPUT #*Kanalnummer,Variablenliste*
- Funktioniert wie INPUT, nur werden Kommata mit eingelesen und nicht als Trennzeichen interpretiert.

LIST *"Filename"*
- Listet das Programm im Arbeitsspeicher auf dem Bildschirm, oder speichert es unter dem gegebenen Namen auf Diskette.

```
LIST                          Erzeugt Bildschirmlisting.
LIST "TEST.LST"               Speichert das Programm auf Diskette
                              im ASCII-Format ab.
```

LOAD *"Filename"*
- Lädt ein Programm von der Diskette in den Arbeitsspeicher.

```
LOAD "Lager"                  Lädt das Programm Lager.GFA.
```

LOC *([#]Kanalnummer)*
- Ergibt den Wert des Dateizeigers der Datei auf dem angegebenen Kanal.

```
PRINT LOC(#1)                 Gibt die Position des Dateizeigers aus.
```

LOF *([#]Kanalnummer)*
- Ergibt die Länge der Datei, die auf dem angegebenen Kanal geöffnet ist.

```
PRINT LOF(#2)                 Gibt die Länge der Datei auf Kanal 2
                              aus.
```

LSET *Stringvariable=String-Ausdruck*
- String linksbündig in die Stringvariable setzen und mit Leerstellen auffüllen. Wird meistens verwendet, um Daten in den Dateipuffer zu setzen.

MKDIR *"Unterverzeichnisname"*
- Neues Unterverzeichnis erzeugen.

MKI$*(numerischer Ausdruck)*
MKL$*(numerischer Ausdruck)*
MKS$*(numerischer Ausdruck)*
MKF$*(numerischer Ausdruck)*
MKD$*(numerischer Ausdruck)*
- Numerische Werte in Strings umwandeln, um sie in den Dateipuffer schreiben zu können.

```
LSET p1$ = MKL$(num%)         Wert der Variablen num umwandeln
                              und in den Dateipuffer setzen.
```

NAME *"Alter Filename"* **AS** *"Neuer Filename"*
- Umbenennen einer Diskettendatei.

OPEN *"Modus",[#]Kanalnummer,"Filename"[,Länge]*
- Datei oder Ein-Ausgabeeinheit öffnen.

OUT */#Kanalnummer/Ausgabeeinheit/*
- Gibt ein Byte auf eine Datei oder eine Ausgabeeinheit aus.
   OUT #1,65   Ein Byte auf eine Datei ausgeben.
   OUT 0,15   Dem Drucker (= 0) den Befehl zum
                                         Seitenvorschub geben. (15 = Formular-
                                         Feed).

PRINT *#Kanalnummer[,Liste von Ausdrücken[,][;][']]*
- Datensätze in eine Datei schreiben.

PRINT *#Kanalnummer,*USING *Formatstring,Liste von Ausdrücken[;]*
- Datensätze formatiert in eine Datei schreiben.

PSAVE *"Filename"*
- Ein mit PSAVE gespeichertes Programm wird nach dem Laden sofort
ausgeführt und kann nicht gelistet werden.

PUT [#]*Kanalnummer[,Datensatznummer]*
- Inhalt des Dateipuffers in eine Direktzugriffsdatei schreiben.

RECALL *#Kanalnummer,Stringarray,max Anzahl Zeilen,Integervariable*
- Liest mehrere Zeilen aus einer Textdatei. Es kann eine maximale Anzahl vorgegeben werden. In dem letzten Parameter (Integervariable) stehen
nach dem Aufruf die tatsächlich gelesene Anzahl.

RECORD *#Kanalnummer,Datensatznummer*
- Entspricht GET #.

RELSEEK [#]*Kanalnummer,Anzahl*
- Verschiebt den Dateizeiger von der aktuellen Position aus um die an-
gegebene Anzahl Bytes.
   RELSEEK #1,8   Verschiebt den Dateizeiger erst zum
   RELSEEK #1,-8   Ende der Datei hin, dann wieder zu-
                                         rück.

RENAME *Alter Name* AS *Neuer Name*
- Umbenennen einer Datei.

RMDIR *"Verzeichnisname"*
- Unterverzeichnis löschen.

RSET *Stringvariable,String-Ausdruck*
- String rechtsbündig in einen anderen String setzen. Wird hauptsächlich
für das Übertragen von Werten in den Puffer einer Direktzugriffsdatei
benötigt.

SAVE *"Filename"*
- Speichert das im Hauptspeicher befindliche Programm auf Diskette ab.

    SAVE "TEST"   Der Typ ".GFA" wird automatisch er-
                                          gänzt, das File heißt also "TEST.BAS".

SEEK [#]*Kanalnummer,Bytenummer*
- Setzt den Dateizeiger auf ein bestimmtes Byte innerhalb der Datei.

    SEEK #1,1000   Setzt den Dateizeiger auf das 1000.
                                            Byte.

STORE #*Kanalnummer,Stringarray[,Anzahl Zeilen]*
- Speichert die Zeichenketten aus dem Array in eine Datei. Es kann die Anzahl der Zeilen angegeben werden.

TOUCH [#]*Kanalnummer*
- Aktualisiert das Datum und die Zeitangabe einer Datei.

WRITE #*Kanalnummer[,Liste von Ausdrücken][;]*
- Datenfelder in eine Datei schreiben, jedoch mit Kommata als Trennzeichen.

    WRITE #1,z%,d%   Entspricht PRINT #1,z%;",";d%.

2.4.3 Operatoren für Rechnen, Vergleich und Logik

Eine Folge von Operatoren (wie ist zu verarbeiten?) und Operanden (was wird verarbeitet?) bilden einen Ausdruck. Es gibt Stringausdrücke mit Zeichenketten als Operanden und Rechenausdrücke mit Zahlen als Operanden.

String- bzw. Zeichenkettenausdruck:

- Folge von Stringkonstanten, Stringvariablen, Stringfunktionen und Verkettungsoperator "+".
- Ergebnis eines Stringausdrucks hat wieder den Datentyp String.
- Stringkonstante als Zeichenkette mit maximal 32767 Zeichen, die zwischen " " zu schreiben sind (z.B. "Juli").

Rechenausdruck:

- Folge von numerischen Konstanten, Variablen, Funktionen und Rechenoperatoren.
- Ergebnis eines Rechenausdrucks ist immer vom Typ Integer oder Real.

Rechenoperatoren bzw. arithmetische Operatoren:

Die Rechenoperatoren sind hier nach Priorität geordnet wiedergegeben.
Das bedeutet, daß die zuerst aufgeführten Operatoren auch zuerst ausgeführt werden, wenn keine Klammern etwas anderes vorschreiben.

Potenzierung	^	2^3 ergibt 8
Negation	-	-4
Multiplikation	*	11*4 ergibt 44
Division	/	1/2 ergibt 0.5
Ganzzahldivision	DIV, \	11 DIV 4 ergibt 2
Modulo	MOD	11 MOD 4 ergibt 3
Addition	+	11+4 ergibt 15
Subtraktion	-	11-4 ergibt 7

Rechenoperatoren in nach unten abnehmender Rangfolge.

Vergleichsoperatoren bzw. relationale Operatoren:

- Verglichen werden entweder zwei Strings oder zwei numerische Werte.
- Eine Vergleichsoperation liefert ein Bool'sches Ergebnis (TRUE oder
  FALSE als Wahrheitswert).
- Alle Vergleichsoperatoren haben die gleiche Rangfolge.

Gleichheit	=	"on"="on" ergibt -1 (TRUE).
Ungleichheit	<>	66<>66 ergibt 0 (FALSE)
Kleiner als	<	"er"<"sie" ergibt -1
Größer als	>	"BA">"AB" ergibt -1
Kleiner oder gleich	<=	6<=5 ergibt 0
Größer oder gleich	>=	2>=2 ergibt -1

Vergleichsoperatoren auf gleicher Rangstufe.

Logische Operatoren:

Die Operatoren NOT, AND, OR, XOR, EQV und IMP verknüpfen zwei Operanden, näheres darüber finden Sie in Abschnitt 3.1.2.5.

Verneinung	NOT.
Konjunktion	AND
Disjunktion	OR
Exklusives Oder	XOR
Äquivalenz	EQV
Implikation	IMP

Logische Operatoren in nach unten abnehmender Rangfolge.

Rangfolge bei Ausführung zusammengesetzter numerischer Ausdrücke:

- Ein Ausdruck kann Funktionsaufrufe, Rechen-, Vergleichs- und logische Operatoren aufweisen.
- Ein zusammengesetzter Ausdruck wird in der Rangfolge "Funktionsaufruf (zuerst) bis IMP (zuletzt)" ausgeführt.

1. Funktionsaufruf zuerst berechnen.
2. Rechenoperationen in der Reihenfolge Potenzierung bis Addition/Subtraktion ausführen.
3. Vergleichsoperationen in der Reihenfolge gleich bis größer gleich ausführen.
4. Logische Operationen in der Reihenfolge NOT bis IMP ausführen.

Rangfolge bei Ausführung von Operationen

3 Programmierkurs mit GFA-Basic

Wie in Abschnitt 1.3.3 dargestellt, lassen sich aus den vier *grundlegenden* Programmstrukturen Folge, Auswahl, Wiederholung und Unterprogramm alle nur denkbaren Programmabläufe konstruieren.

Folgestrukturen	(linear, geradeaus)
Auswahlstrukturen	(vorwärts verzweigend)
Wiederholungsstrukturen	(rückwärts verzweigend, Schleife)
Unterprogrammstrukturen	(unterteilend)

Vier grundlegende Programmstrukturen

In Abschnitt 3.1 wird zu jeder Programmstruktur mindestens ein in sich abgeschlossenes Demonstrationsbeispiel angegeben und erklärt.

3.1.1 Lineare Programme (Folgestrukturen)

3.1.1.1 Codierung und Ausführungen zu einem Programm

Jedes Programm hat einen Namen. Das Programm mit dem Namen VERBRAU ermittelt den durchschnittlichen Benzinverbrauch für einen PKW mit einem Tankinhalt von 60 Litern. Wir haben es schon in Abschnitt 2.2.4 kennengelernt und wollen es nun näher untersuchen.

Codierung zu VERBRAU:

```
LET  t=60
PRINT "Eingabe: Gefahrene km"
INPUT k
LET  d=100*t/k
PRINT "Ausgabe: Liter/100 km"
PRINT d
END
```

Zwei Ausführungen zu VERBRAU (Um die Eingaben des Benutzers hervorzuheben, werden sie in allen Ausführungsbeispielen unterstrichen):

```
Eingabe: Gefahrene km
? 600
Ausgabe: Liter/100 km
10
```

```
Eingabe: Gefahrene km
? 542
Ausgabe: Liter/100 km
11.07011070111
```

Klickt man den Befehl RUN in der Menü-Leiste an, schaltet GFA-Basic in den Ausgabe-Modus um, und das Programm wird ausgeführt: Der Bildschirm wird gelöscht; dann erscheint die erste Ausgabe des Programms "Eingabe: Gefahrene km". Der Benutzer gibt die Zahl 600 ein, der Computer berechnet 10 Liter als Durchschnittsverbrauch, um dann den Text "Ausgabe: Liter/100 km" und die Zahl 10 auszugeben. Bei einer zweiten Ausführung entwickelt sich ein ähnlicher Mensch-Computer-Dialog, nur wird dabei von 542 km ausgegangen.
Ist das Programmende erreicht, so meldet dies GFA-Basic mittels eines Warnfeldes in der Mitte des Bildschirms. Durch Anklicken des Return-Feldes (oder durch Betätigen der Return-Taste) kommt man zum Editor zurück und kann das Programm weiterbearbeiten oder erneut starten. Stände am Programmende statt "END" "EDIT", käme man ohne vorherige Abfrage wieder in den Editor.

Das in der Programmiersprache BASIC codierte Programm VERBRAU umfaßt sieben Zeilen sowie vier Anweisungsarten LET, PRINT, INPUT und END. Das Programm wird Zeile für Zeile linear ausgeführt:

- Weise die Zahl 60 der Variablen t (wie Tankfüllung) zu.
- Gib am Bildschirm den zwischen " " stehenden Text aus.
- Warte auf eine Tastatureingabe und weise diese Eingabe dann der Variablen k (für Kilometer) zu.
- Rechne 10 mal t durch k aus und weise das Ergebnis dann der Variablen d (für Durchschnittsverbrauch) zu.
- Gib am Bildschirm den zwischen " " stehenden Text aus.
- Gib am Bildschirm den Wert der Variablen d aus.
- Beende die Ausführung des Programms VERBRAU.

Jede Programmzeile besteht aus einem Anweisungswort (z.B. INPUT) und Anweisungsargument (z.B. k). Die BASIC-*Codierung* (auch BASIC-Listing genannt) besteht aus einer Folge von computerverständlich in BASIC formulierten Anweisungen. Das *einmal* codierte Programm kann *mehrmals* ausgeführt werden, wobei sich die Ausführungen je nach Eingabewerten unterscheiden können, die Codierung aber unverändert zugrundeliegt.

Dies wird ermöglicht durch die Verwendung von Variablen (vgl. Abschnitt 1.3.4.2), hier durch die numerischen Variablen k und d. Während k und d ihren Inhalt (Wert) ändern, bleibt dieser bei t mit 60 Litern konstant. Daten können als *Variablen* oder *Konstanten* im Programm vorgesehen sein; hier sind beides numerische Daten bzw. Zahlen.

Konstanten (=feste Daten):

`LET t=60`	Die Konstante 60 der Variablen t zuweisen und unverändert belassen.
`PRINT "Ausgabe: Liter/100 km"`	Einen gleichbleibenden Text ausgeben.

Variablen (=veränderliche Daten):

`INPUT k`	Eine beliebige über Tastatur eingegebene Zahl der Variablen k zuweisen.
`LET d=100*t/k`	Eine Berechnung durchführen und das Ergebnis der Variablen d zuweisen.
`PRINT d`	Den derzeitigen Wert der Variablen d am Bildschirm ausgeben.

Konstanten und Variablen im Programm VERBRAU

Betrachten wir die vier im Programm VERBRAU verwendeten Anweisungen:

Die LET-Anweisung berechnet den rechts vom Zuweisungszeichen "=" angegebenen Ausdruck und weist dann das Ergebnis der links von "=" stehenden Variablen zu. Bei LET (für (zu)lassen) darf links vom Zuweisungszeichen immer nur *ein* Name stehen. "LET t=60" bedeutet "Weise die Zahl 60 der Variablen t zu".

Die PRINT-Anweisung dient einerseits der Ausgabe von Text, der zwischen Anführungszeichen steht (in der zweiten und fünften Zeile), und andererseits der Ausgabe des Inhalts von Variablen (in der sechsten Zeile).

Die INPUT-Anweisung dient der Tastatureingabe von Werten und deren Zuweisung in eine Variable wie etwa in die Variable k in der dritten Zeile.

Die END-Anweisung beendet die Ausführung.

3.1.1.2 Anweisungsfolge Eingabe-Verarbeitung-Ausgabe

Jedes Programm läuft in der Folge Eingabe-Verarbeitung-Ausgabe ab, auch als EVA-Prinzip bezeichnet (vgl. Abschnitt 1.2.2.1). Im folgenden Programm namens PREIS1 zeigt sich der 3er-Schritt in der zweiten bis vierten Zeile.

Codierung zu PREIS1:

```
REM ====== Programm PREIS1
INPUT "Alter Preis";p
LET p=p-p*15/100
PRINT "Neuer Preis: ";p
END
```

Zwei Ausführungen zu PREIS1:

```
Alter Preis? 200
Neuer Preis: 170
```

```
Alter Preis? 4925.65
Neuer Preis: 4186.8025
```

Die REM-Anweisung (engl. remark für Bemerkung) ermöglicht das Einfügen von Bemerkungen, die zwar im Programm-Listing erscheinen, aber keinen Einfluß auf die Ausführung haben. So erscheint hier der Programmname PREIS1 bei den Ausführungen nicht, wohl aber bei der Codierung.
Die zweite Zeile hätte man auch umständlicher codieren können:

```
PRINT "Alter Preis";
INPUT p
```

Dabei bewirkt das Semikolon hinter dem PRINT-Befehl, daß die nächste Bildschirmausgabe direkt nach "Alter Preis" erscheint, und nicht am Anfang der darunterliegenden Zeile.
Da vor jedem INPUT ein PRINT stehen sollte - sonst weiß man ja nicht, was überhaupt einzugeben ist -, kann man mit der Anweisung

```
INPUT "Alter Preis";p
```

die Eingabeaufforderung mit der Eingabe zusammen in *einer* INPUT-Anweisung programmieren.

Die LET-Anweisung in der dritten Zeile zeigt den Unterschied zwischen dem Zuweisungszeichen "=" (weise von rechts nach links zu) und dem Gleichheitszeichen "=" in der Mathematik (links ist gleich rechts).

```
LET p = p - p*15/100
           |_____________1.   Wert des Rechenausdrucks ermitteln:
        |                     200*15/100 ergibt 30 (Annahme: 200 in p);
        |                     200-30 ergibt 170.
        |________________2.   Wertzuweisung:
                              Weise 170 p zu (alter Inhalt von p wird zerstört).
```

Wertzuweisung durch LET an einem Beispiel

Entsprechend bewirken die Anweisungen

```
LET z=z+1
```

eine Werterhöhung des derzeitigen Inhalts von z um 1 und

```
LET x1=x1/2
```

eine Halbierung von x1.

Die vierte Zeile zeigt, daß man mit der PRINT-Anweisung auch mehrere Texte und Variablen nebeneinander ohne Leerzeichen ausgeben lassen kann, wenn man sie durch ein Semikolon (";") voneinander trennt. (Anmerkung: im Computerjargon wird ein Leerzeichen auch "Blank" oder "Space" genannt). Auf die Anführungszeichen kommt es an: PRINT "p" würde den Buchstaben p am Bildschirm zeigen, PRINT p den Wert der Variablen p.

3.1.1.3 Übersichtliche Programmgliederung

Wie in Abschnitt 1.3.4.3 erläutert, gliedert man ein Programm unabhängig von der jeweiligen Programmiersprache übersichtlich in die drei Teile *Name*, *Vereinbarungsteil* und *Anweisungsteil*.
In BASIC ist diese explizite Dreiteilung nicht zwingend erforderlich. Insbesondere bei umfangreichen, langen Programmen sollte man die Dreiteilung aber unbedingt vorsehen: Sie läßt sich in BASIC durch REM-Anweisungen bewerkstelligen.

Das folgende Programm PREIS2 sieht eine Dreiteilung vor, wobei die
Teile durch Leerzeilen und REM getrennt werden (das Hochkomma '
kann anstelle von REM geschrieben werden). Im Vereinbarungsteil wird
s% als Integer-Konstante vereinbart (integer=ganzzahlig), indem hinter
dem Variablennamen als Typzeichen ein Prozentzeichen ("%") angefügt
wird, und p als Real-Variable (real=kommazahlig). Steht hinter dem
Variablennamen kein zusätzliches Zeichen oder das Typzeichen "#", geht
GFA-Basic davon aus, daß es sich um eine Real-Variable handelt.

Wie in Abschnitt 2.4.1.2 schon erwähnt, gibt es in GFA-Basic 3.0 drei
verschiedene Ganzzahl-Variablentypen, die sich voneinander durch ihren
Speicherplatzbedarf und den mit ihnen darstellbaren Zahlenbereich
unterscheiden. Die oben angesprochene Integer-Variable benötigt an
Speicher vier Bytes, mit ihr lassen sich Zahlen von -2147483648 bis
2147483647 darstellen. Daneben gibt es noch die durch das Typzeichen &
gekennzeichnete Word-Variable (Speicherbedarf 2 Bytes, Zahlenbereich
von -32768 bis 32767,) und die Byte-Variable (Typzeichen |, Speicher-
bedarf 1 Byte, Zahlenbereich von -128 bis 127). Da die Programme in
diesem Buch nicht zeit- oder speicherkritisch sind, wird für Ganzzahlen
grundsätzlich die normale vier-Byte Integer-Variable verwendet.

Leerzeilen:
Zwischen der ersten und zweiten sowie der fünften und sechsten Zeile
stehen Leerzeilen, um die Übersichtlichkeit des Programm-Listings zu
erhöhen. Diese werden durch Eingabe eines einzelnen Kommentarzeichens
erzeugt.

Codierung zu Programm PREIS2:

```
REM ====== Programm PREIS2
'
REM ====== Vereinbarungsteil
' s%: Preissenkung in Prozent als Konstante (Datentyp INTEGER (%))
LET s%=15
' p:  Preis als variable Größe (Datentyp KOMMAZAHL)
'
REM ====== Anweisungsteil
PRINT "Preissenkung um 15% ermitteln."
INPUT "Alter Preis";p
LET p=p-p*s%/100
PRINT "Neuer Preis: ";p
PRINT "Ende des Programms."
END
```

Ausführungen zu Programm PREIS2:

```
Preissenkung um 15% ermitteln.
Alter Preis? 200
Neuer Preis: 170
Ende des Programms.
```

```
Preissenkung um 15% ermitteln.
Alter Preis? 4925.65
Neuer Preis: 4186.8025
Ende des Programms.
```

Die Programme PREIS1 und PREIS2 lösen beide dasselbe Problem. Die Codierungen unterscheiden sich wesentlich, die Ausführungen hingegen kaum.

3.1.1.4 Arbeitsschritte zur Programmentwicklung

Je umfangreicher ein Programm, umso sinnvoller erscheint ein geplantes und schrittweises Vorgehen zur Programmentwicklung. In Abschnitt 1.3.7 nannten wir allgemein die Arbeitsschritte *Problemstellung, Programmentwurf, Programmierung, Dokumentation* und *Anwendung.* "Allgemein" heißt, daß diese Schrittfolge auch zur Entwicklung komplexer Programm-Pakete geeignet ist. Für die in diesem Buch angeführten kleinen Demonstrationsprogramme genügt eine vereinfachte Arbeitsschrittfolge:

1. Problemstellung
2. Problemanalyse
3. Darstellung des Algorithmus
4. Codierung in BASIC
5. Anwendung/Ausführung
6. Dokumentation

Am Beispiel des - wiederum linearen - Programmes KALKULAT werden wir einige der Arbeitsschritte darstellen.

Problemstellung zu Programm KALKULAT:
Es ist ein Dialogprogramm zu erstellen, das ausgehend vom Einstandspreis den Nettoverkaufspreis und den Zuschlagsatz kalkuliert.

Variablenliste als Teil der Problemanalyse zu Programm KALKULAT:
In einer *Variablenliste* lassen sich die im Programm verwendeten Variablen wie in der Abbildung dargestellt zusammenfassen.

Eingabedaten (von Tastatur):

einst	Einstandspreis in DM
p1	Gemeinkostenzuschlag in % (von Hundert)
p2	Gewinnzuschlag in % (von Hundert)
p3	Skontosatz in % (von Hundert)
p4	Rabattsatz in % (von Hundert)

Verarbeitung (Formeln):

gemein	Gemeinkosten in DM (gemein=einst*p1/100)
selbst	Selbstkosten in DM (selbst=einst+gemein)
spanne	Gewinnspanne in DM (SPANNE=selbst*p2/100)
bar	Barverkaufspreis in DM (bar=selbst+spanne)
sko	Skontobetrag in DM (sko=bar*p3/(100-p3))
ziel	Zielverkaufspreis in DM (ziel=bar+sko)
rab	Rabattbetrag in DM (rab=ziel*p4/(100-p4))
net	Nettoverkaufspreis in DM (net=ziel+rab)
kalk	Kalkulationszuschlag (kalk=(net-einst)*100/einst)

Ausgabedaten (Resultate):

net	Nettoverkaufspreis in DM
kalk	Kalkulationszuschlag in %

Variablenliste zum Programm KALKULAT

Der folgende *Schrittplan* zeigt eine grobe Darstellung des Lösungsablaufs
vom Programm KALKULAT:

Schritt 1: Vier Zuschlagssätze p1-p4 eintippen
Schritt 2: Einstandspreis einst eintippen
Schritt 3: net und kalk berechnen
Schritt 4: net und kalk als Resultat ausgeben

Codierung zu Programm KALKULAT:

```
REM ====== Programm KALKULAT
PRINT "Warenkalkulation durchführen:"
PRINT "Vom Einstandspreis zum Nettoverkaufspreis."
PRINT
'
REM ====== Vereinbarungsteil
' p1,p2,p3,p4: Zuschlagssätze in Prozent
' einst, gemein, selbst, gewinn, bar, sko, ziel,
' rab, net:    Einzelbeträge in DM
' kalk:         Kalkulationszuschlag in Prozent
'
REM ====== Anweisungsteil
' *** EINGABETEIL (TASTATUR) **************************************
INPUT "Gemeinkosten in % von Hundert  ";p1
INPUT "Gewinnzuschlag in % von Hundert";p2
INPUT "Skonto in % im Hundert         ";p3
INPUT "Rabatt in % im Hundert         ";p4
INPUT "Einstandspreis in DM           ";einst
' *** VERARBEITUNGSTEIL MIT WERTZUWEISUNGEN **********************
LET gemein=einst*p1/100
LET selbst=einst+gemein
LET spanne=selbst*p2/100
LET bar=selbst+spanne
LET sko=bar*p3/(100-p3)
LET ziel=bar+sko
LET rab=ziel*p4/(100-p4)
LET net=ziel+rab
LET kalk=(net-einst)*100/einst
' *** AUSGABETEIL (BILDSCHIRMAUSGABE) ***************************
PRINT
PRINT "Vorwärtskalkulation durchgeführt:"
PRINT "Nettoverkaufspreis in DM: ";net
PRINT "Kalkulationszuschlag in %: ";kalk
END
```

Anwendung bzw. Ausführung zu Programm KALKULAT:

```
Warenkalkulation durchführen:
Vom Einstandspreis zum Nettoverkaufspreis.

Gemeinkosten in % von Hundert  ? 23
Gewinnzuschlag in % von Hundert? 14
Skonto in % im Hundert         ? 2
Rabatt in % im Hundert         ? 25
Einstandspreis in DM           ? 100

Vorwärtskalkulation durchgeführt:
Nettoverkaufspreis in DM:  190.7755102041
Kalkulationszuschlag in %: 90.77551020408
```

Anmerkung: Da die Programmendemeldung die Ausgabe des Programms zum Teil verdeckt, muß man nach Beendigung der Programmausführung zum Editor zurückkehren und von dort aus den Ausgabebildschirm anzeigen lassen (z.B. durch FLIP). Später werden wir sehen, wie man dieses Problem vom Programm aus lösen kann.

Ihre Aufgabe: Erweitern Sie das Programm KALKULAT so, daß nicht nur das Ergebnis, sondern auch alle Zwischenschritte ausgegeben werden (PRINTs).

3.1.2 Programme mit Verzweigungen (Auswahlstrukturen)

Programmabläufe, die nach vorwärts verzweigen, werden als Auswahl-strukturen bezeichnet. Je nach der Anzahl der ausgewählten Fälle spricht man von der Zweiseitigen, Einseitigen oder Mehrseitigen Auswahl (-struktur). Diese in Abschnitt 1.3.3.2 allgemein beschriebenen Abläufe wollen wir jetzt in BASIC beispielhaft an kleinen Programmen darstellen.

3.1.2.1 Zweiseitige Auswahl

Dem Programm namens SKONTOZ liegt folgende Problemstellung zu-grunde:
"Erwarte den Rechnungsbetrag r und die Tage t als Tastatureingabe und ermittle den Skontobetrag s. Dabei gelten folgende Zahlungsbedingungen: Bei Zahlung nach acht Tagen (t>8) 1.5%, sonst (t<=8) jedoch 4% Skonto".

Zum Programm SKONTOZ sind die Codierung, der Programmablaufplan (PAP), das Struktogramm und die zwei Ausführungen wiedergegeben. Diese vier Darstellungsformen desselben Programms veranschaulichen die Zweiseitige Auswahl als Programmstruktur:

- einerseits 1.5% (Bedingung t>8 erfüllt, JA-Zweig mit THEN);
- andererseits 4% (Bedingung t>8 nicht erfüllt, NEIN-Zweig mit ELSE).

Codierung zu SKONTOZ:

```
REM ====== Programm SKONTOZ
PRINT "Skonto als Zweiseitige Auswahl."
INPUT "Rechnungsbetrag in DM";r
INPUT "Tage nach Erhalt      ";t
IF t>8 THEN
  LET p=1.5
ELSE
  LET p=4
ENDIF
LET s=r*p/100
LET r=r-s
PRINT s;" DM Skonto und ";r;" DM Zahlung."
PRINT "Ende."
END
```

Zwei Ausführungen zu SKONTOZ:

```
Skonto als Zweiseitige Auswahl.
Rechnungsbetrag in DM? 200
Tage nach Erhalt      ? 3
8 DM Skonto und 192 DM Zahlung.
Ende.
```

```
Skonto als Zweiseitige Auswahl.
Rechnungsbetrag in DM? 200
Tage nach Erhalt      ? 14
3 DM Skonto und 197 DM Zahlung.
Ende.
```

PAP zu SKONTOZ:

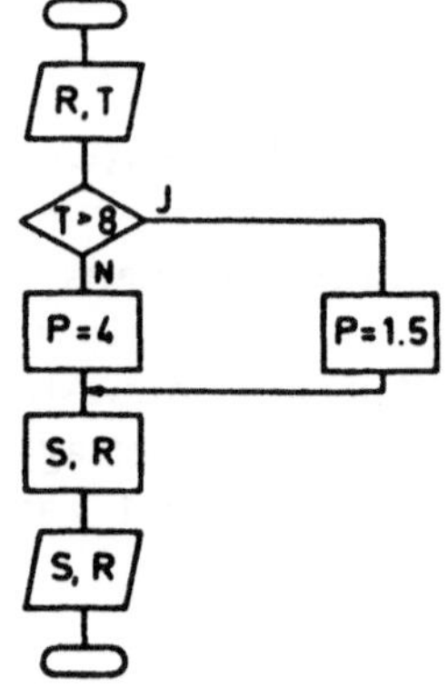

Struktogramm zu Programm SKONTOZ:

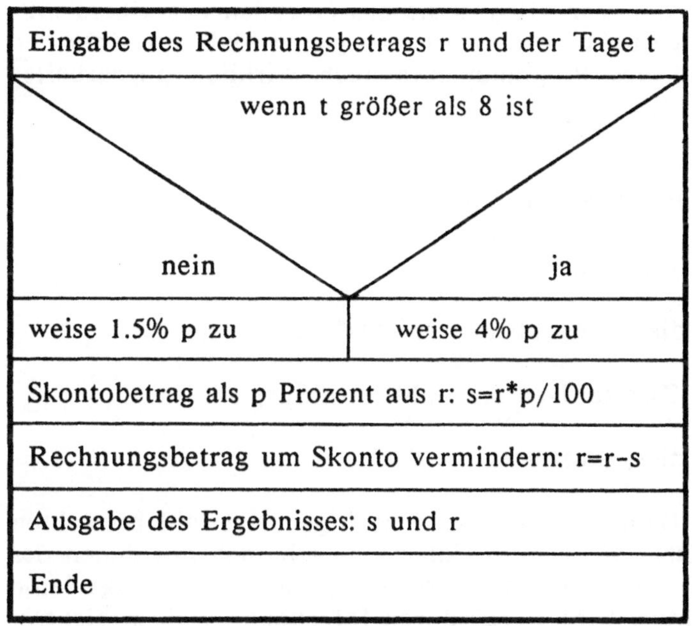

Zur *bedingten Verzweigung* wird dabei die Anweisung IF..THEN..ELSE.. ENDIF verwendet.

```
IF t > 8 THEN        Verzweigungsbedingung t>8
       ...           JA-Zweig mit THEN, wenn t>8 wahr.
       ELSE
       ...       ·   NEIN-Zweig mit ELSE, wenn t>8 unwahr.
ENDIF
```

Anweisung IF..THEN..ELSE..ENDIF für die Zweiseitige Auswahl

Wenn (IF) t größer als 8 ist (t>8), dann (THEN) weise p den Wert 1.5 zu; wenn nicht (ELSE), also wenn t kleiner oder gleich 8 ist (t<=8), dann weise p den Wert 4 zu.
Nach dieser Auswahl wird gemeinsam mit dem Befehl nach dem ENDIF fortgefahren.

In unserem Beispiel wurde im Falle t>8 bzw. t<=8 jeweils nur ein Befehl ausgeführt. Ebensogut könnten an diesen Stellen im Programm, d.h.

zwischen THEN und ELSE bzw. ELSE und ENDIF auch mehrere Befehle stehen (und natürlich auch andere als LET).
Diese Befehlsblöcke werden von GFA-Basic aus Gründen der Übersichtlichkeit automatisch eingerückt. So erkennt man gleich, daß nur einer der beiden Blöcke während des Programmlaufs auch wirklich abgearbeitet wird.

3.1.2.2 Einseitige Auswahl als Sonderfall

Die Einseitige Auswahl(-struktur)

   "Wenn ..., dann tue dies, sonst aber tue nichts"

kann als Sonderfall der Zweiseitigen Auswahl(-struktur)

   "Wenn ..., dann tue dies, sonst aber tue das"

aufgefaßt werden. Zur Demonstration der Einseitigen Auswahl betrachten wir das Programm SKONTOE: Die Ausführungen stimmen mit denen des Programms SKONTOZ überein, die Codierung hingegen zeigt eine Einseitige Auswahlstruktur. Dies wurde durch folgenden Trick erreicht: p wird auf 4% gesetzt und nur im Falle von t>8 um 2.5 auf 1.5% vermindert (LET p=p-2.5).

Codierung zu Programm SKONTOE:

```
REM ====== Programm SKONTOE
PRINT "Skonto als Einseitige Auswahl."
INPUT "Rechnungsbetrag in DM";r
INPUT "Tage nach Erhalt      ";t
LET p=4
IF t>8 THEN
   LET p=p-2.5
ENDIF
LET s=r*p/100
LET r=r-s
PRINT s;" DM Skonto und ";r;" DM Zahlung."
PRINT "Ende."
END
```

Ausführungen zu Programm SKONTOE: **PAP zu SKONTOE:**

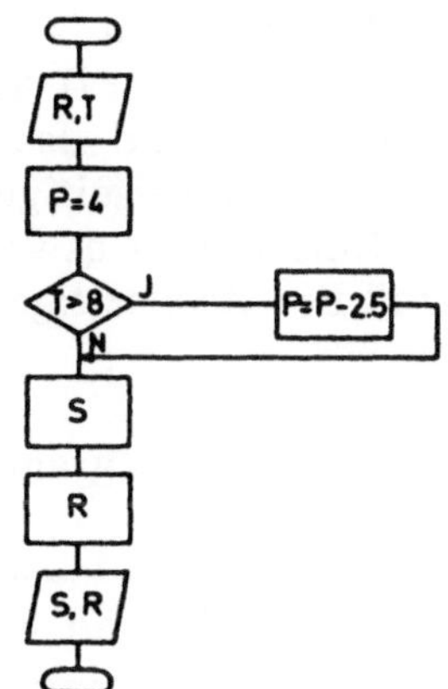

```
Skonto als Einseitige Auswahl.
Rechnungsbetrag in DM? 200
Tage nach Erhalt      ? 3
8 DM Skonto und 192 DM Zahlung.
Ende.
```

```
Skonto als Einseitige Auswahl.
Rechnungsbetrag in DM? 200
Tage nach Erhalt      ? 14
3 DM Skonto und 197 DM Zahlung.
Ende.
```

Struktogramm zu Programm SKONTOE:

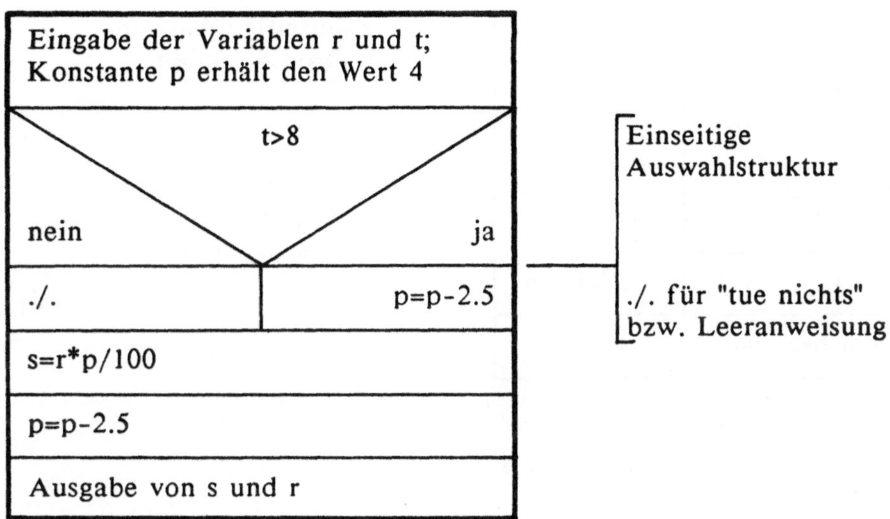

Anmerkung: In GFA-Basic ist bei einer IF-Anweisung das "THEN" nicht unbedingt erforderlich.

3.1.2.3 Mehrseitige Auswahl als Sonderfall

Bei der Mehrseitigen Auswahl werden mehrere Fälle unterschieden: in dem Programm DREIFALL sind es die drei Fälle 'gleich', 'vor' und 'nach'. Der PAP und das Struktogramm zeigen die geschachtelte Anordnung von zwei Zweiseitigen Auswahlstrukturen.
Wie die Einseitige Auswahl kann also auch die Mehrseitige Auswahl als Sonderfall der Zweiseitigen Auswahl aufgefaßt werden.

Struktogramm zu Programm DREIFALL:

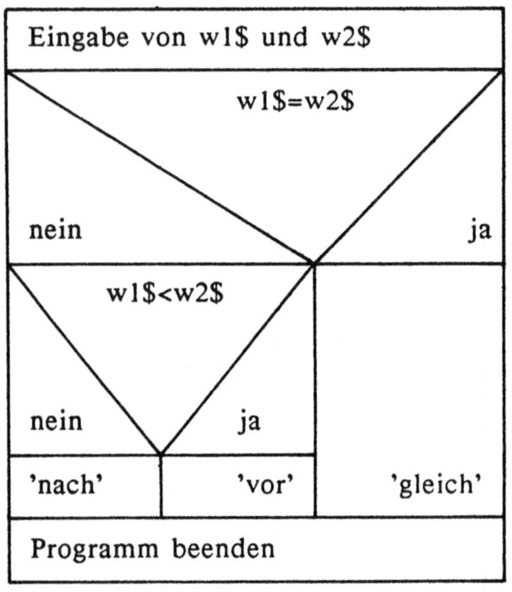

Mehrseitige Auswahl
als Schachtelung

Zweiseitige Auswahl
w1$=w2$ "außen"

Zweiseitige Auswahl
w1$=w2$ "innen"
eingeschachtelt

Codierung zu Programm DREIFALL (IF-Anweisungen geschachtelt):

```
REM ====== Programm DREIFALL
PRINT "Textvergleich: zwei Worte und drei Fälle."
INPUT "Zwei Worte";w1$,w2$
IF w1$=w2$ THEN
  PRINT w1$;" ist gleich ";w2$
ELSE
  IF w1$<w2$ THEN
    PRINT w1$;" kommt vor ";w2$
  ELSE
    PRINT w1$;" kommt nach ";w2$
  ENDIF
ENDIF
PRINT "Ende."
END
```

Drei Ausführungen zu DREIFALL: **PAP zu DREIFALL:**

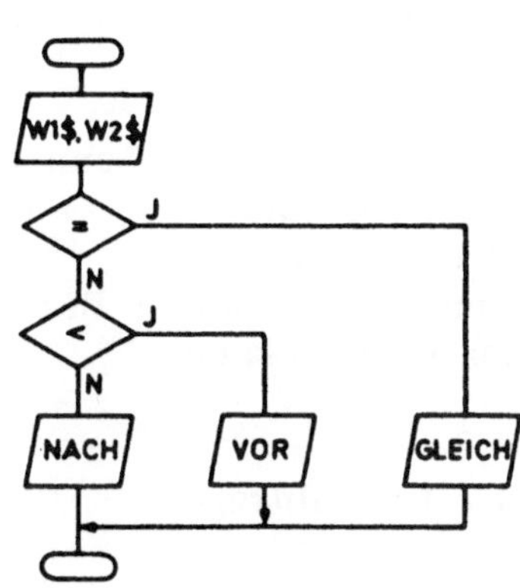


```
Textvergleich: zwei Worte und drei Fälle.
Zwei Worte? PREIS,DM-BETRAG
PREIS kommt nach DM-BETRAG
Ende.
```

```
Textvergleich: zwei Worte und drei Fälle.
Zwei Worte? 12%,HUNDERT
12% kommt vor HUNDERT
Ende.
```

```
Textvergleich: zwei Worte und drei Fälle.
Zwei Worte? ATARI,ATARI
ATARI ist gleich ATARI
Ende.
```

In den IF-Anweisungen dieses Programms findet kein numerischer Vergleich statt, sondern ein *Textvergleich*: Die Verzweigungsbedingung w1$=w2$ (ist der Wert von Variable w1$ gleich dem von Variable w2$) vergleicht die derzeitigen Werte zweier Textvariablen. Textvariablen enden mit einem Dollarzeichen $ (z.B. a$, b$, atari$).
Wie kann der Computer feststellen, ob mit dem Textvergleich w1$<w2$ nun der Text "PREIS" kleiner ist (im Sinne von alphabetisch weiter vorne stehend) als der Text "DM-BETRAG" ?

Wie Ziffern werden auch Buchstaben und Sonderzeichen intern im ASCII
dargestellt (Abschnitt 1.2.3.1). Sie erhalten so je eine Codenummer als
Ordnungsnummer. Mit den ASCII-Codenummern 80 für P und 68 für D
wird w1$<w2$ bzw. "PREIS"<"DM-BETRAG" bzw. 80<68 vom Computer
als "unwahr" erkannt; der Textvergleich führt somit nicht zur Programm-
verzweigung.

```
Numerischer Vergleich:              Textvergleich:


IF t>8 THEN..                       IF e$="j" THEN..
IF 22.5<>r5 THEN..                  IF "M">buch$ THEN..
IF x%=y% THEN..                     IF a1$<b$ THEN..
```

Vergleich von Zahlen   Vergleich von Texten,
bzw. Ziffern   Zeichen bzw. Strings.

IF-Anweisung mit numerischem Vergleich und Textvergleich

Beim Textvergleich kann wie beim numerischen Vergleich mit den Ver-
gleichs-Operatoren =, <> (ungleich), <, >, >= (größer oder gleich) und <=
gearbeitet werden.
Anmerkung: Andere Bezeichnungen für Text sind String, Zeichenkette
oder Zeichendaten.

3.1.2.4 Fallabfrage

Oft ist es erforderlich, eine Variable mit vielen verschiedenen Werten zu
vergleichen, wobei die eventuell bei jedem Vergleich auszuführenden
Aktionen von Wert zu Wert anders aussehen können. Dieses Problem
könnte man lösen, indem man viele IF-Anweisungen ineinander
verschachtelt und in jeden ELSE-Teil wieder eine neue IF-Struktur
einbaut. Ein solche Vorgehensweise würde aber schnell die
Übersichtlichkeit des Programms zerstören. Zwar wäre es möglich, die in
diesem Fall eher störende Einrückung jedes weiteren IF-Befehls durch
Verwendung der ELSEIF-Anweisung zu unterbinden (dieser Befehl ist
absolut äquivalent zu einem ELSE mit nachfolgenden IF, nur verhindert
er wie gesagt die Einrückung; Außerdem braucht man nur ein ENDIF,
um die Kette abzuschließen), aber GFA-Basic 3.0 stellt eine elegantere
Alternative zur Verfügung: Die SELECT-CASE-Befehlsfolge.

Im Programm MWST wird je nach Inhalt von wahl% eine von drei Wertzuweisungen für mwst angesprungen. Ist wahl% gleich 1, so wird die Anweisung nach "CASE 1" ausgeführt, also "LET mwst=1". Für wahl% gleich 2 oder 3 entsprechend die Anweisung nach "CASE 2" bzw. "CASE 3". Wenn keiner dieser CASE-Anweisungen zutrifft (also wenn wahl% kleiner als 1 oder größer als 3 ist), wird zu den Anweisungen nach "DEFAULT" gesprungen, mwst auf Null gesetzt und eine Fehlermeldung ausgegeben. Am Ende des Programms wird dann noch - falls keine falsche Eingabe auftrat (das ist dann der Fall, wenn mwst ungleich Null ist) - brutto berechnet und ausgedruckt.

Struktogramm zu Programm MWST:

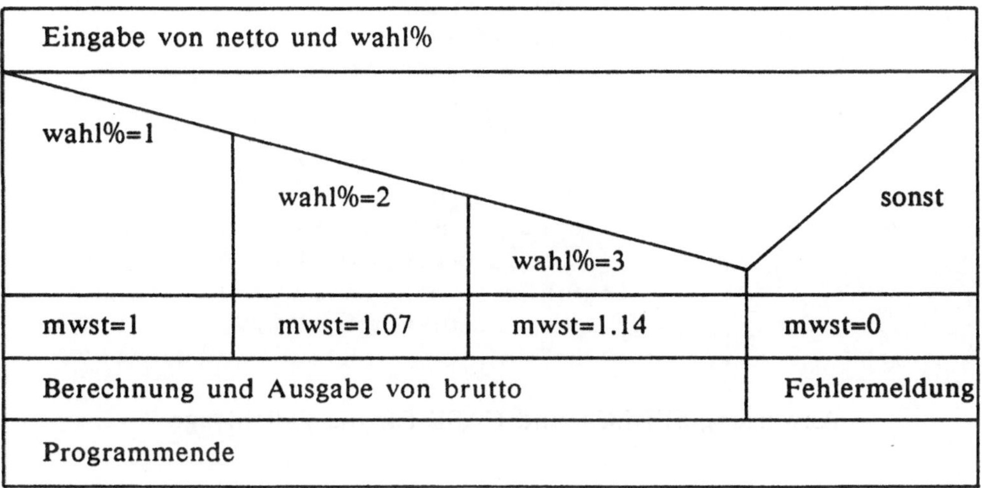

Allgemeiner Aufbau der SELECT-CASE-Befehlsfolge:

`SELECT Ausdruck`	Die SELECT-Anweisung legt Ausdruck als Verzweigungsbedingung fest. Auf diesen Ausdruck nehmen die folgenden CASE-Anweisungen Bezug.
`CASE Konstante` `  Befehlsblock1`	Hat Ausdruck den Wert Konstante, wird der Befehlsblock1 ausgeführt und danach zur Anweisung hinter "ENDSELECT" gesprungen.
`CASE k1,k2,...` `  Befehlsblock2`	Hat Ausdruck den Wert einer der aufgelisteten Konstanten, wird Befehlsblock2 ausgeführt und dann hinter "ENDSELECT" gesprungen.
`CASE Start TO Ende` `  Befehlsblock3`	Liegt Ausdruck zwischen Start und Ende einschließlich, wird Befehlsblock3 ausgeführt und dann hinter "ENDSELECT" gesprungen.
`...`	Jetzt können weitere CASE-Anweisungen der oben beschriebenen Typen folgen.
`DEFAULT` `  Befehlsblock4`	Trafen die in den CASE-Anweisungen angegebenen Werte alle nicht für Ausdruck zu, wird Befehlsblock4 ausgeführt. Die DEFAULT-Anweisung ist optional, also nicht unbedingt erforderlich.
`ENDSELECT`	ENDSELECT schließt die Fallabfrage ab.

Anweisung SELECT und CASE für die Fallabfrage

Hinter CASE können nicht nur konstante Zahlenwerte angegeben werden, sondern auch einzelne Ganzzahl-Variablen und Texte bis zu einer Länge von vier Zeichen.

Im Rahmen dieser Befehlsstruktur findet noch eine weitere Anweisung Verwendung: CONT. CONT muß immer vor einem CASE- oder DEFAULT-Befehl stehen und hat bei seiner Ausführung die Wirkung, daß der Befehlsblock der nächsten CASE-Anweisung ausgeführt wird, ohne daß die angegebene Bedingung zutreffen muß. Danach wird kein weiteres CASE mehr geprüft, sondern direkt zum Befehl nach dem ENDSELECT gesprungen.

Codierung zu Programm MWST:

```
REM ====== Programm MWST
PRINT "Bruttobetrag incl. Mehrwertsteuer."
'
REM ====== Vereinbarungsteil
' netto,mwst,brutto: DM-Beträge
' wahl%:              Hilfsvariable für Auswahl
'
REM ====== Anweisungsteil
INPUT "Welcher Nettobetrag";netto
PRINT "Ohne MWST        1"
PRINT "Halbe MWST       2"
PRINT "Volle MWST       3"
INPUT "Wahl 1,2 oder 3";wahl%
SELECT wahl%
CASE 1
  LET mwst=1
CASE 2
  LET mwst=1.07
CASE 3
  LET mwst=1.14
DEFAULT
  LET mwst=0
  PRINT "Fehler! Eingabe nur von 1 bis 3!"
ENDSELECT
IF mwst<>0 THEN
  LET brutto=netto*mwst
  PRINT "Bruttobetrag: ";brutto;" DM"
ENDIF
END
```

Zwei Ausführungen zu Programm MWST:

```
Bruttobetrag incl. Mehrwertsteuer.
Welcher Nettobetrag? 1500
Ohne MWST        1
Halbe MWST       2
Volle MWST       3
Wahl 1,2 oder 3? 2
Bruttobetrag: 1605 DM
```

```
Bruttobetrag incl. Mehrwertsteuer.
Welcher Nettobetrag? 1500
Ohne MWST        1
Halbe MWST       2
Volle MWST       3
Wahl 1,2 oder 3? 0
Fehler! Eingabe nur von 1 bis 3!
```

3.1.2.5 Boolesche Variablen und logische Operatoren

Bis jetzt bestanden die Verzweigungsbedingungen in den IF-Anweisungen
aus einfachen Vergleichen. Oft ist es jedoch erforderlich, daß die
Ergebnisse *mehrerer* solcher Vergleiche bei der Verzweigung berücksichtigt werden. Betrachten wir hierzu das Programm LOGIK1.

Codierung zu Programm LOGIK1

```
REM ====== Programm LOGIK1
INPUT "Drei Zahlen";a,b,c
IF a>b AND a>c THEN
  PRINT "Die 1. Zahl ist größer als die beiden anderen."
ENDIF
IF a>b XOR a>c THEN
  PRINT "Die 1.Zahl ist größer als genau eine der beiden anderen."
ENDIF
IF a=b OR b=c OR a=c THEN
  PRINT "Mindestens zwei Zahlen sind gleich."
ENDIF
IF NOT b=c THEN
  PRINT "Die letzten beiden Zahlen sind ungleich."
ENDIF
END
```

Zwei Ausführungen zu LOGIK1:

```
Drei Zahlen? 3,2,2
Die 1.Zahl ist größer als die beiden anderen.
Mindestens zwei Zahlen sind gleich.
```

```
Drei Zahlen? 4,1,5
Die 1.Zahl ist größer als genau eine der beiden anderen.
Die letzten beiden Zahlen sind ungleich.
```

In diesem Beispiel werden Gleichungen bzw. Ungleichungen, die je nach
Inhalt der Variablen den Wert "wahr" (=TRUE) oder "falsch" (=FALSE)
liefern, durch logische Operatoren miteinander verknüpft. Die Wirkungsweise dieser Operatoren läßt sich gut in sogenannten Wahrheitstafeln
darstellen:

a	b	a AND b
w	w	w
w	f	f
f	w	f
f	f	f

AND liefert nur dann wahr, wenn beide Operanden wahr sind.
Im obigen Beispiel heißt das: Die erste PRINT-Anweisung wird nur ausgeführt, wenn sowohl a größer als b *und* a größer als c ist (wenn also der Gesamtausdruck wahr ist).

a	b	a OR b
w	w	w
w	f	w
f	w	w
f	f	f

OR liefert wahr, wenn mindestens ein Operand wahr ist.

a	NOT a
w	f
f	w

NOT kehrt den Wahrheitswert seines Operanden um. (So könnte man für "a<>b" auch "NOT a=b" schreiben.)

a	b	a XOR b
w	w	f
w	f	w
f	w	w
f	f	f

XOR (exklusives Oder) liefert wahr, wenn genau einer seiner Operanden wahr ist.

a	b	a IMP b
w	w	w
w	f	f
f	w	w
f	f	w

IMP (Implikation=Folgerung) liefert nur dann falsch, wenn der 1. Operand wahr und der 2. falsch ist.

a	b	a EQV b
w	w	w
w	f	f
f	w	f
f	f	w

EQV (Äquivalenz) liefert genau dann wahr, wenn der Wahrheitswert seiner beiden Operanden übereinstimmt. "a EQV b" läßt sich auch schreiben als:
- (a IMP b) AND (b IMP a)
- NOT (a XOR b)

Logisch Operatoren in GFA-Basic

Computerintern wird "wahr" als -1 und "falsch" als 0 gespeichert. So ist es möglich, einer Variablen ein Wahrheitswert zuzuweisen. Solche Variablen nennt man zu Ehren von George Boole, der um 1850 die Logik erforscht hat, Bool'sche Variablen. Sie können nur den Wert TRUE (= -1) oder FALSE (=0) annehmen und werden mit nachgestelltem Ausrufezeichen gekennzeichnet. Mit dieser Erkenntnis kann LOGIK1 zu LOGIK2 umgeschrieben werden:

Codierung zu Programm LOGIK2

```
REM ====== Programm LOGIK2
INPUT "Drei Zahlen";a,b,c
'
LET b1!=a>b
LET b2!=a>c
LET b3!=(a=b) OR (a=c)
LET b4!=b=c
LET b5!=NOT b4!
'
IF b1! AND b2! THEN
  PRINT "Die 1.Zahl ist größer als die beiden anderen."
ENDIF
IF b1! XOR b2! THEN
  PRINT "Die 1.Zahl ist größer als genau eine der beiden anderen."
ENDIF
IF b3! OR b4! THEN
  PRINT "Mindestens zwei Zahlen sind gleich."
ENDIF
IF b5! THEN
  PRINT "Die letzten beiden Zahlen sind ungleich."
ENDIF
END
```


Man beachte, daß das Gleichheitszeichen hier in doppelter Form auftritt: In der Befehlszeile "LET b1!=a=b" ist das erste Gleichheitszeichen ein Zuweisungszeichen, das zweite ein Vergleichsoperator. Der Variablen b1! wird das Ergebnis des Vergleichs a = b zugewiesen, d.h., entweder -1 oder 0.

In GFA-Basic existieren für das Arbeiten mit Bool'schen Variablen zwei besondere Konstanten: TRUE und FALSE (TRUE ist gleich -1, FALSE ist gleich 0). Sie dienen der leichteren Lesbarkeit von Programmen und können dann eingesetzt werden, wenn Bool'schen Variablen ein fester Wert zugewiesen werden soll.

Bool'sche Variablen mit

Zustand wahr bzw. -1	Zustand falsch bzw. 0
LET t!=TRUE	LET f!=FALSE
LET b1!=4=4	LET b1!=4=6
LET c!=4<888	LET x!=3<>3
LET a!="DM"<"FF"	LET p!="cm"="kg"

Einige Beispiele für Bool'sche Variablen

Eine weitere Anwendung von logischen Operatoren soll hier noch kurz erwähnt werden:
Es nicht nur möglich, Bool'sche Ausdrücke mit diesen Operatoren zu verknüpfen, sondern auch ganz normale Zahlen. Das Ergebnis ist dann die Zahl, die man erhält, wenn man jede Stelle der Operanden in Dualzahl-Darstellung gemäß der entsprechenden Wahrheitstafel verknüpft. So liefert beispielsweise 10 OR 6 den Wert 14, da 10 die Dualdarstellung 1010 und 6 die Dualdarstellung 0110 hat. Wendet man den OR-Operator bitweise für jede Stelle an, erhält man 1110, was der Zahl 14 entspricht.
Diese Verwendungsmöglichkeit der logischen Operatoren wird im Normalfall nur selten gebraucht. Ihr Anwendungsbereich ist hauptsächlich der Bereich der maschinennahen Programmierung.

3.1.3 Programme mit Schleifen (Wiederholungsstrukturen)

Programme mit Schleifen enthalten Wiederholungsstrukturen, die nach der allgemeinen Darstellung in Abschnitt 1.3.3.3 jetzt in GFA-Basic an Programmbeispielen veranschaulicht werden sollen.

3.1.3.1 Abweisende Schleife

Das Programm KAPITAL1 druckt für das Kapital k und den Zinssatz p das verzinste Kapital zum Ende des 1., 2., 3.,... Jahres und endet, sobald sich das Anfangskapital verdoppelt hat. Wie jede Programmschleife besteht auch die Schleife von KAPITAL1 aus zwei Teilen: aus einem Vorbereitungsteil (einmal durchlaufen: Zeilen vor WHILE) und aus einem Wiederholungsteil (mehrmals durchlaufen: eingerückte Zeilen zwischen WHILE und WEND). Im Ausführungsbeispiel wird dieser Wiederholungsteil 9mal durchlaufen.

Die Schleife in Programm KAPITAL1 heißt *abweisend*, da die Schleifenabfrage "WHILE k<ke" am Anfang des Wiederholungsteils steht und somit eine versuchte Wiederholung abweisen kann. D.h., wenn die Schleifenbedingung bei Eintritt in die Schleife bereits falsch ist, wird die Schleife überhaupt nicht durchlaufen.

Andere Bezeichnungen für diesen Schleifentyp sind: WHILE-DO-Schleife, Solange-tue-Schleife, Schleife mit vorheriger Abfrage.

Zur Steuerung der abweisenden Schleife stellt GFA-Basic die Anweisung WHILE..WEND bereit.

```
WHILE...        Schleifenbeginn mit Schleifenabfrage
  ...
  ...           ...Wiederholungsteil der Schleife
  ...
WEND            Schleifenende
```

Anweisung WHILE..WEND für die abweisende Schleife

Codierung zu KAPITAL1:

```
REM ====== Programm KAPITAL1
PRINT "Kapitalien bis zur Verdoppelung."
'
REM ====== Vereinbarungsteil
' k:  Kapital in DM
' ke: Endkapital in DM
' p:  Zinssatz in Prozent
'
REM ====== Anweisungsteil
INPUT "Eingesetztes Kapital";k
INPUT "Jahreszinssatz       ";p
LET ke=2*k
WHILE k<ke                  !Schleifenbeginn
  LET k=k+k*p/100
  PRINT " ";k
WEND                        !Schleifenende
PRINT "Ende nach Verdoppelung."
END
```

Im Listing erkennt man Kommentare hinter Programmbefehlen. Diese werden durch ein vorangestelltes Ausrufezeichen gekennzeichnet, im Gegensatz zum Hochkomma, das immer eine ganze Kommentarzeile einleitet.

Zwei Ausführungen zu Programm KAPITAL1:   **PAP zu KAPITAL1:**

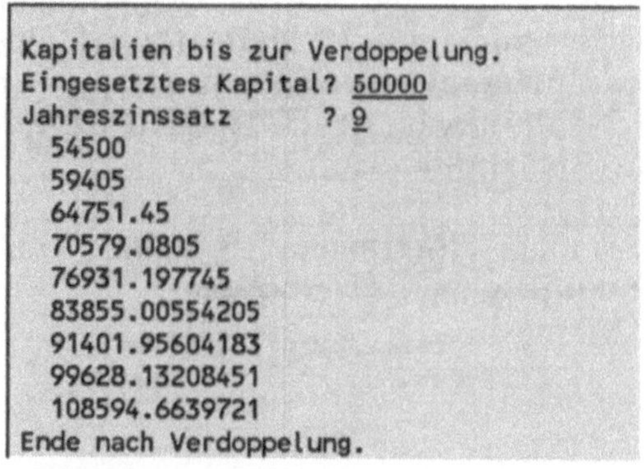

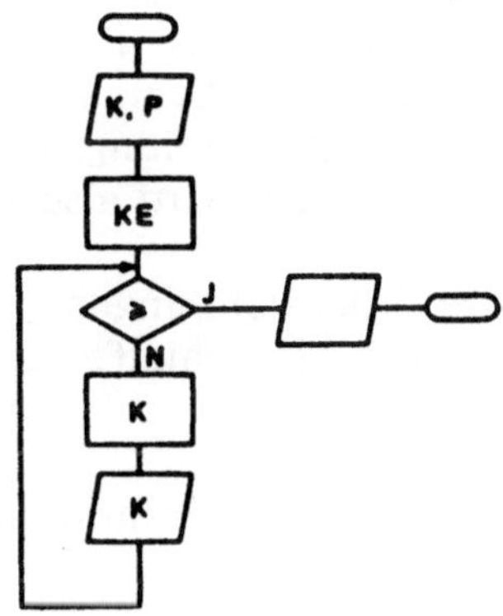

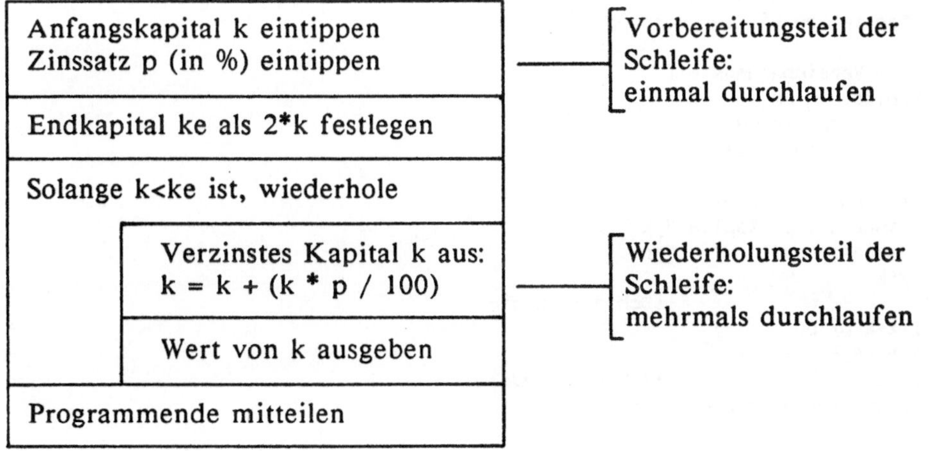

Struktogramm zu Programm KAPITAL1:

Anfangskapital k eintippen Zinssatz p (in %) eintippen	⎡ Vorbereitungsteil der Schleife: ⎣ einmal durchlaufen
Endkapital ke als 2*k festlegen	
Solange k<ke ist, wiederhole	
Verzinstes Kapital k aus: k = k + (k * p / 100)	⎡ Wiederholungsteil der Schleife: ⎣ mehrmals durchlaufen
Wert von k ausgeben	
Programmende mitteilen	

3.1.3.2 Nicht-abweisende Schleife

Die Ausführungen der Programme KAPITAL2 und KAPITAL1 stimmen überein, nicht aber ihre Codierungen: Programm KAPITAL2 hat eine *nicht-abweisende* Schleife, da bei der Codierung die Schleifenabfrage am Ende des Wiederholungsteils beim UNTIL-Befehl steht. Diese REPEAT-UNTIL Schleife wird also mindestens einmal durchlaufen.

Andere Bezeichnungen für die nicht-abweisende Schleife sind: Wiederhole-bis-Schleife und Schleife mit nachheriger Abfrage.

Struktogramm zu Programm KAPITAL2:

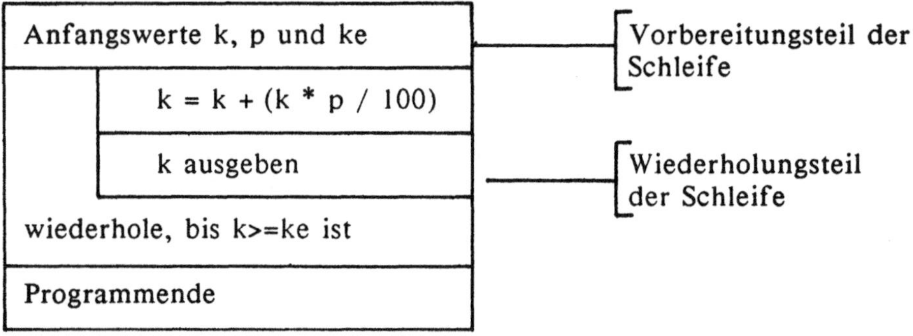

Codierung zu Programm KAPITAL2:

```
REM ====== Programm KAPITAL2
PRINT "Kapitalien bis zur Verdoppelung."
'
REM ====== Vereinbarungsteil
' k:  Kapital in DM
' ke: Endkapital in DM
' p:  Zinssatz in Prozent
'
REM ====== Anweisungsteil
INPUT "Eingesetztes Kapital";k
INPUT "Jahreszinssatz       ";p
LET ke=2*k
REPEAT                      !Schleifenbeginn
  LET k=k+k*p/100
  PRINT " ";k
UNTIL k>=ke                 !Schleifenende
PRINT "Ende nach Verdoppelung."
END
```

Ausführung zu Programm KAPITAL2:   **PAP zu KAPITAL2:**

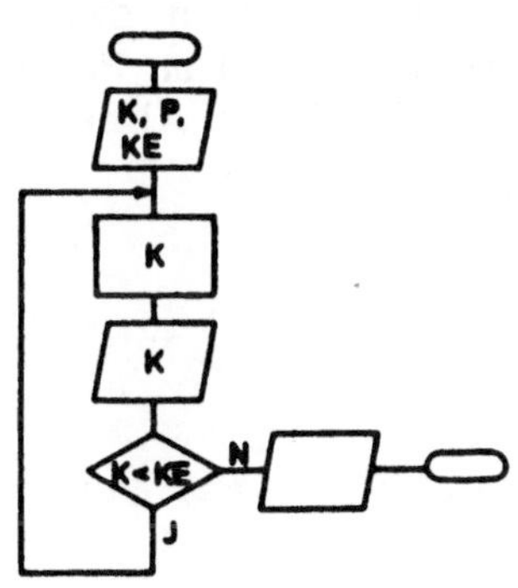


```
Kapitalien bis zur Verdoppelung.
Eingesetztes Kapital? 100000
Jahreszinssatz       ? 14
   114000
   129960
   148154.4
   168896.016
   192541.45824
   219497.2623936
Ende nach Verdoppelung.
```

3.1.3.3 Schleife mit Abfrage in der Mitte

Anhand des Spielprogramms ZUFALL wollen wir den Schleifentyp
"Abfrage in der Mitte des Wiederholungsteil" erklären. Bei diesem Schleifentyp befindet sich die Schleifenabfrage

```
EXIT IF d%=z%
```

inmitten des Wiederholungsteil, der sich vom Befehl DO bis zum Befehl
LOOP erstreckt. Würde die EXIT IF Anweisung fehlen, hätten wir eine
Endlosschleife vorliegen, die nie abbrechen würde.

Zu den Programmstrukturen von ZUFALL: Aus dem Struktogramm erse-
hen wir deutlich, daß innerhalb der Schleife noch eine Zweiseitige Auswahlstruktur eingeschachtelt ist: Wenn $z\% > d\%$, dann zu groß, sonst zu
klein. Dieses Programm ZUFALL ist also bereits recht komplex mit drei
Programmstrukturen:

1. Zuerst Folgestruktur (bis zum Befehl DO), dann
2. Wiederholungsstruktur (zw. DO und LOOP) mit eingeschachtelter
3. Auswahlstruktur (IF-Anweisung).

Zu den beiden *Funktionen* RND und INT: RND (von Random=Zufall)
erzeugt eine Zufallszahl, die zwischen 0 (einschließlich) und 1
(ausschließlich) liegt, wobei hinter dem Wort RND in Klammern
wahlweise ein Zahlenausdruck stehen kann, der allerdings nicht beachtet
wird.

Die Funktion INT (von integer=ganzzahlig) rundet auf die nächstkleinere ganze Zahl ab, wenn das Argument nicht ganzzahlig ist. Die hier im Ausführungsbeispiel zu Programm ZUFALL vom Computer erzeugte Zahl 108 wird wie in der Abbildung dargestellt in vier Schritten der Variablen d% zugewiesen.

Problem: Eine Zahl aus den a% auf n% folgenden Zahlen zufällig
          erzeugen.

`LET d%=INT(a%*RND(1)+n%)`   in vier Schritte aufgelöst:

- RND(1) ergibt beispielsweise 0.88249
- a% mal 0.88249 ergibt 8.8249 (wenn a%=10)
- n% plus 8.8249 ergibt 108.8249 (wenn n%=100)
- INT(108.8249) ergibt schließlich 108

Ausgabe: Zufallszahl 108

Zufallszahl über die Funktion RND und INT an einem Beispiel

Mit INT verwandt ist die Funktion TRUNC(x) (von truncate = abschneiden). Diese Funktion schneidet die Nachkommastellen des Arguments x ab, ist also für positive Zahlen gleichbedeutend mit INT(x). Allerdings ist beispielsweise INT(-1.5) = -2, aber TRUNC(-1.5) = -1 !
Das Gegenstück zu TRUNC(x), FRAC(x), liefert den Nachkommateil von x als Resultat.

Im Programm taucht ein weiterer neuer Befehl auf: INC v%. Inkrementieren heißt vergrößern, und genau das tut der Befehl auch: Er erhöht sein Argument um eins, ist also völlig gleichbedeutend mit "LET v%=v%+1". Der Vorteil von INC und von DEC (letzterer Befehl erniedrigt (dekrementiert) eine Zahl um eins) ist die geringere Ausführungszeit.

Codierung zu Programm ZUFALL mit Funktion RND:

```
REM ====== Programm ZUFALL
PRINT "Raten einer Zahl mittels Funktion RND als Spielprogramm."
'
REM ====== Vereinbarungsteil
' z%:      Jeweilige Benutzereingabe über Tastatur
' d%:      Vom Computer erzeugte Zufallszahl
' a%.n%: Grenzen zur Auswahl einer Zufallszahl
' v%:      Versuchszähler
'
REM ====== Anweisungsteil
PRINT "Eine Zahl wird zufällig aus den a"
PRINT "auf n folgenden Zahlen erzeugt."
INPUT "Werte für a,n";a%,n%
LET d%=INT(a%*RND(1)+n%)
LET v%=0
DO                              !Schleifenbeginn
  INPUT "Ihre Zahl";z%
  INC v%
  EXIT IF d%=z%                 !Schleifenabfrage
  IF z%>d% THEN
    PRINT "... zu groß."
  ELSE
    PRINT "... zu klein."
  ENDIF
LOOP                            !Schleifenende
PRINT "Treffer ";d%;" nach ";v%;" Versuchen."
PRINT "Ende des Spiels."
END
```

Struktogramm zu Programm ZUFALL:

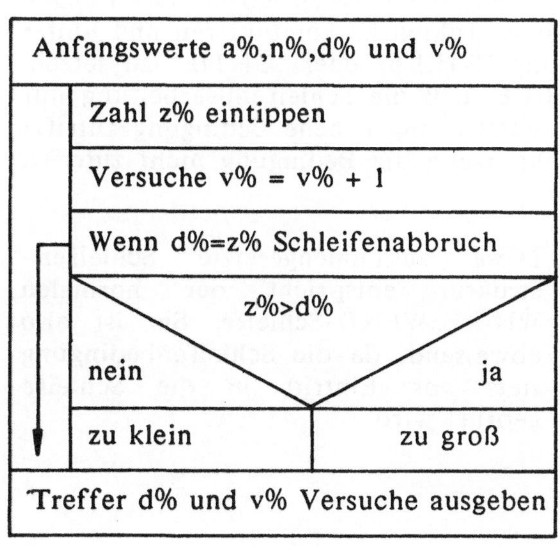

Wiederholungsstruktur
(Schleife mit Abfrage
in der Mitte)

Auswahlstruktur
(Zweiseitige Auswahl)
in der Schleife ein-
geschachtelt, d.h. bei
jedem Schleifen-
durchlauf auszuführen

Ausführung zu Programm ZUFALL:

```
Raten einer Zahl mittels Funktion RND als Spielprogramm.
Eine Zahl wird zufällig aus den a
auf n folgenden Zahlen erzeugt.
Werte für a,n? 10,100
Ihre Zahl? 105
... zu groß.
Ihre Zahl? 103
... zu groß.
Ihre Zahl? 101
Treffer 101 nach 3 Versuchen.
Ende des Spiels.
```

Die Programmzeile "LET d%=INT(a%+RND(1)+n%)" legt in d% eine ganz-zahlige Zufallszahl ab, die zwischen a% und a%+n%-1 (einschließlich) liegt. GFA-Basic stellt eigens für diesen Zweck eine besondere Funktion zur Verfügung: RANDOM(x), die einen zufälligen Wert zwischen 0 und x-1 zurückgibt. Die obige Programmzeile hätte man also auch kürzer schreiben können als: LET d%=RANDOM(a%)+n%.

Noch ein Wort zu Zufallzahlen: Will man bei jedem Programmdurchlauf die gleiche Folge von Zufallszahlen erzeugt haben (um z.B. das Programm besser austesten zu können), kann man mittels des Befehls "RANDOMIZE x" am Programmanfang den Zufallszahlengenerator mit einem festen Wert initialisieren. Wird RANDOMIZE nicht verwendet, entstehen jedes Mal andere Zufallszahlen (was normalerweise auch erwünscht ist).

In GFA-Basic 3.0 ist es möglich, die oben beschriebene DO..LOOP-Schleife mit den anderen Schleifenkonstrukten zu kombinieren und hinter die DO- oder die LOOP-Anweisung "WHILE" oder "UNTIL" zu setzen. Dabei bewirkt das zusätzliche WHILE, daß die Schleifenbearbeitung nur fortgesetzt wird, wenn die hinter WHILE angegebene Bedingung zutrifft und UNTIL, daß dies nur geschieht, wenn die Bedingung nicht zutrifft. Einige Beispiele:

```
LET i%=1
DO WHILE i%<10
  INC i%
LOOP
```

Diese zusammengesetzte Schleifen-struktur entspricht der normalen WHILE..WEND-Schleife. Sie ist also abweisend, da die Schleifenbedingung stets vor Eintritt in die Schleife geprüft wird.

```
LET i%=1
DO UNTIL i%=10
  INC i%
LOOP
```

Auch diese Schleife ist abweisend. Sie bricht ab, wenn i% den Wert 10 erreicht, tut also nichts anderes als die Schleife im ersten Beispiel. Diese Schleifenkonstruktion entspricht dem WHILE..WEND mit negierter Schleifenbedingung.

```
LET i%=1
DO
  INC i%
LOOP UNTIL i%=10
```

Hier wird die Schleifenbedingung erst am Schleifenende geprüft; die Schleife ist also nicht-abweisend. Da der Abbruch bei eingetretener Bedingung erfolgt, gleicht sie der REPEAT.. UNTIL-Schleife.

```
LET i%=1
DO WHILE i%<10
  INC i%
  INPUT j%
LOOP UNTIL j%=5
```

Nun eine Schleife mit Abbruchbedingung am Anfang *und* am Schluß. Sie bricht ab, wenn i% auf 10 hochgezählt oder wenn die Zahl 5 eingegeben wurde, je nachdem, was früher eintritt.

Insgesamt lassen sich durch solche Kombinationen neun verschiedene Schleifentypen konstruieren. Da sie aber nicht immer sehr übersichtlich sind und meist auch eine Entsprechung bei den bereits bekannten Schleifentypen existiert, haben diese Schleifen keine große Bedeutung für die Programmstruktur.

3.1.3.4 Zählerschleife

Läßt man ein Testprogramm auf verschiedenen Computern laufen, um über den Vergleich der Ergebnisse deren Leistungen zu beurteilen, spricht man von einem *Benchmark-Test*. Ein einfacher Test besteht darin, 20000mal 10 durch 3 zu teilen, um über die hierfür benötigte Zeit dann auf die Verarbeitungsgeschwindigkeit des Computers bzw. der CPU zu schließen. Das folgende Programm ZEITTEST enthält dieses Testverfahren.
Es wird die FOR-NEXT-Schleife verwendet, da sie sich besonders gut eignet, wenn man die Anzahl der Schleifendurchläufe vor Eintritt in die Schleife bereits kennt. Im Beispielprogramm hat die Laufvariable z% beim ersten Schleifendurchlauf den Wert 1. Dieser Wert wird jedesmal um eins erhöht, wenn der Befehl NEXT z% ausgeführt wird. Falls z% den Wert 20000 noch nicht überschritten hat, wird die Schleife erneut durchlaufen, insgesamt also 20000 mal.

Die FOR-NEXT-Schleife ist wie die REPEAT-UNTIL-Schleife nicht
abweisend, da der Schleifenabbruch am Schleifenende geprüft wird. Sie
wird also mindestens einmal durchlaufen, auch wenn der Anfangswert der
Laufvariable größer ist als der Endwert.

Codierung zu Programm ZEITTEST: **PAP zu Programm ZEITTEST:**

```
REM ====== Programm ZEITTEST
PRINT "Test zur Verarbeitungsgeschwindigkeit."
PRINT " - Testbeginn (bitte warten)"
LET zeit%=TIMER
FOR z%=1 TO 20000
  LET t=10/3
NEXT z%
LET zeit%=TIMER-zeit%
PRINT " - Testende nach ";zeit%/200;" Sekunden."
END
```

Ausführung zu Programm ZEITTEST auf dem Atari:

```
Test zur Verarbeitungsgeschwindigkeit.
 - Testbeginn (bitte warten)
 - Testende nach 3.965 Sekunden.
```

Ausführung zu Programm ZEITTEST auf dem IBM PC:

```
Test zur Verarbeitungsgeschwindigkeit.
 - Testbeginn (bitte warten)
 - Testende nach 63 Sekunden.
```

Die Funktion TIMER (kein Argument!) liefert die Zeit in zweihundertstel
Sekunden, die seit dem Einschalten vergangen ist. Um auf die Angabe in
Sekunden zu kommen, wird die Variable zeit% im Programm durch 200
geteilt.
Die beiden Ausführungen zeigen, daß der 20000malige Schleifendurchlauf
auf dem Atari fast 16mal schneller abläuft als auf dem IBM PC.

Struktogramm zu Programm ZEITTEST:

<table>
<tr><td>Ausgabe: Texthinweise</td></tr>
<tr><td>zeit%=TIMER , d.h. die Anzahl der zweihundertstel Sekunden seit dem Start der Variablen zeit% zuweisen</td></tr>
<tr><td>Zählerschleife: Wiederhole für z% von 1 bis 20000
    Berechnung: t = 10/3</td></tr>
<tr><td>zeit%=TIMER-zeit%, d.h. die während der 20000 Durchläufe der Zählerschleife abgelaufenen zweihundertstel Sekunden der Variablen zeit% zuweisen.</td></tr>
<tr><td>Anzahl der Sekunden (zeit% / 200) ausgeben</td></tr>
</table>

Im folgenden sind einige Beispiele für gültige FOR-Anweisungen wiedergegeben (Werte der Laufvariablen in Klammern):

```
- FOR i%=100 TO 102             (100, 101, 102)
- FOR s1%=3 TO ewer             (3, 4 bei ewer=4)
- FOR d%=0 TO 6 STEP 2          (0, 2, 4, 6)
- FOR a%=9 TO 13 STEP 3         (9, 12)
- FOR i%=8 DOWNTO 6             (8, 7, 6)
- FOR z=1 TO .8 STEP -.05       (1, .95, .9, .85, .8)
- FOR a%=1 TO 1                 (1)
```

Mit STEP kann man dabei für die Laufvariable eine von 1 abweichende
Schrittweite angeben. Ist STEP negativ, so sollte der Anfangswert natürlich größer sein als der Endwert. Statt "FOR i%=aw TO ew STEP -1"
kann auch "FOR i%=aw DOWNTO ew" geschrieben werden.

```
FOR z%=10 TO 100 STEP 30          Laufvariable z% mit aw=10, ew=100
  PRINT z%                        und sw=30. Viermalige Wiederholung.
NEXT z%                           Ausgabe von 10, 40, 70 und 100.

FOR z%=3 TO -6 STEP -2            Laufvariable z% mit aw=3, ew=-5 und
  PRINT z%                        sw=-2. Fünfmalige Wiederholung.
NEXT z%                           Ausgabe von 3, 1, -1, -3 und -5.
```

aw=Anfangswert, ew=Endwert, sw=Schrittweite der Laufvariablen

Zwei Zählerschleifen der Form FOR z%=aw TO ew STEP sw

3.1.3.5 Unechte Zählerschleifen

Die Kontrollanweisung FOR..NEXT für die Zählerschleife ist bequem zu
handhaben. Aus diesem Grund setzt man sie gelegentlich auch dann ein,
wenn überhaupt nicht gezählt werden soll bzw. wenn der angegebene
Endwert nie erreicht wird. Man spricht von einer *unechten* Zählerschleife.
Das folgende Programm FAHRTENB demonstriert dies anhand einer
Kfz-Benzinabrechnung.

Zur Codierung von Programm FAHRTENB:
Zu Beginn der Zählerschleife wird in der Anweisung

```
      FOR z%=1 TO 999
```

ein normalerweise nicht erreichbarer Endwert angegeben, weil der
eigentliche Schleifenausgang mit EXIT IF, das wir schon bei der DO-
LOOP-Schleife kennengelernt haben, vorgesehen ist. EXIT IF kann zum
Ausstieg aus allen bisher behandelten Schleifentypen benutzt werden.

Codierung zu Programm FAHRTENB:

```
REM ====== Programm FAHRTENB
PRINT "Kfz-Benzinverbrauchswerte ermitteln"
PRINT "aus Eintragungen im Fahrtenbuch."
PRINT
'
REM ====== Vereinbarungsteil
' k1:        km-Stand laut Fahrtenbuch
' l1:        Literverbrauch laut Fahrtenbuch
' d1:        DM-Betrag für Tanken laut Fahrtenbuch
' v1:        Verbrauch in Liter je 100 km
' k,l,d,v,b: Entsprechende Gesamtwerte
' z%:        Laufvariable für Zählerschleife
```

```
'
REM ====== Anweisungsteil
INPUT "Anfangskilometerstand (Tank voll)";k0
LET k=0
LET l=0
LET d=0
FOR z%=1 TO 999                          !Schleifenbeginn
  PRINT z%;". Tanken: km-Stand, Liter, DM (0=Ende)"
  INPUT "              ";k1,l1,d1
  EXIT IF k1=0                           !Schleifenabbruch
  LET k1=k1-k0
  LET k=k+k1
  LET l=l+l1
  LET d=d+d1
  LET v1=100*l1/k1
  PRINT "Verbrauch:     ";v1;" Liter/100 km"
  LET b1=d1/l1
  PRINT "Benzinpreis: ";b1;" DM/Liter"
  LET k0=k0+k1
  PRINT
NEXT z%                                  !Schleifenende
LET v=100*l/k
LET b=d/l
PRINT
PRINT "Kilometer gesamt      ";k;" km"
PRINT "Ausgabe gesamt        ";d;" DM"
PRINT "Verbrauch (Mittel)    ";v;" Liter/100 km"
PRINT "Benzinpreis (Mittel) ";b;" DM/Liter"
END
```

Ausführung zu Programm FAHRTENB: PAP zu FAHRTENB:

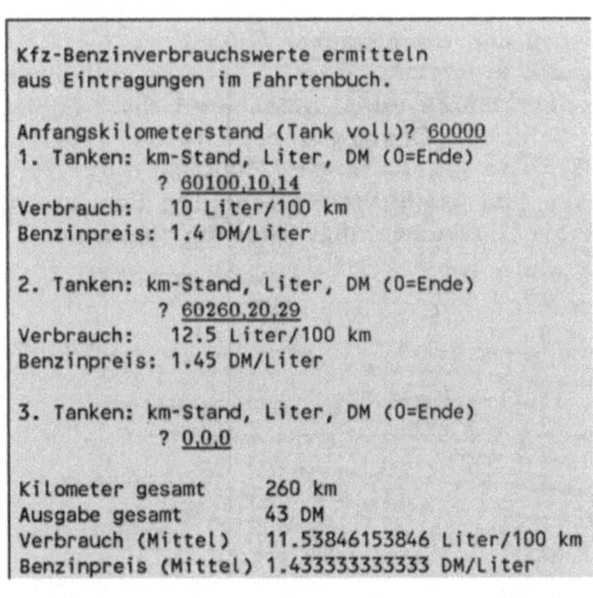

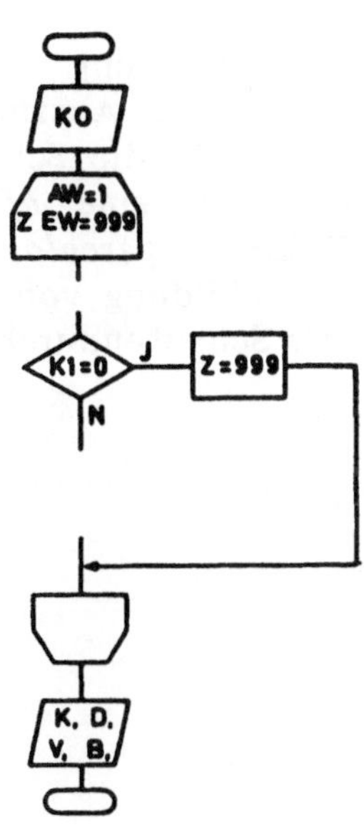

Struktogramm zu Programm FAHRTENB:

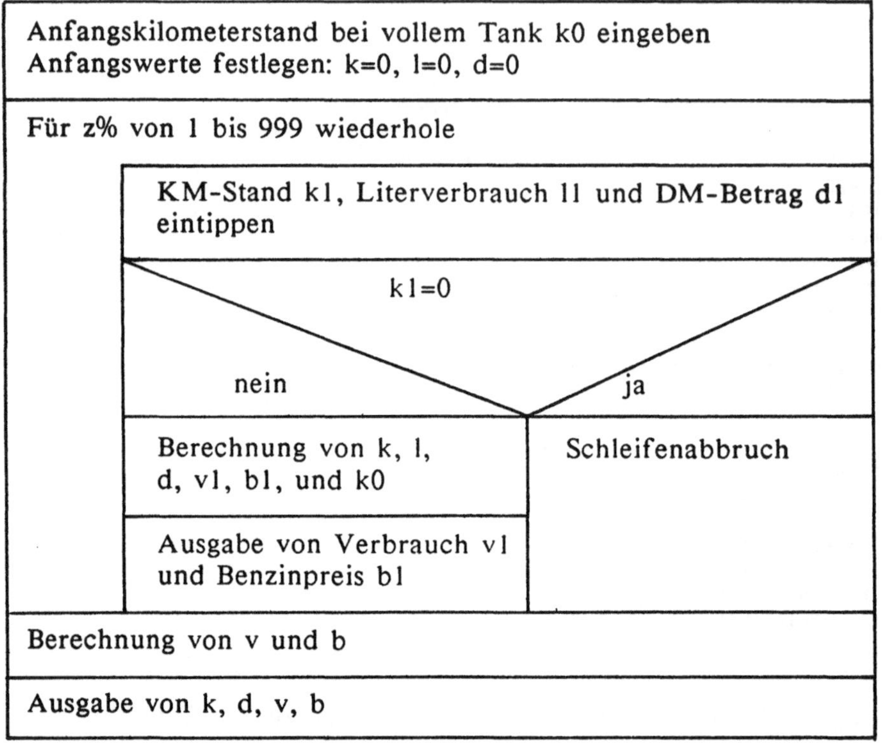

Zur Unterscheidung von offenen und geschlossenen Schleifen:
Zu Beginn jeder Ausführung des Programms FAHRTENB ist vollkommen
offen, wie oft die Schleife durchlaufen wird. Man nennt diese Schleife
deshalb auch eine *offene* Schleife. Demgegenüber wurde Programm
ZEITTEST als *geschlossene* Schleife jeweils immer 20000mal durchlaufen.
Der Typenbildung von offenen und geschlossenen Schleifen liegt also die
Zahl der Schleifendurchläufe als Unterscheidungskriterium zugrunde.

3.1.3.6 Schachtelung von Zählerschleifen

Mehrere Programmstrukturen können entweder hintereinander oder geschachtelt in *einem* Programm angeordnet sein (vgl. Abschnitt 1.3.3.5). Bei der Schachtelung von Zählerschleifen ist zu beachten, daß die zuerst begonnene äußere Schleife zuletzt beendet wird, daß die innere Schleife somit vollständig eingeschachtelt ist.
In der Abbildung sind zwei geschachtelte Schleifen wiedergegeben:
Die innere Schleife mit der Laufvariablen y% (als y-Schleife bezeichnet) ist in einer äußeren Schleife mit der Laufvariablen x% eingeschachtelt. Lassen wir das Programm laufen, wird durch die PRINT-Anweisung das Wort TEST 12mal (3*4=12) ausgegeben; neben dem Wort TEST erscheinen zur Kontrolle die aktuellen Werte der Laufvariablen x% und y% mit 11, 12, 13, 14, 21, 22, 23, 24, 31, 32, 33 und 34.

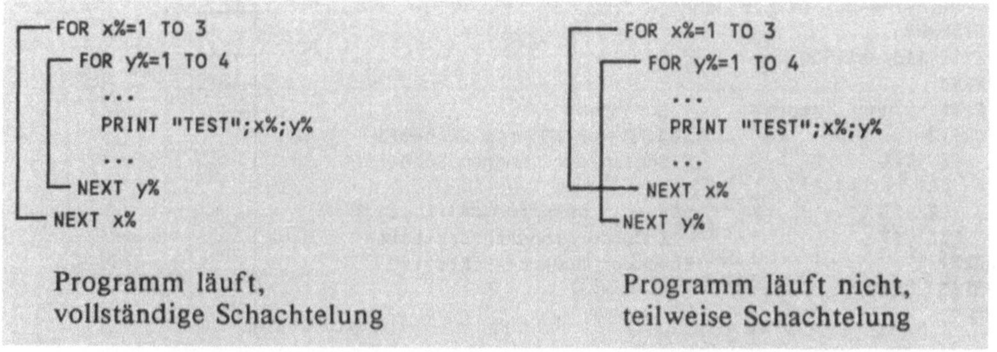

Schachtelung mit innerer y-Schleife und äußerer x-Schleife

Als Beispiel zur Schachtelung von Zählerschleifen betrachten wir das Programm RATENSPA:
Das Programm hat eine äußere Schleife mit der Laufvariable i% für die Anzahl der Jahre und eine innere Schleife mit j% für die Anzahl der jährlichen Zahlungen. Im ersten Ausführungsbeispiel wird die äußere Schleife drei Mal durchlaufen, die innere wird dabei jeweils vier Mal wiederholt. Dies hat zur Folge, daß die PRINT-USING-Anweisung (sie dient der Ausgabeformatierung und wird in 3.4.2.4 genau erklärt) zwölf Mal (3*4=12) ausgeführt wird.

Codierung zu RATENSPA:

```
REM ====== Programm RATENSPA
PRINT "Entwicklung des Guthabens beim Ratensparen"
PRINT "als Übersichtstabelle."
'
REM ====== Vereinbarungsteil
' s:  Sparrate in DM gleichbleibend
' z%: Anzahl der Zahlungen pro Jahr
' v%: Vertragslaufzeit des Ratensparens
' p:  Jahreszinssatz in %
' f:  Zinsfaktor aus der Zinsformel
' k:  Kapital als neues Endguthaben
' i%: Laufvariable für äußere Jahresschleife
' j%: Laufvariable für innere Monatsschleife
'
REM ====== Anweisungsteil
INPUT "Sparrate, Zahlungen/Jahr";s,z%
INPUT "Vertragslaufzeit (Jahre)";v%
INPUT "Zinssatz (% pro Jahr)   ";p
LET k=0
LET f=1+p/z%/100
PRINT
PRINT " Jahr   Monat        Guthaben"
FOR i%=1 TO v%                !Beginn der äußeren Schleife
  FOR j%=1 TO z%                !Beginn der inneren Schleife
    LET k=(k+s)*f
    PRINT USING "  ##      ##        #######.##",i%,j%,k
  NEXT j%                        !Ende der inneren Schleife
NEXT i%                        !Ende der äußeren Schleife
PRINT "Ende."
END
```

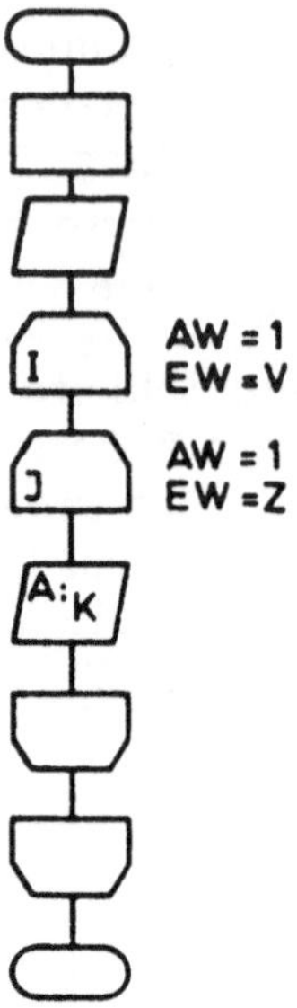

Struktogramm zu Programm RATENSPA:

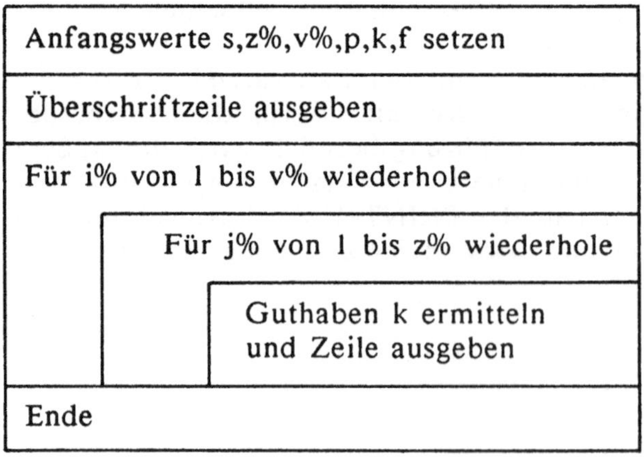

Anfangswerte s,z%,v%,p,k,f setzen		
Überschriftzeile ausgeben		
Für i% von 1 bis v% wiederhole		Beginn äußere Schleife
	Für j% von 1 bis z% wiederhole	Beginn innere Schleife
		Guthaben k ermitteln und Zeile ausgeben
Ende		Ende beider Schleifen

Zwei Ausführungen zu Programm RATENSPA:

Innere Schleife
3*4=12mal durchlaufen

```
Entwicklung des Guthabens beim Ratensparen
als Übersichtstabelle.
Sparrate, Zahlungen/Jahr? 100,4
Vertragslaufzeit (Jahre)? 3
Zinssatz (% pro Jahr)   ? 10

Jahr    Monat        Guthaben
  1       1           102.50
  1       2           207.56
  1       3           315.25
  1       4           425.63
  2       1           538.77
  2       2           654.74
  2       3           773.61
  2       4           895.45
  3       1          1020.34
  3       2          1148.35
  3       3          1279.56
  3       4          1414.04
```

Innere Schleife
4*2=8mal durchlaufen

```
Entwicklung des Guthabens beim Ratensparen
als Übersichtstabelle.
Sparrate, Zahlungen/Jahr? 200,2
Vertragslaufzeit (Jahre)? 4
Zinssatz (% pro Jahr)   ? 12

Jahr    Monat        Guthaben
  1       1           212.00
  1       2           436.72
  2       1           674.92
  2       2           927.42
  3       1          1195.06
  3       2          1478.77
  4       1          1779.49
  4       2          2098.26
```

Die Vorschriften für die Schachtelung von Zählerschleifen mit
FOR..NEXT gelten entsprechend auch für die Schachtelung der anderen
Schleifentypen.

3.1.4 Programm mit Unterprogramm

Der Grundsatz "... teile und herrsche" gilt auch bei der Programmentwicklung. Es ist zumeist vorteilhaft, einen Programmkomplex in mehrere
Unterprogramme aufzuteilen.

- Ein in Unterprogramme gegliedertes Programm ist stets besser lesbar
  als ein ungegliedertes und oft langes Gesamtprogramm.
- Einen an mehreren Stellen im Programm benötigten bzw. aufzuru-
  fenden Ablauf muß man nur *einmal* als Unterprogramm codieren.
- Oft benötigte Verfahren können in einer *Unterprogrammbibliothek*
  gesammelt und bei Bedarf im jeweiligen neuen Programm wie
  Bausteine eingesetzt werden.
- Bei größeren Vorhaben können Teilabläufe von verschiedenen
  Personen getrennt entwickelt und dann zu einem Programmkomplex
  zusammengesetzt werden.

Vier Vorteile bei der Bildung von Unterprogrammen

In GFA-Basic kann man Unterprogramme entweder durch die Anweisungen GOSUB, PROCEDURE und RETURN verwirklichen oder durch
Funktionen. Wir wenden uns zunächst der ersten Möglichkeit zu.

3.1.4.1 Unterprogramme mit GOSUB, PROCEDURE und RETURN

Das Programm UNTPROG1 demonstriert, wie ein *einmal* codiertes
Unterprogramm namens erhoehen *zweimal* aufgerufen wird. Unterprogramme stehen in GFA-Basic in der Regel am Ende des Hauptprogramms und werden durch das Befehlswort PROCEDURE, gefolgt
vom Namen des Unterprogramms, eingeleitet. Abgeschlossen werden sie
durch RETURN. Letzterer Befehl veranlaßt den Interpreter, das Unterprogramm zu verlassen und bei der Anweisung weiterzumachen, die dem
GOSUB-Befehl, der den Aufruf bewirkte, folgt. In einem Programm
können mehrere Unterprogramme stehen, die sich auch gegenseitig
aufrufen können.

Zweck des Unterprogramms in unserem Beispiel ist es, die jeweilige
Tastatureingabe um 10 zu erhöhen. Da sich die Eingabe im Hauptprogramm zuerst in x und dann in y befindet, wird vor jedem Unterprogrammaufruf die Eingabe einer Variablen namens par (Parameter)
zugewiesen und dann das Unterprogramm mit "GOSUB erhoehen"
aufgerufen.

Im Unterprogramm führt der Computer die Anweisung

```
LET par=par+10
```

aus und kehrt mit

```
RETURN
```

in die auf den Unterprogrammaufruf folgende Zeile zurück, um mit dem Hauptprogramm fortzufahren. Jetzt wird das Ergebnis wieder aus par gelesen, der entsprechenden Variablen zugewiesen und angezeigt. Die etwas umständliche Formulierung mit par ist nötig, um die Verwendbarkeit des Unterprogramms nicht auf die Erhöhung einer einzigen Variablen einzuschränken.

Im Vereinbarungsteil des Programms UNTPROG1 wird neben den Parametern x, y und par das Unterprogramm namens erhoehen angeführt. Insbesondere bei komplexen Programmen kann man sich so rasch über deren Gliederung informieren.

Codierung zu Programm UNTPROG1:

```
REM ====== Programm UNTPROG1
PRINT "Ein Unterprogramm zweimal im Hauptprogramm aufrufen."
'
REM ====== Vereinbarungsteil
' x,y:       Aktuelle Parameter
' par:       Formaler Parameter
' erhoehen:  Unterprogramm, das par verändert
'
REM ====== Anweisungsteil
INPUT "Wert von x eintippen";x
' *** ERSTER UNTERPROGRAMMAUFRUF **************
LET par=x
GOSUB erhoehen
LET x=par
PRINT "x um 10 erhöht: ";x
' *** ZWEITER UNTERPROGRAMMAUFRUF *************
INPUT "Wert von y eintippen";y
LET par=y
GOSUB erhoehen
LET y=par
PRINT "y um 10 erhöht: ";y
PRINT "Ende des Hauptprogramms."
END
'
```

```
' *** Unterprogramm erhoehen ****************************
PROCEDURE erhoehen
  LET par=par+10
RETURN
' ********************************************************
```

Ausführung zu Programm UNTPROG1:

```
Ein Unterprogramm zweimal im Hauptprogramm aufrufen.
Wert von x eintippen? 34
x um 10 erhöht: 44
Wert von y eintippen? -34.5
y um 10 erhöht: -24.5
Ende des Hauptprogramms.
```

PAP zu Programm UNTPROG1:

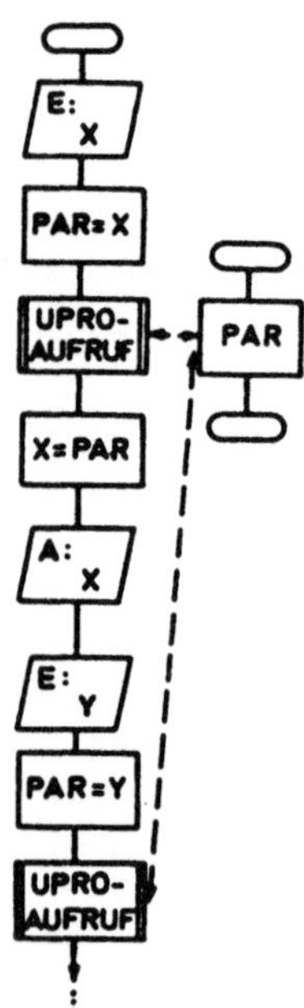

3.1.4.2 Übergabeparameter

UNTPROG1 läßt sich mit Hilfe von Übergabeparametern an Unterprogramme viel eleganter schreiben, ohne daß sich die Ausführung
ändert:

Codierung zu Programm UNTPROG2:

```
REM ====== Programm UNTPROG2
PRINT "Ein Unterprogramm mit Übergabeparameter
PRINT "zweimal im Hauptprogramm aufrufen."
'
REM ====== Vereinbarungsteil
' x,y:              Aktuelle Parameter
' erhoehen(par): Unterprogramm mit Übergabeparameter par
'
REM ====== Anweisungsteil
INPUT "Wert von x eintippen";x
' *** ERSTER UNTERPROGRAMMAUFRUF **************
erhoehen(x)
PRINT "x um 10 erhöht: ";x
' *** ZWEITER UNTERPROGRAMMAUFRUF *************
INPUT "Wert von y eintippen";y
erhoehen(y)
PRINT "y um 10 erhöht: ";y
PRINT "Ende des Hauptprogramms."
END
'
' *** Unterprogramm erhoehen ***************************
PROCEDURE erhoehen(VAR par)
  LET par=par+10
RETURN
' ********************************************************
```


In der Codierung fällt zunächst auf, daß die GOSUB-Befehle fehlen. Dies
ist grundsätzlich immer möglich und dient der leichteren Lesbarkeit. Nur
wenn Unterprogramme zufällig den gleichen Namen haben wie GFA-
Befehle, ist ein GOSUB erforderlich. Statt des GOSUBs kann auch ein
kaufmännisches a ("@") direkt vor den Unterprogrammnamen geschrieben
werden.

Der wesentliche Unterschied zwischen UNTPROG1 und UNTPROG2 ist
aber die Tatsache, daß die zu erhöhende Variable nicht vor Aufruf des
Unterprogramms par zugewiesen, sondern beim Aufruf mit angegeben
und so an das Unterprogramm übergeben wird.
Das Vorhandensein von Übergabeparameter wird bei der Unterpro-
grammdefinition festgelegt, und zwar durch Angabe einer entsprechenden
Anzahl von Variablennamen (durch Kommata voneinander getrennt) in

Klammern hinter dem Unterprogrammnamen. In unserem Beispiel
existiert nur ein solcher Parameter, nämlich par. Das vorangestellte
Schlüsselwort "VAR" kennzeichnet par als *Variablenparameter*, d.h, der
Name "par" vertritt im Unterprogramm den Namen der übergebenen
Variablen (eine andere Art von Übergabeparameter wird im nächsten
Abschnitt vorgestellt). Die Variable par hat im Unterprogramm den Wert
von x bzw. y, je nach dem, welche von beiden Variablen beim Aufruf
angegeben wurde. Da par nur eine andere Bezeichnung für diese Variable
ist, wird jede Änderung des Wertes von par im Unterprogramm auch an x
bzw. y weitergegeben.

3.1.4.3 Lokale Variablen

Eine weitere Möglichkeit der Parameterübergabe wird im Programm
UNTPROG3 demonstriert:

Codierung zu UNTPROG3:

```
REM ====== Programm UNTPROG3
PRINT "Ein Unterprogramm mit lokalen Variablen"
PRINT "zweimal im Hauptprogramm aufrufen."
'
REM ====== Vereinbarungsteil
' x,y:              Aktuelle Parameter
' erhoehen(par):    Unterprogramm mit Übergabeparameter par
'
REM ====== Anweisungsteil
INPUT "Wert von x eintippen";x
' *** ERSTER UNTERPROGRAMMAUFRUF **************
erhoehen(x)
PRINT "x im Hauptprogramm:    ";x
' *** ZWEITER UNTERPROGRAMMAUFRUF ************
INPUT "Wert von y eintippen";y
erhoehen(y)
PRINT "y im Hauptprogramm:    ";y
PRINT "par im Hauptprogramm: ";par
PRINT
PRINT "Ende des Hauptprogramms."
END
'
```

```
' *** Unterprogramm erhoehen ****************************
PROCEDURE erhoehen(par)
  LOCAL x,y                 !Deklaration der lokalen Variablen
  LET par=par+10
  LET x=3
  LET y=4
  PRINT "  par im Unterprogramm: ";par
  PRINT "  x im Unterprogramm:   ";x
  PRINT "  y im Unterprogramm:   ";y
RETURN
' ******************************************************
```

Zum Verständis des Programms muß der Unterschied zwischen globalen und lokalen Variablen deutlich gemacht werden:
Globale Variablen sind Variablen, die in allen Programmteilen den gleichen Wert besitzen und überall veränderbar sind. Die Variablen in den hier vorgestellten Beispielprogrammen waren bis jetzt immer global.
Lokale Variablen haben einen auf *ein* Unterprogramm eingeschränkten Geltungsbereich. D.h., eine Veränderung des Wertes dieser Variablen im Unterprogramm ändert nichts am Wert einer gleichnamigen Variablen im Hauptprogramm oder in einem anderen Unterprogramm.

Da im Unterprogramm erhoehen in UNTPROG3 der Übergabeparameter par ohne "VAR" angegeben wird, wird par zu einer lokalen Variablen. Zwar erhält par wie gewohnt beim Aufruf den Wert von x bzw. y, doch hat eine Änderung des Wertes von par keinen Einfluß mehr auf den Wert von par im Hauptprogramm (der sowieso Null ist, da par im Hauptprogramm nicht benutzt wird) oder auf den Wert irgendeiner anderen Variablen. Deshalb wird auch der erhöhte Wert von par noch im Unterprogramm angezeigt, da beim Rücksprung die Änderung sonst verloren gehen würde.
(Der Variablenparameter par aus Programm UNTPROG2 war in einem gewissen Sinne ebenfalls lokal, da zumindest sein Name völlig unabhängig war vom Hauptprogramm. Man hätte ihn beispielsweise als "x" bezeichnen können, ohne daß es zu irgendwelchen Kollisionen mit dem x aus dem Hauptprogramm gekommen wäre.)
Verwendet ein Unterprogramm beide Arten von Übergabeparameter, so müssen die Variablenparameter am Schluß der Parameterliste stehen, da alle hinter der VAR-Anweisung stehenden Variablen als Variablenparameter aufgefaßt werden.

Benötigt man im Unterprogramm zusätzliche lokale Variablen, so kann man sie mit Hilfe des Befehls LOCAL definieren. Dies geschieht in UNTPROG2 für die Variablen x und y: Sie haben, wie aus dem Ausführungsbeispiel ersichtlich wird, im Hauptprogramm einen ganz anderen Wert als im Unterprogramm. Hätte man sie nicht lokal definiert, wären x und y im Haupt- und Unterprogramm identisch.

In ihrer Unabhängigkeit liegt auch der enorme Vorteil von lokalen Variablen: Der Programmierer braucht bei ihrer Verwendung nicht darauf zu achten, daß er keine Variablen aus dem Haupt- oder anderen Unterprogrammen ändert. Sie erlauben es ihm, in verschiedenen Unterprogrammen die gleichen Variablennamen zu verwenden, ohne dabei andere Programmteile ungewollt zu beeinflussen.

Durch lokale Variablen wird es auch möglich, Unterprogramme sich selbst aufrufen zu lassen. Man spricht dann von *Rekursion*. Auf die Rekursion werden wir in späteren Kapiteln zurückkommen.

Ausführung zu Programm UNTPROG3:

```
Ein Unterprogramm mit lokalen Variablen
zweimal im Hauptprogramm aufrufen.
Wert von x eintippen? 34
   par im Unterprogramm: 44
   x im Unterprogramm:   3
   y im Unterprogramm:   4
x im Hauptprogramm:   34
Wert von y eintippen? -34.5
   par im Unterprogramm: -24.5
   x im Unterprogramm:   3
   y im Unterprogramm:   4
y im Hauptprogramm:   -34.5
par im Hauptprogramm: 0

Ende des Hauptprogramms.
```

3.1.4.4 Funktionen

Funktionen sind besondere Unterprogramme, die stets einen Wert zurückliefern und oft auch nur einen Parameter benötigen. Im Unterschied zu den bisherigen Unterprogrammen kann man mit einem Funktionsausdruck umgehen wie mit einem festen Wert. Dieser Wert hängt allerdings vom angegebenen Parameter ab.

Für häufig wiederkehrende Probleme sind Funktionen standardmäßig vorgegeben und für spezielle Benutzerprobleme können sie von diesem selbst definiert werden.

Beispiele vorgegebene Standardfunktionen:

- Numerische Funktionen:
  Ganzzahl: INT(3.8) ist 3, INT(2.1111) ist 2
  Betrag: ABS(-2) ist 2, ABS(2) ist 2
  Vorzeichen: SGN(-2) ist -1, SGN(2) ist +1, SGN(0) ist 0
  Zufallszahl: RND ergibt z.B. .12135010957
  Weitere: ATN, COS, EXP, LOG, SIN, SQR, TAN
    (vgl. Abschnitt 2.4.2.2)

- String- bzw. Text-Funktionen:
  ASC, CHR$, INSTR, LEFT$, LEN, MID$, STR$, RIGHT$, VAL
    (vgl. Abschnitt 2.4.2.2 und 3.2)

- System-Funktionen:
  FRE, PEEK, POKE, VARPRT, und XBIOS
    (vgl. Abschnitt 2.4.2.2 und 3.14)

Selbstdefinierte Funktionen:

1.   Definition der Funktion mit DEFFN Name(Parameterliste)=...
     Aufruf der Funktion mit FN Name(Parameterliste)

2.   Definition der Funktion mit FUNCTION Name(Parameterliste) ... ENDFUNC
     Aufruf der Funktion mit FN Name(Parameterliste)

Zwei Arten von Funktionen

Das in Klammern hinter der Funktion geschriebene Argument kann eine
Konstante (INT(9.7)), eine Variable (INT(z)) oder ein beliebiger
Ausdruck sein (INT(9.7+z)).

Die beiden Methoden, eine Funktion selbst zu definieren, wollen wir
anhand einiger einfacher Beispiele erklären:

1. Möglichkeit: DEFFN
Das Programm FUNK1 stimmt in seiner Ausführung mit Programm
UNTPROG1 bzw. UNTPROG2 überein, nicht aber in der Basic-
Codierung: Statt einer Prozedur ist in FUNK1 zum Erhöhen der Eingabe
eine benutzerdefinierte Funktion verwendet worden, die mit DEFFN
erklärt wurde. In der hierfür vorgesehenen Anweisung

```
DEFFN erhoeh(par)=par+10
```

schreiben wir hinter DEFFN den Funktionsnamen erhoeh, gefolgt von einem Parameter par, dessen Wert in die Funktionsvorschrift par+10
eingesetzt wird.
Das Programm FUNKTION enthält die drei Variablen bzw. Parameter x,
y, und par. Wie in UNTPROG2 vertritt par als *formaler* Parameter den
entsprechenden *aktuellen* Parameter x bzw. y.

Codierung zu Programm FUNK 1:

```
REM ====== Programm FUNK1
PRINT "Funktionsdefinition mit DEFFN."
'
' *** ERSTER FUNKTIONS-AUFRUF ******************
INPUT "Wert von x ";x
PRINT "x um 10 erhöht ergibt ";FN erhoeh(x)
' *** ZWEITER FUNKTIONS-AUFRUF ****************
INPUT "Wert von y ";y
PRINT "y um 10 erhöht ergibt ";FN erhoeh(y)
PRINT "Ende."
END
'
' *** DEFINITION DER FUNKTION *****************************
DEFFN erhoeh(par)=par+10
' *******************************************************
```


Ausführung zu Programm FUNK 1:

```
Funktionsdefinition mit DEFFN.
Wert von x ? 34
x um 10 erhöht ergibt 44
Wert von y ? -34.5
y um 10 erhöht ergibt -24.5
Ende.
```


Betrachten wir als weiteres Beispiel die benutzerdefinierte Funktion FN
rundenganz, die eine beliebige positive oder negative Zahl auf eine ganze
Zahl rundet.
Mit DEFFN wird die Funktion rundenganz definiert, die ihrerseits die
beiden Systemfunktionen TRUNC (nicht ganzzahligen Teil einer Zahl
abschneiden) und SGN (Vorzeichen angeben mit 1 für positive, -1 für
negative Zahlen und 0 für 0) aufruft.

Das Runden der Zahl -200.4 läuft wie folgt ab:
- Vorzeichenbildung SGN(-200.4) ergibt -1
- Multiplikation 0.5 * (-1) ergibt -0.5
- Addition -200.4 + (-0.5) ergibt -200.9
- TRUNC(-200.9) ist dann das Ergebnis 200
Das Runden der anderen Zahlen 200.4, 200.9 und -200.9 erfolgt entsprechend.

Definition der Funktion:

```
DEFFN rundenganz(zahl)=TRUNC(zahl+0.5*SGN(zahl))
```

Viermaliges Aufrufen der Funktion:

```
PRINT FN rundenganz(200.4)    ergibt 200
PRINT FN rundenganz(200.9)    ergibt 201
PRINT FN rundenganz(-200.4)   ergibt -200
PRINT FN rundenganz(-200.9)   ergibt -201
```

Ganzzahl Runden durch die numerische Funktion rundenganz

Ein Beispiel für eine selbstdefinierte Funktion mit zwei Parametern ist die Funktion quadvergleich, die den Wert TRUE liefert, wenn das Quadrat des ersten Parameters größer ist als das Quadrat des zweiten, und sonst FALSE:

Definition der Funktion:

```
DEFFN quadvergleich(a,b)=a^2>b^2
```

Zweimaliges Aufrufen der Funktion:

```
PRINT FN quadvergleich(-3,2)   ergibt TRUE
PRINT FN quadvergleich(2,2)    ergibt FALSE
```

Quadratzahlen vergleichen mit der Bool'schen Funktion quadvergleich

2. Möglichkeit: FUNCTION...ENDFUNC

Bei komplexeren Funktionsdefinitionen stößt man mit DEFFN oft an Grenzen. Dafür gibt es eine weitere Definitionsmöglichkeit, die vom Aufbau her den Prozeduren sehr stark ähnelt und auch alle prozedurtypischen Besonderheiten erlaubt (lokale Variablen, Variablenparameter, Rekursion usw.).

Wie im Beispielprogramm FUNK2 zu sehen, wird die Definition mit "FUNKTION Funktionsname(Parameterliste)" eingeleitet und mit "ENDFUNC" abgeschlossen. Im Gegensatz zu den Prozeduren muß bei Funktionen aber ein Wert zurückgegeben werden. Dies geschieht durch den Befehl "RETURN Rückgabewert", der gleichzeitig auch den Rücksprung ins Hauptprogramm bewirkt. Eine Funktion kann nur über RETURN verlassen werden, dazu darf RETURN auch mehrmals in der Funktion auftreten.

Der Aufruf kann (wie bei den durch DEFFN definierten Funktionen) durch FN oder @ erfolgen. Liefert eine Funktion einen Text als Ergebnis, muß hinter den Funktionsnamen noch ein Dollarzeichen ("$") angefügt werden.

Die Funktion im Programm FUNK2 gibt wie gewohnt den um 10 erhöhten Übergabewert zurück. Allerdings wird vorher noch geprüft, ob das Ergebnis 100 erreicht oder überschreitet; Wenn ja, wird die Zahl 100 zurückgegeben.

Codierung zu Programm FUNK2:

```
REM ====== Programm FUNK2
PRINT "Funktionsdefinition mit FUNCTION...ENDFUNC."
'
' *** ERSTER FUNKTIONS-AUFRUF ******************
INPUT "Wert von x ";x
PRINT "neuer x-Wert ist ";FN erhoeh(x)
' *** ZWEITER FUNKTIONS-AUFRUF *****************
INPUT "Wert von y ";y
PRINT "neuer y-Wert ist ";FN erhoeh(y)
PRINT "Ende."
END
'
' *** DEFINITION DER FUNKTION ****************************
FUNCTION erhoeh(par)
  IF par+10>=100 THEN
    RETURN 100
  ELSE
    RETURN par+10
  ENDIF
ENDFUNC
' ******************************************************
```

Ausführung zu Programm FUNK2:

```
Funktionsdefinition mit FUNCTION...ENDFUNC.
Wert von x ? 34
neuer x-Wert ist 44
Wert von y ? 95
neuer y-Wert ist 100
Ende.
```

3 Programmierkurs mit GFA-Basic

In diesem Abschnitt wenden wir uns dem Zerlegen und Zusammenfügen
einzelner Daten vom Typ *String* zu. Man spricht dabei oft von *Stringverarbeitung* oder auch von *Textverarbeitung*.
Mit Textverarbeitung ist in diesem Zusammenhang aber nicht ein kom-
merzielles Textsystem gemeint (siehe dazu Abschnitt 1.3.8.3).

3.2.1 Überblick

Unter einem String versteht man eine Zeichenkette, d.h. eine Folge von
Zeichen. In Basic schreibt man Strings zwischen Anführungsstrichen. Hier
einige Beispiele:

- "Basic"   String aus 5 Buchstaben
- "!#§%&/()=?"   String aus 12 Sonderzeichen
- "007"   String aus 3 Ziffern
- "... nur 53 DM!!"   String aus 15 Zeichen (Buchstaben,Ziffern
                                   und Sonderzeichen "gemischt").
- "   "   String aus 6 Leerzeichen (Sonderzeichen).
- ""   String aus keinem Zeichen oder Leerstring.

Stringvariablen erkennt man an dem Datentypkennzeichen "$", das an den
Variablennamen angehängt wird.

- LET text$="Basic"   String in Variable text$ zuweisen.
- PRINT text$ Am Bildschirm den String "Basic" ausgeben.
- IF text$="Logo"...   Vergleich zweier Strings.

Stringfunktionen erkennt man ebenfalls am "$"-Zeichen am Namensende;
sie geben ein String als Ergebnis zurück. Basic stellt zahlreiche solcher
Funktionen standardmäßig bereit. Zusammen mit einigen numerischen
Funktionen (sie geben ein numerisches Ergebnis zurück, z.B. LEN zur
Angabe der Länge eines Strings) erleichtern sie die Stringverarbeitung.

3.2.2 Zeichen für Zeichen verarbeiten

Programm TEXT0 demonstriert die Verwendung der Funktion INSTR,
die den Suchstring z$ im Gesamtstring e$ sucht und die Position des
ersten Auftretens ausgibt. Das zweite Ausführungsbeispiel zeigt, daß
INSTR mit der Suche abbricht, sobald ein Suchstring (hier "E") gefunden
wurde.

Codierung zu Programm TEXT0:

```
REM ====== Programm TEXT0
PRINT "String in einem Text suchen (mit INSTR)."
'
REM ====== Vereinbarungsteil
' e$:   Beliebiger Eingabetext
' z$:   In e$ zu suchender Teilstring (auch einzelnes Zeichen)
' s:    Stelle in e$, an der z$ beginnt bzw. 0 für Fehlanzeige
'
REM ====== Anweisungsteil
INPUT "Welcher Text";e$
INPUT "Welchen Teilstring suchen";z$
LET s=INSTR(e$,z$)
IF s=0 THEN
   PRINT "... nicht gefunden."
ELSE
   PRINT "... beginnt an Stelle ";s;"."
ENDIF
PRINT "Ende."
END
```

Drei Ausführungen zu Programm TEXT0:

```
String in einem Text suchen (mit INSTR).
Welcher Text? DISKONTIEREN
Welchen Teilstring suchen? DISKO
... beginnt an Stelle 1.
Ende.
```

```
String in einem Text suchen (mit INSTR).
Welcher Text? DISKONTIEREN
Welchen Teilstring suchen? E
... beginnt an Stelle 9.
Ende.
```

```
String in einem Text suchen (mit INSTR).
Welcher Text? DISKONTIEREN
Welchen Teilstring suchen? SKI
... nicht gefunden.
Ende.
```

Die Funktion INSTR hat drei Argumente (siehe Abbildung). Wird stelle
weggelassen, beginnt die Suche an der 1. Stelle im String s$. INSTR sucht
stets von links nach rechts. Bei mehrfach vorhandenem Teilstring (wie
hier "E") gibt INSTR deshalb die Stelle an, an welcher der Teilstring
erstmalig gefunden wird. Das Ergebnis 0 zeigt an, daß der angegebene
Teilstring nicht gefunden wurde.
Will man im String von rechts nach links suchen, so kann man die
Funktion RINSTR anwenden, die sonst genau die gleichen Parameter hat
wie INSTR.

Wir werden die Funktion INSTR wiederholt anwenden, um einzelne
Zeichen (Trennungszeichen bzw. Delimiter wie z.B. " " und ";") oder
Worte zu suchen. Dabei wird INSTR zumeist zusammen mit anderen
Stringfunktionen verwendet. Die Anweisungsfolge

```
LET text$="GFA-Basic Interpreter"
LET such%=INSTR(text$,"Int")        ergibt 11
PRINT LEFT$(text$+such%-1)          die ersten 10 Zeichen
```

geben z.B. den links vom Suchbegriff "Int" stehenden Text aus.

```
PRINT INSTR(stelle,s$,t$)      In einem String s$ ab stelle nach einem Teil-
                               string t$ suchen und die Position des ersten
                               Auftretens (von links gesehen) angeben.

    PRINT INSTR(6,"WEGWEISER","E")      ergibt 8
    PRINT INSTR(1,"WEGWEISER","E")      ergibt 2
    PRINT INSTR("WEGWEISER","E")        ergibt 2
    PRINT INSTR("WEGWEISER","EIS")      ergibt 5
    PRINT INSTR("WEGWEISER","EISEN")    ergibt 0
```

Funktion INSTR zum Suchen eines Teilstrings

Programm TEXT1 zeigt, wie auch über die Funktion MID$ ein String z$
im Gesamtstring e$ gesucht werden kann. Die im Programm verwendete
Funktion LEN gibt die Länge eines Strings zurück, d.h. die Anzahl der
Zeichen. Dabei werden auch Leerzeichen mitgezählt. Die Wirkungsweise
von MID$ (MID$ kann als Funktion und als Befehl auftreten) wird im
folgenden Bild erklärt:

Funktion MID$:

```
LET t$ = MID$(text$,stelle,anzahl)
```

Entnehme einem gegebenen String text$ einen ab stelle beginnenden Teilstring mit anzahl Zeichen und weise diesen Teilstring der Variablen t$ zu (wenn anzahl nicht angegeben wird, reicht der Teilstring von stelle bis zum Ende von text$).

```
MID$("GFA-Basic",4,2) ergibt "-B"
```

Anweisung MID$:

```
MID$(text$,stelle,anzahl) = t$
```

Weise den Teilstring t$ dem gegebenen String text$ zu, d.h. ersetze die ab stelle beginnende anzahl Zeichen (bei verschiedenen Längen wird stets die kürzere Längenangabe berücksichtigt).

```
MID$("ATARI",2,4)="pfel" ergibt "Apfel"
```

MID$ als Funktion und als Anweisung

Codierung zu Programm TEXT1:

```
REM ====== Programm TEXT1
PRINT "String in einem Text suchen (ohne INSTR)."
INPUT "Welcher Text";e$
INPUT "Welchen Teilstring suchen";z$
FOR i%=1 TO (LEN(e$)-LEN(z$)+1)
  IF MID$(e$,i%,LEN(z$))=z$ THEN
    LET s%=i%
  ENDIF
NEXT i%
IF s%>0 THEN
  PRINT z$;" beginnt an Stelle ";s%;"."
ELSE
  PRINT "... nicht gefunden. Fehlanzeige."
ENDIF
PRINT "Ende."
END
```

Ausführung zu Programm TEXT1:

```
String in einem Text suchen (ohne INSTR).
Welcher Text? MwSt inkl.
Welchen Teilstring suchen? inkl.
inkl. beginnt an Stelle 6.
Ende.
```

Programm TEXT2 kehrt den Text t1$ zu t2$ um. Dabei wird in einer
rückwärts laufenden Zählerschleife das letzte, vorletzte, usw. Element von
t1$ entnommen und an den String t2$ angehängt. Dazu wird vor dem
Schleifeneintritt ein Leerstring t2$ erzeugt, an den dann wiederholt
Zeichen angehängt werden.

Mit der Funktion INP kann man Daten byte-weise von einem Kanal (wie
der Konsole, der seriellen Schnittstelle oder einer Datei) lesen, je nach
angegebenem Argument. INP(2) liest ein Zeichen in codierter Form (bei
den meisten Zeichen als ASCII-Code) von der Konsole, also von der
Tastatur. Da INP wie INPUT die Programmausführung stoppt, bis ein
Zeichen angekommen ist, kann man einen INP-Befehl am Programmende
dazu verwenden, eine Verdeckung der Programmausgabe durch das
Programmendefenster des Interpreters zu verhindern, bis eine Taste
betätigt wird.
Welche Taste vom Benutzer gedrückt wird, um wieder in den Editor zu
gelangen, ist in diesem Fall völlig ohne Belang. Diese Tatsache drücken
wir im Programm durch Verwendung des VOID-Befehls aus: Er wird
einem Funktionsaufruf vorangestellt und bewirkt, daß das Ergebnis der
Funktion "vergessen" wird und keiner Variablen zugewiesen werden
braucht. Wie man aus unserem Beispielprogramm sehen kann, gibt es
tatsächlich Fälle, in denen das Resultat einer Funktion überhaupt nicht
von Interesse ist. Dann ist die Verwendung von VOID (VOID heißt auf
Deutsch "Leere") sinnvoll.
Statt VOID kann auch eine Tilde ("~") angegeben werden. Dies hat die
gleiche Wirkung, ist aber schneller, da der Rückgabewert der Funktion
nicht noch in eine Fließkommazahl umgerechnet wird, was ja überflüssig
ist.

Codierung zu Programm TEXT2:

```
REM ====== Programm TEXT2
PRINT "Demonstration zum Umkehren von Text."
'
REM ====== Vereinbarungsteil
' t1$:   Eingegebener Text
' t2$:   Ausgegebener Umkehrtext
' l%:    Länge von t1$ bzw. t2$
' i%:    Laufvariable fuer Zählerschleife
'
REM ====== Anweisungsteil
INPUT "Welchen Text umkehren ";t1$
LET l%=LEN(t1$)                  !Länge des Strings t1$
LET t2$=""                      !t2$ als Leerstring mit Länge 0
FOR i%=l% DOWNTO 1              !Von l% bis 1 hinunterzählen
  LET t2$=t2$+MID$(t1$,i%,1)     !Das i%-te Zeichen an t2$ anhängen
  PRINT l%-i%+1;". Schleifendurchlauf: ";t2$
NEXT i%                         !Nächstes Zeichen nehmen
PRINT
PRINT t1$;" umgekehrt zu ";t2$
VOID INP(2)                     !auf Tastendruck warten
END
```

Ausführung zu Programm TEXT2:

```
Demonstration zum Umkehren von Text.
Welchen Text umkehren ? Bremen
1. Schleifendurchlauf: n
2. Schleifendurchlauf: ne
3. Schleifendurchlauf: nem
4. Schleifendurchlauf: neme
5. Schleifendurchlauf: nemer
6. Schleifendurchlauf: nemerB

Bremen umgekehrt zu nemerB
```

Programm TEXT3 wendet die Funktion STR$ zur Umwandlung einer
Zahl z in einen String z$ an, um die einzelnen Ziffern auseinanderziehen
zu können.

Codierung zu Programm TEXT3:

```
REM ====== Programm TEXT3
PRINT "Ziffern auseinanderziehen."
INPUT "Welche Zahl ";z
LET z$=STR$(z)
FOR i%=1 TO LEN(z$)
  PRINT MID$(z$,i%,1);" ";
NEXT i%
END
```

Ausführungen zu Programm TEXT3:

```
Ziffern auseinanderziehen.
Welche Zahl ? 12564.8
1 2 5 6 4 . 8
```

```
Ziffern auseinanderziehen.
Welche Zahl ? 2000
2 0 0 0
```

Programm TEXT4 zeigt das Unterstreichen über eine Schleife und über
die Funktion STRING$. Die Funktion STRING$(i,x$) liefert einen String,
der durch die i-malige Aneinderreihung von x$ entsteht (beispielweise
ergibt STRING$(2,"Ha") "HaHa"). Wenn wie in TEXT4 x$ nur aus einem
Zeichen besteht, kann statt x$ auch einfach die ASCII-Codezahl des
Zeichens angegeben werden. STRING(l%,45) ist also das gleiche wie
STRING$(l%,"-").
Die Eingabevariable bei der INPUT-Anweisung ist in diesem Programm
durch ein Komma statt durch ein Semikolon abgetrennt. Dies bewirkt,
daß kein Fragezeichen ausgegeben wird.

Codierung zu Programm TEXT4:

```
REM ====== Programm TEXT4
PRINT "Text unterstreichen auf zwei verschiedene Arten."
PRINT "Text eingeben:"
INPUT "",t$               !Eingabe von t$ ohne Ausgabe eines Fragezeichens
LET l%=LEN(t$)
PRINT STRING$(l%,45)
PRINT t$
FOR i%=1 TO l%
  PRINT "-";
NEXT i%
END
```

Ausführung zu Programm TEXT4:

```
Text unterstreichen auf zwei verschiedene Arten.
Text eingeben:
GFA-Basic Wegweiser
- - - - - - - - - - - - - - - - - - -
GFA-Basic Wegweiser
- - - - - - - - - - - - - - - - - - -
```

Programm TEXT5 gibt Text rechtsbündig aus. Hierzu wird ein String l\$ mit z% Blanks bzw. Leerstellen aufgebaut, an den der Eingabetext e\$ angehängt wird ("LET g\$=l\$+e\$"). Die Funktion RIGHT\$(g\$,z%) liefert dann die z% rechtsstehenden Zeichen von g\$ (die entsprechende Funktion LEFT\$(g\$,z%) würde einen String aus den z% linksstehenden Zeichen von g\$ liefern).

Codierung zu Programm TEXT5:

```
REM ====== Programm TEXT5
PRINT "Text mit Leerstellen auffüllen und rechtsbündig ausgeben."
PRINT "Stellenanzahl bzw. Zeilenbreite?"
INPUT z%
FOR i%=1 TO z%
  LET l$=l$+" "
NEXT i%
PRINT "Texteingabe (unter ";z%;" Stellen)?"
INPUT e$
LET g$=l$+e$
LET a$=RIGHT$(g$,z%)
PRINT
PRINT "Textausgabe rechtsbündig:"
PRINT a$
END
```

Ausführung zu Programm TEXT5:

```
Text mit Leerstellen auffüllen und rechtsbündig ausgeben.
Stellenzahl bzw. Zeilenbreite?
? 30
Texteingabe (unter 30 Stellen)?
? San Francisco

Textausgabe rechtsbündig:
             San Francisco
```

Programm TEXT6 erweitert eine Ganzzahl z% - in einen String z$ umgewandelt - um führende Nullen.

Codierung zu Programm TEXT6:

```
REM ====== Programm TEXT6
PRINT "Zahl um führende Nullen erweitern."
INPUT "Anzahl der Stellen insgesamt";a%
INPUT "Welche positive ganze Zahl  ";z%
LET z$=STR$(z%)           !Zahl in String umwandeln
LET n$=STRING$(a%,"0")    !String aus lauter Nullen erzeugen
LET z$=RIGHT$(n$+z$,a%)   !Nullen voranstellen
PRINT z$
PRINT "Ende."
END
```

Ausführungen zu Programm TEXT6:

```
Zahl um führende Nullen erweitern.
Anzahl der Stellen insgesamt? 3
Welche positive ganze Zahl  ? 7
007
Ende.
```

```
Zahl um führende Nullen erweitern.
Anzahl der Stellen insgesamt? 10
Welche positive ganze Zahl  ? 12
0000000012
Ende.
```

Programm TEXT7 demonstriert die Funktion LSET, um Text durch Blanks auf eine vorgegebene Länge zu erweitern. (Anwendung z.B., um eine feste Datensatzlänge einer Datei zu erreichen). Dazu setzen wir die Funktion SPACE$ ein, die einen String aus sovielen Leerzeichen liefert, wie im Argument angegeben wird.

Im Programm wird durch LSET s$ linksbündig in b$ eingefügt. Dabei wird der rechte, ungenutzte Teil von b$ automatisch mit Leerzeichen aufgefüllt. Es kommt also nicht auf den Inhalt an (bei RSET verhält es sich entsprechend).

Programm TEXT8 geht umgekehrt vor und eliminiert Blanks. Dabei wird eine andere Methode der Texteingabe demonstriert: Die *zeichenweise* Eingabe über eine Schleife. Wir verwenden die Anweisung INPUT$(1), die jeweils nur *ein* Zeichen in die Variable e$ übernimmt.

Problematisch dabei ist, daß bei INPUT$ (und bei INP) das eingegebene Zeichen und auch der Cursor (die Schreibmarke) nicht auf dem Bildschirm erscheint. Die Lösung des ersten Problems ist, jeden eingelesenen Buchstaben nochmal extra auszudrucken, die Lösung des zweiten ist, das Programm ein bestimmtes Zeichen - wir benutzen ein Underscore ("_") - selber an die aktuelle Eingabeposition zeichnen zu lassen. Dieser Cursor wird vor der Eingabeschleife einmal und in der Schleife hinter jedes neu eingelesene Zeichen gezeichnet. Der Cursor an der alten Position wird gelöscht, indem er vom neu eingegebenen Zeichen überschrieben wird. Dazu wird vor dem Ausdruck von e$ ein "Backspace" (ASCII-Code 8) gedruckt, das die momentane Zeichenposition um eins nach links verschiebt. Auf ähnliche Weise wird nach Beendigung der Schleife das letzte, übriggebliebene Underscore entfernt.

Die CHR$(x)-Funktion druckt das Zeichen mit dem ASCII-Code x. Sie wird verwendet, um das Backspace zu drucken und um in der EXIT IF Anweisung festzustellen, ob die Return-Taste (Code 13) betätigt wurde.

Das Abschneiden der Leerzeichen hätte auch einfacher durchgeführt werden können mittels der GFA-Basic-Funktion TRIM$(s$), die die Leerzeichen am Ende und am Anfang von s$ entfernt.

Codierung zu Programm TEXT7:

```
REM ====== Programm TEXT7
PRINT "String mit Blanks (Leerstellen) erweitern."
INPUT "Welche Gesamtanzahl von Stellen";a%
INPUT "Zu erweiternder String          ",s$
LET b$=SPACE$(a%)                !a% Blanks nach b$
LSET b$=s$                       !s$ links in b$ einsetzen
LET s$=b$                        !b$ nach s$ kopieren
PRINT "-->";s$;"<--"
PRINT "Ende."
END
```

Ausführung zu Programm TEXT7:

```
String mit Blanks (Leerstellen) erweitern.
Welche Gesamtanzahl von Stellen? 20
Zu erweiternder String          Karlsruhe
-->Karlsruhe                <--
Ende.
```

Codierung zu Programm TEXT8:

```
REM ====== Programm TEXT8
PRINT "Blanks aus String abschneiden."
PRINT "String mit Blanks am Ende:"
LET e$=""                                !Leerstring
PRINT "_";                               !Cursor
DO                                       !Beginn Eingabeschleife
  LET zeichen$=INPUT$(1)
  EXIT IF zeichen$=CHR$(13)              !Schleife verlassen, wenn RETURN gedrückt
  PRINT CHR$(8);zeichen$;"_";            !Cursor neu setzen
  LET e$=e$+zeichen$
LOOP                                     !Ende Eingabeschleife
PRINT CHR$(8);" "                        !Cursor löschen
LET s$=e$
FOR i%=LEN(s$) DOWNTO 1
  IF RIGHT$(s$,1)=" " THEN
    LET s$=LEFT$(s$,LEN(s$)-1)
  ENDIF
NEXT i%
PRINT
PRINT "-->";e$;"<--"
PRINT "-->";s$;"<--"
PRINT "Ende."
END
```

Ausführung zu Programm TEXT8:

```
Blanks aus String abschneiden.
String mit Blanks am Ende:
London, England

-->London, England    <--
-->London, England<--
Ende.
```

Programm TEXT9 sucht über die Funktion INSTR die Positionen von
Blanks in einem über die Tastatur eingegebenen String eintext$. Das
Apostroph im Ausdruck "PRINT blankstelle%'" ist nur eine kürzere
Schreibweise für ;" ";. Es trennt also die gefundenen Positionen um ein
Leerzeichen voneinander.

Codierung zu Programm TEXT9:

```
REM ====== Programm TEXT9
PRINT "Position und Anzahl von Blanks in einem Text feststellen."
PRINT "Welchen Text nach Blanks durchsuchen"
INPUT eintext$
LET startstelle%=1
LET anzahl%=0
LET blankstelle%=INSTR(startstelle%,eintext$," ")
PRINT
PRINT "Positionen der Blanks:"
WHILE blankstelle%<>0
  PRINT blankstelle%'
  INC anzahl%
  LET startstelle%=blankstelle%+1
  LET blankstelle%=INSTR(startstelle%,eintext$," ")
WEND
PRINT
PRINT "Anzahl der Blanks: ";anzahl%
PRINT "Ende."
END
```


Ausführung zu Programm TEXT9:

```
Position und Anzahl von Blanks in einem Text feststellen.
Welchen Text nach Blanks durchsuchen
? Ich hab mein Herz in Heidelberg verloren

Positionen der Blanks:
4 8 13 18 21 32
Anzahl der Blanks: 6
Ende.
```


3.2.3 Datumsangaben verarbeiten

Angaben zum Datum werden so oft verarbeitet, daß z.B. Datenbank-
systeme einen speziellen Datentyp dafür bereitstellen. Das Programm
DATUMINT bereitet ein Datum zum Sortieren auf: Das Eingabeformat
"Tag-Monat-Jahr" wird umgekehrt zum Format "Jahr-Monat-Tag" und
kann so leicht - in eine Ganzzahl umgewandelt - sortiert werden.

Codierung zu Programm DATUMINT:

```
REM ====== Programm DATUMINT
PRINT "Datum aus String in eine Ganzzahl umwandeln zwecks Sortieren."
INPUT "Datum im Format TT.MM.JJ eingeben";d$
LET t$=LEFT$(d$,2)                    !Tage zuweisen
LET m$=MID$(d$,4,2)                   !Monate zuweisen
LET j$=RIGHT$(d$,2)                   !Jahre zuweisen
LET d%=VAL(j$+m$+t$)                  !Datum als Ganzzahl bzw. INTEGER-Zahl d%
PRINT "Datum als sortierfähige Ganzzahl: ";d%
PRINT "Ende."
END
```

Ausführung zu Programm DATUMINT:

```
Datum aus String in eine Ganzzahl umwandeln zwecks Sortieren.
Datum im Format TT.MM.JJ eingeben? 09.08.85
Datum als sortierfähige Ganzzahl: 850809
Ende.
```

Das Programm DATUMPRU überprüft, ob ein Datum innerhalb einer
vorgegebenen Zeitspanne liegt oder nicht. Dabei wird jedes Datum mit
der Funktion VAL in einen numerischen Wert umgewandelt, um die
Abfragen vornehmen zu können.

Codierung zu Programm DATUMPRU:

```
REM ====== Programm DATUMPRU
PRINT "Prüfen, ob ein Datum in einer bestimmten Zeitspanne liegt."
'
REM ====== Vereinbarungsteil
' d1$-d3$:  3 String-Variablen für Datumangaben
' t1%-t3%:  3 Ganzzahl-Variablen für Tage
' m1%-m3%:  3 Ganzzahl-Variablen für Monate
' j1%-j3%:  3 Ganzzahl-Variablen für Jahre
'
REM ====== Anweisungsteil
INPUT "Untere Datumgrenze TT.MM.JJ ";d1$
INPUT "Obere Datumgrenze  TT.MM.JJ ";d2$
INPUT "Testdatum          TT.MM.JJ ";d3$
LET t1%=VAL(LEFT$(d1$,2))
LET m1%=VAL(MID$(d1$,4,2))
LET j1%=VAL(RIGHT$(d1$,2))
LET t2%=VAL(LEFT$(d2$,2))
LET m2%=VAL(MID$(d2$,4,2))
LET j2%=VAL(RIGHT$(d2$,2))
LET t3%=VAL(LEFT$(d3$,2))
LET m3%=VAL(MID$(d3$,4,2))
LET j3%=VAL(RIGHT$(d3$,2))
'
```

```
IF j3%>j2% THEN
   PRINT "Jahr zu jung."
ELSEIF j3%<j1% THEN
   PRINT "Jahr zu alt."
ELSEIF j3%=j2% AND m3%>m2% THEN
   PRINT "Monat zu jung."
ELSEIF j3%=j1% AND m3%<m1% THEN
   PRINT "Monat zu alt."
ELSEIF j3%=j2% AND m3%=m2% AND t3%>t2% THEN
   PRINT "Tag zu jung."
ELSEIF j3%=j1% AND m3%=m1% AND t3%<t1% THEN
   PRINT "Tag zu alt."
ELSE
   PRINT "Datum liegt innerhalb der Zeitspanne."
ENDIF
PRINT "Ende."
END
```

Ausführungen zu Programm DATUMPRU:

```
Prüfen, ob ein Datum in einer bestimmten Zeitspanne liegt.
Untere Datumsgrenze TT.MM.JJ? 31.01.87
Obere Datumsgrenze   TT.MM.JJ? 12.11.88
Testdatum            TT.MM.JJ? 30.01.87
Tag zu alt.
Ende.
```

```
Prüfen, ob ein Datum in einer bestimmten Zeitspanne liegt.
Untere Datumsgrenze TT.MM.JJ? 31.01.87
Obere Datumsgrenze   TT.MM.JJ? 12.11.88
Testdatum            TT.MM.JJ? 01.04.88
Datum liegt innerhalb der Zeitspanne.
Ende.
```

3.2.4 Teilstrings aufbereiten

Aus Gründen der Speicherplatzersparnis speichert man die Sätze einer
Datei oft als Strings ab, wobei die Satzkomponenten z.B. durch das
Zeichen ";" voneinander getrennt werden.

Das nachfolgende Programm ETIKETT geht dieses Problem an und
demonstriert, wie aus einem Gesamtstring s$ die Teilstrings t$ zu einem
Drucketikett aufbereitet werden. Unser Beispiel bezieht sich auf eine
Artikeldatei mit Datensätzen s$, die aus jeweils sechs Datenfeldern
bestehen. In der Abbruchbedingung der REPEAT-UNTIL-Schleife wird
mit CHR$(59) und damit mit ";" verglichen (59 ist die ASCII-Codezahl

des Semikolons). Man hätte auch UNTIL MID$(s$,nt%,1)=";" schreiben können.

Es wird statt INPUT im Programm die Anweisung LINE INPUT benutzt, die auch die Eingabe von Kommata ermöglicht.

Codierung zu Programm ETIKETT:

```
REM ====== Programm ETIKETT
PRINT "Aus einem String (Datensatz) einzelne Teilstrings"
PRINT "(Datenfelder) entnehmen und als Drucketikett ausgeben."
'
REM ====== Vereinbarungsteil
' ns%: Länge (Anzahl der Zeichen einschließlich ;) von s$
' t$:  Teilstring zur Aufnahme eines Datenfeldes
' nt%: Länge von t$
'
REM ====== Anweisungsteil
PRINT "Eingabe eines Datensatzes mit ; (Semikolon) zur Trennung."
PRINT "Datensatz mit Semikolon abschließen."
LINE INPUT s$
LET ns%=LEN(s$)
PRINT
PRINT "Ausgabe als Etikett:"
WHILE ns%<>0                        !Beginn der äußeren Schleife
  LET nt%=0
  REPEAT
    INC nt%
  UNTIL MID$(s$,nt%,1)=CHR$(59)
  LET t$=LEFT$(s$,nt%-1)            !Teilstring t$ entnehmen
  PRINT "   ";t$
  LET ns%=ns%-nt%                   !String s$ um t$ kürzen
  LET s$=RIGHT$(s$,ns%)
WEND                                !Ende der äußeren Schleife
PRINT "Ende."
END
```


Ausführung zu Programm ETIKETT:

```
Aus einem String (Datensatz) einzelne Teilstrings
(Datenfelder) entnehmen und als Drucketikett ausgeben.
Eingabe eines Datensatzes mit ; (Semikolon) zur Trennung.
Datensatz mit Semikolon abschließen.
? 1002;Papier;DIN A4;Unliniert;100 Blatt;DM 3,50;
```

```
Ausgabe als Etikett:
   1002
   Papier
   DIN A4
   Unliniert
   100 Blatt
   DM 3,50
Ende.
```

3.2.5 Stringvergleich mit Wildcard-Zeichen

Programm WILDCARD veranschaulicht vier wesentliche Möglichkeiten, einen String (im Beispiel "Heidelberg") als Ordnungsbegriff mit einem weiteren String als Suchbegriff zu vergleichen. Die Wildcard-Zeichen "*" und "?" werden oft auch als Joker-Zeichen bezeichnet.

1. Gesamtvergleich:

Zwei Strings werden Zeichen für Zeichen in voller Länge verglichen.

2. Teilvergleich:

Es wird geprüft, ob der Suchstring (s$) eine Teilmenge des Gesamtstrings (o$) darstellt (im Programm wird dies nur für die erste Position des Gesamtstrings durchgeführt).

3. Wildcard "*":

Das Zeichen "*" ersetzt eine Folge von Zeichen. "H*", "He*" wie "Heide*" werden als "gleich" zu "Heidelberg" erkannt.

4. Wildcard "?":

Das Zeichen "?" ersetzt ein einzelnes Zeichen. "Heidel?erg" wie "?eid??ber?" werden als "gleich" zu "Heidelberg" erkannt.

Vergleich zweier Strings

Codierung zu Programm WILDCARD:

```
REM ====== Programm WILDCARD
PRINT "Demonstration von vier Arten des Stringvergleichs."
'
REM ====== Vereinbarungsteil
' o$:  Ordnungsbegriff , mit dem jeweils verglichen wird
' s$:  Suchbegriff
' no%: Stellenanzahl von o$
' ns%: Stellenanzahl von s$
' s%:  Stelle bzw. Merker (Flagge)
'
REM ====== Anweisungsteil
INPUT "Welcher Ordnungsbegriff";o$
PRINT
LET no%=LEN(o$)
INPUT "--> Erster Suchbegriff (999 für Ende)";s$
WHILE s$<>"999"
  LET ns%=LEN(s$)
  ' *** GESAMTVERGLEICH **********************************************
  LET s1$=LEFT$(s$+SPACE$(no%),no%)
  IF s1$=o$ THEN
    PRINT "Gesamtvergleich: ";s$;" gleich ";o$
  ENDIF
  ' *** TEILVERGLEICH ************************************************
  IF s$=LEFT$(o$,ns%) THEN
    PRINT "Teilvergleich: ";s$;" links in ";o$
  ENDIF
  ' *** VERGLEICH MIT EGAL "*" ***************************************
  LET s%=INSTR(s$,"*")        !s% als Stelle sowie Flagge
  IF s%<>0 THEN
    IF LEFT$(s$,s%-1)=LEFT$(o$,s%-1) THEN
      PRINT "Vergleich mit Wildcard '*': ";s$;" in ";o$
    ENDIF
  ENDIF
  ' *** VERGLEICH MIT EGAL "?" ***************************************
  LET s%=1                    !s% als Flagge
  FOR i%=1 TO no%
    IF "?"<>MID$(s$,i%,1) AND MID$(s$,i%,1)<>MID$(o$,i%,1) THEN
      LET s%=0
    ENDIF
  NEXT i%
  IF s%<>0 THEN
    PRINT "Vergleich mit Wildcard '?': ";s$;" gleich ";o$
  ENDIF
  INPUT "--> Neuer Suchbegriff (999=Ende)";s$
WEND
PRINT "Ende."
END
```

Ausführung zu Programm WILDCARD:

```
Demonstration von vier Arten des Stringvergleichs.
Welcher Ordnungsbegriff? Heidelberg

--> Erster Suchbegriff (999 für Ende)? Heid*
Vergleich mit Wildcard '*': Heid* in Heidelberg
--> Neuer Suchbegriff (999=Ende)? Heid??berg
Vergleich mit Wildcard '?': Heid??berg gleich Heidelberg
--> Neuer Suchbegriff (999=Ende)? Heidel????
Vergleich mit Wildcard '?': Heidel???? gleich Heidelberg
--> Neuer Suchbegriff (999=Ende)? He
Teilvergleich: He links in Heidelberg
--> Neuer Suchbegriff (999=Ende)? Heidelberg
Gesamtvergleich: Heidelberg gleich Heidelberg
Teilvergleich: Heidelberg links in Heidelberg
Vergleich mit Wildcard '?': Heidelberg gleich Heidelberg
--> Neuer Suchbegriff (999=Ende)? Heidelberg 3
Gesamtvergleich: Heidelberg 3 gleich Heidelberg
Vergleich mit Wildcard '?': Heidelberg 3 gleich Heidelberg
--> Neuer Suchbegriff (999=Ende)? Nina
--> Neuer Suchbegriff (999=Ende)? 999
Ende.
```

3.2.6 Blocksatz erstellen

Blocksatz als Textdarstellung mit linkem *und* rechtem Randausgleich wird
vom Programm BLOCKSAT demonstriert. Dabei wird ein Eingabestring
ein$ der Länge le% durch Hinzufügen von Leerzeichen bzw. Blanks zu
einem Ausgabestring aus$ der vorgegebenen Länge la% erweitert. Mehrere
Strings aus$ ergeben dann eine Textseite mit rechtem Randausgleich bei
einer Zeilenlänge la%.

Codierung zu Programm BLOCKSAT:

```
REM ====== Programm BLOCKSAT
PRINT "Demonstration: Automatischer Randausgleich."
'
REM ====== Vereinbarungsteil
' ein$, le%:  Eingabezeile, Länge von ein$
' aus$, la%:  Ausgabezeile, Länge von aus$
' be%:        Anzahl von Blanks in ein$
' ba%:        Anzahl von Blanks in aus$ hinzuzufügen
' bv%:        Anzahl von Blanks gerade verarbeitet
' z$:         Zeichen zum Hinzufügen
'
```

```
REM ====== Anweisungsteil
INPUT "Eingabezeile";ein$
LET le%=LEN(ein$)
INPUT "Länge der Ausgabezeile";la%
PRINT
LET be%=0
LET ba%=la%-le%
LET aus$=""
FOR z%=1 TO le%                    !Blanks-Anzahl in Eingabezeile
  IF MID$(ein$,z%,1)=" " THEN
    INC be%
  ENDIF
NEXT z%
FOR z%=1 TO le%                    !Ausgabezeile zeichenweise aufbauen
  LET z$=MID$(ein$,z%,1)           !z%-tes Zeichen in ein$ nehmen
  LET aus$=aus$+z$                 !z%-tes Zeichen in aus$ anfügen
  IF z$=" " THEN
    LET bv%=INT(ba%/be%)
    LET aus$=aus$+SPACE$(bv%)
    LET ba%=ba%-bv%
    DEC be%
  ENDIF
NEXT z%
PRINT STRING$(6,"1234567890")
PRINT ein$
PRINT aus$
PRINT STRING$(6,"1234567890")
END
```

Ausführung zu Programm BLOCKSAT:

```
Demonstration: Automatischer Randausgleich.
Eingabezeile? DER ALTE MANN UND DAS MEER
Länge der Ausgabezeile? 36

123456789012345678901234567890123456789012345678901234567890
DER ALTE MANN UND DAS MEER
DER   ALTE   MANN   UND   DAS   MEER
123456789012345678901234567890123456789012345678901234567890
```

3.2.7 Verschlüsselung zwecks Datenschutz

In Klartext gespeicherte Daten kann jeder lesen, verschlüsselte Daten
hingegen zumindest nicht so leicht. Die Kryptographie als Lehre von der
Textverschlüsselung kennt drei wichtige Verfahren: die Umcodierung, den
Versatz und die Ersetzung.

1. Bei der *Umcodierung* wird Information in einen anderen Code wie z.B. den ASCII umgeschrieben.

2. Bei den *Versatz-Verfahren* wird das zugrundeliegende Alphabet versetzt und dadurch umgestellt. Ein Beispiel haben wir mit dem "Von hinten nach vorne schreiben" in Programm TEXT2 (Abschnitt 3.2.2) bereits vorgestellt.

3. Bei der *Ersetzung* wird das zugrundeliegende Alphabet durch ein anderes ersetzt.

Drei Verfahren zur Textverschlüsselung

Unser folgendes Programm GEHEIM geht nach der "Ersetzung" vor und wendet dazu ein einfaches auf Julius Cäsar zurückgehendes Verfahren an.

Ausführungen zu Programm GEHEIM:

```
Textverschlüsselung nach dem Verfahren 'Ersetzung Cäsar'.
Eingabetext? Antwerpen
Schlüssel? 2

1. Verschlüsselung:
Ausgabetext:
Cpvygtrgp

2. Entschlüsselung:
Eingabetext jetzt:
Cpvygtrgp
Ausgabetext wiederum:
Antwerpen
Ende.
```

```
Textverschlüsselung nach dem Verfahren 'Ersetzung Cäsar'.
Eingabetext? 1298560 DM BILANZSUMME
Schlüssel? 10

1. Verschlüsselung:
Ausgabetext:
;<CB?@:*NW*LSVKXd]_WWO

2. Entschlüsselung:
Eingabetext jetzt:
;<CB?@:*NW*LSVKXd]_WWO
Ausgabetext wiederum:
1298560 DM BILANZSUMME
Ende.
```

Wie geht man bei diesem "Cäsar-Verfahren" vor?
Jedes Zeichen des Klartextes e$ wird der Reihe nach durch das s%-te
nachfolgende Zeichen ersetzt. Dabei geben die Codezahlen des ASCII die
Reihenfolge vor. Die ASC-Funktion stellt mit dem Aufruf
ASC(MID$(e$,i%,1)) die Codezahl des i%-ten Zeichens im Klartext e$ zur
Verfügung. Addieren wir s% hinzu, gelangen wir zur Codezahl des
verschlüsselten Zeichens.
Die beiden Ausführungen zu Programm GEHEIM zeigen, wie der zu
verschlüsselnde Text um 2 bzw. 10 Stellen im ASCII versetzt wird. Dabei
wird z.B. "A" bzw. CHR$(65) zu "C" bzw. CHR$(67).

Die Funktion ersetzung$ macht im Programm die eigentliche Arbeit: Seine
Parameter sind der zu verändernde Text (der beim Unterprogrammaufruf
an die lokale Variable text$ übergeben wird) und der Codierungsschlüssel
(der in die lokale Variable s% kommt). In einer Zählerschleife wird text$
Zeichen für Zeichen durchgegangen und verschlüssel bzw. beim zweiten
Aufruf mit -s% entschlüssel. Dabei wird geprüft, ob der geänderte
ASCII-Code den Bereich von 0 bis 127 verläßt, in dem er definiert ist,
und gegebenenfalls durch Addition bzw. Subtraktion von 128 korrigiert.
Das Ergebnis der Verschlüsselung ist dann der Rückgabewert der
Funktion.

Anmerkung: Auf dem Atari sind auch die ASCII-Codezahlen von 128 bis
255 belegt, und zwar mit Sonderzeichen. Davon kann man sich durch ein
Blick in den Anhang des GFA-Basic Handbuchs oder durch ein kleines
Programm, das mit CHR$ in einer FOR-NEXT-Schleife die Zeichen von
128 bis 255 audruckt, überzeugen.

Codierung zu Programm GEHEIM:

```
REM ====== Programm GEHEIM
PRINT "Textverschlüsselung nach dem Verfahren 'Ersetzung Cäsar'."
'
REM ====== Vereinbarungsteil
' e$,a$:   Eingabetext und verschlüsselter Ausgabetext
' s%:      Ganzzahliger Schlüssel zum Ersetzen
'                                      ' *** Beginn Unterprogramm Ersetzung ***
REM ====== Anweisungsteil             FUNCTION ersetzung$(text$,s%)
INPUT "Eingabetext";e$                  LOCAL a$,i%,hilf%
INPUT "Schlüssel";s%                    LET a$=""
PRINT                                   FOR i%=1 TO LEN(text$)
PRINT "1. Verschlüsselung:"               LET hilf%=ASC(MID$(text$,i%,1))+s%
LET a$=@ersetzung$(e$,s%)                 IF hilf%>127 THEN
PRINT "Ausgabetext:"                        LET hilf%=hilf%-128
PRINT a$                                  ENDIF
PRINT                                     IF hilf%<0 THEN
PRINT "2. Entschlüsselung:"                 LET hilf%=hilf%+128
PRINT "Eingabetext jetzt:"                ENDIF
PRINT a$                                   LET a$=a$+CHR$(hilf%)
PRINT "Ausgabetext wiederum:"           NEXT i%
PRINT @ersetzung$(a$,-s%)             RETURN a$
PRINT "Ende."                         ENDFUNC
END                                   ' *** Ende Unterprogramm Ersetzung *****
```

3
Programmierkurs mit GFA-Basic

Mit der Verarbeitung von Arrays wenden wir uns einer komplexen Datenstruktur zu. Ein Array wird auch als Feld, Tabelle, Matrix oder Vektor bezeichnet.

3.3.1 Arrays im Überblick

In Abschnitt 1.3.2.2 hatten wir als wichtige Datenstruktur das Array kennengelernt. Ein Array können wir uns als Regal mit mehreren Schubfächern - den Elementen des Arrays - vorstellen. Das Array m hat im folgenden Beispiel fünf Schubfächer bzw. Elemente, wobei im Fach 3 die Zahl 77 abgelegt ist.

m(0) m(1) m(2) m(3) m(4) = Fach 0, 1, 2, 3, 4 von m

| 12 | 9 | 1 | 77 | 2.5 | = Inhalt 12, 9, 1, 77, 2.5

Arrays können - ebenso wie einfache Variablen - durch die Typenbezeichnungen

- %,&,| Ganzzahl
- !   Boolean (Wahrheitswerte)
- $ String

den verschiedenen Datentypen zugeordnet werden (vgl. Abschnitt 2.4.1.1): Je nach Inhalt der Fächer gibt es das Real,- (keine Typenbezeichnung oder Postfix #) Ganzzahl-, Boolean- und String-Array. Beim Boolean-Array ist noch eine Besonderheit zu beachten: Für das Abspeichern eines Elements wird statt einem Byte nur ein Bit Speicherplatz benötigt.

Es ist auch möglich, die Schubfächer (Elemente) des Arrays weiter zu unterteilen, jedes Element sozusagen wieder als Array aufzufassen. Man spricht dann, im Gegensatz zum obigen eindimensionalen Array m, von mehrdimensionalen Arrays.

Ein zweidimensionales Array läßt sich gut als Tabelle oder Matrix darstellen. Betrachten wir als Beispiel das Array m%(3,4). Der erste Index
gibt die Nummer der Zeile an, der zweite die Nummer der Spalte:

m%	0	1	2	3	4
0	m%(0,0)	m%(0,1)	m%(0,2)	m%(0,3)	m%(0,4)
1	m%(1,0)	m%(1,1)	m%(1,2)	m%(1,3)	m%(1,4)
2	m%(2,0)	m%(2,1)	m%(2,2)	m%(2,3)	m%(2,4)
3	m%(3,0)	m%(3,1)	m%(3,2)	m%(3,3)	m%(3,4)

Man kann mit Array-Elementen fast genauso umgehen wie mit den entsprechenden einfachen Variablen. Will man beispielsweise dem Element in
der zweiten Zeile und dritten Spalte einen Wert x% zuweisen, so schreibt
man:

```
LET m%(2,3)=x%
```

Allerdings ist es nicht möglich, Arrays als lokale Variablen in Unterprogrammen zu definieren. Außerdem können sie nur in Form von VAR-
Parametern übergeben werden.

Der Array-Typ, die Dimension und die Größe der Indexbereiche muß vor
dem ersten Benutzen der Variablen durch eine DIM-Anweisung festgelegt
werden.
Ein Beispiel: DIM m$(4) richtet ein Array mit fünf Elementen (Index-
bereich geht von 0 bis 4) zur späteren Aufnahme von Strings ein, wobei
die Fächer mit m$(0), m$(1), m$(2), m$(3), m$(4) durchnumeriert sind.

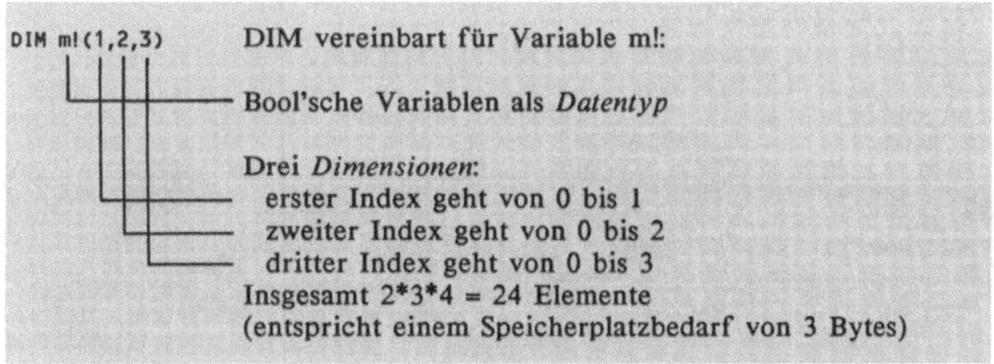

DIM-Anweisung zur Vereinbarung von Arrays an einem Beispiel

3.3.2 Eindimensionale Arrays

3.3.2.1 Numerisches Array zur Speicherung von Zahlen

Ein eindimensionales Array kann man sich waagrecht als Zeile *oder* senkrecht als Spalte angeordnet vorstellen, also immer in eine Richtung/Dimension ausgedehnt. Man spricht dabei auch von Feld, Vektor oder Liste.

Das Programm LAGREGAL veranschaulicht uns diese Datenstruktur: Mit DIM r(7) vereinbaren wir ein "Regal" mit acht "Regalfächern" 0, 1, ..., 7. Das 0. Fach lassen wir unberücksichtigt (man reserviert es - wie später im Programm ABTABELL gezeigt wird - meist für ganz besondere Eintragungen). Über die Eingabeschleife FOR i%=1 TO 7...NEXT i% geben wir mittels INPUT r(i%) der Reihe nach sieben Zahlen in die Fächer 1, 2, ..., 7 ein; dies können z.B. die Absatzmengen an den einzelnen Wochentagen sein.

Codierung zu Programm LAGREGAL:

```
REM ====== Programm LAGREGAL
PRINT "Eindimensionales Array (Lagerregal)."
'
REM ====== Vereinbarungsteil
DIM r(7) !ARRAY(1..7) als Regal
' i%:     Lauf- bzw. Indexvariable
' m:      Summe der 7 Fächer
'
REM ====== Anweisungsteil
PRINT
PRINT "Eingabe in Regalfächer:"
FOR i%=1 TO 7
  PRINT "Menge für Fach ";i%;
  INPUT r(i%)
NEXT i%
PRINT
PRINT "Fach:","Menge:"
FOR i%=1 TO 7
  PRINT i%,r(i%)
  LET m=m+r(i%)
NEXT i%
PRINT "Summe:",m
END
```

Ausführung zu Programm LAGREGAL:

```
Eindimensionales Array (Lagerregal).

Eingabe in Regalfächer:
Menge für Fach 1? 12
Menge für Fach 2? 23
Menge für Fach 3? 11
Menge für Fach 4? 88
Menge für Fach 5? 24
Menge für Fach 6? 17
Menge für Fach 7? 5

Fach:           Menge:
1               12
2               23
3               11
4               88
5               24
6               17
7               5
Summe:          180
```

Die Variable $i\%$ bezeichnet man als indizierende Variable oder
*Index*variable, da sie das jeweilige Element des Arrays r anzeigt. $r(i\%)$
bedeutet: $i\%$-te Stelle von r bzw. $i\%$-tes Element von r bzw. r an der
Stelle $i\%$. $i\%$ ist zugleich auch Laufvariable der Zählerschleife
FOR $i\%=1$ TO 7.
Über die zweite FOR-NEXT-Schleife wird als Übersicht die jeweilige
Fachnummer (Index) samt der im Fach abgelegten Menge (Inhalt des
Array-Elements) ausgegeben, wobei in m die Summe aller Fachinhalte
gebildet wird.
Das Komma in der PRINT-Anweisung rückt die Ausgabeposition auf die
nächste Tabulatorzone vor (das sind die Spalten 17, 33, 49 usw.). Wie aus
dem Ausführungsbeispiel ersichtlich, läßt sich diese Art der Ausgabe gut
zur Formatierung einfacher Tabellen verwenden.

Index:	r(0)	r(1)	r(2)	r(3)	r(4)	r(5)	r(6)	r(7)
Wert:	0	12	23	11	88	24	17	5

leer   Fächer 1-7 mit je einer Zahl als Wert (Inhalt)

- DIM r(7)   Reserviere acht Fächer für ein Array r.
- LET r(2)=23   Weise die Zahl 23 dem 2. Fach zu.
- PRINT r(4)   Gib die 88 als Wert des 4. Faches aus.
- INPUT r(6)   Weise die Tastatureingabe dem 6. Fach zu.
- INPUT r(i%)   Weise die Tastatureingabe dem i%-ten Fach zu.
                    Wenn i%=3, dann dem 3. Fach.
- LET m=m+r(z)   Erhöhe m um den Wert des z-ten Faches.

Eindimensionales Array bzw. Vektor r() als Beispiel

Das Programm UMKEHRZA verarbeitet zwei numerische Arrays: Zum einen das Array zahl%, in das wir über INPUT fünf Zahlen eingeben. Zum anderen das Array umkehrzahl%, in dem das Programm die Zahlen von zahl% über die LET-Anweisung in umgekehrter Reihenfolge abspeichert.

Wir verwenden zwei Laufvariablen: h% mit den Werten 1, 2, 3, 4, 5 als Index im Array umkehrzahl% und i% mit den Werten 5, 4, 3, 2, 1 zum Indizieren im anderen Array zahl%. h% wird durch INC jeweils um 1 erhöht und i% durch die FOR-NEXT-Schleife jeweils um 1 vermindert.

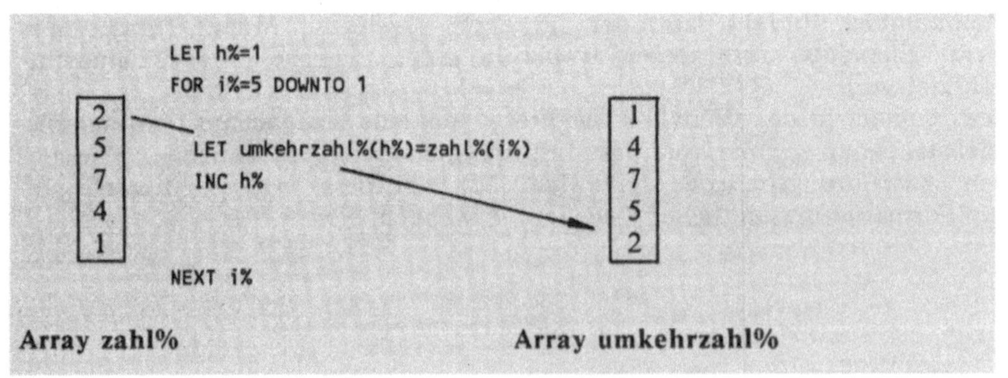

Werte eines Arrays umkehren mit Hilfe des Programms UMKEHRZA

Codierung zu Programm UMKEHRZA:

```
REM ====== Programm UMKEHRZA
PRINT "Eine Zahl in ein Array eingeben und ziffernweise umkehren."
'
REM ====== Vereinbarungsteil
DIM zahl%(5)        !eingegebene Zahl mit 5 Ziffern
DIM umkehrza%(5)    !umgekehrte Zahl
' i%,h%:            Lauf-, Hilfsvariable
'
REM ====== Anweisungsteil
PRINT "5 Ziffern einzeln eintippen:"        !EINGABE
FOR i%=1 TO 5
  INPUT zahl%(i%)
NEXT i%
LET h%=1                                    !UMKEHREN
FOR i%=5 DOWNTO 1
  LET umkehrzahl%(h%)=zahl%(i%)
  INC h%
NEXT i%
PRINT "Eingegebene Zahl:"
FOR i%=1 TO 5
  PRINT zahl%(i%);
NEXT i%
PRINT
PRINT "Umgekehrte Zahl:"                    !AUSGABE
FOR i%=1 TO 5
  PRINT umkehrzahl%(i%);
NEXT i%
PRINT
PRINT "Ende."
END
```

Ausführung zu Programm UMKEHRZA:

```
Eine Zahl in ein Array eingeben und ziffernweise umkehren.
5 Ziffern einzeln eintippen:
? 2
? 5
? 7
? 4
? 1
Eingegebene Zahl:
25741
Umgekehrte Zahl:
14752
Ende.
```

3.3.2.2 Besondere Befehle und Funktionen für Arrays

Wir sind bislang davon ausgegangen, daß z.B. durch die Vereinbarung DIM m(4) ein Array mit *fünf* Elementen angelegt wird. Durch die Angabe der Anweisung

```
OPTION BASE 1
```

können wir die Platznummer 1 als niedrigsten Index festlegen (für alle Arrays im Programm). Bei Nichtverwendung dieser Anweisung gilt automatisch OPTION BASE 0 als Standardwert.

Anweisungen OPTION BASE und DIM vereinbaren Arrays

Mit Ausnahme des Boolean-Arrays belegt ein Array-Element im Anwenderspeicher ebensoviel Speicherplatz wie eine einfache Variable desselben Typs. Große Arrays, die wohlmöglich noch über zahlreiche Dimensionen verfügen, können deshalb unter Umständen erhebliche Mengen Speicherplatz schlucken. Dies wird insbesondere dann problematisch, wenn während eines Programmablaufs ein altes Array nicht mehr benötigt wird, für die Dimensionierung eines neuen Arrays aber nicht mehr ausreichend Speicherplatz zur Verfügung steht. Mit Hilfe des Befehls

```
ERASE Arrayname1(),Arrayname2(),...
```

kann der Speicherplatz für nicht mehr benötigte Arrays wieder für andere Aufgaben freigegeben werden. Außerdem kann nach Verwendung dieses Befehls das Array neu mit anderen Werten dimensioniert werden.

Mit dem Befehl

```
ARRAYFILL Arrayname(),n
```

kann ein numerisches Array mit einem beliebigen Wert n gefüllt werden.
Wird für n Null gewählt, so wird das Array gelöscht und in den Zustand
gebracht, den es vor der ersten Benutzung hatte.

Die Befehle

```
INSERT Arrayname(pos)=Wert  und  DELETE Arrayname(pos)
```

erlauben es, ein neues Element in ein Array an der Postion pos
einzufügen bzw. ein altes zu löschen. Dabei werden - im Gegensatz zur
einfachen Zuweisung - bei INSERT alle Elemente mit größerem Index als
pos um eins nach oben verschoben (das oberste Element geht verloren)
bzw. bei DELETE um eins nach unten verschoben (das oberste Element
wird Null). Diese beiden Befehle sind dann sehr nützlich, wenn man in
einem Array Daten sortiert abgespeichert hat und nachträglich Einträge
löschen oder einfügen will.

Schließlich gibt es noch die Funktion

```
DIM?(Arrayname())  ,
```

die die Anzahl der Feldelemente in einem Array zurückliefert. Würde
beispielsweise das Integer-Array m%(1,2,3) in einem Programm dimensioniert werden, ergäbe PRINT DIM?(m%()) den Wert 24 (=2*3*4).

3.3.2.3 String-Array zur Speicherung von Text

Das folgende Programm demonstriert die Arbeitsweise von eindimensionalen String-Arrays.
In den Fächern der String-Arrays d$ und f$ werden keine Zahlen
aufbewahrt (wie im Real-Array m des Programms LAGREGAL), sondern
Vokabeln als Texte. Außerdem steht vor der Ausführung des Programms
noch gar nicht fest, wie groß die Anzahl der Fächer (der Indexbereich)
sein wird, da in der Anweisung DIM d$(a%) eine Variable vorkommt, die
erst über die Anweisung INPUT a% in der vorhergehenden Zeile
festgelegt wird. In der Ausführung sind es a%=3 Fächer für je drei
deutsche und französische Vokabeln (die Fächer mit dem Index 0 bleiben
leer). Man bezeichnet diese Art der Dimensionierung als *dynamisch*.

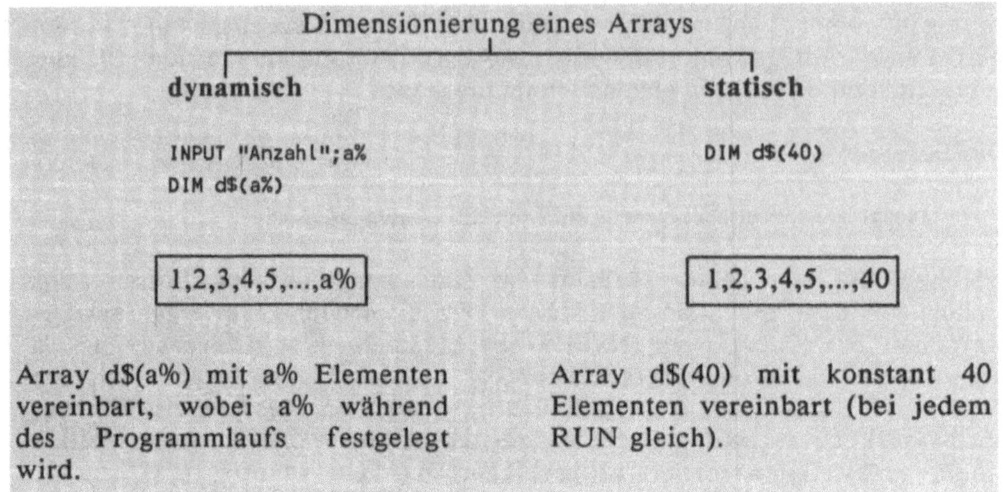

Dynamische und statische Dimensionierung von Arrays

Die dynamische Dimensionierung bezeichnet man häufig auch als *halbdynamische* Vereinbarung, da *vor* Beginn der Verarbeitung des Arrays die Elementzahl des Arrays festliegen muß, d.h. das Array - einmal dimensioniert - auch bei der variablen Größenwahl letztendlich statisch ist.

Das Programm VOKABELD (ein Drillprogramm zum Erlernen von Vokabeln) stellt ein elementares Beispiel zur Methode der *parallelen Arrays* dar: Die Anordnung der Elemente der beiden Arrays d$() und f$() können wir durch zwei nebeneinanderstehende Spalten darstellen. Dabei gehören die waagrechten Elemente jeweils zusammen (also die Elemente mit gleichen Indexnummern). Diese Methode der parallelen Arrays findet sich oft bei der tabellenförmigen Abspeicherung von Daten (Umsatztabelle, Adreßverzeichnis usw.).

Array d$:		Array f$:
(1) Mann		(1) Homme
(2) Frau — Element d$(i) zu Element f$(i) —		(2) Femme
(3) Kind		(3) Enfant
(4), (5), ...		(4), (5), ...
...		...
(n) Mond	Gleiche Anzahl von n Elementen	(n) Lune

Methode der parallelen Arrays

Der Algorithmus von VOKABELD ist sehr einfach und im Hinblick auf
Zufallsauswahl von Vokabeln, Antwortanalyse für Fehlerhinweise,
Ablaufmodifikation je nach Antworteingaben (lernfähiges Programm) wie
Vokabelspeicherung (Diskettendatei) sicher erweiterungsbedürftig.
Vielleicht versuchen Sie es einmal mit einer Erweiterung ?

Codierung zu Programm VOKABELD:

```
REM ====== Programm VOKABELD
PRINT "Drill Französisch - Deutsch."
'
REM ====== Vereinbarungsteil
INPUT "Anzahl der Vokabeln";a%
DIM d$(a%)      !String-Array für Deutsch (D)
DIM f$(a%)      !String-Array für Franz. (F)
' a$:           Jeweilige Antwort
'
REM ====== Anweisungsteil
PRINT "Paarweise tippen: D,F"
FOR i%=1 TO a%
  INPUT d$(i%),f$(i%)
NEXT i%
PRINT
PRINT "Beginn der Übung:"
FOR i%=1 TO a%
  PRINT d$(i%);" heißt ";
  INPUT a$
  IF a$=f$(i%) THEN
    PRINT "Gut."
  ELSE
    PRINT "Falsch. ";d$(i%);" heißt ";f$(i%)
  ENDIF
NEXT i%
PRINT "Ende."
END
```

Ausführung zu Programm VOKABELD:

```
Drill Französisch - Deutsch.
Anzahl der Vokabeln? 3
Paarweise tippen: D,F
? Mann,Homme
? Frau,Femme
? Kind,Enfant

Beginn der Übung:
Mann heißt ? Homme
Gut.
Frau heißt ? Feme
Falsch. Frau heißt Femme
Kind heißt ? L'Enfant
Falsch. Kind heißt Enfant
Ende.
```

3.3.2.4 Array als Stapelspeicher

Das Programm STACK demonstriert die Verwendung eines Arrays als *Stapelspeicher* (engl. *Stack*). Was hat man sich unter einem Stapelspeicher vorzustellen? Ein Vergleich soll uns den Grund für diese Begriffsbildung verdeutlichen. Bei einem Tablettenröhrchen wird stets auf die am weitesten oben liegende Tablette zuerst zugegriffen. Das liegt daran, daß diese Tablette als Letzte ins Röhrchen gefüllt wurde.
Entsprechend wird bei einem als Stack organisierten Array nur auf das jeweils zuletzt gespeicherte Datenelement zugegriffen. Das Speichern (bzw. Einfüllen der Tabletten) läuft also in umgekehrter Reihenfolge ab wie das Zugreifen (bzw. Entnehmen der Tabletten). Aus diesem Grunde bezeichnet man den Stack häufig auch als *LIFO-Speicher* (Last In First Out: Zuletzt hinein, zuerst heraus).
Demzufolge gibt es nur zwei Befehle zum Verändern des Stackinhalts: "Push x" (bringt das Element x auf den Stack) und "Pop x" (entfernt das oberste Element vom Stack und weist es x zu). Diese beiden Befehle sind im Programm STACK durch Unterprogramme realisiert.

Stacks werden u.a. auch zur internen Speicherorganisation von Variablen in GFA-Basic verwendet, z.B. für die Speicherung von lokalen Variablen bei Unterprogrammaufrufen.

In STACK verarbeiten wir das Array stack$, das mit 60 Elementen dimensioniert wird, als Stapelspeicher. Die Variable stackpointer% gibt an, wie weit der Stapel schon aufgebaut ist: Es zeigt stets auf das Element, das beim nächsten push beschrieben werden wird. Am Anfang des Programms ist der Stack leer, deshalb wird stackpointer% auf eins gesetzt. Durch Betätigen einer Taste kann der Stack um ein Element aufgebaut werden, RETURN entfernt ein Element. Das Programm druckt bei jeder Änderung den neuen Stackinhalt auf den Bildschirm, wobei es dafür Sorge trägt, daß die Grenzen des Stacks nicht über- bzw. unterschritten werden. Mit der Escape-Taste kann man das Programm verlassen.

Codierung zu Programm STACK:

```
REM ====== Programm STACK
PRINT "Demonstration zur Verwendung eines Arrays als Stack"
PRINT "- Das Drücken einer Buchstabentaste bringt diesen Buchstaben"
PRINT "  auf den Stack."
PRINT "- Das Drücken von RETURN entfernt den letzten Buchstaben vom Stack."
PRINT "- Das Drücken von ESC beendet das Programm"
PRINT
'
REM ====== Vereinbarungsteil
LET stackpointer%=1 !Anfangswert des Stackzeigers
DIM stack$(60)         !Stapelspeicher als Array mit 60 Elementen (Buchstaben)
' t$:                 Tastatureingabe
' i%:                 Laufvariable
'
REM ====== Anweisungsteil
DO
  PRINT "STACK: ";
  IF stackpointer%>1 THEN
    FOR i%=1 TO stackpointer%-1       !momentanen Stackinhalt ausdrucken
      PRINT stack$(i%);
    NEXT i%
  ENDIF
  PRINT
  LET t$=INPUT$(1)
  EXIT IF t$=CHR$(27)                 !Schleife verlassen, wenn ESC gedrückt
  IF t$=CHR$(13) THEN
    pop
  ELSE
    push(t$)
  ENDIF
  PRINT
LOOP
END
'
PROCEDURE push(x$)
  IF stackpointer%<=60 THEN
    LET stack$(stackpointer%)=x$
    INC stackpointer%
    PRINT "PUSH"'x$
  ELSE
    PRINT "Stack voll!!"
  ENDIF
RETURN
'
PROCEDURE pop
  IF stackpointer%>1 THEN
    DEC stackpointer%
    PRINT "POP"'stack$(stackpointer%)
  ELSE
    PRINT "Stack leer!!"
  ENDIF
RETURN
```

Ausführung zu Programm STACK:

```
Demonstration zur Verwendung eines Arrays als Stack
- Das Drücken einer Buchstabentaste bringt diesen Buchstaben
  auf den Stack.
- Das Drücken von RETURN entfernt den letzten Buchstaben vom Stack.
- Das Drücken von ESC beendet das Programm

STACK:
PUSH A

STACK: A
PUSH t

STACK: At
PUSH a

STACK: Ata
PUSH r

STACK: Atar
PUSH i

STACK: Atari
POP i

STACK: Atar
POP r

STACK: Ata
POP a

STACK: At
PUSH o

STACK: Ato
PUSH m

STACK: Atom
```

3.3.3 Zwei- und mehrdimensionale Arrays

Ein zweidimensionales Array kann man als Tabelle mit Zeilen und Spalten
auffassen. Am Beispiel des durch DIM $r(z\%,s\%)$ dynamisch vereinbarten
Arrays wollen wir im Programm ABTABELL (für Absatztabelle) diese
Datenstruktur näher betrachten.

Das Array r kann man sich als Regalschrank vorstellen zur Aufnahme der
Absatzmengen von fünf Kunden (Zeilen 1 bis 5) in den vier Quartalen

(Spalten 1 bis 4). So hat der Kunde 5 im ersten Jahresquartal 50 Stück
gekauft und der Kunde 3 im dritten Jahresquartal 90 Stück.
Die Tastatureingabe der 5*4=20 Absatzmengen vollzieht sich über zwei
geschachtelte Zählerschleifen.

```
 ┌── FOR i%=1 TO z%        Äußere Schleife "Kunden 1,2,3,4,5"
 │ ┌─ FOR j%=1 TO s%       Innere Schleife "Quartale 1,2,3,4"
 │ │   INPUT r(i%.j%)      Eingabe nach Fach Zeile i%, Spalte j%
 │ └─ NEXT j%              Innere Schleife beenden
 └── NEXT i%               Äußere Schleife beenden
```

Typisch bei zweidimensionalen Arrays: Schleifenschachtelung

Jeder Durchlauf der äußeren Schleife FOR i%=1 TO z% (einmal für jeden
Kunden) bewirkt ein viermaliges Durchlaufen der inneren Schleife. Das
Verarbeiten von zweidimensionalen Tabellen führt sehr häufig zur
Schleifenschachtelung.

Codierung zu ABTABELL:

```
REM ====== Programm ABTABELL
PRINT "Tabellenverarbeitung: Absatztabelle Kunde/Vierteljahr"
PRINT "als zweidimensionales Array."
'
REM ====== Vereinbarungsteil
INPUT "Anzahl der Zeilen (waagerecht)";z%
INPUT "Anzahl der Spalten (senkrecht)";s%
DIM r(z%,s%) !Regal als Array dynamisch dimensioniert
' a$:        Jeweilige Antwort
'
REM ====== Anweisungsteil
PRINT
PRINT "Eingabe zeilenweise:"
FOR i%=1 TO z%
  PRINT "Nächste Zeile, nächster Kunde:"
  FOR j%=1 TO s%
    PRINT "Kunde ";i%;" , Vierteljahr ";j%'
    INPUT r(i%,j%)
  NEXT j%
NEXT i%
FOR i%=1 TO z%              !Zeilenweise summieren nach Spalte 0
  FOR j%=1 TO s%
    LET r(i%,0)=r(i%,0)+r(i%,j%)
  NEXT j%
NEXT i%
FOR i%=1 TO z%             !Gesamtsumme nach r(0,0) bringen
  LET r(0,0)=r(0,0)+r(i%,0)
```

```
NEXT i%
FOR j%=1 TO s%              !Spaltenweise summieren nach Zeile 0
  FOR i%=1 TO z%
    LET r(0,j%)=r(0,j%)+r(i%,j%)
  NEXT i%
NEXT j%
PRINT
PRINT "Übersicht: ";z%;" Zeilen, ";s%;" Spalten:"
FOR i%=0 TO z%
  FOR j%=0 TO s%
    PRINT USING "##### ",r(i%,j%);
  NEXT j%
  PRINT
NEXT i%                     !Schleifenschachtelung typisch für
PRINT "Ende."               !die Tabellenverarbeitung (Arrays)
END
```

Ausführung zu ABTABELL:

```
Tabellenverarbeitung: Absatztabelle Kunde/Vierteljahr
als zweidimensionales Array.
Anzahl der Zeilen? 5
Anzahl der Spalten? 4

Eingabe zeilenweise:
Nächste Zeile, nächster Kunde:
Kunde 1 , Vierteljahr 1 ? 10
Kunde 1 , Vierteljahr 2 ? 20
Kunde 1 , Vierteljahr 3 ? 30
Kunde 1 , Vierteljahr 4 ? 40
Nächste Zeile, nächster Kunde:
Kunde 2 , Vierteljahr 1 ? 20
Kunde 2 , Vierteljahr 2 ? 40
Kunde 2 , Vierteljahr 3 ? 60
Kunde 2 , Vierteljahr 4 ? 80
Nächste Zeile, nächster Kunde:
Kunde 3 , Vierteljahr 1 ? 30
Kunde 3 , Vierteljahr 2 ? 60
Kunde 3 , Vierteljahr 3 ? 90
Kunde 3 , Vierteljahr 4 ? 120
Nächste Zeile, nächster Kunde:
Kunde 4 , Vierteljahr 1 ? 40
Kunde 4 , Vierteljahr 2 ? 80
Kunde 4 , Vierteljahr 3 ? 120
Kunde 4 , Vierteljahr 4 ? 160
Nächste Zeile, nächster Kunde:
Kunde 5 , Vierteljahr 1 ? 50
Kunde 5 , Vierteljahr 2 ? 100
Kunde 5 , Vierteljahr 3 ? 150
Kunde 5 , Vierteljahr 4 ? 200
```

```
Übersicht: 5 Zeilen, 4 Spalten:
 1500    150    300    450    600
  100     10     20     30     40
  200     20     40     60     80
  300     30     60     90    120
  400     40     80    120    160
  500     50    100    150    200
Ende.
```

Die Fächer mit 0 als Index werden häufig zur Ablage besonderer Werte
verwendet. Bei Programm ABTABELL werden in der Zeile 0 die
Quartalssummen 150, 300, 450, 600 abgelegt, also die vier Spaltensummen.
In Spalte 0 finden wir die Kundenabsatzmengen 100, 200, 300, 400, 500
als die 5 Zeilensummen. Im Fach r(0,0) ist die Gesamtjahresabsatzmenge
1500 gespeichert. Das zeilen- wie auch spaltenweise Summieren läuft
wieder über Schleifenschachtelung ab.

r(0,0) 1500	r(0,1) 150	r(0,2) 300	r(0,3) 450	r(0,4) 600	DIM R(5,4) richtet Tabelle mit 6 Zeilen und 5 Spalten ein, also 20 Fächer.
r(1,0) 100	r(1,1) 10	r(1,2) 20	r(1,3) 30	r(1,4) 40	
r(2,0) 200	r(2,1) 20	r(2,2) 40	r(2,3) 60	r(2,4) 80	LET r(4,3)=120 weist dem Fach in Zeile 4 und Spalte 3 den Wert 120 zu.
r(3,0) 300	r(3,1) 30	r(3,2) 60	r(3,3) 90	r(3,4) 120	
r(4,0) 400	r(4,1) 40	r(4,2) 80	r(4,3) 120	r(4,4) 160	PRINT r(i%,2) gibt Spalte 2 aus, wenn i% von 0 bis 5 läuft.
r(5,0) 500	r(5,1) 50	r(5,2) 100	r(5,3) 150	r(5,4) 200	

In obenstehender Tabelle steht ein Fach für ein Feldelement. Über dem
Wert des jeweiligen Arrayeintrags im Ausführungsbeispiel steht nochmal
die genaue Arraybezeichnung.

Zweidimensionales Array r(,) als Beispiel

Mit dreidimensionalen Arrays geht man im Prinzip genauso um wie mit zweidimensionalen. Man kann sich ein dreidimensionales Array als Quader vorstellen, der in viele kleine Würfel unterteilt ist. Jeder dieser kleinen Würfeln entspricht einem Arrayeintrag. Die drei Indizes geben dann die Lage des kleinen Würfels im Quader an.

Mehr als drei Dimensionen lassen sich grafisch nicht darstellen. Wie die folgende Erweiterung des Regals von ABTABELL zu einem vierdimensionalen Array zeigt, können solche Datenstrukturen dennoch veranschaulicht werden:

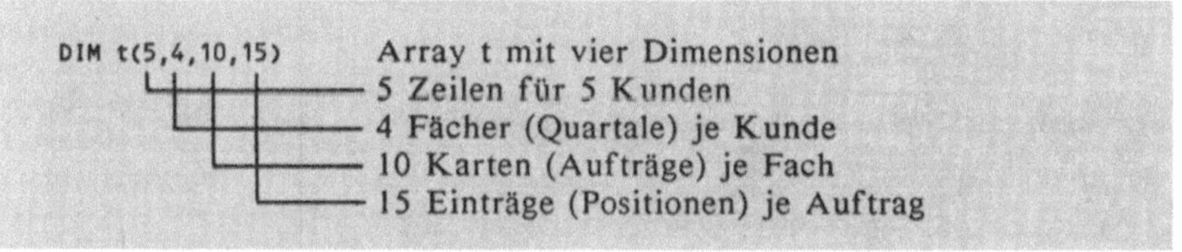

Beispiel für ein vierdimensionales Array

Der Wert von t(2,1,9,4) gibt demnach Auskunft über den neunten Auftrag des Kunden 2 im ersten Jahresquartal, und zwar genau über die vierte Position dieses Auftrags.

Die Anzahl der Feldelemente ist bei eindimensionalen Arrays unbeschränkt. Bei mehrdimensionalen ist jedoch darauf zu achten, daß die Anzahl der Arrayeinträge eines Arrays nicht den Wert 65535 überschreitet, da der Interpreter sonst einen Fehler meldet. Der folgende Befehl

```
DIM q(100,700)
```

wäre also unzulässig, da das Array 101*701=70801 Elemente enthielte.

3 Programmierkurs mit GFA-Basic

3.4.1 Bildschirmverwaltung

3.4.1.1 Cursorplazierung auf dem Bildschirm

Das Programm AUSGABE1 zeigt, wie ein einfaches Muster am Bildschirm ausgegeben werden kann. Das Muster hat dieses Aussehen:

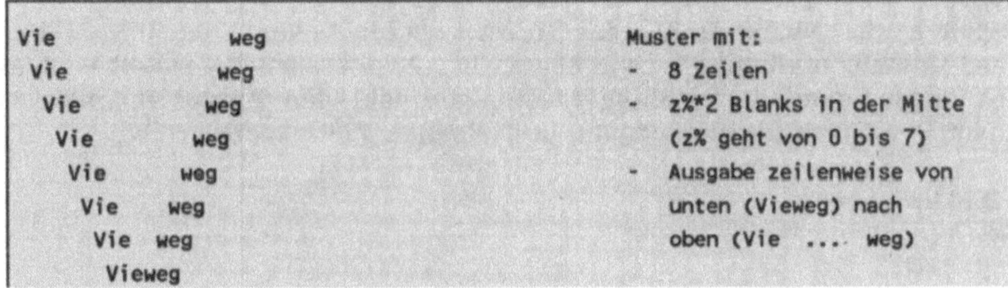

Codierung zu Programm AUSGABE1:

```
REM ====== Programm AUSGABE1
PRINT "Demonstration von PRINT AT, CRSLIN und CRSCOL."
DO
  INPUT "Spalte (8-68), Zeile(9-25)";spalte%,zeile%
  EXIT IF zeile%<9 OR zeile%>25 OR spalte%>68 OR spalte%<8
  @ausgabe(spalte%,zeile%)
LOOP
PRINT "Ende."
END
'
PROCEDURE ausgabe(spalte%,zeile%)
  LOCAL z%
  CLS
  @position
  FOR z%=0 TO 7
    PRINT AT(spalte%-z%,zeile%-z%);
    PRINT "Vie";SPACE$(z%*2);"weg";
    @position
    PAUSE 25                         !Eine halbe Sekunde warten
  NEXT z%
  REPEAT                             !Auf Tastendruck warten:
  UNTIL INKEY$<>""                   !Gleicher Effekt wie VOID INP(2)
  CLS
RETURN
'
```

```
PROCEDURE position
  LOCAL spalte%,zeile%
  LET spalte%=CRSCOL
  LET zeile%=CRSLIN
  PRINT AT(1,1);"Cursor in Spalte ";spalte%;" und in Zeile ";zeile%;" "
RETURN
```

Zunächst legen wir mit zeile% und spalte% die Startposition für das
untere Wort "Vieweg" fest. Der Ausgabe-Bildschirm hat 25 Zeilen mit 80
Spalten, die Numerierung fängt in der oberen linken Ecke jeweils bei 1
an. Deshalb muß zeile% zwischen 9 und 25 und spalte% zwischen 8 und
68 liegen, damit das Vieweg-Muster ganz auf den Bildschirm paßt und
nicht die Cursorpositionsangabe in der ersten Zeile überschreibt.

Die Anweisung

```
CLS
```

im Unterprogramm ausgabe löscht den Bildschirminhalt (CLS für CLear
Screen). Der Cursor befindet sich jetzt in der linken oberen Ecke des
Ausgabe-Fensters. Mit der Anweisung

```
PRINT AT(spalte%-z%,zeile%-z%);
```

positionieren wir den Cursor in die Spalte mit der Nummer spalte%-z%
und in die Zeile mit Nummer zeile%-z%. Angenommen, zeile% habe den
Wert 20. Dann wird in der FOR-NEXT-Schleife der Cursor auf die
Positionen 20, 19, 18, 17, 16, 15, 14 und 13 plaziert. Da die
Bildschirmzeilen von oben nach unten gezählt werden, wird jeweils eine
Zeile *über* die andere geschrieben.
Hinter der Angabe der Bildschirmkoordinaten im PRINT-AT-Befehl kann
wie in einem "normalen" PRINT-Befehl noch der auszugebende Text
stehen. Dies wird im Unterprogramm position demonstriert.

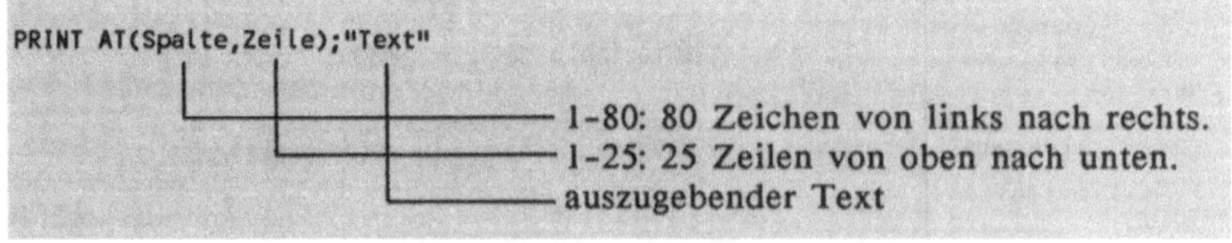

Anweisung PRINT AT zur Positionierung des Cursors

Zur Cursorplazierung gibt es noch die Befehle "LOCATE Zeile,Spalte", der den Cursor zur angegebenen Position bringt, ohne etwas auszudrucken, und "HTAB Spalte" und "VTAB Zeile", um nur die aktuelle Spalte bzw. Zeile zu verändern.

Der Befehl

```
PAUSE 25
```

veranlaßt den Computer, eine halbe Sekunde zu warten, bevor er den nächsten Befehl ausführt. Das Argument hinter PAUSE gibt die Zeitdauer in 50stel Sekunden an. Im Programm ist diese Pause nötig, um verfolgen zu können, wie das Muster aufgebaut wird.

Mit der INKEY$-Funktion lernen wir eine weitere Methode kennen, um Benutzereingaben zu verarbeiten. INKEY$ liest ein Zeichen von der Tastatur und übergibt je nach gedrückter Taste ein String, das aus einem oder aus zwei Zeichen bestehen kann. Zwei-Zeichen-Strings werden bei Tasten übergeben, denen kein ASCII-Code zugeordnet ist (wie den Funktionstasten), ansonsten liefert INKEY$ ein einzelnes Zeichen zurück, das der gedrückten Taste entspricht. Im Gegensatz zu INPUT, INPUT$ und INP wartet INKEY$ jedoch nicht auf den Tastendruck: Wenn bei der Ausführung des Funktion keine Taste betätigt wurde, wird ein Leerstring zurückgegeben. Will man mit INKEY$ auf einen Tastendruck warten, muß man die Anweisung in eine REPEAT-UNTIL-Schleife einsetzen (wie im Programm).

Das Unterprogramm position zeigt die aktuelle Cursorposition mittels CRSCOL und CRSLIN an. (Im PRINT-Befehl dieses Unterprogramms wird ganz zum Schluß noch ein Leerzeichen ausgegeben, um Textreste, die eventuell noch in der ersten Zeile stehen, zu löschen.)

`LET spalte=CRSCOL`	Variable CRSCOL (Cursor column) enthält ständig die aktuelle Spaltenposition.
`LET zeile=CRSLIN`	Variable CRSLIN (Cursor line) enthält ständig die aktuelle Zeilenposition.

CRSCOL und CRSLIN zur Cursorpositions-Bestimmung

3.4.1.2 Sichere Eingaberoutine

Das Programm EINGABE1 zeigt folgende Maßnahmen für eine sichere
Gestaltung der Tastatureingabe auf:

- Die maximale Anzahl von Eingabestellen wird mit Punkten markiert.
  Jedes eingegebene Zeichen ersetzt den nächsten Punkt.
- Hat der Benutzer diese Maximalzahl erreicht (hier 25), endet das
  Programm automatisch (Zählerschleife FOR i%=1 TO lm%).
- Die Eingabe erfolgt *zeichenweise* über die Anweisungen

```
    LET e$=INPUT$(1)
    PRINT e$
```

  wobei INPUT$(1) ein Zeichen erwartet und dieses nicht ausgibt
  (deshalb die anschließende PRINT-Anweisung). In der EXIT IF
  Anweisung wird die RETURN-Taste (CHR$(13)) zur Beendigung der
  Eingabe abgefragt.

Da bei dieser Eingabemethode kein Cursor erscheint, wird wie in
Programm TEXT8 (Kapitel 3.2.2) an die momentane Eingabestelle ein
Underscore ("_") gesetzt. Dieser "künstliche" Cursor wird in der FOR-
NEXT-Schleife stets vom neuen e$ überschrieben. Das letzte Underscore
wird nach der Schleife entfernt: Es wird mit einem Blank gelöscht, wenn
die maximale Eingabelänge erreicht wurde, ansonsten mit einem Punkt.

Codierung zu Programm EINGABE1:

```
REM ====== Programm EINGABE1
'
REM ====== Vereinbarungsteil
' lm%:  Länge maximal
' le%:  Länge eingegeben über Tastatur
' e$:   Eingegebener Text
' b$:   Berücksichtigter Eingabetext
' ret$: RETURN-Taste
' cur$: Cursor-Symbol
' i%:   Laufvariable
'
```

```
REM ====== Anweisungsteil
LET le=0
LET b$=""
LET ret$=CHR$(13)
LET cur$="_"
CLS
PRINT "Markierte Begrenzung der Tastatureingabe."
INPUT "Länge Ihrer Tastatureingabe ";lm%
PRINT AT(1,6);"Tastatureingabe: ";
PRINT cur$;STRING$(lm%-1,".");
FOR i%=1 TO lm%
  PRINT AT(17+i%,6);
  LET e$=INPUT$(1)
  EXIT IF e$=ret$
  PRINT e$;cur$;
  LET b$=b$+e$
  INC le%
NEXT i%
IF i%<=lm% THEN
  PRINT "."
ELSE
  PRINT CHR$(8);" "
ENDIF
PRINT
PRINT "Eingabe: ";b$
PRINT "Länge der Eingabe: ";le%
END
```

Ausführung zu Programm EINGABE1:

```
Markierte Begrenzung der Tastatureingabe."
Länge Ihrer Tastatureingabe ? 25



Tastatureingabe: GFA-Basic-Wegweiser......

Eingabe: GFA-Basic-Wegweiser
Länge der Eingabe: 19
```

In GFA-Basic läßt sich die oben beschriebene Begrenzung der
Eingabelänge bequem durch einen einzigen Befehl bewirken:

```
FORM INPUT Länge,Stringvariable
```

Dieser Befehl ähnelt sehr dem normalen INPUT-Befehl mit einer
Stringvariablen, nur daß kein Fragezeichen gedruckt wird und die
Eingabelänge auf den Wert beschränkt ist, den die Variable Länge angibt.

Werden mehr Zeichen eingegeben, wird man vom Computer akustisch
darauf aufmerksam gemacht.
Es gibt noch eine andere Variante dieses Befehls:

```
FORM INPUT Länge AS Stringvariable
```

Bei dieser Anweisung wird vor der Eingabe der vorherige Inhalt der
Stringvariablen ausgegeben, den man dann übernehmen oder verändern
kann.
Im nachfolgenden Abschnitt werden wir die Verwendung des FORM-
INPUT-Befehls demonstrieren.

3.4.1.3 Bildschirmmaske aufbauen

Eine Bildschirmmaske ist ein elektronisches Blankoformular, in das an
vorgegebenen Stellen Eingaben vorgenommen werden können. Das
Programm BILDMASK zeigt den kolonnenweisen Aufbau einer solchen
Maske (Kolonne = Zusammenfassung mehrerer Spalten).

Codierung zu Programm BILDMASK:

```
REM ====== Programm BILDMASK
CLS
PRINT "Aufbau einer Bildschirmmaske in Einzelschritten."
'
REM ====== Vereinbarungsteil
DIM k$(5)               !Fünf Datenfelder eines Kundensatzes
LET ret$=CHR$(13)       !Wagenrücklauf
'
REM ====== Anweisungsteil
PRINT "Weiter: Taste drücken";
VOID INP(2)
CLS
PRINT AT(1,11);"Schritt 1: Numerierung der Datenfelder"
FOR i%=1 TO 5
  PRINT AT(3,5+i%);i%
NEXT i%
VOID INP(2)
PRINT "Schritt 2: Bezeichnungen der Datenfelder"
PRINT AT(6,6);"Kundennummer :"
PRINT AT(6,7);"Kundenname :"
PRINT AT(6,8);"Kontostand :"
PRINT AT(6,9);"Umsatz :"
PRINT AT(6,10);"Letzte Rechnung :"
VOID INP(2)
```

```
PRINT "Schritt 3: Einträge in Datenfelder eintippen"
FOR i%=1 TO 5
  PRINT AT(24,5+i%);
  FORM INPUT 20,k$(i%)
NEXT i%
PRINT AT(1,13);"Kundensatz k$ enthält jetzt diese 5 Einträge:"
FOR i%=1 TO 5
  PRINT k$(i%)
NEXT i%
VOID INP(2)
END
```

Schrittweise Ausführung zu Programm BILDMASK:

0. Schritt:
Ausgabe der Programm-Überschrift

```
Aufbau einer Bildschirmmaske in Einzelschritten.
Weiter: Taste drücken
```

1. Schritt:
Als erste Kolonne wird die Numerierung 1 bis 5 untereinander ausgegeben. Die FOR-NEXT-Schleife und Anweisung "PRINT AT(3,5+i%);i%" setzt den Cursor in die Spalte 3 und nacheinander in die Zeilen 6,7,8,9 und 10, wo jeweils der momentane Wert von i% ausgegeben wird.

```
1
2
3
4
5
Schritt 1: Numerierung der Datenfelder
```

2. Schritt:
Als zweite Kolonne folgen dann die Bezeichnungen. Diese Bezeichnungen beginnen jeweils in der Spaltenposition 6.

```
1  Kundennummer :
2  Kundenname :
3  Kontostand :
4  Umsatz :
5  Letzte Rechnung :
Schritt 2: Bezeichnungen der Datenfelder
```

3. Schritt:
Nun folgen die fünf Tastatureingaben. Mit der in 3.4.1.2 besprochenen FORM-INPUT-Anweisung werden die Daten in das String-Array k$ gelesen. Die maximale Eingabelänge wurde dabei willkürlich auf 20 gesetzt.
Zum Schluß des Programms wird zur Kontrolle der Array-Inhalt nochmal ausgegeben.

```
1   Kundennummer :    101
2   Kundenname :      Schöneberg
3   Kontostand :      10000
4   Umsatz :          10000,5
5   Letzte Rechnung : 12.01.1911
Schritt 3: Einträge in Datenfelder eintippen

Kundensatz k$ enthält jetzt diese 5 Einträge:
101
Schöneberg
10000
10000,5
12.01.1911
```

3.4.2 Ausgabeformatierung

3.4.2.1 Ausgabezeile mit PRINT

An dieser Stelle sollen die bekannten und noch unbekannten Formatierungsmöglickeiten, die die PRINT-Anweisung allein und in Verbindung mit zusätzlichen Funktionen bietet, übersichtlich zusammengestellt werden. Unter der Erklärung steht jeweils ein Beispiel (links) mit Ausführung (rechts).
Im folgenden habe die Variable zahl den Wert 5.

Das Semikolon
Das Semikolon (";") trennt ohne Zwischenraum

```
PRINT "Guido";zahl                    Guido5
```

Das Apostroph
Das Apostroph ("'") trennt mit einem Blank

```
PRINT "Guido"'zahl                    Guido 5
```

Das Komma
Das Komma rückt bis zur nächsten Tabulator-Zone vor (eine solche Zone
ist jeweils 16 Zeichen breit)

```
PRINT "Guido",zahl
```
```
Guido           5
```

Normalerweise steht nach einem PRINT der Cursor am Anfang der
nächsten Zeile. Wenn aber ein Semikolon, Apostroph oder Komma am
Ende einer PRINT-Anweisung steht, wird die Ausgabe eines RETURNs
unterdrückt und der Cursor bleibt in derselben Zeile. Beispiele:

```
PRINT "Atari"
PRINT "Computer"
```
```
Atari
Computer
```
```
PRINT "Atari"'
PRINT "Computer"
```
```
Atari Computer
```
```
PRINT "Atari",
PRINT "Computer"
```
```
Atari           Computer
```

TAB(n)
Die TAB-Funktion ist nur in Verbindung mit dem PRINT-Befehl
verwendbar. Wenn der Cursor sich noch vor oder in der n-ten Spalte
befindet, wird er durch TAB(n) in die n-te Spalte gesetzt, sonst in die n-
te Spalte der nächste Zeile. Im Gegensatz zur PRINT-AT-Anweisung
fängt die Spaltennumerierung bei Null an. TAB(10) setzt den Cursor also
in die 11. Spalte.

```
PRINT "Oliver";TAB(10);zahl
```
```
Oliver    5
```
```
PRINT "12345678901";TAB(10);zahl
```
```
12345678901
          5
```

SPC(n)
Die SPC-Funktion ist ebenfalls nur in Verbindung mit dem PRINT-
Befehl verwendbar. Sie gibt n Leerzeichen aus, ähnelt also stark der
SPACE$-Funktion.

```
PRINT "Oliver";SPC(4);zahl
```
```
Oliver    5
```

3.4.2.2 Zahlen kaufmännisch runden

Der Kaufmann fordert eine gerundete und formatierte Zahlenausgabe.
Das Runden einer Zahl z auf s% Dezimalstellen kann in *einer* Anweisung
als

```
LET z = TRUNC(z*10^s%+0.5*SGN(z))/(10^s%)      auf s% Stellen runden
```

geschrieben werden (10^s% für "10 hoch s%"). Daraus erhalten wir für das
Runden auf 2 Stellen:

```
LET z = TRUNC(z*100+0.5*SGN(z))/100            auf 2 Stellen runden
```

Das Programm RUNDZAHL löst den Rundungsvorgang in Teilschritte
auf und gibt sie zur Veranschaulichung aus. (In Abschnitt 3.1.4.4 hatten
wir das Problem des ganzzahligen Rundens anhand einer Funktion dargestellt.)

Codierung zu RUNDZAHL:

```
REM ====== Programm RUNDZAHL
PRINT "Zahl zur Ausgabe runden."
INPUT "Zu rundende Zahl";z
INPUT "Kommastellen     ";s%
LET z=z*10^s%
PRINT z
LET z=z+0.5*SGN(z)
PRINT z
LET z=TRUNC(z)
PRINT z
LET z=z/(10^s%)
PRINT z
PRINT "Ende."
END
```


Ausführung zu RUNDZAHL:

```
Zahl zur Ausgabe runden.
Zu rundende Zahl? 23.745
Kommastellen    ? 2
2374.5
2375
2375
23.75
Ende.
```

Ein solcher Aufwand ist aber gar nicht erforderlich, denn GFA-Basic stellt für das Runden von Zahlen eine spezielle Funktion zur Verfügung: ROUND(x,n). ROUND(x,n) rundet auf n Nachkommastellen, wenn n positiv ist. ansonsten wird auf die n-te Stelle vor dem Komma gerundet (z.B. ergibt ROUND(1006,-1) den Wert 1010). Wird das n nicht mit angegeben, wird einfach auf die nächste ganze Zahl gerundet.

In diesem Zusammenhang sollte auch der DEFNUM-Befehl erwähnt werden, der die Form

```
DEFNUM Stellenzahl
```

hat (Stellenzahl darf zwischen 3 und 11 liegen). Nach dieser Anweisung werden alle Zahlen bei der Ausgabe auf Stellenzahl Ziffern gerundet, intern aber wie zuvor bearbeitet. Durch DEFNUM werden Rechenungenauigkeiten verschleiert, da Zahlen scheinbar genau ausgegeben werden.

3.4.2.3 Ausgabezeile mit PRINT USING

Die Anweisung PRINT USING dient der formgerechten Ausgabe von Zahlen und Text
Hinter dem Anweisungswort PRINT USING steht ein Formatstring und - getrennt durch ein Komma - eine Liste der zu formatierenden Werte.

Programm DEMO_USI demonstriert die grundlegenden Eigenschaften dieser Anweisung.

- Maskenteil und Ausgabeteil als Bestandteile:

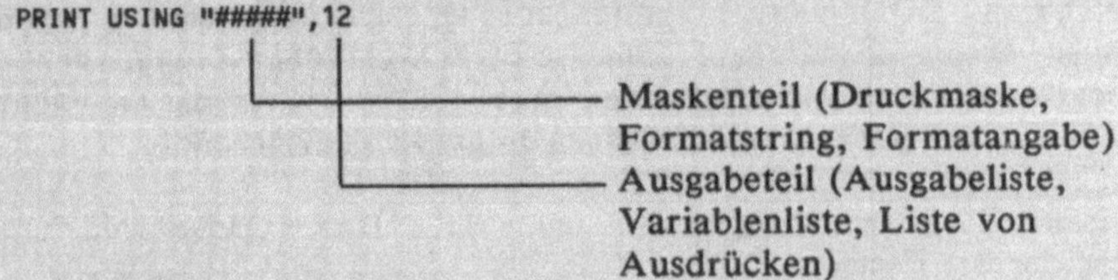

- Formatierung von Zahlen (numerischen Daten):
  #   Numerus-Zeichen reserviert Platz für eine Ziffer
  .   Position des Dezimalpunktes
  +   Auch positives Vorzeichen wird ausgegeben
  −   Platz für negatives Vorzeichen wird freigehalten
  *   Führende Nullen werden durch Sternchen ersetzt
  ,   Komma wird eingefügt (zur Bildung von Dreiergruppen)
  $ Dollarzeichen wird vor der Zahl gedruckt
  ^   Festlegung der Länge des Exponenten beim Exponentialformat
  _   Druckt das nachfolgende Zeichen

- Formatierung von Text (Zeichenketten, STRINGs):
  !   Nur das erste Zeichen eines Textes ausgeben
  &   Ganzen Text ausgeben
  \..\ Soviele Zeichen des Textes ausgeben, wie \..\ lang ist

Grundlegende Eigenschaften der Anweisung PRINT USING

Codierung zu Programm DEMO-USI:

```
REM ====== Programm DEMO_USI
PRINT "Demonstration zur Ausgabeformatierung mit PRINT USING."
PRINT USING "####",12
PRINT USING "####",1200
PRINT USING "####",12345
PRINT USING "#####.##",750.45
PRINT USING "#####.##",843.745
PRINT USING "#,###,###.##",72501286
PRINT USING "**####.#",4
PRINT USING "-###.##",222.8
PRINT USING "+###.##_#",222.8
PRINT USING "$###.##",222.8
PRINT USING "#.####^^^^",150.5
PRINT USING "####.##  DM für ### KG",2750.4,300
LET m$="##.### % Rabatt ab ### Stück"
PRINT USING m$,4.5,100
PRINT USING m$,7.125,50
```

```
PRINT USING m$,7.125,50
PRINT USING m$,0,0
PRINT USING "!","Francs"
PRINT USING "&","Francs"
PRINT USING "\ \","Francs"
LET m1$="###.## \    \ gleich ###.## \    \."
PRINT USING m1$,320,"Francs",100,"DM"
PRINT USING m1$,31.25,"DM",100,"Francs"
PRINT "Ende."
END
```

Ausführung zu Programm DEMO_USI:

```
Demonstration zur Ausgabeformatierung mit PRINT USING.
   12
1200
2345
    750.45
    843.75
72,501,286.00
*****4.0
 222.80
+222.80#
$222.80
1.5050E+02
2750.40  DM für 300 KG
  4.500 % Rabatt ab 100 Stück
  7.125 % Rabatt ab  50 Stück
  7.125 % Rabatt ab  50 Stück
  0.000 % Rabatt ab   0 Stück
F
Francs
Fran
320.00 Francs gleich 100.00 DM     .
 31.25 DM     gleich 100.00 Francs.
Ende.
```

Die bisher bekannten Formatierungsmöglichkeiten der PRINT-Anweisung
können mit der PRINT-USING-Anweisung kombiniert werden. Folgendes
wäre z.B. möglich:

```
PRINT AT(30,12);SPC(4);summe,USING "#####.##",betrag;
```

3.4.3 Menütechnik

Bei der Ausführung des Programms MENUE werden dem Benutzer sieben
Wahlmöglichkeiten am Bildschirm angeboten - vergleichbar mit dem
Angebot auf einer Speisekarte (menu = Speisekarte). Aus diesem Grunde
spricht man in der DV von der *Menütechnik*. Drei Punkte kennzeichnen
die Menütechnik:

1. Auswahl einer Tätigkeit aus dem Menü:
   Das Menü wird am Bildschirm gezeigt, bis der Benutzer eine gültige
   Auswahl getroffen hat (Unterprogramm menue.zeigen und DO-
   LOOP-Schleife im Hauptprogramm von MENUE).

2. Ausführung dieser Tätigkeit in einem Unterprogramm:
   Über eine Mehrseitige Auswahl als Fallabfrage wird ein Unterprogramm aufgerufen (Anweisung ON m GOSUB ...), um dann die
   gewählte Tätigkeit auszuführen.

3. Wiederholtes Menüangebot mit Programmende über das Menü:
   Nach dieser Ausführung wird das Menü erneut gezeigt. Abgebrochen wird der Programmlauf stets über das Menü (Wahl 7) bzw.
   über das Steuerprogramm (hier EXIT IF m=7 ...), nicht aber in
   einem Unterprogramm.

Drei Kennzeichen der Menütechnik anhand des Programms MENUE

Die Anweisung DATA dient der Speicherung programminterner Daten. In
MENUE werden die Namen der sieben Tätigkeiten KONTOSTAND,
EINZAHLUNG usw. in DATA-Zeilen abgelegt und lassen sich so leicht
nachträglich ändern. Die einzelnen Daten werden durch Kommata vonein-
ander getrennt, können numerisch oder vom Typ String sein und müssen
nicht extra gekennzeichnet werden. Nur bei der Abspeicherung von
Texten, die vorne oder hinten Blanks enthalten, sollte man um den ganzen
Ausdruck Anführungszeichen setzen. Die Daten können auf beliebig viele
DATA-Anweisungen verteilt werden; wesentlich ist allein die
Reihenfolge: DATA 4,7 entspricht den zwei Anweisungen DATA 4 und
DATA 7. DATA kann als nicht-ausführbare Anweisung an jeder
beliebigen Stelle im Programm stehen. Der Übersicht halber schreibt man
DATA entweder an den Anfang oder an das Ende des Programms bzw.
Unterprogramms.

Mit der READ-Anweisung kann der Inhalt von DATA-Zeilen in
Variablen gelesen werden. Nach READ kann eine einzige oder auch
mehrere Variablen (durch Kommata getrennt) stehen. Sie werden bei der

Ausführung des Befehls der Reihe nach mit den Werten aus den DATA-
Zeilen gefüllt; ihr Typ muß deshalb auch mit dem des gelesenen Wertes
verträglich sein. Der Computer merkt sich, bis zu welchem Datum
(Einzahl von Daten!) er gekommen ist, und macht dann bei der nächsten
READ-Anweisung an genau der Stelle weiter.
Dieser interner Zeiger des Computers kann mit der RESTORE-
Anweisung verstellt werden. RESTORE ohne Parameter setzt den Zeiger
wieder auf den allerersten DATA-Befehl zurück. Man kann aber auch
nach RESTORE noch zusätzlich ein sogenanntes Label angeben. Dann
wird der Zeiger auf das dem Label folgende DATA gesetzt.

Ein Label ist ein Name für eine bestimmte Stelle im Programm. Dieser
Name besteht aus einer Folge von Ziffern und Buchstaben (die
Verwendung von Underscores und Punkten ist auch erlaubt) und wird mit
einem Doppelpunkt abgeschlossen. Er wird wie ein Befehl in die
Codierung eingefügt; es dürfen in einem Programm auch mehrere Labels
vorkommen, wenn sie verschieden bezeichnet werden.

```
READ n%                 n% erhält den Wert 7.
DIM m$(n%)              m$ dynamisch dimensionieren
FOR i%=1 TO n%         m$ wird mit den 7 Textworten gefüllt
  READ m$(i%)           (m$ ist ein String-Array).
NEXT i%
```

Inhalt von m$():

```
DATA 7,KONTOSTAND,EINZAHLUNG,AUSZAHLUNG,NEUES KONTO
DATA KONTO LÖSCHEN,GESAMTLISTE,PROGRAMMENDE
```

KONTOSTAND
EINZAHLUNG
AUSZAHLUNG
NEUES KONTO
READ weist einer oder mehreren   KONTO LÖSCHEN
Variablen Werte zu, die unter DATA   GESAMTLISTE
gespeichert sind.   PROGRAMMENDE

Anweisungen READ und DATA zur Datenspeicherung im Programm

Die im Programm MENUE verwendete ON..GOSUB-Anweisung

```
ON m GOSUB kto.stand,einza,ausza,kto.neu,kto.loesch,gesamtliste,ende
```

ruft für m=1 das Unterprogramm kto.stand auf, für m=2 das Unterprogramm einza usw., ist also nur eine abkürzende Schreibweise für eine Fallabfrage zum Aufrufen von Unterprogrammen. Durch die Fehlerabfragen IF m... in menue.zeigen wird sichergestellt, daß tatsächlich nur einer der ganzzahligen Werte 1,2,...,7 vorliegt. Wäre m kleiner als 1 oder größer als 7, würde die ON..GOSUB-Anweisung überhaupt kein Unterprogramm anspringen (diese Eigenschaft der ON..GOSUB-Anweisung nutzen wir in späteren Programmen aus).

Codierung zu Programm MENUE:

```
REM ====== Programm MENUE
PRINT "Menü-Demonstration mit Wahl in DATA."
PRINT
'
REM ====== Vereinbarungsteil
' m:      Menüwahl
' m$():   Menü-Angebot
' n%:     Anzahl der Menüpunkte
'
REM ====== Anweisungsteil
GOSUB menue.lesen
DO
  GOSUB menue.zeigen
  ON m GOSUB kto.stand,einza,ausza,kto.neu,kto.loesch,gesamtliste,ende
  EXIT IF m=7
  INPUT "Weiter mit <RETURN> ",w$
  CLS
LOOP
PRINT "Ende."
END
'
PROCEDURE menue.lesen
  LOCAL i%
  READ n%
  DIM m$(n%)                        !Menü-Angebot nach m$ lesen
  FOR i%=1 TO n%
    READ m$(i%)
  NEXT i%
RETURN
DATA 7,KONTOSTAND,EINZAHLUNG,AUSZAHLUNG,NEUES KONTO
DATA KONTO LÖSCHEN,GESAMTLISTE,PROGRAMMENDE
'
```

```
PROCEDURE menue.zeigen
  LOCAL i%
  REPEAT
    PRINT "-----Menü-Angebot-----" !Menü zeigen
    FOR i%=1 TO n%
      PRINT i%;"   ";m$(i%)
    NEXT i%
    PRINT "--------------------"
    INPUT "Ihre Menü-Auswahl";m
    IF m<>INT(m) THEN
      PRINT "...ganzzahlig"
    ENDIF
    IF m<1 OR m>n% THEN
      PRINT "...außerhalb"
    ENDIF
  UNTIL m=INT(m) AND m>=1 AND m<=n%
RETURN
'
PROCEDURE kto.stand
  PRINT "Unterprogramm ";m$(m)
RETURN
PROCEDURE einza
  PRINT "Unterprogramm ";m$(m)
RETURN
PROCEDURE ausza
  PRINT "Unterprogramm ";m$(m)
RETURN
PROCEDURE kto.neu
  PRINT "Unterprogramm ";m$(m)
RETURN
PROCEDURE kto.loesch
  PRINT "Unterprogramm ";m$(m)
RETURN
PROCEDURE gesamtliste
  PRINT "Unterprogramm ";m$(m)
RETURN
PROCEDURE ende
  PRINT "Unterprogramm ";m$(m)
RETURN
```

Ausführungen zu Programm MENUE: **PAP zu MENUE:**

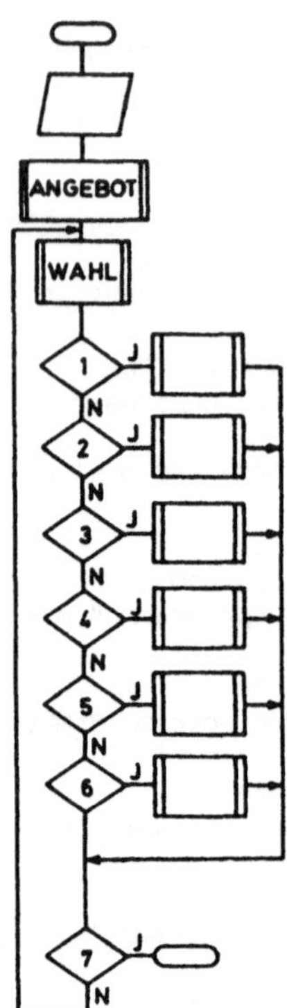


```
Menü-Demonstration mit Wahl in DATA.

-----Menü-Angebot-----
1    KONTOSTAND
2    EINZAHLUNG
3    AUSZAHLUNG
4    NEUES KONTO
5    KONTO LÖSCHEN
6    GESAMTLISTE
7    PROGRAMMENDE
- - - - - - - - - - - - - - - - - - - - -
Ihre Menü-Auswahl? 3
Unterprogramm AUSZAHLUNG
Weiter mit <RETURN>

-----Menü-Angebot-----
1    KONTOSTAND
2    EINZAHLUNG
3    AUSZAHLUNG
4    NEUES KONTO
5    KONTO LÖSCHEN
6    GESAMTLISTE
7    PROGRAMMENDE
- - - - - - - - - - - - - - - - - - - - -
Ihre Menü-Auswahl? 7
Unterprogramm PROGRAMMENDE
Ende.
```

Bei dem im Programm MENUE gezeigten Menü handelt es sich um ein
Menü, wie es sich in ähnlicher Form in allen BASIC-Dialekten erzeugen
läßt. Angenehmer für den Atari-Benutzer sind jedoch die Rolladenmenüs
(Pull-Down-Menüs), die er vom Desktop her kennt. Diese Menüform
bietet auch für den Programmierer Vorteile, da sie voll von BASIC
unterstützt wird und sich äußerst bequem in ein Programm integrieren
läßt.

Das Programm MENUE2 deckt denselben Aufgabenbereich wie MENUE
ab, verwendet jedoch Rolladenmenüs:

Codierung zu Programm MENUE2:

```
REM ====== Programm MENUE2
CLS
PRINT AT(20,10);"Menü-Demonstration mit Rolladenmenüs."
'
REM ====== Vereinbarungsteil
' wahl$:     Name des gewählten Menüpunktes
' p$():      Namen der aufrufbaren Prozeduren
' m$():      enthält Menü-Informationen für den MENÜ-Befehl
' antwort%: gedrückte Taste bei der ALERT-Box
'
REM ====== Anweisungsteil
menue.lesen
procnamen.lesen
menue.installieren
DO
  ON MENU                    !Auf Menüwahl warten
LOOP
END
'
PROCEDURE menue.lesen
  LOCAL i%
  DIM m$(50)                 !Menü-Angebot nach m$ lesen
  LET i%=-1
  REPEAT
    INC i%
    READ m$(i%)
  UNTIL m$(i%)="***"
  LET m$(i%)=""              !Menüliste mit Leerstring beenden
RETURN
DATA Desk,  nicht anwählbar,-----------------------,1,2,3,4,5,6,""
DATA Menü1,Neues Konto,Konto löschen,Gesamtliste,Programmende,""
DATA Menü2,Kontostand,Einzahlung,Auszahlung,""
DATA ***
'
PROCEDURE procnamen.lesen
  LOCAL i%
  DIM p$(7)                  !Namen der procedures nach p$
  FOR i%=1 TO 6
    READ p$(i%)
  NEXT i%
RETURN
DATA Neues Konto,Konto löschen,Gesamtliste,Kontostand,Einzahlung,Auszahlung
'
PROCEDURE menue.installieren
  ON MENU  GOSUB menue.auswertung
  MENU m$()
  MENU 1,2                   !Eintrag im Desk-Menü nicht anwählbar
  OPENW 0
RETURN
'
```

```
PROCEDURE menue.auswertung
  LOCAL i%,antwort%
  MENU OFF
  LET wahl$=m$(MENU(0))
  REPEAT
    INC i%
  UNTIL p$(i%)=wahl$ OR i%=7
  ON i% GOSUB kto.neu,kto.loesch,gesamtliste,kto.stand,einza,ausza
  IF wahl$="Programmende" THEN
    ALERT 2,"Wollen Sie das Programm|wirklich verlassen ?",1,"ja|nein",antwort%
    IF antwort%=1 THEN
      END
    ENDIF
  ENDIF
RETURN
'
PROCEDURE kto.stand
  PRINT "Unterprogramm ";wahl$
RETURN
PROCEDURE einza
  PRINT "Unterprogramm ";wahl$
RETURN
PROCEDURE ausza
  PRINT "Unterprogramm ";wahl$
RETURN
PROCEDURE kto.neu
  PRINT "Unterprogramm ";wahl$
RETURN
PROCEDURE kto.loesch
  PRINT "Unterprogramm ";wahl$
RETURN
PROCEDURE gesamtliste
  PRINT "Unterprogramm ";wahl$
RETURN
PROCEDURE ende
  PRINT "Unterprogramm ";wahl$
RETURN
```

Ausführung zu Programm MENUE2 (beispielhafte Bildschirmanzeige):

Menü-Demonstration mit Rolladenmenüs.

Nach dem Starten des Programms erscheint ganz oben auf dem Bildschirm eine Menüleiste mit den Menüs "Desk", "Menü1" und "Menü2". Unter "Menü1" und "Menü2" finden sich die schon aus dem vorherigen Programm bekannten Menüpunkte. Unter "Desk" steht ein nicht anwählbarer Menüpunkt (graue Schrift). Wenn Accessories geladen sind (das sind Desktop-Hilfsprogramme, wie z.B. die Drucker-Anpassung), erscheinen sie an dieser Stelle. Das erste Menü der Menüleiste muß immer hierfür freigehalten werden.

Um ein Menü aufzubauen, müssen mehrere Schritte ausgeführt werden:

1. Festlegung des aufzurufenden Unterprogramms bei der Menüpunktwahl durch den Benutzer mit Hilfe der Anweisung "ON MENU GOSUB Prozedurname". Dieser Befehl braucht nur einmal ausgeführt zu werden, danach weiß der Computer, welches Unterprogramm angesprungen werden soll, wenn ein Menüpunkt angewählt wurde.

2. Festlegung des Menü-Inhalts.
   Dazu müssen zunächst in einem String-Array die Namen der Menüpunkte und -überschriften abgespeichert werden. Dies geschieht im Programm in der Prozedur menue.lesen, indem die Informationen aus DATA-Zeilen nach m$() gelesen werden. Dann wird mittels des Befehls "MENU m$()" (im Unterprogramm menue.installieren) das geschaffene Menü angezeigt und aktiviert.

Der Inhalt des String-Arrays m$() hat folgende Form:

m$(0): Überschrift des Accessory-Menüs.

m$(1): frei wählbarer erster Menüpunkt dieses Menüs (wird oft zum Aufrufen von Informationen über das Programm verwendet).

m$(2): Soviele Minuszeichen, wie das Accessory-Menü maximal breit sein soll.

m$(3)-m$(8): 6 beliebige Strings.

m$(9): Leerstring (Ende-Markierung des ersten Menüs).

m$(10)- : weitere Menüeinträge der Form Menü-Überschrift, Liste der Menüpunkte, Leerstring.

Leerstring zum Beenden der gesamten Menü-Definition.

3. Überwachen einer Menüpunktwahl durch "ON MENU" in einer Schleife (DO...LOOP-Schleife des Hauptprogramms). Bei jeder Ausführung dieses Befehls wird geprüft, ob ein Menüpunkt angewählt wurde und gegebenenfalls in die mit "ON MENU GOSUB" festgelegte Prozedur gesprungen.

4. Auswertung der Menüpunktwahl.
    Dies geschieht in menue.auswertung mit der Funktion MENU(0), die den Index des Elements von m$() liefert, das den Namen des gewählten Menüpunktes enthält. Nach der Zuweisung "LET wahl$=m$(MENU(0))" steht in wahl$ also der Name des auszuführenden Unterprogramms. Durch den schrittweisen Vergleich von wahl$ mit den Elementen des Arrays p$(), das die Prozedurnamen beinhaltet (sie werden in procnamen.lesen dort eingetragen), erhält man die Nummer des entsprechenden Unterprogramms und kann mit einer "ON i GOSUB"-Anweisung dorthin springen.

Dieser grobe Ablauf wird in MENUE2 durch einige weitere Befehle ergänzt:

In menue.installieren kommt der Befehl MENU i,j zum Einsatz, mit dem man den i-ten Menü-Eintrag in m$() verändern kann. Ist j=1, wird der angesprochene Menüpunkt mit einem Häkchen versehen (j=0 entfernt ihn wieder), ist j=2, wird der Menüpunkt nicht anwählbar ("Schattenschrift"), bei j=3 wieder anwählbar.

Außerdem wird hier "OPENW" verwendet, durch das normalerweise ein Fenster geöffnet wird. Steht aber wie im Programm hinter OPENW nur eine Null, bewirkt der Befehl lediglich, daß der Koordinatenursprung des Ausgabebildschirms unter die Menüleiste verlegt und so die Menüleiste vor einem unbeabsichtigten Überschreiben geschützt wird.

In menue.auswerten kommt noch der Befehl "MENU OFF" vor, der die beim Aufruf invertiert dargestellte Menü-Überschrift wieder in den Normalzustand bringt.

Der ALERT-Befehl wird beim Verlassen des Programms verwendet, um sicherzustellen, daß nicht etwa aus Versehen das Programm beendet wird. Diese Anweisung erlaubt es, auf einfache Weise eine Alert-Box auf den Bildschirm zu bringen. Eine Alert-Box ist ein Fenster, in dem eine Meldung oder eine Frage steht und das vom Benutzer eine Reaktion verlangt. Diese Reaktion erfolgt mittels beschrifteter Felder ("Knöpfe" oder "buttons" genannt), von denen der Benutzer eines mit der Maus auswählen muß. Das Programmendefenster von GFA-Basic wäre ein gutes Beispiel für eine solche Alert-Box.

```
ALERT symbol,Meldung,default,Knopf-Text,antwort
```

    symbol: Festlegung des in die Box zu zeichnenden Symbols:
                  0: kein symbol;   1: Ausrufezeichen;
                  2: Fragezeichen;   3: Stop-Schild
    Meldung: Auszugebender Text (maximal 4 Zeilen zu je 30 Zeichen, Trennung der Zeilen durch "|")
    default: Nummer des Default-Knopfes (Knopf, der als gedrückt gilt, wenn RETURN betätigt wird)
    Knopf-Text: Aufschrift der Knöpfe (maximal 8 Zeichen pro Knopf, Trennung durch "|")
    antwort: antwort enthält nach Ausführung des Befehls die Nummer des betätigten Knopfes

Der ALERT-Befehl

3.4.4 Druckersteuerung

Zu unterscheiden sind die auf dem Bildschirm und Drucker sichtbaren bzw. druckbaren Zeichen von solchen Zeichen, die eine ganz bestimmte Funktion zur Steuerung eines Ausgabegeräts auslösen. Beispiele sind:

- CHR$(13): (ASCII-Codezahl 13) löst RETURN aus
- CHR$(10): löst Line Feed (Zeilenvorschub ohne RETURN) aus
- CHR$(8): löst Backspace (ein Zeichen nach links gehen) aus

Beim Drucker gibt es neben diesen einfachen Steuercodes auch die sogenannten Escape-Sequenzen, die von einem Escape-Zeichen (CHR$(27)) eingeleitet werden und mit denen man kompliziertere Einstellungen am Drucker vornehmen kann, wie z.B. den Zeichensatz ändern oder den

eingeleitet werden und mit denen man kompliziertere Einstellungen am
Drucker vornehmen kann, wie z.B. den Zeichensatz ändern oder den
Druckkopf steuern. Im Programm DRUCKSTE werden wir einige dieser
Steuercodes kennenlernen.

Zum Ansprechen des Druckers gibt es die LPRINT-Anweisung. Bei ihr
sind bis auf den AT(Spalte,Zeile)-Zusatz die gleichen Argumente möglich
wie bei der PRINT-Anweisung (auch USING... !).

Die Steuerung eines Druckers können wir entweder im jeweiligen
Anwenderprogramm vornehmen oder über eine gesonderte Routine.
Das Programm DRUCKSTE stellt eine einfache Routine dar und bezieht
sich auf die Steuerung des Druckertyps "NEC P6/P7/P2200". Die
grundlegenden Steuercodes, die im Programm verwendet werden,
existieren aber in gleicher oder ähnlicher Form auf vielen anderen
Druckern; die Umstellung sollte also mit Unterstützung des jeweiligen
Handbuches keine größeren Schwierigkeiten bereiten. Zu beachten sind
allerdings noch die Einstellungen, die in der Drucker-Anpassung im
Desk-Menü des Desktops vorgenommen werden müssen und die von
Drucker zu Drucker beträchtlich abweichen können.
DRUCKSTE zeigt, wie der Drucker als 'Schreibmaschine' genutzt werden
kann (Wahl 2: Jedes getippte Zeichen wird direkt gedruckt) und wie zwei
Schrifttypen angesteuert werden (Wahl 3 und 4).

Codierung zu Programm DRUCKSTE:

```
REM ====== Programm DRUCKSTE
PRINT "Steuerung des Druckers 'NEC P6/P7/P2200'."
PRINT "1  Beenden"
PRINT "2  Direkt drucken"
PRINT "3  Unterstreichen"
PRINT "4  Fettschrift"
INPUT "Wahl ";w%
ON w%-1 GOSUB schreibma,unterstreich,fettschrift
PRINT
PRINT "Ende."
END
'
PROCEDURE schreibma
  LOCAL z$
  PRINT "Drucker als Schreibmaschine bis zur Eingabe von &"
  DO
    LET z$=INPUT$(1)
    PRINT z$;
    IF z$=CHR$(13) THEN
      PRINT
      LPRINT
    ENDIF
```

```
      EXIT IF z$="&"
      LPRINT z$;
   LOOP
RETURN
'

PROCEDURE unterstreich
  LOCAL s1$,s2$
  PRINT "Das Wort 'MWST' unterstreichen:"
  LPRINT "Die ";CHR$(27);"-";CHR$(1);"MWST";CHR$(27);"-";CHR$(0);" incl."
  LET s1$=CHR$(27)+"-"+CHR$(1)
  LET s2$=CHR$(27)+"-"+CHR$(0)
  ' CHR$(27);"-";CHR$(1)   =   Unterstreichungsmodus setzen
  ' CHR$(27);"-";CHR$(0)   =   Unterstreichungsmodus löschen
  LPRINT "Die ";s1$;"MWST";s2$;" incl."
RETURN
'

PROCEDURE fettschrift
  LOCAL f1$,f2$
  PRINT "Das Wort MWST in Fettschrift:"
  LET f1$=CHR$(27)+"E"
  LET f2$=CHR$(27)+"F"
  ' CHR$(27);"E"   =   Fettdruck setzen
  ' CHR$(27);"F"   =   Fettdruck löschen
  LPRINT "Die ";f1$;"MWST";f2$;" incl."
RETURN
```

Ausführung zu Programm DRUCKSTE:

```
Dies ist ein Beispieltext.

Die MWST incl.
Die MWST incl.
Die MWST incl.
```

3 Programmierkurs mit GFA-Basic

3.5.1 Die Verfahren im Überblick

Legt man einen größeren Datenbestand als *Datei* auf einem Externspeicher ab, dann stellen sich immer wieder Probleme des Suchens, Sortierens, Mischens sowie Gruppierens von Datensätzen der Datei. Aus diesem Grunde bezeichnet man diese vier Verfahren oft als Hilfsmittel der Dateiverarbeitung. Ob man Sätze einer Datei oder Komponenten eines Arrays sortiert - am jeweiligen Sortierverfahren (dem Sortieralgorithmus) ändert dies zumeist nichts. Aus diesem Grunde arbeiten die folgenden Verfahren mit Arrays. Die Abbildung gibt für jedes Verfahren ein typisches Beispiel an.

SUCHEN:	Absatzmengen Mo-So: 45,100,95,78,90,76,80 An welchem Tag wurden 78 Stück abgesetzt?
SORTIEREN:	Absatzmengen in die aufsteigende Sortierfolge 45,76,78,80,90,95,100 bringen.
MISCHEN:	Mengen 45,76,78,80,90,95,100 von Filiale 1 und Mengen 30,47,55,57,61,80,103 von Filiale 2 zu 30,45,47,55,57,61,76,78,80,80,90,95,100,103 als Gesamtliste mischen.
GRUPPIEREN:	Gruppensummen Mo-Mi=240 und Do-So=324 bilden

Vier Hilfsverfahren der Dateiverarbeitung an Beispielen

3.5.2 Suchverfahren

Die grundlegenden Suchverfahren sind das serielle bzw. sequentielle Suchen einerseits (typisch für Band und Kassette) und das binäre Suchen andererseits (typisch für Platte und Diskette).

3.5.2.1 Serielles und sequentielles Suchen

Das einfachste Verfahren besteht darin, die Datei Satz für Satz in der
Reihenfolge der Speicherung zu durchsuchen. Dieses *serielle* Suchen verarbeitet die Daten so, wie sie abgespeichert wurden.
Das *sequentielle* Suchen setzt einen vorsortierten Datenbestand voraus. Ist
z.B. eine Artikeldatei nach der Artikelnummer 101, 104, 108, 111 und 115
sortiert und soll der Artikel 106 gesucht werden, dann kann bereits nach
dem dritten Artikel die Suche abgebrochen werden, da 106 kleiner als 108
ist. Bei der seriellen Suche hingegen muß bis zum Dateiende weitergesucht werden.

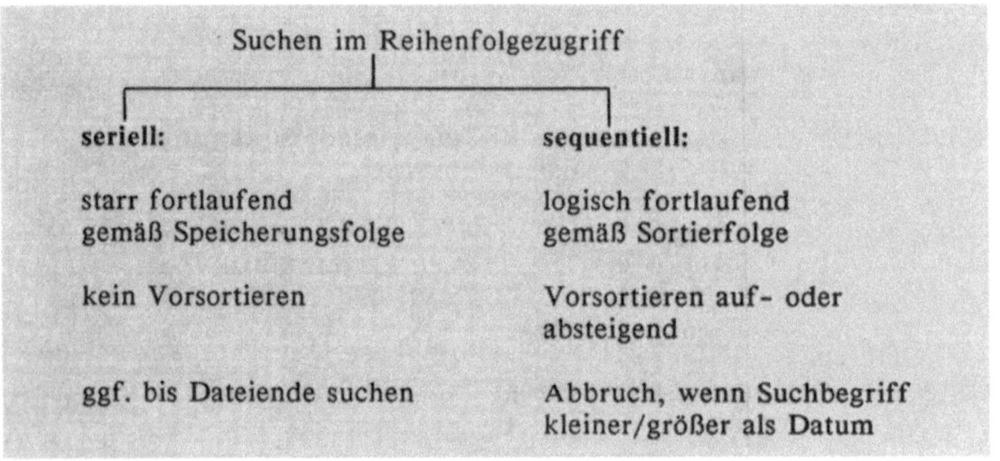

Serielles und sequentielles Suchen

Das Programm SUCHSE_M bietet über ein Menü drei Möglichkeiten zum
Reihenfolge-Suchen an.
Dazu sind zehn Zahlen in DATA-Zeilen programmintern gespeichert.
Mit READ d(z%) werden diese Daten in das Array d() eingelesen.

Zur *Menüwahl 1* von SUCHSE_M (Sequentielle Suche):

Eine REPEAT-UNTIL-Schleife wird maximal a% mal durchlaufen für
die a% Elemente des Datenarrays d() (Abbruch durch die Abfrage z%=a%
in der UNTIL-Anweisung). Bei jedem Schleifendurchlauf wird d(z%)
überprüft, d.h. die an der z%. Stelle in d() stehende Zahl. Ist diese Zahl
größer oder gleich der gesuchten, so wird ebenfalls die Schleife abgebrochen (Abfrage d(z%)>=such). Nach Beendigung der Schleife ist also ent-

weder d(z%) der gesuchte Eintrag oder such ist nicht im Array enthalten. Welcher Fall eingetreten ist, wird am Schluß des Unterprogramms durch eine IF-Anweisung festgestellt.

Zur *Menüwahl 2* (Serielle Suche rückwärts):

Bei der Reihenfolge-Suche wird solange gesucht, bis der gewünschte Eintrag gefunden worden ist oder bis das gesamte Array durchlaufen wurde. (Da die serielle Suche von einem unsortierten Datenbestand ausgeht, ist ein vorheriger Abbruch wie bei suche1 nicht möglich.) Diese Verfahrensweise ist in suche2 mit einer REPEAT-UNTIL-Schleife verwirklicht worden, die dann abbricht, wenn das Element gefunden oder wenn z% auf eins heruntergezählt wurde.

Zur *Menüwahl 3* (Serielle Suche vorwärts):

Im Unterprogramm suche3 verläuft die Suche analog zu der in suche2, nur daß hier hoch statt herunter gezählt wird und sich deshalb natürlich auch die Abbruchbedingung ändert (z%=a% statt z%=1).

Codierung zu Programm SUCHSE_M:

```
REM ====== Programm SUCHSE_M
CLS
PRINT "Serielles bzw. sequentielles Suchen im Array mit"
DATA 10,114,116,119,125,178,189,202,215,216,240
READ a%                  !Anzahl der Daten a
DIM d(a%+1)              !Dynamisch dimensionieren
FOR z%=1 TO a%
  READ d(z%)
NEXT z%
DO
  PRINT "0  Ende"
  PRINT "1  Sequentiell (in sortiertem Bestand) suchen"
  PRINT "2  Seriell (gemäß Speicherungsfolge) rückwärts suchen"
  PRINT "3  Seriell vorwärts suchen"
  INPUT "Wahl 0-3";w%
  EXIT IF w%=0
  FOR z%=1 TO a%
    PRINT d(z%)'
  NEXT z%
  PRINT
  INPUT "Welcher Suchbegriff ";such
  ON w% GOSUB suche1,suche2,suche3
LOOP
PRINT "Ende."
END
```

```
'
PROCEDURE suche1
  LOCAL z%
  LET z%=0
  REPEAT
    INC z%
    PRINT z%'
  UNTIL z%=a% OR d(z%)>=such
  PRINT
  IF d(z%)=such THEN
    PRINT such'"an"'z%;". Stelle."
  ELSE
    PRINT "... Abbruch bei Element"'z%
  ENDIF
RETURN
'
PROCEDURE suche2
  LOCAL z%
  LET z%=a%+1
  REPEAT
    DEC z%
    PRINT z%'
  UNTIL d(z%)=such OR z%=1
  PRINT
  IF d(z%)=such THEN
    PRINT such'"an"'z%;". Stelle."
  ELSE
    PRINT "... nicht gefunden."
  ENDIF
RETURN
'
PROCEDURE suche3
  LOCAL z%
  LET z%=0
  REPEAT
    INC z%
    PRINT z%'
  UNTIL d(z%)=such OR z%=a%
  PRINT
  IF d(z%)=such THEN
    PRINT such'"an"'z%;". Stelle."
  ELSE
    PRINT "... nicht gefunden."
  ENDIF
RETURN
```

Ausführung zu Programm SUCHSE_M:

```
Serielles bzw. sequentielles Suchen im Array mit
0  Ende
1  Sequentiell (in sortiertem Bestand) suchen
2  Seriell (gemäß Speicherungsfolge) rückwärts suchen
3  Seriell vorwärts suchen
Wahl 0-3? 1
114 116 119 125 178 189 202 215 216 240
Welcher Suchbegriff ? 215
1 2 3 4 5 6 7 8
215 an 8. Stelle.
0  Ende
1  Sequentiell (in sortiertem Bestand) suchen
2  Seriell (gemäß Speicherungsfolge) rückwärts suchen
3  Seriell vorwärts suchen
Wahl 0-3? 2
114 116 119 125 178 189 202 215 216 240
Welcher Suchbegriff ? 215
10 9 8
215 an 8. Stelle.
0  Ende
1  Sequentiell (in sortiertem Bestand) suchen
2  Seriell (gemäß Speicherungsfolge) rückwärts suchen
3  Seriell vorwärts suchen
Wahl 0-3? 3
114 116 119 125 178 189 202 215 216 240
Welcher Suchbegriff ? 215
1 2 3 4 5 6 7 8
215 an 8. Stelle.
0  Ende
1  Sequentiell (in sortiertem Bestand) suchen
2  Seriell (gemäß Speicherungsfolge) rückwärts suchen
3  Seriell vorwärts suchen
Wahl 0-3? 1
114 116 119 125 178 189 202 215 216 240
Welcher Suchbegriff ? 124
1 2 3 4
... Abbruch bei Element 4
0  Ende
1  Sequentiell (in sortiertem Bestand) suchen
2  Seriell (gemäß Speicherungsfolge) rückwärts suchen
3  Seriell vorwärts suchen
Wahl 0-3? 3
114 116 119 125 178 189 202 215 216 240
Welcher Suchbegriff ? 124
1 2 3 4 5 6 7 8 9 10
... nicht gefunden.
0  Ende
1  Sequentiell (in sortiertem Bestand) suchen
2  Seriell (gemäß Speicherungsfolge) rückwärts suchen
3  Seriell vorwärts suchen
Wahl 0-3? 0
Ende.
```

3.5.2.2 Binäres Suchen

Das Programm SUCHBI_M enthält drei Varianten des *binären Suchens*. Die binäre Suche erfordert stets einen vorsortierten Datenbestand.

Zur *Menüwahl 1* (Unterprogramm Suchbin1):

- Es werden numerische Daten verarbeitet, die über die Tastatur in das Array d() eingegeben werden. (hier Werte 45,76,78,80,90,95,100).

- Das Wort "binär" bzw. "zweiwertig" deutet an, daß man stets die Hälfte bildet. Um die Zahl 90 zu finden (siehe Ausführungsbeispiel), wird zunächst das mittlere Element des Arrays, die Zahl 80, genommen (sieben Zahlen, 7/2=3.5 ergibt gerundet 4, d(4)=80).

- Der Vergleich 80 < 90 zeigt, daß in der oberen Hälfte 90 - 100 weiterzusuchen ist. Man nimmt wieder die Mitte und der Vergleich 95 > 90 zeigt, daß jetzt in der unteren Hälfte weiterzusuchen ist. Da in dieser Hälfte nur noch der Suchbegriff 90 steht, ist die Suche erfolgreich abgeschlossen.

- Im Unterprogramm suchbin1 werden die Grenzen des jeweiligen Suchintervalles in den Variablen unten% und oben% gespeichert. Bei jedem Durchlauf wird dieses Intervall geteilt ("LET mitte%= INT((unten%+oben)/2)") und im richtigen Teil weitergesucht. Ist das Element gefunden oder ist unten% größer als oben%, so wird die Suche abgebrochen.

Bei diesem kleinen Beispiel mag das binäre Suchen umständlich wirken. Das Leistungsvermögen dieses Suchverfahrens zeigt aber das folgende Beispiel: Um aus den 60 Millionen Bundesbürgern *einen* Namen herauszufinden, werden in jedem Fall maximal *nur* 26 Zugriffe benötigt (3 Zugriffe für die Suche eines von 8 Bürgern ($2^3=8$), 6 Zugriffe für 64 Bürger ($2^6=64$) bzw. 26 Zugriffe für über 60 Millionen Bürger ($2^{26}=67108864$)).

Codierung zu Programm SUCHBI_M:

```
REM ====== Programm SUCHBI_M
PRINT "'Binäres Suchen' als schnelle Suchmethode."
'
REM ====== Vereinbarungsteil
' a%:                          Anzahl der Daten
DIM d(50)                      !Array mit a%<=50 Daten als Suchgegenstand
DIM d$(256)                    !String-Array als Suchgegenstand
' unten%,mitte%,oben%:         Grenzen für die Such-Hälften
' haelfte%:                    Such-Hälfte
' s,s$:                        Suchbegriffe numerisch bzw. Text
'
REM ====== Anweisungsteil
DO
  PRINT "0      Ende"
  PRINT "1      Suche in einem numerischen Array (Anzahl variabel)"
  PRINT "2      Suche in einem String-Array (Anzahl fest unter DATA)"
  PRINT "3      Suche in einem String-Array (256 Zeichen)"
  INPUT "Wahl 0-3";w%
  EXIT IF w%=0
  ON w% GOSUB suchbin1,suchbin2,suchbin3
  VOID INP(2)
  CLS
LOOP
PRINT "Ende."
END
'
REM ------ Unterprogramm SUCHBIN1 (Suche in numerischem Array)
PROCEDURE suchbin1
  LOCAL a%,i%,unten%,mitte%,oben%
  INPUT "Anzahl der Daten (max. 50)";a%
  PRINT a%'"Daten aufsteigend eintippen:"
  FOR i%=1 TO a%
    INPUT d(i%)
  NEXT i%
  LET unten%=1
  LET oben%=a%
  LET mitte%=INT((unten%+oben%)/2)
  INPUT "Welchen Wert suchen";s
  PRINT
  PRINT "Suchprotokoll zum Halbieren:"
  WHILE unten%<=oben% AND s<>d(mitte%)
    LET mitte%=INT((unten%+oben%)/2)
    PRINT "Unten:"'unten%;", Mitte:"'mitte%;", Oben:"'oben%
    IF s>d(mitte%) THEN
      LET unten%=mitte%+1
    ELSE
      LET oben%=mitte%-1        !unten oder oben weiter suchen
    ENDIF
  WEND
  PRINT
```

```
  PRINT "Suchergebnis: ";
  IF s=d(mitte%) THEN
    PRINT s'"steht an der Stelle"'mitte%
  ELSE
    PRINT s'"nicht gefunden."
  ENDIF
RETURN
'
REM ------ Unterprogramm SUCHBIN2 (Suche in einem String-Array)
PROCEDURE suchbin2
  LOCAL i%,mitte%,haelfte%
  DATA ANNEMONE,CLEMATIS,FLIEDER,JASMIN,MARGARITE,MOHN,NELKE,ROSE,TULPE
  RESTORE
  FOR i%=1 TO 9
    READ d$(i%)
    PRINT d$(i%)'
  NEXT i%
  LET d$(10)="ZZZ"
  PRINT
  INPUT "Welchen Begriff suchen";s$
  LET mitte%=5
  LET haelfte%=mitte%
  WHILE haelfte%>1 AND s$<>d$(mitte%)
    LET haelfte%=ROUND(haelfte%/2)
    PRINT "Mitte:"'mitte%;", Haelfte:"'haelfte%
    IF s$>d$(mitte%) THEN
      LET mitte%=mitte%+haelfte%
    ELSE
      LET mitte%=mitte%-haelfte%
    ENDIF
  WEND
  IF s$=d$(mitte%) THEN
    PRINT s$'"steht an der Stelle"'mitte%
  ELSE
    PRINT s$'"nicht gefunden."
  ENDIF
RETURN
'
REM ------ Unterprogramm SUCHBIN3 (Suche in 256-Zeichen-String-Array)
PROCEDURE suchbin3
  LOCAL i%,mitte%,haelfte%
  RESTORE
  FOR i%=0 TO 255
    LET d$(i%)=CHR$(i%)
    PRINT d$(i%);
  NEXT i%
  PRINT
  INPUT "Welches einzelne Zeichen suchen";s$
  LET mitte%=128
  LET haelfte%=mitte%
```

```
  WHILE haelfte%>1 AND s$<>d$(mitte%)
    LET haelfte%=ROUND(haelfte%/2)
    PRINT "Mitte:"'mitte%;", Haelfte:"'haelfte%
    IF s$>d$(mitte%) THEN
      LET mitte%=mitte%+haelfte%
    ELSE
      LET mitte%=mitte%-haelfte%
    ENDIF
  WEND
  IF s$=d$(mitte%) THEN
    PRINT s$'"steht an Stelle"'mitte%
  ELSE
    PRINT s$'"nicht gefunden."
  ENDIF
RETURN
```

Ausführung zu Programm SUCHBI_M:

```
'Binäres Suchen' als schnelle Suchmethode.
0      Ende
1      Suche in einem numerischen Array (Anzahl variabel)
2      Suche in einem String-Array (Anzahl fest unter DATA)
3      Suche in einem String-Array (256 Zeichen)
Wahl 0-3? 1
Anzahl der Daten (max. 50)? 7
7 Daten aufsteigend eintippen:
? 45
? 76
? 78
? 80
? 90
? 95
? 100
Welchen Wert suchen? 90

Suchprotokoll zum Halbieren:
Unten: 1, Mitte: 4, Oben: 7
Unten: 5, Mitte: 6, Oben: 7
Unten: 5, Mitte: 5, Oben: 5

Suchergebnis: 90 steht an der Stelle 5
```

Zur *Menüwahl 2* (Unterprogramm suchbin2):

- Jetzt werden Strings und keine Zahlen sortiert. Die neun Strings sind
  wieder in DATA-Zeilen gespeichert und werden in das String-Array
  d$() eingelesen.

- Vom Prinzip her läuft die Suche genauso ab wie bei suchbin1. Es wird aber nicht mit den Variablen unten% und oben% gearbeitet, die die Grenzen des Suchintervalles markieren, sondern nur mit der Variablen mitte%, die den Teilungsindex speichert. In der Variablen haelfte% wird die Breite des nächstkleineren Intervalles festgehalten. Bei jedem Durchlauf wird nun haelfte% zu mitte% addiert bzw. von mitte% subtrahiert, je nach dem, ob sich das gesuchte Element "oberhalb" oder "unterhalb" von mitte% befindet. Wenn haelfte% auf 1 geschrumpft ist (haelfte% wird in jedem Durchgang durch zwei geteilt und gerundet), kann die Suche abgebrochen werden.

- Da bei dieser Implementierung unter Umständen auf das 0. oder 10. Element zugegriffen wird, muß in d$(0) ein String stehen, der kleiner ist als alle gespeicherten Daten (dies ist erfüllt, weil d$(0) nicht initialisiert wurde und somit den Leerstring enthält) und in d$(10) ein String, der größer ist als alle anderen (dies wird durch die Zuweisung LET d$(10)="ZZZ" sichergestellt).

Zur *Menüwahl 3* (Unterprogramm suchbin3):

- Der Suchalgorithmus stimmt exakt mit dem von Unterprogramm suchbin2 überein. Wie die Codierung zeigt, werden dem String-Array d$() die 256 ersten Zeichen des ASCII-Codes zugewiesen. Damit können wir die relativ geringe Zahl von Suchzugriffen verdeutlichen, die erforderlich ist, um eines der 256 Zeichen aus d$() zu suchen (maximal sind das 8).

Ausführung zu Programm SUCHBI_M (Fortsetzung):

```
0       Ende
1       Suche in einem numerischen Array (Anzahl variabel)
2       Suche in einem String-Array (Anzahl fest unter DATA)
3       Suche in einem String-Array (256 Zeichen)
Wahl 0-3? 2
ANNEMONE CLEMATIS FLIEDER JASMIN MARGARITE MOHN NELKE ROSE TULPE
Welchen Begriff suchen? MOHN
Mitte: 5, Haelfte: 3
Mitte: 8, Haelfte: 2
MOHN steht an der Stelle 6

0       Ende
1       Suche in einem numerischen Array (Anzahl variabel)
2       Suche in einem String-Array (Anzahl fest unter DATA)
3       Suche in einem String-Array (256 Zeichen)
Wahl 0-3? 3
```

```
Welches einzelne Zeichen suchen? 0
Mitte: 128, Haelfte: 64
Mitte: 64, Haelfte: 32
Mitte: 32, Haelfte: 16
0 steht an Stelle 48

0     Ende
1     Suche in einem numerischen Array (Anzahl variabel)
2     Suche in einem String-Array (Anzahl fest unter DATA)
3     Suche in einem String-Array (256 Zeichen)
Wahl 0-3? 0
Ende.
```

Struktogramm zum binären Suchen:

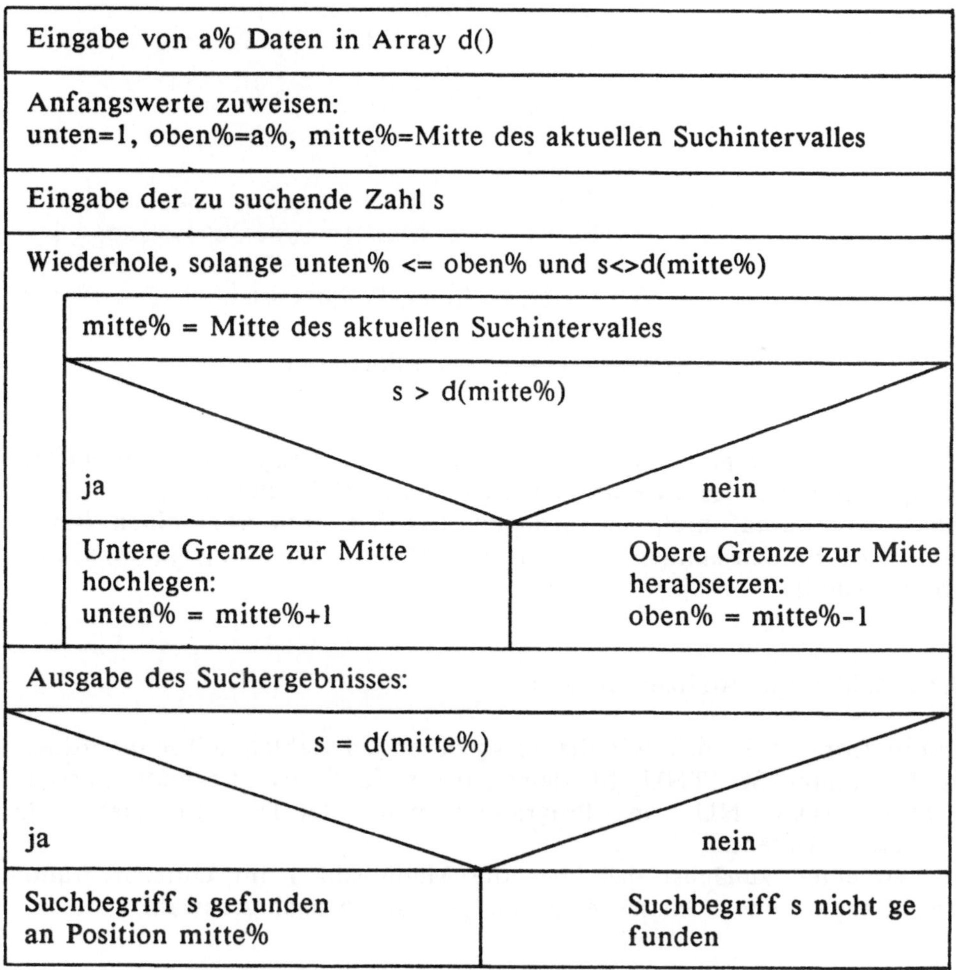

3.5.3 Sortierverfahren

Die ersten Programme der Datenverarbeitung sollen Sortierprogramme
gewesen sein. Dies unterstreicht die Bedeutung des Sortierens gerade für
die kaufmännische DV. Es läßt aber auch erahnen, wie raffiniert heutige
Sortieralgorithmen sein können. Die Abbildung gibt einige wichtige
Begriffspaare zum Sortieren wieder.

Sortieren...:	...bedeutet:
INTERN - EXTERN	Daten im Internen Speicher (HS) oder mit Ein-/Auslagern von/zu einem Externen Speicher.
NUMERISCH - STRING	Daten sind numerisch (Zahlen) oder alphanumerisch (Buchstaben und Sonderzeichen).
DATEN - ADRESSEN	Daten selbst werden sortiert oder nur deren Adressen bzw. Speicherplätze.
EINFACH - KOMPLEX	Einfache Sortierverfahren wie Auswahl Bubble Sort, Einfügen oder komplexe, z.T. rekursive Verfahren wie Sortieren durch Mischen, Binär-Baum-Sort oder Quicksort.

Vier Begriffspaare zum Sortieren

Das externe Sortieren ist nur dann erforderlich, wenn der Datenumfang
den Speicherplatz des Internspeichers übersteigt. In den folgenden Beispielen wird darauf nicht eingegangen. Das Sortieren über einen Binärbaum wird im Zusammenhang mit der Dateiverarbeitung in Abschnitt
3.10 dargestellt.

3.5.3.1 Zahlen unmittelbar sortieren

"Unmittelbar" heißt, daß wir die zu sortierenden Zahlen selbst umordnen.
Das Programm SORTNU_M demonstriert fünf grundlegende Sortier-
verfahren (Das NU im Programmnamen SORTNU-M steht für
NUmerische Daten).
Wir betrachten zunächst das über die Menüwahl 1 im Unterprogramm
auswahl angewendete Sortierverfahren "Austausch nach Auswahl".

PROBLEM: Sechs Zahlen im Array d() sortieren.

ABLAUF:
1) Setze i%=1.
2) Suche das Minimum von den Daten d(i%) bis d(6) und speichere seinen
   Index in stellemin%.
3) Tausche d(i%) mit d(stellemin%) aus.
4) Erhöhe i% um eins und gehe nach 2), wenn i% kleiner als 6.

WERTE in d():

102	101	109	106	104	105	Beginn: In d() 6 Zahlen
101	102	109	106	104	105	i%=1: Tausch 102-101
101 |	102	109	106	104	105	i%=2: Kein Tausch
101	102 |	104	106	109	105	i%=3: Tausch 109-104
101	102	104 |	105	109	106	i%=4: Tausch 105-106
101	102	104	105 |	106	109	i%=5: Tausch 109-106

Sortierverfahren "Austausch nach Auswahl" an einem Beispiel

Die rechts von der Markierung "|" stehenden Zahlen sind die, von denen
bei jedem Durchlauf das Minimum bestimmt werden muß.
Die Minimumbestimmung läuft wie folgt ab: Zunächst wird stellemin der
momentane Wert von i% zugewiesen, d.h., d(i%) wird als kleinstes
Element angenommen. Dann wird in einer FOR-NEXT-Schleife, die von
i%+1 bis 6 läuft, geprüft, ob nicht vielleicht einer der auf d(i%)
folgenden Daten kleiner ist. Wenn ja, erhält stellemin% den Indexwert
dieses Datums. Nach dieser Zuweisung läuft die Schleife aber weiter, so
daß man nach ihrer Beendigung sicher sein kann, daß stellemin% den
Index des kleinsten Elementwertes von d(i%) bis d(6) enthält.

Das Tauschen von d(i%) mit d(stellemin%) vollzieht sich über die
Anweisung

```
SWAP d(i%),d(stellemin%).
```

Ohne Verwendung der SWAP-Anweisung müßte man das Tauschen nach
der Methode des Dreieckstauschs über eine Hilfsvariable vornehmen.
Wenn man nämlich die erste Variable direkt der zweiten zuweisen würde,
wäre der Inhalt der zweiten verloren und man hätte sie nicht mehr für
die Zuweisung an die erste zur Verfügung.

Das Struktogramm verdeutlicht, daß das Sortieren durch "Austausch nach
Auswahl" über zwei geschachtelte Zählerschleifen abläuft. Die dritte
Zählerschleife dient allein der Ausgabe von d() zur Kontrolle.

Sortierverfahren "Austausch nach Auswahl" als Struktogramm:

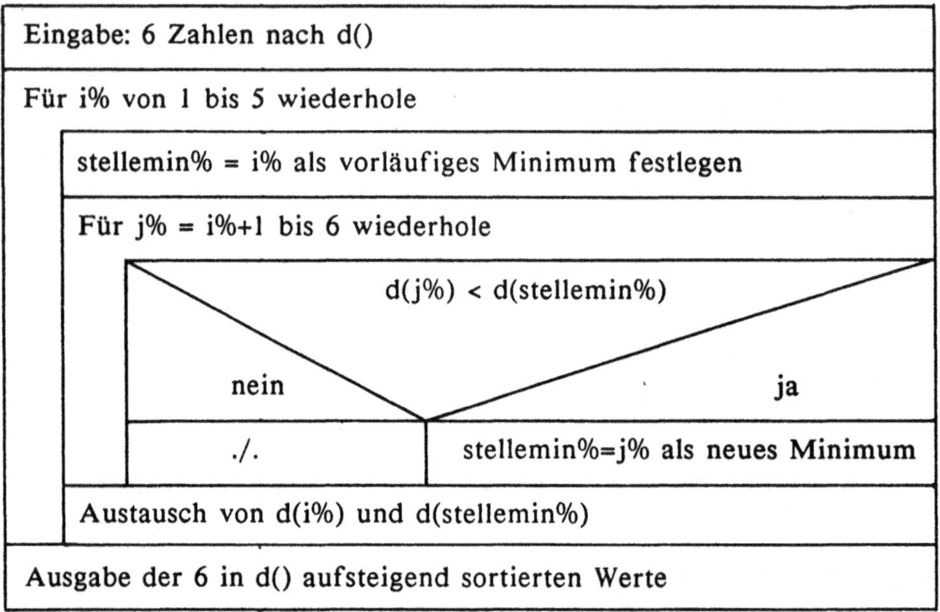

Codierung zu Programm SORTNU_M:

```
REM ====== Programm SORTNU_M
PRINT "Sortieren nach vier grundlegenden Verfahren"
PRINT "(numerische Daten selbst sortieren, nicht Zeiger)."
'
REM ====== Vereinbarungsteil
DIM d(6)              !Array für die zu sortierenden Daten
'
REM ====== Anweisungsteil
DO
  RESTORE
  FOR i%=1 TO 6
    READ d(i%)
  NEXT i%
  DATA 102,101,109,106,104,105
  PRINT "0      Ende"
  PRINT "1      Sortieren durch 'Austausch nach Auswahl'"
  PRINT "2      Sortieren durch 'Paarweisen Austausch (Bubble Sort)'"
  PRINT "3      Sortieren durch 'Einfügen'"
  PRINT "4      Sortieren durch 'Shell Sort'"
  PRINT "5      Sortieren durch 'Quicksort'"
  INPUT "Wahl 0-5";w%
  EXIT IF w%=0
  ON w% GOSUB auswahl,bubble,einfuegen,shell
  IF w%=5 THEN
    GOSUB quicksort(1,6)
```

```
    ENDIF
    VOID INP(2)
    CLS
LOOP
PRINT "Ende."
END
'
PROCEDURE auswahl
  LOCAL i%,j%,stellemin%
  PRINT
  PRINT "Sortierprotokoll zum 'Austausch nach Auswahl':"
  FOR i%=1 TO 5
    LET stellemin%=i%
    FOR j%=i%+1 TO 6
      IF d(j%)<d(stellemin%) THEN
        LET stellemin%=j%
      ENDIF
    NEXT j%
    SWAP d(i%),d(stellemin%)
    FOR j%=1 TO 6
      PRINT d(j%)'
    NEXT j%
    PRINT
  NEXT i%
RETURN
'
PROCEDURE bubble
  LOCAL i%,j%
  PRINT "Sortierprotokoll zum 'Bubble Sort':"
  FOR i%=1 TO 6
    FOR j%=1 TO 5
      IF d(j%)>d(j%+1) THEN
        SWAP d(j%),d(j%+1)
      ENDIF
    NEXT j%
    FOR j%=1 TO 6
      PRINT d(j%)'
    NEXT j%
    PRINT
  NEXT i%
RETURN
'
PROCEDURE einfuegen
  LOCAL i%,j%,d
  PRINT "Sortierprotokoll zum 'Sortieren durch Einfügen':"
  FOR i%=2 TO 6
    LET d=d(i%)
    LET j%=i%-1
    WHILE d<d(j%)
      LET d(j%+1)=d(j%)
      DEC j%
    WEND
    LET d(j%+1)=d
    FOR j%=1 TO 6
      PRINT d(j%)'
    NEXT j%
```

```
      PRINT
    NEXT i%
RETURN
'
PROCEDURE shell
  LOCAL i%,j%,schritt%
  PRINT "Sortierprotokoll zum 'Shell Sort':"
  LET schritt%=4
  REPEAT                            !Äußere Schleife erniedrigt Schrittweite
    FOR i%=schritt%+1 TO 6          !Die Folgenelemente mit dem Abstand schritt%
      LET d=d(i%)                   ! werden wie beim "Sortieren durch Einfügen"
      LET j%=i%-schritt%            ! sortiert
      DO WHILE d<d(j%)
        LET d(j%+schritt%)=d(j%)
        LET j%=j%-schritt%
      LOOP UNTIL j%<=0
      LET d(j%+schritt%)=d
    NEXT i%
    FOR j%=1 TO 6
      PRINT d(j%)'
    NEXT j%
    PRINT
    LET schritt%=schritt% DIV 2
  UNTIL schritt%<1
RETURN
'
PROCEDURE quicksort(a%,e%)
  LOCAL i%,j%,k%,d
  LET d=d(e%)
  LET i%=a%-1
  LET j%=e%
  WHILE i%<j%
    REPEAT
      INC i%
    UNTIL d(i%)>=d
    REPEAT
      DEC j%
    UNTIL d(j%)<=d
    IF i%<j% THEN
      SWAP d(i%),d(j%)
    ENDIF
  WEND
  SWAP d(e%),d(i%)
  FOR k%=1 TO 6
    PRINT d(k%)'
  NEXT k%
  PRINT
  IF a%<i%-1 THEN
    quicksort(a%,i%-1)
  ENDIF
  IF i%+1<e% THEN
    quicksort(i%+1,e%)
  ENDIF
RETURN
```

Ausführung zu SORTNU_M:

```
Sortieren nach vier grundlegenden Verfahren
(numerische Daten selbst sortieren, nicht Zeiger).
0    Ende
1    Sortieren durch 'Austausch nach Auswahl'
2    Sortieren durch 'Paarweisen Austausch (Bubble Sort)'
3    Sortieren durch 'Einfügen'
4    Sortieren durch 'Shell Sort'
5    Sortieren durch 'Quicksort'
Wahl 0-5? 1

Sortierprotokoll zum 'Austausch nach Auswahl':
101 102 109 106 104 105
101 102 109 106 104 105
101 102 104 106 109 105
101 102 104 105 109 106
101 102 104 105 106 109
```

Zum Sortieren nach dem Verfahren des "paarweisen Austausches" bzw. "Bubble Sort" im Unterprogramm Bubble von SORTNU_M (Menüwahl 2):

Die zwei ersten Zahlen im Sechs-Elemente-Array werden verglichen und - falls nicht in der gewünschten Sortierfolge - durch die Anweisung SWAP d(j%),d(j%+1) ausgetauscht. Dann wird j% um eins erhöht und die folgenden beiden Zahlen werden verglichen usw. Damit das ganze Array am Ende auf jeden Fall sortiert ist, muß dieser Vorgang sechs Mal wiederholt werden. Eine etwas elegantere Art, Bubble-Sort zu programmieren, wird in Abschnitt 3.5.3.3 mit Programm SORTSTRI vorgestellt.
Steht eine große Zahl am Anfang des Arrays, bewegt sie sich mit der inneren j%-Schleife allmählich nach oben. Da dieser Vorgang an eine Luftblase erinnert, die durch eine Flüssigkeit hochsprudelt, ist man auf die Bezeichnung "Bubble Sort" gekommen.

Ausführung zu Programm SORTNU_M (Fortsetzung):

```
0     Ende
1     Sortieren durch 'Austausch nach Auswahl'
2     Sortieren durch 'Paarweisen Austausch (Bubble Sort)'
3     Sortieren durch 'Einfügen'
4     Sortieren durch 'Shell Sort'
5     Sortieren durch 'Quicksort'
Wahl 0-5? 2
Sortierprotokoll zum 'Bubble Sort':
101 102 106 104 105 109
101 102 104 105 106 109
101 102 104 105 106 109
101 102 104 105 106 109
101 102 104 105 106 109
101 102 104 105 106 109
```

Zum Sortierverfahren "Einfügen" im Unterprogramm einfuegen des Programms SORTNU_M (Menüwahl 3):

Bei diesem Verfahren werden zunächst die ersten beiden Elemente des Daten-Arrays sortiert, dann die ersten drei, dann die ersten vier usw. Dies geschieht durch richtiges Einfügen des nächstfolgenden Elements in das bereits sortierte Arraystück.
Im Unterprogramm werden mit der äußeren i%-Schleife alle einzufügenden Datenelemente durchlaufen. Mit der inneren WHILE-Schleife wird dann ab der aktuellen Position rückwärts nach der richtigen Position von d (=d(i%)) gesucht. Dabei werden gleichzeitig alle Elemente bis zu dieser Position um eins nach vorne verschoben, um Platz für d zu schaffen. Da das Feldelement d(0) nicht benutzt wird und den somit Wert Null enthält (also kleiner ist als alle zu sortierenden Daten), bricht die WHILE-Schleife spätestens beim nullten Element ab. Mittels der Zuweisung "LET d(j%+1)=d" wird anschließend d an die korrekte Position eingefügt.

Ausführung zu Programm SORTNU_M (Fortsetzung):

```
0       Ende
1       Sortieren durch 'Austausch nach Auswahl'
2       Sortieren durch 'Paarweisen Austausch (Bubble Sort)'
3       Sortieren durch 'Einfügen'
4       Sortieren durch 'Shell Sort'
5       Sortieren durch 'Quicksort'
Wahl 0-5? 3
Sortierprotokoll zum 'Sortieren durch Einfügen':
101 102 109 106 104 105
101 102 109 106 104 105
101 102 106 109 104 105
101 102 104 106 109 105
101 102 104 105 106 109
```

Zum Sortierverfahren "Shell Sort" im Unterprogramm shell des Programms SORTNU_M (Menüwahl 4):

Das Sortieren nach dem Shell-Algorithmus ist neben Quicksort der effezienteste der hier vorgestellten Sortierverfahren. Da beim Shell-Sort auch Elemente verglichen werden, die weit voneinander entfernt liegen, wandern die Datenelemente schnell an ihre richtige Position. Besonders bei größeren Datenmengen ist dieser Vorteil deutlich spürbar.
Der Sortiervorgang läuft in mehreren Stufen ab: Zunächst werden aus dem Datenarray Teilfolgen herausgegriffen, die aus Elementen bestehen, die voneinander denselben Abstand haben (dieser Abstand wird im Unterprogramm in der Variablen schritt% festgehalten). In unserem Beispiel hat schritt% zu Anfang den Wert 4. Somit gibt es zwei Teilfolgen: Die Elemente mit den Indizes 1 und 5 und die mit den Indizes 2 und 6 (die mittleren Elemente sind bei dieser Stufe noch keiner Teilfolge zugeordnet). Dann werden die so ermittelten Teilfolgen mit dem obigen Einfüge-Algorithmus sortiert.
Die nächsten Stufen des Verfahrens laufen genauso ab, nur daß mit einer verkleinerten Schrittweite gearbeitet wird (schritt% wird nach jedem Durchgang durch 2 geteilt). In der letzten Stufe hat schritt% den Wert 1, Shell-Sort entartet zum einfachen Einfügen.

Ausführung zu Programm SORTNU_M (Fortsetzung):

```
0       Ende
1       Sortieren durch 'Austausch nach Auswahl'
2       Sortieren durch 'Paarweisen Austausch (Bubble Sort)'
3       Sortieren durch 'Einfügen'
4       Sortieren durch 'Shell Sort'
5       Sortieren durch 'Quicksort'
Wahl 0-5? 4
Sortierprotokoll zum 'Shell Sort':
102 101 109 106 104 105
102 101 104 105 109 106
101 102 104 105 106 109


0       Ende
1       Sortieren durch 'Austausch nach Auswahl'
2       Sortieren durch 'Paarweisen Austausch (Bubble Sort)'
3       Sortieren durch 'Einfügen'
4       Sortieren durch 'Shell Sort'
5       Sortieren durch 'Quicksort'
Wahl 0-5? 5
102 101 104 105 109 106
102 101 104 105 109 106
101 102 104 105 109 106
101 102 104 105 106 109


0       Ende
1       Sortieren durch 'Austausch nach Auswahl'
2       Sortieren durch 'Paarweisen Austausch (Bubble Sort)'
3       Sortieren durch 'Einfügen'
4       Sortieren durch 'Shell Sort'
5       Sortieren durch 'Quicksort'
Wahl 0-5? 0
Ende.
```

Zum Sortierverfahren "Quicksort" im Unterprogramm quicksort des
Programms SORTNU_M (Menüwahl 5):

Quicksort ist ein rekursives Sortierverfahren, d.h., das Unterprogramm
quicksort ruft sich selbst wieder auf. Die Rekursion läßt sich allgemein
besonders dann gut anwenden, wenn es einem gelingt, das ursprüngliche
Problem in zwei oder mehrere kleinere zu zerlegen. Wenn man dann diese
kleineren Probleme mit genau dem gleichen Algorithmus bearbeiten kann,
der für das ursprüngliche Problem bestimmt war, ergibt sich die
Rekursion ganz von selbst.
So geht auch der Quicksort-Algorithmus vor: Um das Problem des Sortierens in zwei kleinere Probleme zerlegen zu können, wird ein bestimmtes
Element aus der Folge herausgegriffen (das sogenannte Pivotelement, in
unserem Beispiel ist das die letzte Zahl) und anschließend die Folge so

umsortiert, daß alle Elemente, die einen größeren Wert haben als das Pivotelement, rechts von diesem stehen und alle mit kleinerem Wert links. Wären die nun links und rechts vom Pivotelemente stehenden Teilfolgen schon sortiert, könnte der Algorithmus jetzt abbrechen. Da sie das in der Regel aber nicht sind, müssen sie noch sortiert werden. Der Trick ist nun, daß dieses Sortieren der Teilfolgen mit genau dem gleichen Unterprogramm durchgeführt wird wie das der ursprünglichen Folge, es wird also in jeder Teilfolge wieder ein Pivotelement bestimmt, wieder umsortiert und wieder für jedes dieser noch kleineren Teilfolgen die Prozedur quicksort aufgerufen. Dieses Verfahren wird so lange fortgesetzt, bis die zu sortierende Teilfolge nur noch aus einem Element besteht. Dieses einzelne Element ist natürlich immer "sortiert". Es ist sehr wichtig, daß bei jeder Rekursion eine solche Abbruchbedingung existiert, da sonst das Unterprogramm nie aufhören würde, sich selbst aufzurufen.

Am Programmcode soll diese Vorgehensweise nun im einzelnen festgemacht werden: Da die Prozedur quicksort im Laufe der Ausführung für unterschiedliche Teilfolgen aufgerufen wird, müssen zwei Übergabeparameter eingeführt werden, die den Index des ersten Elements der Teilfolge und den des letzten enthalten. Beim ersten Aufruf wird somit das Wertepaar 1,6 übergeben, da die zu sortierende Folge sechs Elemente besitzt. (Weil in einer ON..GOSUB-Anweisung keine Unterprogramme mit Übergabeparametern stehen dürfen, wird der Aufruf von quicksort mittels einer gesonderten IF-Anweisung bewerkstelligt).
Im Unterprogramm wird als erstes in der Variablen d das Pivotelement gespeichert und zwei Hilfszeiger i% und j% eingerichtet, die die restliche Folge von vorne bzw. von hinten durchlaufen. In einer REPEAT-UNTIL-Schleife wird i% so lange hochgezählt, bis ein Element gefunden wird, das größer als d ist, also nicht an der richtigen Position steht (Das Gleichheitszeichen in dieser Abfrage ist nur vorhanden, um sicherzustellen, daß die Schleife irgendwann abbricht, nämlich spätestens beim letzten Element d). Danach wird entsprechend j% heruntergezählt (da d(0) die Null enthält, ist auch hier der Abbruch gesichert). Wenn jetzt i% noch kleiner als j% ist, werden diese beiden falsch stehenden Elemente vertauscht. Dieser Ablauf wird so lange wiederholt, bis schließlich i%>=j% ist, also die gesamte Folge überprüft wurde, dann wird noch das Pivotelement an der richtigen Stelle eingefügt. Enthält die linke bzw. rechte Teilfolge mehr als ein Element, wird jetzt mit den neuen Grenzen quicksort für die linke bzw. rechte Teilfolge aufgerufen.

Datenflußplan zu SORTNU_M:

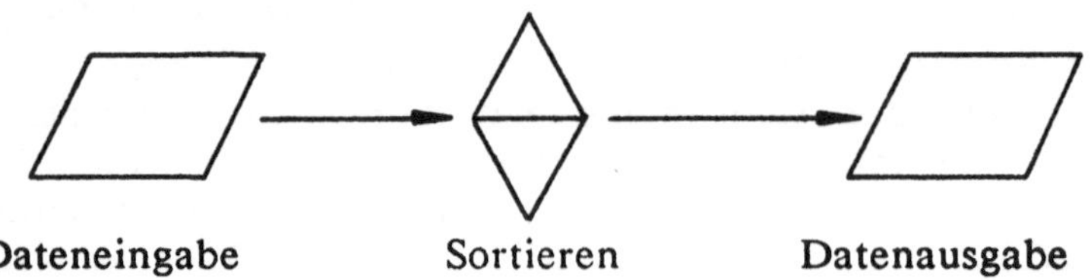

Da Datenbestände oft sortiert werden müssen, stellt GFA-Basic für das
Sortieren nach dem Quicksort- bzw. Shellsortverfahren eigene Befehle zur
Verfügung:

```
QSORT d(+/-),Anzahl,j%()
SSORT d(+/-),Anzahl,j%()
```

Das Array d() enthält die zu sortierenden Daten und kann ein beliebiger
Arraytyp sein, Anzahl gibt an, wieviele Elemente aus d() sortiert werden
sollen (das nullte Element wird mitgezählt und auch mitsortiert). Das
Plus- bzw. Minus-Symbol bestimmt, ob aufsteigend oder absteigend
sortiert wird. Das Integerarray j%() ist für den Fall gedacht, daß man
ganze Datensätze nach den in d() angegebenen Schlüsseln sortieren will.
Dann kann man nämlich in j%() beispielsweise Zeiger auf die Datensätze
abspeichern, da jede Reihenfolgenänderung der Elemente von d() an j%()
weitergegeben wird.
Wenn d() ein String-Array ist, kann vor Anzahl mittels der Befehlswortes
"WITH i()" noch ein Ganzzahlarray i() angegeben werden, das die
Reihenfolge der Buchstaben und Sonderzeichen neu festlegt (normalerweise wird die Reihenfolge der ASCII-Tabelle angenommen). Das Array
i() muß mindestens 256 Elemente enthalten und gibt für jedes Zeichen
einen Wert an, der seine Rangordnung bestimmt: Größere Zahlen
bedeuten "in der Sortierreihenfolge weiter hinten liegend".

3.5.3.2 Zahlen über Zeiger sortieren

Im Programm SORTNU_M haben wir sechs Zahlen dadurch sortiert, daß
wir sie *selbst* umgeordnet bzw. bewegt haben.
Bei umfangreicheren Datenbeständen wird es zumeist günstiger sein, nur
die Speicherplätze dieser Zahlen über Zeigervariablen bzw. *Pointer* zu
sortieren, die Zahlen selbst aber unbewegt zu lassen. Das Programm
SORTZEIG demonstriert dies mit denselben Daten und demselben
Sortierverfahren des "Austausches nach Auswahl" wie in Programm
SORTNU_M.

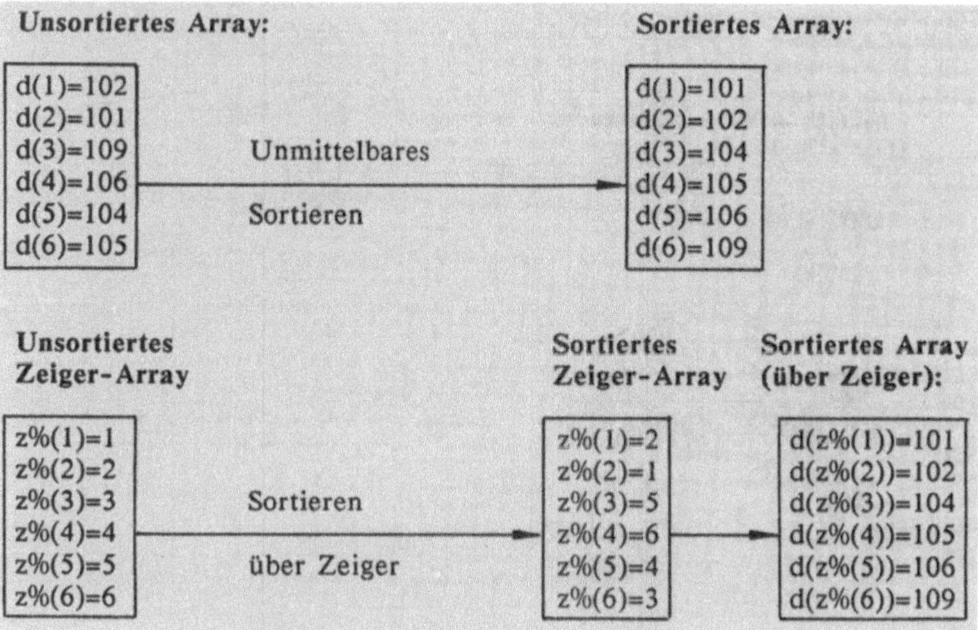

Unmittelbares Sortieren sowie Sortieren über Zeiger

Codierung zu Programm SORTZEIG:

```
REM ====== Programm SORTZEIG
PRINT "Sortieren nach dem Verfahren 'Austausch nach Auswahl'"
PRINT "(numerische Daten über Zeiger sortieren)."
'
REM ====== Vereinbarungsteil
' stellemin%:   Stelle mit vorläufigem Minimum
DIM z%(6)        !6 Zeiger bzw. Pointer
DIM d(6)         !6 unter DATA im Programm gespeicherte Daten
'
REM ====== Anweisungsteil
FOR i%=1 TO 6
  LET z%(i%)=i%
NEXT i%
PRINT
PRINT "6 Daten unsortiert:"
FOR i%=1 TO 6
  READ d(i%)
  PRINT d(i%)'
NEXT i%
DATA 102,101,109,106,104,105
PRINT
```

```
PRINT "Sortierprotokoll der 6 Zeiger:"
FOR i%=1 TO 5
  LET stellemin%=i%
  FOR j%=i%+1 TO 6
    IF d(z%(j%))<d(z%(stellemin%)) THEN
      LET stellemin%=j%
    ENDIF
  NEXT j%
  SWAP z%(i%),z%(stellemin%)
  FOR j%=1 TO 6
    PRINT z%(j%)'
  NEXT j%
  PRINT
NEXT i%
PRINT "6 Daten über Zeiger sortiert:"
FOR i%=1 TO 6
  PRINT d(z%(i%))'
NEXT i%
PRINT
PRINT "Ende."
VOID INP(2)
END
```

Ausführung zu SORTZEIG:

```
Sortieren nach dem Verfahren 'Austausch nach Auswahl'
(numerische Daten über Zeiger sortieren).

6 Daten unsortiert:
102 101 109 106 104 105
Sortierprotokoll der 6 Zeiger:
2 1 3 4 5 6
2 1 3 4 5 6
2 1 5 4 3 6
2 1 5 6 3 4
2 1 5 6 4 3
6 Daten über Zeiger sortiert:
101 102 104 105 106 109
Ende.
```

3.5.3.3 Strings unmittelbar sortieren

Programm SORTSTRI veranschaulicht das Sortieren von Strings anhand
des Bubble-Sort-Algorithmus. Die Vorgehensweise ist mit der
numerischen identisch.
Im Gegensatz zum Programm SORTNU_M handelt es sich hier aber um
einen etwas geschickteren Bubble-Sort-Algorithmus, da die äußere
Schleife nicht mehr durchlaufen wird, wenn die Daten schon sortiert sind.
Dazu wird die Bool'sche Variable sortiert! eingeführt, die bei jedem

neuen Schleifendurchlauf den Wert TRUE erhält, aber auf FALSE gesetzt wird, falls ein Austausch vorgenommen wurde. Wenn am Schluß der äußeren Schleife sortiert! immer noch TRUE ist, kann man sicher sein, daß sich die Strings in der richtigen Reihenfolge befinden.

Wie die zweite Ausführung zu SORTSTRI zeigt, kann Text mit beliebigen Zeichen sortiert werden. Warum kommt z.B. der String "%-Saetze" vor dem String "126 DM"?. Da im ASCII die Codezahl 37 für "%" vor der Codezahl 49 für "1" kommt.

Codierung zu Programm SORTSTRI:

```
REM ====== Programm SORTSTRI
PRINT "Sortieren nach dem Verfahren 'Paarweiser Austausch'"
PRINT "bzw. 'Bubble Sort' (Sortieren von Strings selbst)."
'
REM ====== Vereinbarungsteil
' n$(a%), a%:    a% Namen in String-Array n$ gespeichert
' sortiert!:     Wahrheitswert mit FALSE: unsortiert; TRUE: sortiert
'
REM ====== Anweisungsteil
PRINT
INPUT "Anzahl der Namen";a%
DIM n$(a%)
PRINT a%'"Namen einzeln eintipppen:"
FOR i%=1 TO a%
  INPUT n$(i%)
NEXT i%
PRINT
PRINT "Kontrollausgabe zum Sortiervorgang:"
REPEAT
  LET sortiert!=TRUE
  FOR i%=1 TO a%
    PRINT n$(i%)'
  NEXT i%
  PRINT
  FOR i%=1 TO a%-1
    IF n$(i%)>n$(i%+1) THEN
      SWAP n$(i%),n$(i%+1)
      LET sortiert!=FALSE
    ENDIF
  NEXT i%
UNTIL sortiert!
PRINT
PRINT "Programmende."
VOID INP(2)
END
```

Ausführungen zu Programm SORTSTRI:

```
Sortieren nach dem Verfahren 'Paarweiser Austausch'
bzw. 'Bubble Sort' (Sortieren von Strings selbst).

Anzahl der Namen? 6
6 Namen einzeln eintipppen:
? Tim
? Olaf
? Heiko
? Yasemin
? Stefan
? Philipp

Kontrollausgabe zum Sortiervorgang:
Tim Olaf Heiko Yasemin Stefan Philipp
Olaf Heiko Tim Stefan Philipp Yasemin
Heiko Olaf Stefan Philipp Tim Yasemin
Heiko Olaf Philipp Stefan Tim Yasemin

Programmende.
```

```
Sortieren nach dem Verfahren 'Paarweiser Austausch'
bzw. 'Bubble Sort'(Sortieren von Strings selbst).

Anzahl der Namen? 4
4 Namen einzeln eintipppen:
? ATARI
? 126 DM
? 25500 LIRE
? %-SATZ

Kontrollausgabe zum Sortiervorgang:
ATARI 126 DM 25500 LIRE %-SATZ
126 DM 25500 LIRE %-SATZ ATARI
126 DM %-SATZ 25500 LIRE ATARI
%-SATZ 126 DM 25500 LIRE ATARI

Programmende.
```

Struktogramm zum Bubble-Sort in Programm SORTSTRI:

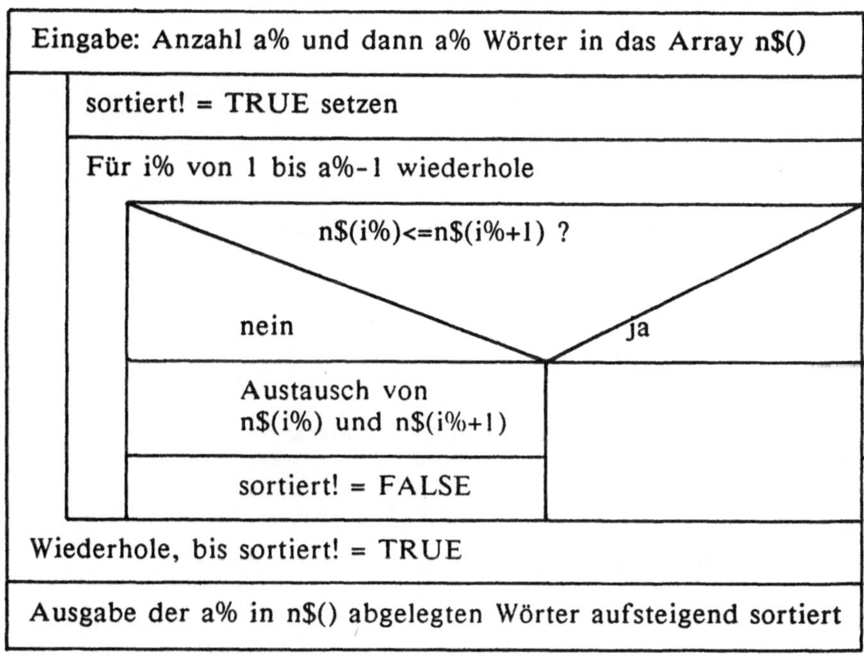

3.5.4 Mischen von Arrays

Mischen heißt, Daten unter Berücksichtigung ihrer Sortierfolge zu *einer* Datenstruktur zusammenzufügen. Im Beispielprogramm MISCHDAT wird das 5-Elemente-Array x() und das 4-Elemente-Array y() zum 9-Elemente-Array z() gemischt. Ein Problem beim Mischen besteht in der Ende-Verarbeitung, wenn eines der Arrays vollständig eingemischt ist. In MISCHDAT wird zur Lösung dieses Problems als zusätzliches 6. (für x) bzw. 5. (für y) Element die 999 als sehr große Zahl gespeichert, um sicherzustellen, daß kein weiteres Element aus diesem Array entnommen wird.

Codierung zu Programm MISCHDAT:

```
REM ====== Programm MISCHDAT
PRINT "Arrays x und y zu einem Array z mischen."
'
REM ====== Vereinbarungsteil
DIM x(6),y(5),z(9) !Drei numerische Arrays
'
REM ====== Anweisungsteil
PRINT
PRINT "Datenbestand 1:"
FOR i%=1 TO 5              !Datenbestand 1 nach Array x einlesen
  READ x(i%)
  PRINT x(i%)'
NEXT i%
DATA 10,20,30,40,50
LET x(6)=999              !Endemarkierung
PRINT
PRINT "Datenbestand 2:"
FOR i%=1 TO 4              !Datenbestand 2 nach Array y einlesen
  READ y(i%)
  PRINT y(i%)'
NEXT i%
DATA 15,20,25,45
LET y(5)=999              !Endemarkierung
'
LET i%=1
LET j%=1
LET k%=1
REPEAT
  IF x(i%)<=y(j%) THEN
    LET z(k%)=x(i%)
    INC i%
  ELSE
    LET z(k%)=y(j%)
    INC j%
  ENDIF
  INC k%
UNTIL x(i%)=999 AND y(j%)=999
PRINT
PRINT "Datenbestände 1 und 2 gemischt:"
FOR k%=1 TO 9
  PRINT z(k%)'
NEXT k%
END
```

Ausführung zu Programm MISCHDAT:

```
Arrays x und y zu einem Array z mischen.

Datenbestand 1:
10 20 30 40 50
Datenbestand 2:
15 20 25 45
Datenbestände 1 und 2 gemischt:
10 15 20 20 25 30 40 45 50
```

Struktogramm zu Programm MISCHDAT:

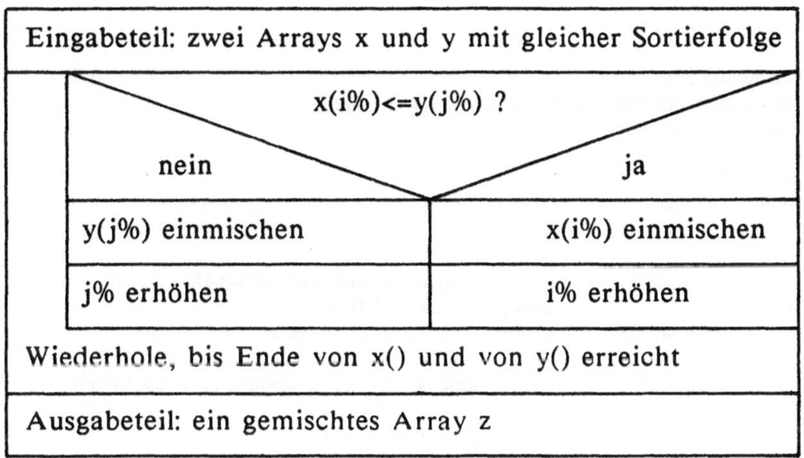

Datenflußplan zu Programm MISCHDAT:

Datenbestand 1: x(5)

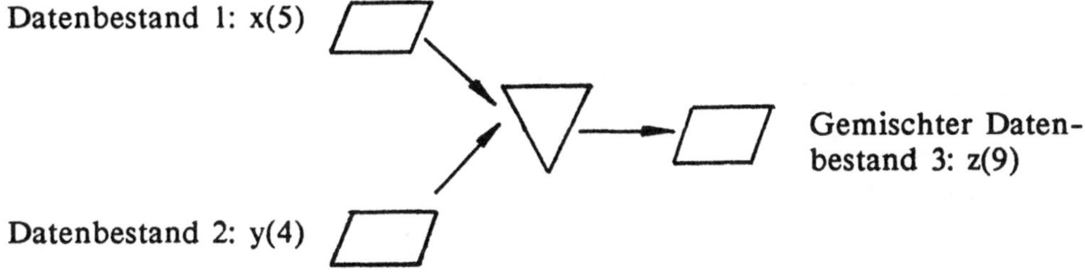

Datenbestand 2: y(4)

3.5.5 Gruppieren von Daten (Gruppenwechsel)

Das Programm GRUPPDAT erwartet über die Tastatur die Mengen-
angaben zu Aufträgen. Bei Wechsel der Auftragsnummer wird der
summierte Gesamtauftrag ausgegeben. Dabei werden die Aufträge mit
gleicher Auftragsnummer zusammengefaßt. Solche Probleme bezeicnet
man als *Verdichten* von Daten oder als *Gruppenwechsel*. Wie wird der
Gruppenwechsel (also der Wechsel der Auftragsnummer) in GRUPPDAT
festgestellt? Wir unterscheiden a2% für "Auftrag neu" und a1% für
"Auftrag alt", um für den Fall a2%<>a1% dann die jeweils nach s1%
aufaddierte Summe auszugeben und mit "LET s1%=0 / LET a1%=a2%"
zum nächsten Datensatz überzugehen.

Codierung zu Programm GRUPPDAT:

```
REM ====== Programm GRUPPDAT
PRINT "Einstufiger Gruppenwechsel."
'
REM ====== Vereinbarungsteil
' a2%,m:     Datensatz mit Datenfeldern Auftrag und Menge
' a2%,s1%:  Auftrag 'alt' und Gruppensumme
'
REM ====== Anweisungsteil
INPUT "Auftrag, Menge";a2%,m
LET a1%=a2%
WHILE a2%<>0
  WHILE a2%=a1%                      !kein Gruppenwechsel bei a2%=a1%
    LET s1%=s1%+m                    !Gruppensumme erhöhen
    INPUT "Auftrag, Menge";a2%,m     !Neuen Datensatz eingeben
  WEND
  PRINT a1%'"mit Gruppensumme"'s1%   !bei Gruppenwechsel: Gruppensumme ausgeben
  LET s1%=0
  LET a1%=a2%                        !Auftrag neu wird alt
WEND
PRINT "Ende."
END
```

Ausführung zu Programm GRUPPDAT:

```
Einstufiger Gruppenwechsel.
Auftrag, Menge? 221,10
Auftrag, Menge? 221,35
Auftrag, Menge? 221,14
Auftrag, Menge? 229,3
221 mit Gruppensumme 59
Auftrag, Menge? 230,75
229 mit Gruppensumme 3
Auftrag, Menge? 230,9
Auftrag, Menge? 0,0
230 mit Gruppensumme 84
Ende.
```

Im Programm GRUPPDAT liegt ein einstufiger Gruppenwechsel vor. Daneben können Gruppenwechsel auch *mehrstufig* sein. Dazu dieses Beispiel: Es wird nicht nur nach Aufträgen gleicher Nummer gruppiert (=Untergruppe), sondern zusätzlich noch nach Vertreternummern (=Hauptgruppe). Auch ein solcher Hauptgruppenwechsel wird durch den Vergleich (v2%<>v1%) bzw. "Vertreter neu <> Vertreter alt" festgestellt.

3 Programmierkurs mit GFA-Basic

In Abschnitt 1.3.5 hatten wir vier Formen zur Organisation von Dateien bzw. Files erläutert:

1. Sequentielle Datei   (Reihenfolgezugriff)

2. Direktzugriff-Datei   (Zugriff auf einen Datensatz direkt)

3. Index-sequentielle Datei   (Index als Inhaltsverzeichnis)

4. Verkettete Dateien   (Zeiger weist auf ein Datenfeld derselben oder einer anderen Datei)

Im folgenden wird für jede Organisationsform ein Programmbeispiel in BASIC angegeben und erklärt (Abschnitte 3.6 bis 3.8 und 3.11).

Da im Zusammenhang mit Dateien häufig zeigerverkettete Listen (Linked Lists) und binäre Bäume als dynamische Datenstrukturen verwendet werden, wollen wir auch dazu zwei Beispiele betrachten (Abschnitte 3.9 und 3.10).

Wenden wir uns zunächst der *sequentiellen* Datei zu.

Das Programm SEQUEN_M verwaltet eine sequentielle Telefondatei. Zur Orientierung sehen wir uns das wiedergegebene Ausführungsbeispiel an.

3.6.1 Menügesteuerte Dateiverwaltung

Das "M" im Programmnamen SEQUEN_M steht für "Menüsteuerung". Nach Eingabe bzw. Auswahl von RUN wird ein Menü mit zehn Wahlmöglichkeiten gezeigt.

Zu diesem Zeitpunkt steht uns noch keine Datei zum Probieren zur Verfügung, sie kann aber leicht erzeugt werden, indem man unter Menüpunkt 4 wie im Beispiel fünf Sätze eingibt.

```
Telefonliste als sequentielle Datei.


Menü zur Verwaltung der Telefon-Datei
- - - - - - - - - - - - - - - - - - - - - - - - - - - - - - - - - - -
   0      Beenden
   1      Laden      der Datei
   2      Speichern  der Datei extern
   3      Drucken    Gesamtverzeichnis
   4      Eingeben   von Einträgen
   5      Suchen     eines Eintrags
   6      Ändern     eines Eintrags
   7      Löschen    eines Eintrags
   8      Einfügen   eines Eintrags
   9      Sortieren  der Gesamtdatei
- - - - - - - - - - - - - - - - - - - - - - - - - - - - - - - - - - -
Wahl 0-9 ? 4

Name (0=Ende)? Steinmeier
Telefonnummer? 06262/3332
Name (0=Ende)? Schneider
Telefonnummer? 0721/1300165
Name (0=Ende)? Treiber
Telefonnummer? 0611/232323
Name (0=Ende)? Köpfle
Telefonnummer? 06221/44421
Name (0=Ende)? Schönfelder
Telefonnummer? 06203/5541
Name (0=Ende)? 0

Weiter mit beliebiger Taste:
```

Die Datei wird dann nach Anwahl von 2 unter dem Namen TELDATEI abgespeichert. Eine Sicherheitsabfrage verhindert das versehentliche Überschreiben einer bestehenden Datei.

```
Wahl 0-9 ? 2

Name der Ausgabedatei? TELDATEI.DAT
Bisherige Datei zerstören (ja/nein)? ja
5 Einträge vom Hauptspeicher in die Datei TELDATEI.DAT.

Weiter mit beliebiger Taste:
```

Der Menüpunkt 6 erlaubt es, einen Eintrag zu ändern. In diesem Fall wird der Name "Köpfle" in "Köpfle-Krämer" geändert, die Telefonnummer wird beibehalten.

```
Wahl 0-9 ? 6

Name des zu ändernden Eintrags? Köpfle
Köpfle ändern in ? Köpfle-Krämer
06221/44421 ändern in ? 06221/44421
Köpfle-Krämer 06221/44421 korrekt (ja/nein) ? ja

Weiter mit beliebiger Taste:
```

Nach Eingabe von 7 als Menüwahl können Einträge gelöscht werden. Die
Daten werden nach dem angegebenen Namen durchsucht. Wird ein über-
einstimmender Satz gefunden, so wird angeboten, ihn zu löschen. Der
Schlüssel kann hier generisch angegeben werden, das heißt, es werden
immer nur soviele Stellen verglichen, wie eingegeben worden sind. Bei
Eingabe von "R" werden alle Namen, die mit einem R beginnen,
herausgesucht.

```
Wahl 0-9 ? 7

Name des zu löschenden Eintrags? Schönfelder
Schönfelder wirklich löschen (ja/nein)? ja

Weiter mit beliebiger Taste:
```

Wir lassen uns nun mit der Menüwahl 3 eine Liste der Datei am
Bildschirm ausgeben. Man sieht, daß die Namen nicht sortiert erscheinen.
Die Ausgabe der Sätze erfolgt in der Reihenfolge, wie sie im Speicher
stehen. Die Datei beinhaltet nun vier Sätze, da wir ja einen gelöscht
haben.

```
Wahl 0-9 ? 3

Name                    Telefonnummer
-------------------------------------
Steinmeier              06262/3332
Schneider               0721/1300165
Treiber                 0611/232323
Köpfle-Krämer           06221/44421
Dateiende nach 4 Einträgen.

Weiter mit beliebiger Taste:
```

Wollen wir eine sortierte Ausgabe, so muß die Datei zunächst mit
Menüpunkt 9 sortiert werden. Eine erneute Anwahl von Punkt 3 ergibt
dann die gewünschte sortierte Liste.

```
Wahl 0-9 ? 9

Sortieren von 4 Datensätzen beginnt.
Sortieren im Hauptspeicher beendet.

Weiter mit beliebiger Taste:
```

```
Wahl 0-9 ? 3

Name                        Telefonnummer
- - - - - - - - - - - - - - - - - - - - - - - - - - - - - - -
Köpfle-Krämer               06221/44421
Schneider                   0721/1300165
Steinmeier                  06262/3332
Treiber                     0611/232323
Dateiende nach 4 Einträgen.

Weiter mit beliebiger Taste:
```

3.6.2 Dateiweiser Datenverkehr

Mit der Menüwahl 1 wird die Telefondatei komplett in den Hauptspeicher eingelesen. Sie wird dort im Array n$() (für die Namen) sowie t$() (für die Telefonnummern) abgelegt und verarbeitet (Menüwahl 3-9). Mit der Menüwahl 2 kann die Datei nach Ende der Verarbeitung wieder abgespeichert werden. Der Datentransport zwischen Externspeicher (Diskette) und Internspeicher (Hauptspeicher) erfaßt immer die ganze Datei als Einheit. Man spricht darum vom *dateiweisen* Datenverkehr.

Dem Vorteil der bequemen, schnellen (da internen) Verarbeitung steht der Nachteil gegenüber, daß die Datei größenmäßig durch den Hauptspeicherplatz begrenzt ist. Das Programm DIREKT_M im Abschnitt 3.7 zeigt den *satzweisen* Datenverkehr als Gegenstück hierzu.

Beim dateiweisen Datenverkehr wird zumeist das Prinzip der *parallelen Arrays* (s. 3.3.2.3) angewandt. Ein Datensatz besteht aus mehreren Datenfeldern, die in verschiedenen Arrays gespeichert werden. Die Elemente der Arrays mit gleichem Index gehören zu einem Datensatz. Die Abbildung zeigt zwei parallele Arrays für die zwei Datenfelder des Datensatzes der TELDATEI, z.B. gehören der Name in n$(5) und die Telefonnummer in t$(5) zum gleichen Datensatz.

Index i%	Namen n$(i%):	Tel-Nummern t$(i%):	
(1)	Steinmeier	06262/3332	=Datensatz 1
(2)	Schneider	0721/1300165	=Datensatz 2
(3)	Treiber	0611/232323	=Datensatz 3
(4)	Köpfle	06221/44421	=Datensatz 4
(5)	Schönfelder	06203/5541	=Datensatz 5
...	...	...	...
...	...		
...			
(n%)			=Datensatz n%
			Ende der Datei

Zwei Arrays (intern) nehmen eine Datei (extern) auf.

Prinzip der parallelen Arrays am Beispiel der TELDATEI

Struktogramm zu Programm SEQUEN-M:

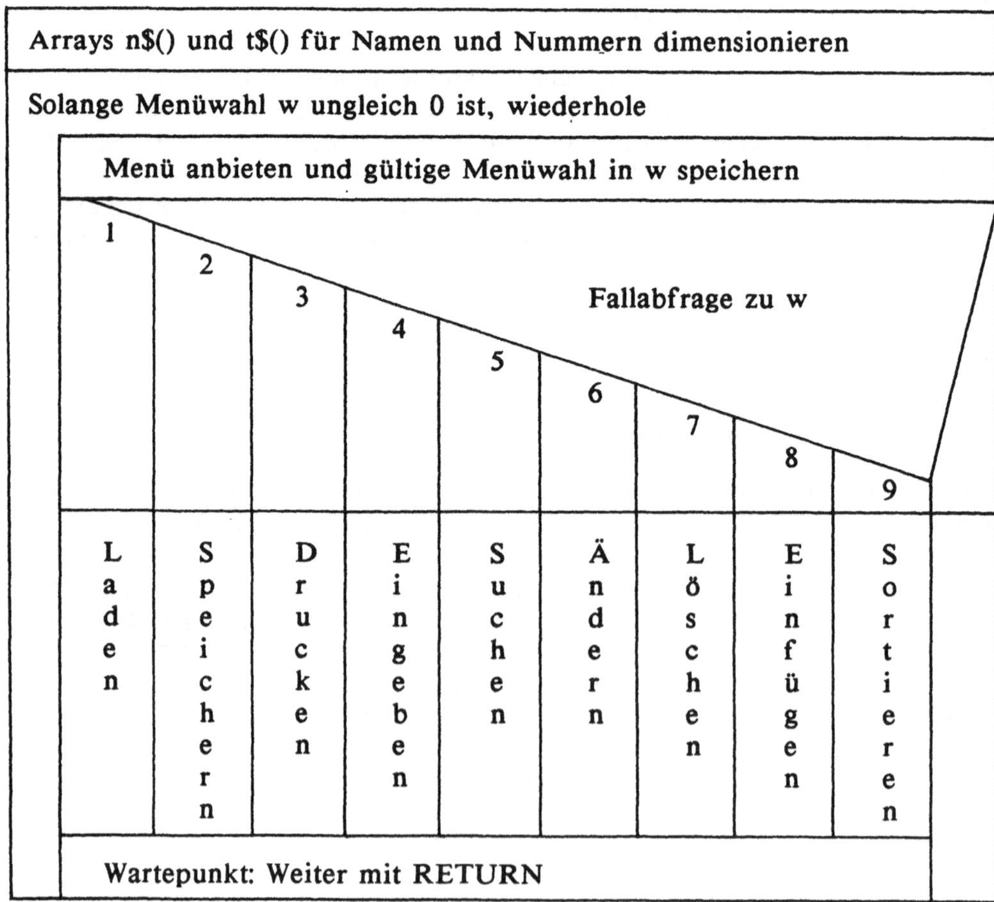

3.6.3 Verarbeitung von Arrays in den Unterprogrammen

Zum Hauptprogramm: Wie auch das Struktogramm zu SEQUEN_M auf-
zeigt, besteht das Programm aus einer Wiederholungsstruktur (Schleife), in
die eine Auswahlstruktur (Fallabfrage mit SELECT ... CASE) eingeschachtelt ist.

Zum Unterprogramm **Laden**: Hier erkennt man den für die Dateiverwaltung typischen 3er-Schritt (vgl. Abschnitt 1.3.5.4):

1. Datei öffnen: mit OPEN ... f$ mit dem in f$ enthaltenen Namen.
2. Datei verarbeiten: Mit INPUT #1 nacheinander alle 2-Kompo-
    nenten-Sätze der Datei nach n$() und t$() einlesen. Der erste
    Dateieintrag ist die Satzanzahl n%.
3. Datei schließen: mit CLOSE #1. Die Datei ist nicht verändert
    worden.

Mit dem OPEN-Befehl wird dem System mitgeteilt, daß wir einen
Datenkanal benötigen, über den wir eine Datei lesen wollen. Dazu müssen
wir die Kanalnummer, den Dateinamen und einen "Modus" mit angeben.
Der Modus gibt Auskunft darüber, *wie* wir die Datei bearbeiten wollen.
Das Format des OPEN-Befehls im Überblick:

```
OPEN "Modus",#Datenkanal,"Dateiname"
```

- Modus "O" wie "Output" zum Schreiben einer sequentiellen Datei. Wenn
  die Datei noch nicht existiert, wird sie zuerst angelegt.
- Modus "I" wie "Input" zum Lesen einer sequentiellen Datei.
- Modus "A" wie "Append" zum Erweitern einer sequentiellen Datei.
  Neue Datensätze werden hinten angehängt.
- Modus "U" wie "Update" zum Lesen und Schreiben einer sequentiellen
  Datei.
- Modus "R" wie "Random" zum Lesen und Schreiben einer
  Direktzugriff-Datei.

Haben wir eine Datei auf einem Datenkanal geöffnet, wird sie in allen
folgenden Dateibefehlen über diese Kanalnummer angesprochen. Zum
Schreiben und Lesen auf eine sequentielle Datei werden in dem
Programm SEQUEN_M die Befehle PRINT# und INPUT# verwendet.
Sie funktionieren genau wie die bekannten Befehle PRINT und INPUT
mit der Ausnahme, daß bei PRINT der Zusatz AT() nicht erlaubt ist.
Außerdem erscheint die Ausgabe nicht am Bildschirm, sondern wird über
den angegebenen Datenkanal auf die Datei geschrieben.

Zum Unterprogramm **Speich**ern: Als erstes wird die Satzanzahl n% in die Datei geschrieben, dann die n% Datensätze jeweils bestehend aus Name und Telefonnummer.

Zum Unterprogramm **Such**en: Hier wird rein sequentiell gesucht. Die WHILE-Schleife durchsucht immer den ganzen Datenbestand und gibt alle Sätze aus, deren Namenfelder (n$()) bis zur Länge des Suchschlüssels mit diesem übereinstimmen.

Zum Unterprogramm (physisch) **Loeschen**: Physisch löschen bedeutet tatsächlich löschen und nicht nur als "eigentlich gelöscht" vermerken. Die Zählerschleife bewirkt, daß alle Einträge ab dem zu löschenden Eintrag um ein Element in den Arrays n$() und t$() vorgerückt werden. Soll der letzte Eintrag gelöscht werden, so wird nur die Anzahl der Einträge n% vermindert. Hier wird diese Aufgabe mit einer Zählerschleife erledigt, es ginge aber auch etwas eleganter: Der Befehl DELETE erlaubt es, ein Element in einem Array zu löschen.

Zum Unterprogramm **Einfueg**en: Die Zählerschleife

```
FOR z%=n% TO w%+2 STEP -1
```

rückt vom letzten Satz n% ausgehend Einträge um jeweils eine Position nach hinten, um danach über INPUT den neuen Eintrag hinter den Satz mit der Nummer w% einzufügen. Auch hier könnte die Lösung mit einem anderen Befehl codiert werden: Der INSERT-Befehl von GFA-Basic fügt ein Element in ein Array ein.

Zum Unterprogramm **Sortieren**: Wie in Programm SORTNU_M (vgl. Abschnitt 3.5.3.1) wird das "Sortieren durch Austausch nach Auswahl" verwendet, jedoch mit folgenden Abweichungen:
Anstelle von Zahlen werden Strings sortiert.
Die Anzahl der Sortierbegriffe n% ist variabel.

Sequentielle Telefondatei auf Diskette:

Die sequentielle Datei TELDATEI ist als Textdatei bzw. ASCII-Datei auf Diskette abgespeichert. Wir haben zwei Möglichkeiten kennengelernt, um uns den Inhalt dieser Textdatei zeigen zu lassen:

- Sequentielles Lesen durch INPUT #1 und darauffolgende Ausgabe durch PRINT.
- Anklicken des Piktogrammes der Datei.

Unter dem Betriebssystem GEM des Atari kann man sich durch zweimaliges Anklicken des Piktogrammes mit der Bezeichnung TELDATEI den derzeitigen Inhalt der Datei ausgeben lassen.

Wir erkennen:

- Variable Datensatzlänge bei der sequentiellen Datei.
- Trennungszeichen "," zwischen Datenfeldern.
- Trennungszeichen CHR$(13), das entspricht RETURN, zwischen den Datensätzen.

Der Inhalt der sequentiellen Datei am Bildschirm ausgegeben.:

```
5
Steinmeier,06262/3332
Schneider,0721/1300165
Treiber,0611/232323
Köpfle,06221/44421
Schönfelder,06203/5541
```

Der erste Eintrag enthält die Satzanzahl 5. Es folgen fünf Datensätze mit jeweils zwei Einträgen. Das Trennungszeichen "," wird in Unterprogramm **Speichern** des Programms SEQUEN_M geschrieben.

Codierung zu Programm SEQUEN_M:

```
' ====== Programm SEQUEN-M
PRINT "Telefonliste als sequentielle Datei."
PRINT
'
' ====== Vereinbarungsteil
DIM n$(100)               ! 100-Elemente-Array für die Namen
DIM t$(100)               ! 100-Elemente-Array für die Telefonnummern
' w,w$,a$                 Wahlmöglichkeit bei Menüauswahl
' f$                      Dateiname (Filename) für die sequentielle Datei
' i%,z%,f!                Laufvariablen bzw. Flagge (Flag)
'
```

```
REM ====== Anweisungsteil
LET w=1
WHILE w<>0
  GOSUB menue_ausgeben
  CLS
  SELECT w
  CASE 1
    lad(n%,n$(),t$())
  CASE 2
    speich(n%,n$(),t$())
  CASE 3
    druck(n%,n$(),t$())
  CASE 4
    eingeb(n%,n$(),t$())
  CASE 5
    such(n%,n$(),t$())
  CASE 6
    aend(n%,n$(),t$())
  CASE 7
    loesch(n%,n$(),t$())
  CASE 8
    einfueg(n%,n$(),t$())
  CASE 9
    sortiere(n%,n$(),t$())
  ENDSELECT
  PRINT
  PRINT "Weiter mit beliebiger Taste:";
  VOID INP(2)              ! Wartet auf einen Tastendruck
  CLS
WEND
PRINT "Programmende."
END
'
PROCEDURE menue_ausgeben
  DO
    PRINT
    PRINT "Menü zur Verwaltung der Telefon-Datei"
    PRINT "------------------------------------"
    PRINT "  0       Beenden"
    PRINT "  1       Laden     der Datei"
    PRINT "  2       Speichern der Datei extern"
    PRINT "  3       Drucken   Gesamtverzeichnis"
    PRINT "  4       Eingeben  von Einträgen"
    PRINT "  5       Suchen    eines Eintrags"
    PRINT "  6       Ändern    eines Eintrags"
    PRINT "  7       Löschen   eines Eintrags"
    PRINT "  8       Einfügen  eines Eintrags"
    PRINT "  9       Sortieren der Gesamtdatei"
    PRINT "------------------------------------"
    '
    INPUT "Wahl 0-9 ";w$
    w=VAL(w$)
    EXIT IF w>=0 AND w<=9 AND LEN(w$)=1
    PRINT "Bitte nur ganze Zahlen zwischen 0 und 9 eingeben."
  LOOP
RETURN
```

```
'
PROCEDURE lad(VAR n%,t$(),n$())
  LOCAL i%
  INPUT "Name der Datei";f$
  OPEN "I",#1,f$
  INPUT #1,n%
  FOR i%=1 TO n%
    INPUT #1,n$(i%),t$(i%)
  NEXT i%
  PRINT n%;" Einträge von Datei ";f$;" in den Hauptspeicher."
  CLOSE #1
RETURN
'
PROCEDURE speich(VAR n%,t$(),n$())
  LOCAL i%,a$
  INPUT "Name der Ausgabedatei";f$
  INPUT "Bisherige Datei zerstören (ja/nein)";a$
  IF a$="ja" THEN
    OPEN "O",#1,f$
    PRINT #1,n%
    FOR i%=1 TO n%
      PRINT #1,n$(i%);",";t$(i%)
    NEXT i%
    PRINT n%;" Einträge vom Hauptspeicher in die Datei ";f$;"."
    CLOSE #1
  ENDIF
RETURN
'
PROCEDURE druck(n%,VAR n$(),t$())
  LOCAL i%
  PRINT "Name                    Telefonnummer"
  PRINT "-------------------------------------"
  LET i%=1
  WHILE i%<=n%
    PRINT n$(i%);TAB(24);t$(i%)
    IF INT(i%/10)=i%/10 THEN
      INPUT "Weiter blättern";a$
    ENDIF
    INC i%
  WEND
  PRINT "Dateiende nach ";n%;" Einträgen."
RETURN
'
PROCEDURE eingeb(VAR n%,n$(),t$())
  REPEAT
    INC n%
    INPUT "Name (0=Ende)";n$(n%)
    IF n$(n%)<>"0"
      INPUT "Telefonnummer";t$(n%)
    ENDIF
  UNTIL n$(n%)="0"
  DEC n%
RETURN
'
```

```
PROCEDURE such(n%,VAR n$(),t$())
  LOCAL f!,i%,w$
  INPUT "Zu suchender Name";w$
  LET f!=FALSE                          ! Flagge gesenkt
  LET i%=1
  WHILE i%<=n%
    IF LEFT$(n$(i%),LEN(w$))=w$ THEN
      PRINT "Gefunden : ";n$(i%),t$(i%)
      LET f!=TRUE
    ENDIF
    INC i%
  WEND
  IF NOT f! THEN
    PRINT w$;" nicht gefunden."
  ENDIF
RETURN
'
PROCEDURE aend(n%,VAR n$(),t$())
  LOCAL f!,i%,w$,a$
  INPUT "Name des zu ändernden Eintrags";w$
  LET f!=FALSE
  LET i%=1
  WHILE i%<=n%
    IF LEFT$(n$(i%),LEN(w$))=w$
      WHILE a$<>"ja"
        PRINT n$(i%);" ändern in ";
        INPUT n$(i%)
        PRINT t$(i%);" ändern in ";
        INPUT t$(i%)
        PRINT n$(i%);" ";t$(i%);" korrekt (ja/nein) ";
        INPUT a$
      WEND
      LET f!=TRUE
    ENDIF
    INC i%
  WEND
  IF NOT f!
    PRINT "Eintrag ";w$," nicht gefunden."
  ENDIF
RETURN
'
```

```
PROCEDURE loesch(VAR n%,n$(),t$())
  LOCAL f!,i%,w$,a$
  INPUT "Name des zu löschenden Eintrags";w$
  LET f!=FALSE
  LET i%=1
  WHILE i%<=n%
    IF LEFT$(n$(i%),LEN(w$))=w$ THEN
      PRINT n$(i%);" wirklich löschen (ja/nein)";
      INPUT a$
      IF a$="ja" THEN
        IF i%<n% THEN
          FOR z%=i% TO n%-1
            LET n$(z%)=n$(z%+1)
            LET t$(z%)=t$(z%+1)
          NEXT z%
        ENDIF
        DEC n%
        DEC i%
      ENDIF
      LET f!=TRUE
    ENDIF
    INC i%
  WEND
  IF NOT f! THEN
    PRINT w$;" nicht gefunden, kein Löschen möglich."
  ENDIF
RETURN
'
PROCEDURE einfueg(VAR n%,n$(),t$())
  LOCAL w%,z%
  PRINT "Datei ";f$;" hat ";n%;" Einträge. Nach welchem"
  INPUT "Eintrag einfügen (Satznummer tippen)";w%
  LET n%=n%+1
  FOR z%=n% TO w%+2 STEP -1
    LET n$(z%)=n$(z%-1)
    LET t$(z%)=t$(z%-1)
  NEXT z%
  PRINT "Nachfolgende Einträge sind verschoben."
  INPUT "Einzufügender Name  ";n$(w%+1)
  INPUT "Einzufügende Nummer ";t$(w%+1)
RETURN
'
```

```
PROCEDURE sortiere(n%,VAR n$(),t$())
  LOCAL i%,z%,stellmin%,nammin%
  PRINT "Sortieren von ";n%;" Datensätzen beginnt."
  FOR i%=1 TO n%-1                          ! Sortiermethode
    LET stellmin%=i%                        ! "Austausch nach Auswahl"
    LET nammin$=n$(i%)
    LET telmin$=t$(i%)
    FOR z%=(i%+1) TO n%
      IF n$(z%)<nammin$ THEN
        LET stellmin%=z%
        LET nammin$=n$(z%)
        LET telmin$=t$(z%)
      ENDIF
    NEXT z%
    LET n$(stellmin%)=n$(i%)
    LET n$(i%)=nammin$
    LET t$(stellmin%)=t$(i%)
    LET t$(i%)=telmin$
  NEXT i%
  PRINT "Sortieren im Hauptspeicher beendet."
RETURN
```

3 Programmierkurs mit GFA-Basic

Im Abschnitt 3.6 haben wir die sequentielle Datei kennengelernt, bei der die Sätze nur hintereinander gelesen werden können. Bei der Direktzugriff- oder Random-Datei kann auch auf einen einzelnen Datensatz direkt zugegriffen werden. Die folgenden Sprachmittel ermöglichen die Verarbeitung von Direktzugriff-Dateien in GFA-Basic:

Öffnen der Direktzugriff-Datei mit dem OPEN-Befehl:

Eine Direktzugriff-Datei hat im Gegensatz zur sequentiellen Datei eine *feste Datensatzlänge*, die in der OPEN-Anweisung angegeben werden muß:

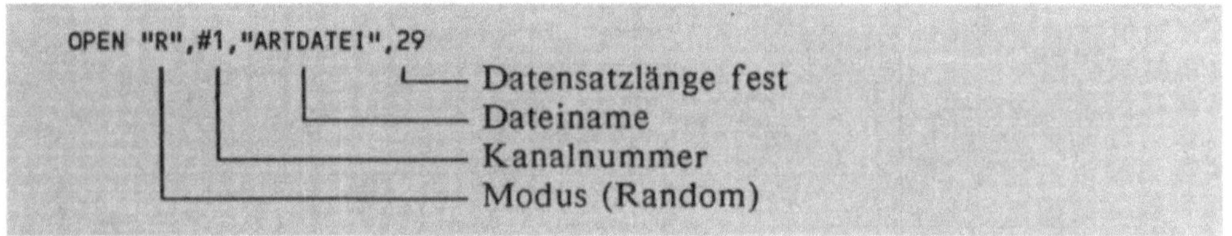

Die Datensatzlänge einer einmal eingerichteten Datei kann später nicht mehr verändert werden.

Lesen und Schreiben von Datensätzen:

Bei der Direktzugriff-Datei werden die Befehl GET# und PUT# zum Lesen bzw. Schreiben von Datensätzen benutzt (bei der sequentiellen Datei: INPUT# und PRINT#). Es muß nur die Nummer des Kanals, auf dem die Datei eröffnet worden ist, mit angegeben werden. Optional ist die Angabe der Satznummer. Fehlt die Satznummer, so wird derjenige Satz gelesen, der dem zuletzt mit GET gelesenen Datensatz folgt.

```
GET #1,10
GET #1
GET #1
```

Das Beispiel liest den Datensatz mit der Nummer 10 und sequentiell zwei weitere Sätze ein, also 11 und 12. Bei PUT funktioniert das genauso, wird die Satznummer nicht mit angegeben, so wird sequentiell weiter geschrieben. Natürlich kann dies auch durch die Anweisung GET #1,s (PUT #1,s) erfolgen, wenn s in einer Schleife jeweils um 1 hochgezählt wird.

Der Dateipuffer:

Der Dateipuffer ist eine Art "Fenster", durch den die Daten durchgereicht werden. Er belegt einen Bereich des Hauptspeichers von der Länge eines Datensatzes. Nach dem Zugriff durch einen GET-Befehl befindet sich der gelesene Datensatz in diesem Speicherbereich und muß durch das Programm zur Weiterverarbeitung dort abgerufen werden. Um einen Satz zu schreiben, muß erst der Dateipuffer gefüllt werden, dann kann der PUT-Befehl ausgeführt werden.
Um den Dateipuffer ansprechen zu können, werden Bereiche des Puffers mit Namen versehen. Dieses erledigt der Befehl FIELD.

```
FIELD #1,4 AS p1$, 6 AS p2$
```

Das Beispiel des FIELD-Befehls benennt die ersten vier Stellen (Bytes) des Dateipuffers der Datei auf Kanal 1 mit dem Namen p1$. Die folgenden sechs Stellen werden mit p2$ bezeichnet. Die Namen können frei gewählt werden, sie müssen aber immer vom Typ String sein und sollten in einem Programm nicht in einem anderen Zusammenhang benutzt werden. Man bezeichnet die Variablen, die den Dateipuffer einteilen, auch als Puffervariablen.

Da Puffervariablen Strings sind, müssen numerische Werte umgewandelt werden, bevor sie in den Dateipuffer gebracht werden können. Dazu verwenden wir die Funktionen MKI\$, MKL\$, MKS\$, MKF\$ und MKD\$ und den Befehl LSET, letzterer setzt Strings linksbündig in Puffervariablen ein. LSET p1\$=MKL\$(1002) bewirkt z.B. folgendes: Wandle die Integer-Zahl 1002 in einen String der Länge 4 um, setze diesen linksbündig in die Puffervariable p1\$ und fülle den Rest von p1\$ mit Leerstellen auf.

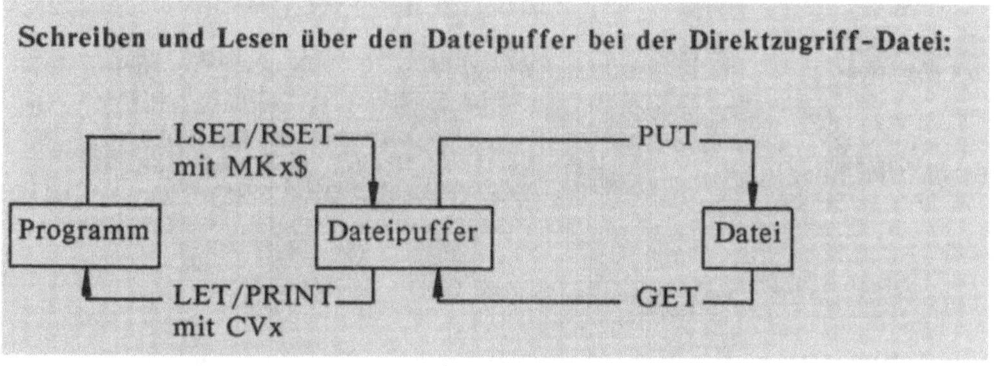

Schreiben und Lesen bei der Sequentiellen Datei:

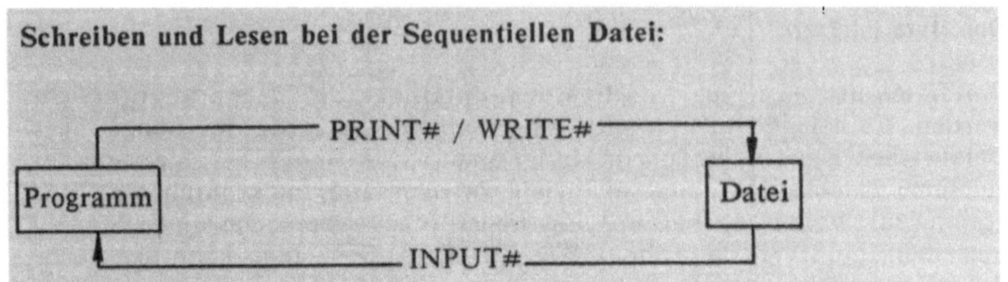

Zugriff auf die sequentielle Datei und die Direktzugriff-Datei

Wie schon erwähnt, stehen die Daten im Dateipuffer in einem anderen
Format, als wir sie gebrauchen können, darum müssen sie umgewandelt
werden. GFA-Basic stellt dazu 10 verschiedene Befehle bereit, die im folgenden kurz beschrieben werden sollen.

Vor dem Schreiben mit PUT: Werte in Puffervariablen setzen.

`LSET p1$=MKI$(1000)`	Zahl 1000 vom Datentyp Integer in String mit Länge 2 Byte.
`LSET p2$=MKL$(a%)`	Variable a% vom Typ Integer in String mit Länge 4 Byte.
`LSET p3$=MKS$(2.5)`	Zahl 2.5 vom Typ Real in String mit Länge 4 Byte (ATARI-Basic kompatibles Format).
`LSET p4$=MKF$(0.09)`	Zahl 0.09 vom Typ Real in String mit Länge 6 Byte (GFA-Basic 2.0 Format).
`LSET p5$=MKD$(s)`	Variable vom Typ Real in String mit Länge 8 Byte (GFA-Basic 3.0 Format).
`LSET p6$="ROSE"`	STRING "ROSE" p6$ zuweisen.

Nach dem Lesen mit GET: Werte aus Puffervariablen entnehmen.

`LET a1%=CVI(p1$)`	2-Byte-String in p1$ in 16 Bit-Integer umwandeln und a1% zuweisen.
`LET a2%=CVL(p2$)`	4-Byte-String in p2$ in 32 Bit-Integer umwandeln und a2% zuweisen.
`LET a3=CVS(p3$)`	4-Byte-String in p3$ (Atari-Basic Format) in Real-Zahl umwandeln und a3 zuweisen.
`LET a4=CVF(p4$)`	6-Byte-String in p4$ (GFA 2.0 Format) in Real-Zahl umwandeln und a4 zuweisen.
`LET a5=CVD(p5$)`	8-Byte String in p5$ (GFA 3.0 Format) in Real-Zahl umwandeln und a5 zuweisen.
`LET a6$=p6$`	p6$ bleibt String (stets verschiedene Namen verwenden!)

Datenfelder in den Dateipuffer setzen und aus dem Dateipuffer nehmen

3.7.1 Artikeldatei als Beispiel einer Direktzugriff-Datei

Unser Beispielprogramm verdeutlicht das Arbeiten mit einer Direktzugriff-Datei anhand einer Artikeldatei. Die Ausführung zu diesem Programm ähnelt der von Programm SEQUEN_M, weil beide menügesteuert
ablaufen, dennoch weicht das Programm DIREKT_M in einigen Punkten
ab:

- Direktzugriff-Datei anstelle einer sequentiellen Datei.
- Verkettung von fünf eigenständigen Programmen (Overlay).
- Satzweiser Datenverkehr anstelle dateiweisem Datenverkehr.
- Direkte Adressierung des Datensatzes.

Die *Datensätze* der Artikeldatei namens ARTDATEI sind 29 Stellen lang
und bestehen aus jeweils vier *Datenfeldern*.

Inhalt:	Artikel-nummer	Bezeichnung	Menge	Stück-preis
Stellen:	4	15	4	6
(Datentyp)	Integer	String	Integer	Real
Variablenname	a1	a2$	a3	a4
(Name Puffer)	p1$	p2$	p3$	p4$
Beispiel:	102	ORCHIDEE	50	27.50

Datensatz-Beschreibung für die ARTDATEI

Im folgenden soll an einem Beispiel noch einmal verdeutlicht werden, wie
die typische Verarbeitung einer Direktzugriff-Datei aussieht (mit dem
Datensatz aus der Artikeldatei).

1) Datei eröffnen und Dateipuffer aufteilen

```
OPEN "R",#1,"ARTDATEI",29
FIELD #1,4 AS p1$,15 AS p2$,4 AS
p3$,6 AS p4$
```

Datensatzlänge 29 fest.
Dateipuffer mit vier Feldern.

2) Datensatz mit Satznummer 19 direkt schreiben

```
LSET p1$=MKL$(1019)
LSET p2$="Iris"
LSET p3$=MKL$(80)
LSET P4$=MKF$(9.55)
PUT #1,19
```

Satz linksbündig in Dateipuffer setzen
und dann schreiben.

3) Datensatz mit Satznummer 2 direkt lesen

```
GET #1,2
LET a1%=CVL(p1$)
LET a2$=p2$
LET a3%=CVL(p3$)
LET a4=CVF(p4$)
PRINT "2. Satz:";a1%,a2$,a3%,a4
```

Satz lesen und aus Dateipuffer in die
Satzvariablen bringen.

Ausführung zu Programm DIREKT_M:

Da wir bis jetzt noch keine Datei angelegt haben, wollen wir dies zunächst durchführen. Nach Anwahl des Menüpunktes 1 muß der Dateiname der neuen Datei eingegeben werden. Eine Sicherheitsabfrage verhindert auch hier wieder das versehentliche Überschreiben einer bestehenden Datei. Da die Datei mit Leersätzen initialisiert werden soll, wird noch nach der Satzanzahl gefragt. Werden später mehr Sätze benötigt, so wird die Datei automatisch erweitert.

```
Verwaltung einer Artikeldatei
------------------------------
1 = Neue Datei anlegen
2 = Datensätze schreiben
3 = Datensätze lesen
4 = Bestand fortschreiben
5 = Dateizugriff beenden

Wahl 1-5? 1


Dateiname? ARTDATEI
... diese Datei wirklich löschen und neu anlegen (j/n)? j
Datei ARTDATEI gelöscht.
Datei ARTDATEI neu geöffnet.
Vorgesehene Satzanzahl? 20
20 Leersätze geschrieben.
```

Wir geben nun 4 Sätze mit Satznummer und den zugehörigen Daten ein. Die Sätze befinden sich nach der Eingabe schon auf der Diskette, im Gegensatz zur sequentiellen Datei, wo sich die Daten bis zum Speichern (Auswahl im Menü) im Hauptspeicher befinden.

```
Wahl 1-5? 2

Sätze schreiben (0=Ende).
Nummer, Bez., Bestand, Preis : 1002,Orchidee,50,27.5
Nummer, Bez., Bestand, Preis : 1001,Clematis,30,19.25
Nummer, Bez., Bestand, Preis : 1019,Iris,80,9.55
Nummer, Bez., Bestand, Preis : 1011,Lilie,23,14.05
Nummer, Bez., Bestand, Preis : 0,0,0,0
```

Mit der Auswahl 3 des Menüs kann man sich beliebige Sätze anhand der Artikelnummer ausgeben lassen:

```
Wahl 1-5? 3

Angelegte Datensätze : 20
Artikelnummer (Ende=negativ) ? 1002
Artikelnummer   : 1002
Bezeichnung     : Orchidee
Bestandsmenge   : 50
Stückpreis      : 27.5

Artikelnummer (Ende=negativ) ? 1019
Artikelnummer   : 1019
Bezeichnung     : Iris
Bestandsmenge   : 80
Stückpreis      : 9.55

Artikelnummer (Ende=negativ) ? -1
```

```
Wahl 1-5? 5

Programmende.
```

3.7.2 Overlay durch Verketten von Programmen

Als Menüprogramm ruft das Programm DIREKT_M je nach Menüwahl durch die Anweisung

```
CHAIN programmname
```

eines der vier Programme

```
DIREKT_A   Eine Direktzugriff-Datei leer Anlegen
DIREKT_S   Datensätze direkt auf Datei Schreiben
DIREKT_L   Einen bestimmten Datensatz direkt Lesen
DIREKT_F   Satz mit aktualisiertem Lagerbestand Fortschreiben
```

auf. Durch den Aufruf mit CHAIN wird das Programm DIREKT_M gelöscht und im Hauptspeicher tritt an seine Stelle das jeweils aufgerufene Programm. Man bezeichnet diesen Vorgang auch als Überlagerung oder Overlay-Technik.

Nach Ausführung eines aufgerufenen Programmes lädt dieses durch

```
CHAIN "DIREKT_M.GFA"
```

das Menüprogramm wieder in den Hauptspeicher. Mit dem Overlay werden alle vom aufrufenden Programm bislang erzeugten Variablenwerte zerstört. GFA-Basic erwartet, daß die Programme, die mit CHAIN gestartet werden sollen mit SAVE abgespeichert worden sind, also die Extension "BAS" (bei Version 2.0) oder "GFA" (bei Version 3.0) haben. Die Extension muß beim Programmnamen im CHAIN-Befehl mit angegeben werden.

3.7.3 Datensatzweiser Datenverkehr

Das Programm SEQUEN_M hatte im dateiweisen Datenverkehr zu Beginn die gesamte Datei in den Hauptspeicher eingelesen und in Arrays abgelegt. Bei der durch das Programm DIREKT_M verwalteten Artikeldatei hingegen wird jeweils unmittelbar nach der Anforderung ein *einzelner* Satz gelesen, geschrieben oder geändert.
Wir bezeichneten dies als "datensatzweisen Datenverkehr". Die Artikeldatei kann damit natürlich größer sein als der verfügbare Hauptspeicherplatz, da zwischen dem externen und dem internen Speicher stets nur ein Datensatz transportiert wird. Wie zeigt sich der datensatzweise Datenverkehr in der Codierung? In *jedem* Programm findet sich mindestens eine Anweisung mit einem Dateizugriff (PUT zum Schreiben oder GET zum Lesen).

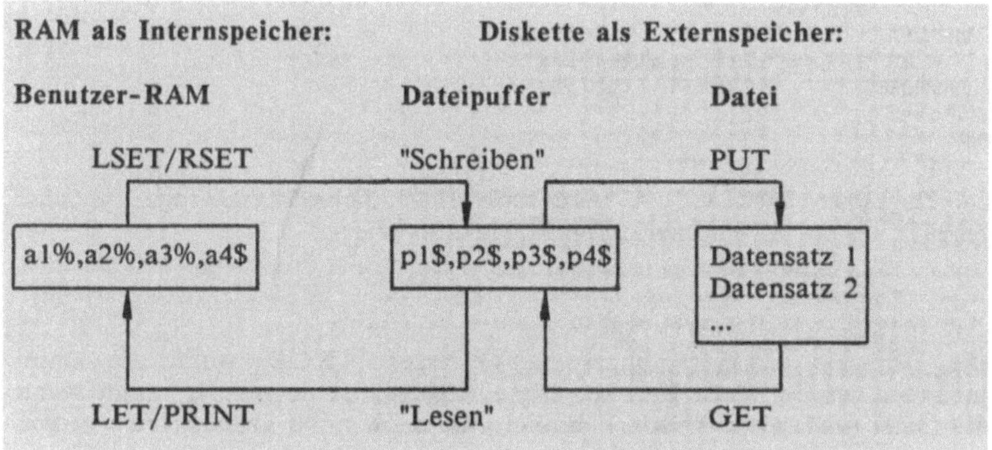

Datensatzweiser Datenverkehr mit GET und PUT

Codierung zu Programm DIREKT_M:

```
REM ====== Programm DIREKT_M
' Menüprogramm (Abkürzung M im Programmnamen)
' Verwaltung einer Artikeldatei als Direktzugriff-Datei.
'
REM ====== Vereinbarungsteil
' e$,e                  Eingabe bei der Menüauswahl
' i%                    Zählervariable
'
REM ====== Anweisungsteil
'
REPEAT
  PRINT
  PRINT " Verwaltung einer Artikeldatei"
  PRINT "-------------------------------"
  PRINT " 1 = Neue Datei anlegen        "
  PRINT " 2 = Datensätze schreiben      "
  PRINT " 3 = Datensätze lesen          "
  PRINT " 4 = Bestand fortschreiben     "
  PRINT " 5 = Dateizugriff beenden      "
  PRINT
  INPUT "Wahl 1-5";e$
  PRINT
  LET e=VAL(e$)
  SELECT e
  CASE 1
    CHAIN "DIREKT_A.GFA"
  CASE 2
    CHAIN "DIREKT_S.GFA"
  CASE 3
    CHAIN "DIREKT_L.GFA"
  CASE 4
    CHAIN "DIREKT_F.GFA"
  CASE 5
    PRINT "Programmende."
  DEFAULT
    PRINT "Eingabe bitte zwischen 1 und 5."
  ENDSELECT
UNTIL e=5
END
```

Im Programm DIREKT_A wird nach einer Sicherheitsabfrage zunächst geprüft, ob die zu löschende Datei bereits existiert:

```
IF EXIST(f$)
```

Die Funktion EXIST(Programmname) liefert TRUE, wenn die Datei gefunden wurde, sonst FALSE. Diese Abfrage ist notwendig, denn wenn die Datei noch nicht existiert, braucht sie auch nicht gelöscht zu werden.

Der Befehl

```
KILL f$
```

löscht die Datei, sodaß sie anschließend neu angelegt werden kann.

Codierung zu Programm DIREKT_A:

```
REM ====== Programm DIREKT_A
' Programm zum Anlegen (A) einer Datei:
' "Alte" Datei löschen,w
' "neue" Datei generieren und mit Leerssätzen beschreiben.
'
REM ====== Vereinbarungsteil
' f$                  Name der Direktzugriff-Datei
' anz                 Anzahl der Datensätze
' p1$,p2$,p3$,p4$     Datensatz mit 4 Datenfeldern im Dateipuffer
' s%                  Satznummer bzw. Datensatznummer
' e$                  Eingabestring
'
REM ====== Anweisungsteil
INPUT "Dateiname";f$
PRINT "... diese Datei wirklich löschen und neu anlegen (j/n)?"
INPUT e$
IF e$="j" THEN
  IF EXIST(f$) THEN
    KILL f$
    PRINT "Datei ";f$;" gelöscht."
  ENDIF
  OPEN "R",#1,f$,29
  FIELD #1,4 AS p1$,15 AS p2$,4 AS p3$,6 AS p4$
  PRINT "Datei ";f$;" neu geöffnet."
  INPUT "Vorgesehene Satzanzahl";anz%
  LSET p1$=MKL$(0)
  LSET p2$=" "
  LSET p3$=MKL$(0)
  LSET p4$=MKF$(0)
  FOR s%=1 TO anz%
    PUT #1,s%
  NEXT s%
  PRINT anz%;" Leersätze geschrieben."
  CLOSE #1
ENDIF
'
CHAIN "DIREKT_M.GFA"
```

Im Programm DIREKT_F kann es vorkommen, daß der Benutzer eine
Artikelnummer eingibt, zu der kein Datensatz angelegt ist. Damit das
Programm in diesem Fall nicht abbricht, wird mit dem Befehl

```
ON ERROR GOSUB fehlerroutine
```

der Programmfluß im Fehlerfall in ein Unterprogramm umgelenkt. Wie
der ON ERROR-Befehl genau funktioniert werden Sie in Kapitel 3.12
noch lernen.

Codierung zu Programm DIREKT_F:

```
REM ====== Programm DIREKT_F
' Fortschreibungsprogramm (F)
' Einen Satz aus der Artikeldatei suchen, zeigen und seinen Bestand ändern,
' d.h. fortschreiben.
'
REM ====== Vereinbarungsteil
' ARTDATEI                Direktzugriff-Datei
' a2%,a2$,a3%,a4          Datensatz mit 4 Datenfeldern im Programm
' p1$,p2$,p3$,p4$         Datensatz mit 4 Datenfeldern im Dateipuffer
' such%                   Artikelnummer als Suchbegriff
' zuab                    Zu- oder Abnahme bei Bestandsänderung
' s                       Satznummer zur direkten Adressierung
' fehler!                 Fehler bei Dateizugriff
'
REM ====== Anweisungsteil
OPEN "R",#1,"ARTDATEI",29
FIELD #1,4 AS p1$,15 AS p2$,4 AS p3$,6 AS p4$
INPUT "Artikelnummer zur Fortschreibung";such%
LET s%=such%-1000
fehler!=FALSE
ON ERROR GOSUB fehlerroutine
GET #1,s%
IF NOT fehler! THEN
  LET a1%=CVL(p1$)
  LET a2$=p2$
  LET a3%=CVL(p3$)
  LET a4=CVF(p4$)
  IF a1%<>0 THEN
    PRINT "Artikelnummer : ";a1%
    PRINT "Bezeichnung   : ";a2$
    PRINT "Bestandsmenge : ";a3%
    PRINT "Stückpreis    : ";ROUND(a4,2)
    INPUT "Bestandsänderung +- ";zuab%
    LET a3%=a3%+zuab%               ! Fortschreibung des Bestandes a3%
    LSET p3$=MKL$(a3%)
    PUT #1,s%
    PRINT "Fortgeschrieben auf ";a3%
  ELSE
    PRINT "Kein Satz angelegt."
  ENDIF
```

```
ELSE
  PRINT "... Fehlanzeige für Satz ";such%
ENDIF
CLOSE #1
CHAIN "DIREKT_M.GFA"
'
PROCEDURE fehlerroutine
  fehler!=TRUE
  RESUME NEXT
RETURN
```

Struktogramm zum Leseprogramm DIREKT_L:

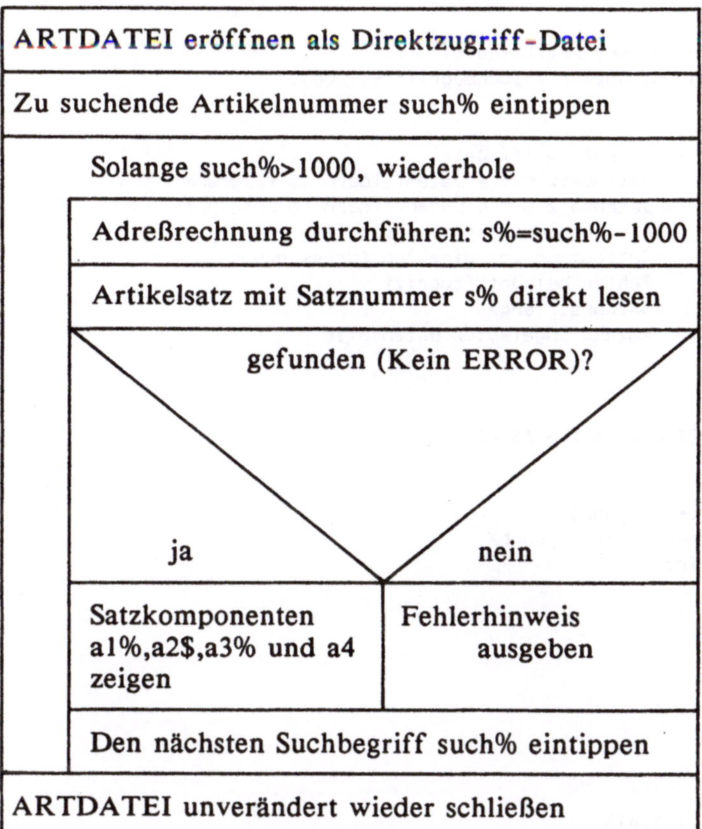

Im Programm DIREKT_L wird durch die Programmzeile

```
LET ads%=LOF(#1)/gl%
```

festgestellt, wieviele Datensätze die Datei enthält. Die Funktion LOF()
liefert die Länge der Datei auf dem angegebenen Datenkanal in Bytes.
Teilen wir diesen Wert durch die Satzlänge (gl%) so erhalten wir die
Anzahl der Datensätze (ads%).

Codierung zu Programm DIREKT_L:

```
REM ====== Programm DIREKT_L
' Leseprogramm (L)
' Einen oder mehrere Sätze aus der Artikeldatei
' direkt lesen (Adressrechnung SatzNr = Suchbegriff - 1000).
'
REM ====== Vereinbarungsteil
' ARTDATEI                    Direktzugriff-Datei
' a1%,a2$,a3%,a4              Datensatz mit 4 Datenfeldern im Programm
' p1$,p2$,p3$,p4$             Datensatz mit 4 Datenfeldern im Dateipuffer
' such%                       Artikelnummer als Suchbegriff
' s%                          Satznummer zur direkten Adressierung
' fehler!                     Fehler bei Dateizugriff
' gl%                         Datensatzlänge
' ads%                        Anzahl angelegter Datensätze
'
REM ====== Anweisungsteil
OPEN "R",#1,"ARTDATEI",29
FIELD #1,4 AS p1$,15 AS p2$,4 AS p3$,6 AS p4$
gl%=29
LET ads%=LOF(#1)/gl%
PRINT "Angelegte Datensätze : ";ads%
INPUT "Artikelnummer (Ende=negativ) ";such%
ON ERROR GOSUB fehlerroutine
WHILE such%>1000
  fehler!=FALSE
  LET s%=such%-1000
  GET #1,s%
  IF NOT fehler! THEN
    LET a1%=CVL(p1$)
    LET a2$=p2$
    LET a3%=CVL(p3$)
    LET a4=CVF(p4$)
    PRINT "Artikelnummer  : ";a1%
    PRINT "Bezeichnung    : ";a2$
    PRINT "Bestandsmenge  : ";a3%
    PRINT "Stückpreis     : ";ROUND(a4,2)
    PRINT
  ELSE
    PRINT "... Fehlanzeige für Satz ";such%
  ENDIF
  INPUT "Artikelnummer (Ende=negativ) ";such%
```

```
WEND
CLOSE #1
CHAIN "DIREKT_M.GFA"
'
PROCEDURE fehlerroutine
  fehler!=TRUE
  RESUME NEXT
RETURN
```

Struktogramm zum Schreibprogramm DIREKT_S:

Artikeldatei ARTDATEI eröffnen

Satz eintippen und den Variablen a1%,a2$,a3%,a4 zuweisen

Solange Artikelnummer a1% ungleich 0 ist, wiederhole

> **Datensatz nicht existent?**
>
> | ja | nein |
> |---|---|
> | Datensätze im Unterprogramm "anlegen" erzeugen | ./. |
>
> | Satz a1%,a2$,a3%,a4 in Dateipuffer p1$,p2$,p3$,p4$ setzen |
> |---|
> | Adreßrechnung: Satznummer s%=Artikelnummer a1%-1000 |
> | Inhalt des Dateipuffers nach ARTDATEI schreiben |
> | Datensatz nach a1%,a2$,a3%,a4 eintippen |

ARTDATEI erweitert wieder schließen

Codierung zu Programm DIREKT_S:

```
REM ====== DIREKT_S
' Schreibprogramm (S)
' Einen oder mehrere Sätze auf die Artikeldatei
' direkt schreiben (Adressrechnung SatzNr = ArtNr - 1000)
'
REM ====== Vereinbarungsteil
' ARTDATEI                 Direktzugriff-Datei
' a1%, a2$, a3%, a4        Datensatz mit 4 Datenfeldern im Programm
' p1$,p2$,p3%,p4$          Datensatz mit 4 Datenfeldern im Dateipuffer
' s%                       Satznummer zur direkten Adressierung (Direktzugriff)
' gl%                      Datensatzlänge
' ads%                     Anzahl vorhandener Datensätze
'
REM ====== Anweisungsteil
OPEN "R",#1,"ARTDATEI",29
FIELD #1,4 AS p1$,15 AS p2$,4 AS p3$,6 AS p4$
gl%=29
LET ads%=LOF(#1)/gl%
PRINT "Sätze schreiben (0=Ende)."
INPUT "Nummer, Bez., Bestand, Preis :",a1%,a2$,a3%,a4
WHILE a1%<>0
  IF a1%>(ads%+1000) THEN
    GOSUB anlegen(a1%,ads%)
  ENDIF
  LSET p1$=MKL$(a1%)
  LSET p2$=a2$
  LSET p3$=MKL$(a3%)
  LSET p4$=MKF$(a4)
  LET s%=a1%-1000         ! Adressrechnung
  PUT #1,s%
  INPUT "Nummer, Bez., Bestand, Preis :",a1%,a2$,a3%,a4
WEND
CLOSE #1
CHAIN "DIREKT_M.GFA"
'
' Unterprogramm : Anlegen neuer Datensätze
PROCEDURE anlegen(a1%,VAR ads%)
  LOCAL i%
  FOR i%=ads%+1 TO a1%-1000
    LSET p1$=MKL$(0)
    LSET p2$=" "
    LSET p3$=MKL$(0)
    LSET p4$=MKF$(0)
    PUT #1,i%
  NEXT i%
  ads%=LOF(#1)/gl%
RETURN
```

3.7.4 Direkte Adressierung eines Datensatzes

Artikel 1019 ist als 19. Satz in der Artikeldatei gespeichert, Artikel 1001 als 1. Satz, Artikel 1034 als 34. Satz. Die zeitliche Reihenfolge der Speicherung spielt keine Rolle. Solange z.B. für den "dazwischengehörenden" Artikel 1007 kein Satz gespeichert ist, bleibt der entsprechende Speicherplatz auf der Diskette leer - es entstehen *Lücken*. Die schlechte Ausnutzung des Speicherplatzes ist sicher ein Nachteil der Direktzugriff-Datei.

Der Zusammenhang

"Satznummer s% ergibt sich aus Artikelnummer a1% minus 1000"

wird als *Adreßrechnung* bezeichnet. Diese Adreßrechnung stellt einen umkehrbaren Zusammenhang zwischen der Artikelnummer als Ordnungsbegriff einerseits und der relativen Satznummer als Speicherort andererseits her. "Umkehrbar", weil aus der Satznummer (z.B. 119. Satz) die zugehörige Artikelnummer abgeleitet werden kann (also 1119). Man bezeichnet diese umkehrbare Adreßrechnung als direkte Adressierung.

Die Adreßrechnung muß *vor* dem Dateizugriff vorgenommen werden, d.h. *vor* jeder PUT- oder GET-Anweisung. Dazu folgende Beispiele:

- In Programm DIREKT_S bewirken die Anweisungen

```
LET s%=a1%-1000
PUT #1,s%
```

daß nach Berechnung der Satznummer s% durch a1%-1000 (für Artikelnummer a1%=1019 wird s% z.B. 19) der Datensatz als 19. Satz direkt in die ARTDATEI geschrieben wird.

- In Programm DIREKT_L bewirkt die Anweisungsfolge

```
LET s%=such%-1000
GET #1,s%
```

dementsprechend, daß nach Ermittlung der Satzadresse s% aus dem Suchbegriff such% der s%-te Datensatz direkt gelesen wird.

- In Programm DIREKT_F wird nach der Adreßrechnung zunächst ein Satz gelesen, um diesen nach der Bestandsfortschreibung an dieselbe Stelle s% wieder zurückzuschreiben.

- In Programm DIREKT_A werden zum Schreiben von Leersätzen die
Satznummern nicht über eine Adreßrechnung gewonnen, sondern über die
Anweisung "FOR s%=1 TO anz%" mit Satzzahl anz%.

3.7.5 Indirekte Adressierung des Datensatzes

Betrachten wir folgendes Planungsbeispiel einer Artikeldatei:

- Kleinste Artikelnummer ist 1
- größte Artikelnummer ist 300000
- insgesamt sind 2000 Artikel im Sortiment
- "SatzNr = ArtNr" als Adreßrechnung

Diese Planung hat zur Folge, daß für die nur 2000 Artikel eine Datei mit
300.000 Sätzen bereitgestellt werden muß. Das Adreßrechnungsverfahren
der *direkten* Adressierung ist hier ungeeignet. Aus diesem Grund wird bei
Streuung des Ordnungsbegriffs ein Verfahren der *indirekten* Adressierung
gewählt wie z.B. das *Divisions-Rest-Verfahren*. Dabei entsteht das Problem, daß für zwei Ordnungsbegriffe dieselbe Satznummer berechnet
werden kann. Es kommt ggf. zu Doppelbelegungen bzw. *Überläufern*, die
natürlich gesondert abgespeichert werden müssen.
Im Zusammenhang mit der indirekten Adressierung spricht man auch vom
Hashing (übersetzt: etwa "Mischmasch") bzw. vom Hash-Code.

Direkte Adressierung:

- Adreßrechnung "SatzNr = ArtNr - 1000" ergibt für ArtNr 1010, 1045,
   1002, ... die SatzNr 10, 45, 2, ...

- Adreßrechnung "SatzNr =PersNr" ergibt für die PersNr 100187, 6745,
   23, ... die SatzNr 100187, 6745, 23, ...

   Aus dem Ordnungsbegriff läßt sich die Satznummer errechnen und
   umgekehrt aus der Satznummer der Ordnungsbegriff.

- Lücken im Ordnungsbegriff führen zu Lücken in der Datei.

Indirekte Adressierung:

- Adreßrechnung mit dem "Divisions-Rest-Verfahren": Der Ordnungsbegriff (Beispiel Artikelnummer) wird in eine Satznummer
   umgerechnet, dazu wird er durch die Satzzahl der Datei (=1200) geteilt

(s. 1.3.5.1). Der Rest, der bei der Division übrigbleibt, gibt die
Satznummer an:

Satznummer = Ordnungsbegriff Modulo Satzanzahl + 1

Damit wir keinen Satz mit der Nummer Null erhalten, wird immer
noch eins addiert. Hier ein paar Beispiele:
ArtNr 10800 ergibt SatzNr 1, 10800:1200=9 Rest 0, 0+1=1
ArtNr 1453 ergibt SatzNr 254, 1453:1200=1 Rest 253, 253+1=254

- Aus der Satznummer läßt sich der Ordnungsbegriff nicht eindeutig
  zurückrechnen (Problem der Überläufer).

- Ziel: Weit verstreute Ordnungsbegriffe (z.B. ArtNr) zu eng beiein-
  anderliegenden Satzadressen (SatzNr) verdichten.

Zwei Adreßrechnungs-Arten: direkte und indirekte Adressierung

Die indirekte Adressierung ist auch stets dann angezeigt, wenn ein
klassifizierender Ordnungsbegriff angewendet wird. Als Beispiel wird in
der Abbildung eine Artikelnummer wiedergegeben.

Position:	Inhalt:	Bedeutung:
1-2	AA-ZZ	Zwei Anfangsbuchstaben des Artikelnamens
3-4	Zahl	Lagerstelle
5-7	Zahl	Nummer des Lieferanten
8	Ziffer	Nummer für identische Positionen 1-7

Die Artikelnummer HA093320 (Hammer, Lagerstelle 9, Lieferanten-
nummer 332) und ME4211000 (Meißel, Lagerstelle 42, Lieferanten-
nummer 100) können nur indirekt adressiert gelesen werden.

Artikelnummer als klassifizierender Ordnungsbegriff

3 Programmierkurs mit GFA-Basic

In Abschnitt 1.3.5.1 hatten wir eine Kundendatei dargestellt, auf die über eine Indexdatei als Inhaltsverzeichnis zugegriffen wurde. Diese Kundendatei wollen wir nun auf dem Atari programmieren, um daran die index-sequentielle Dateiorganisation zu demonstrieren.

3.8.1 Trennung von Datendatei und Indexdatei(en)

Das Programmpaket mit den drei Teilprogrammen

        INDSEQ_S (S für Schreiben auf die Datei)
        INDSEQ_L (L für Lesen von der Datei in den Arbeitsspeicher)
        INDSEQ_T (T für SorTieren der Datei im Arbeitsspeicher)

verwaltet eine index-sequentiell organisierte Kundendatei. Die folgenden Ausführungsbeispiele zeigen, daß bei index-sequentieller Datei-organisation zu der *einen* Datendatei (zur Unterscheidung auch Hauptdatei genannt) *mehrere* Indexdateien angelegt werden können:

1. Eingeben und Speichern von Kunden

Über das Schreibprogramm INDSEQ_S werden vier Kunden 104, 101, 110 und 109 über Tastatur eingegeben und auf eine Kundendatei geschrieben. Jeder Kundensatz besteht aus Kundennummer, Name und Umsatz. Parallel hierzu wird die Kundennummer mit der zugehörigen Satznummer in eine Indexdatei geschrieben.

Ausführung zu Programm INDSEQ_S:

```
Kundendatei index-sequentiell beschreiben.
Kundendatei: Name, Laufwerk? KUNDATEI,A
Indexdatei : Name, Laufwerk? INDDATEI,A
Datei löschen und neu beschreiben (j/n)? j

Kundennummer, Name, Umsatz (O=Ende)? 104,Maucher,295.6
Kundennummer, Name, Umsatz (O=Ende)? 101,Frei,6500
Kundennummer, Name, Umsatz (O=Ende)? 110,Amann,1018.75
Kundennummer, Name, Umsatz (O=Ende)? 109,Hildebrandt,4590.05
Kundennummer, Name, Umsatz (O=Ende)? 0,0,0
Ende des Schreibens.
```

2. Ausgabe der Daten über die unsortierte Indexdatei

Im Anschluß an INDSEQ_S bringen wir das Programm INDSEQ_L zur
Ausführung: Der Reihe nach - sequentiell - wird der jeweils nächste
Indexsatz gelesen und sodann über die Satznummer auf den Datensatz der
Kundendatei zugegriffen. Genau denselben Ausdruck hätten wir erhalten,
wenn die Kundendatei rein seriell *ohne* Zugriff über die Indexdatei
gelesen worden wäre (seriell = lesen wie gespeichert).

Ausführung zu Programm INDSEQ_L:

```
Index-sequentiell lesen.
Kundendatei: Name, Laufwerk? KUNDATEI,A
Indexdatei:  Name, Laufwerk? INDDATEI,A

Nummer:    Kundenname:        Umsatz:
104        Maucher             295.60
101        Frei               6500.00
110        Amann              1018.75
109        Hildebrandt        4590.05
```


3. Sortieren der Indexdatei

Wir laden nun das Sortierprogramm INDSEQ_T, um den Index in den
Hauptspeicher zu lesen, dort zu sortieren und dann in eine sortierte Indexdatei namens INDS zu schreiben.

Ausführung zu Programm INDSEQ_T:

```
Index nach Kundennummern sortieren.
Unsortierte Indexdatei: Name, Laufwerk? INDDATEI,A
Sortierte Indexdatei: Name, Laufwerk? INDS,A
4 Sätze in Indextabelle eingelesen.
Indextabelle aufsteigend sortiert.

Als sortierte Indexdatei gespeichert:
Schlüsselfeld (KundNr.):      Adressfeld (SatzNr):
             101                       3
             104                       2
             109                       5
             110                       4
Ende.
```

4. Ausgabe der Daten über eine sortierte Indexdatei.

Abschließend führen wir erneut das Programm INDSEQ_L aus: Jetzt werden die Kundensätze aufsteigend nach der Kundennummer sortiert aufgelistet, da als Indexdatei die Datei INDS angegeben wurde, die wir in Schritt 3 erzeugt haben.

Ausführung zu Programm INDSEQ_L:

```
Index-sequentiell lesen.
Kundendatei: Name, Laufwerk? KUNDATEI,A
Indexdatei:  Name, Laufwerk? INDS,A

Nummer:   Kundenname:       Umsatz:
101       Frei              6500.00
104       Maucher            295.60
109       Hildebrandt       4590.05
110       Amann             1018.75
```

Die Daten- und Indexdateien im Überblick:

Datendatei namens KUNDATEI:			Zusätzliche Indexdateien namens INDDATEI		INDS:	
k%/p1\$	k\$/p2\$	u/p3\$	k%/p4\$	s%/P5\$	k%/p6\$	s%/p7\$
104 Maucher		295.60	104	1	101	2
101 Frei		6500.00	101	2	104	1
110 Amann		1018.75	110	3	109	4
109 Hildebrandt		4590.05	109	4	110	3

Datensatz mit vielen Datenfeldern (hier 3).

Indexsatz mit zumeist nur zwei Datenfeldern (Schlüssel, Adresse).

Zur Variablenbezeichnung k%/p1\$:
k%=Kundennummer im Programm; p1\$=Kundennummer im Dateipuffer

Eine (umfangreiche) Datendatei und zwei (kurze) Indexdateien

3.8.2 Zugriff über eine unsortierte Indexdatei

Die unsortierte Indexdatei wird, wie schon erwähnt, über das Programm
INDSEQ_S erstellt. Der Zugriff über diesen Index erfolgt dann durch das
Programm INDSEQ_L.

Zunächst zur Codierung des Schreibprogramms INDSEQ_S:
Mit der Kundendatei wird auch eine Indexdatei eröffnet. Beide Dateien
werden mit dem Parameter "R" zwar als Direktzugriff-Dateien eröffnet,
später aber rein sequentiell beschrieben:

```
INC s%                          Sequentiell den nächsten Satz s% auf
PUT #1,s%                       Kunden- wie Indexdatei schreiben
PUT #2,s%
```

Später wird die Satzanzahl s% als erster Satz mittels PUT #2,1
gespeichert.
Nach dem Schreiben des nächsten Kundensatzes (k%,k$,u) auf die Kun-
dendatei (PUT #1,s%) wird dessen Kundennummer k% und die Satznummer in der Datendatei s% als Indexsatz (k%,s%) in der Indexdatei
abgelegt. Nach Beenden der Schreibschleife WHILE...WEND wird die
Satzanzahl s% als erster Satz auf die Indexdatei geschrieben. Im
Sortierprogramm INDSEQ_T brauchen wir später diesen Wert.

Codierung des Programms INDSEQ_S:

```
REM ====== Programm INDSEQ-S
PRINT "Kundendatei index-sequentiell beschreiben."
'
REM ====== Vereinbarungsteil
' f$, fi$        Name der Kundendatei und der zugehörigen Indexdatei
' l$, li$        Namen der Laufwerke.
' k%,k$,u        Datensatz der Kundendatei mit den drei Datenfeldern
'                Kundennummer (k%), Kundenname (k$) und Umsatz (u)
' k%,s%          Datensatz der Indexdatei mit den zwei Datenfeldern
'                k% (Schlüsselfeld) und Satznummer s% (Adressfeld)
' Hinweis: Satzanzahl bzw. -zeiger s% ist als 1. Indexsatz gespeichert
'
```

```
REM ====== Anweisungsteil
INPUT "Kundendatei: Name, Laufwerk";f$,l$
INPUT "Indexdatei : Name, Laufwerk";fi$,li$
INPUT "Datei löschen und neu beschreiben (j/n)";e$
IF LEFT$(e$,1)="j" THEN        ! Bestehende Datei löschen
  IF EXIST(l$+":"+f$) THEN
    KILL l$+":"+f$
  ENDIF
  IF EXIST(li$+":"+fi$) THEN
    KILL li$+":"+fi$
  ENDIF
  LET s%=1                      ! Satzzeiger auf Position 1 stellen
ENDIF
'
OPEN "R",#1,l$+":"+f$,24
FIELD #1,4 AS p1$,14 AS p2$,6 AS p3$
OPEN "R",#2,li$+":"+fi$,8
FIELD #2,4 AS p4$,4 AS p5$
IF LEFT$(e$,1)="j" THEN        ! Wurde "j" gewählt, so wurde die Datei
  PUT #1,1                      ! gelöscht.
  PUT #2,1
ELSE
  GET #2,1                      ! Bei "n" wird eine bestehende Datei
  LET k%=CVL(p4$)              ! ergänzt
  LET s%=CVL(p5$)
ENDIF
INPUT "Kundennummer, Name, Umsatz (0=Ende)";k%,k$,u
WHILE k%<>0
  INC s%                        ! nächsten Satz (sequentiell) schreiben
  LSET p1$=MKL$(k%)
  LSET p2$=k$
  LSET p3$=MKF$(u)
  PUT #1,s%
  LSET p4$=p1$
  LSET p5$=MKL$(s%)
  PUT #2,s%
  INPUT "Kundennummer, Name, Umsatz (0=Ende)";k%,k$,u
WEND
LSET p4$=MKL$(0)               ! Satzanzahl als 1. Satz in Indexdatei ablegen
'                                p5$ braucht nicht mehr zugewiesen werden
PUT #2,1
CLOSE
PRINT "Ende des Schreibens."
END
```

Nun zur Codierung des Leseprogramms INDSEQ_L:
Nach dem Öffnen der Kundendatei sowie der Indexdatei wird der jeweils
nächste Indexsatz gelesen (sequentieller Zugriff auf die Indexdatei), um
sodann über die Satznummer s% den zugehörigen Kundensatz einzulesen
(Direktzugriff auf die Kundendatei).

Der index-sequentielle Dateizugriff erfolgt also stets in zwei Stufen:

1. Zugriff sequentiell auf die Indexdatei
2. Zugriff direkt auf die entsprechende Datendatei

Codierung zu Programm INDSEQ_L:

```
REM ====== Programm INDSEQ-L
PRINT "Index-sequentiell lesen."
'
REM ====== Vereinbarungsteil
' f$, fi$              Name der Kundendatei und der zugehörigen Indexdatei
' l$, li$             Namen der Laufwerke.
' k%,k$,u             Datensatz der Kundendatei mit den drei Datenfeldern
'                     Kundennummer (k%), Kundenname (k$) und Umsatz (u)
' k%,s%               Datensatz der Indexdatei mit den zwei Datenfeldern
'                     k% (Schlüsselfeld) und Satznummer s% (Adressfeld)
' a%                  Satzanzahl (als 1. Indexsatz gespeichert)
'
REM ====== Anweisungsteil
INPUT "Kundendatei: Name, Laufwerk";f$,l$
INPUT "Indexdatei:  Name, Laufwerk";fi$,li$
OPEN "R",#1,l$+":"+f$,24
FIELD #1,4 AS p1$,14 AS p2$,6 AS p3$
OPEN "R",#2,li$+":"+fi$,8
FIELD #2,4 AS p4$,4 AS p5$
'
PRINT
PRINT "Nummer:  Kundenname:         Umsatz:"
GET #2,1
a%=CVL(p5$)
FOR i%=2 TO a%
  GET #2,i%
  LET s%=CVL(p5$)
  GET #1,s%
  LET k%=CVL(p1$)
  LET k$=p2$
  LET u=CVF(p3$)
  PRINT USING "###        \                \ #####.##",k%,k$,u
NEXT i%
CLOSE
END
```

3.8.3 Zugriff über eine sortierte Indexdatei

Das Programm INDSEQ_T erstellt eine sortierte Indexdatei, über die
dann mit dem Programm INDSEQ_L die Kunden nach Kundenummern
sortiert gelesen werden können.

Codierung zu Programm INDSEQ_T

```
REM ====== Programm INDSEQ-T
PRINT "Index nach Kundennummern sortieren."
'
REM ====== Vereinbarungsteil
' f1$,f2$              Namen der unsortierten bzw. der sortierten Indexdatei
' l1$,l2$             Namen der Diskettenlaufwerke.
' p4$,p5$             Indexsatz im Dateipuffer von f1$
' p6$,p7$             Indexsatz im Dateipuffer von f2$
' i%(s%,2)             Zweidimensionales Array als Indextabelle mit
'                      s% Zeilen bzw. Indexsätzen sowie mit
'                      2 Spalten für Kundennummer und Satznummer
' s%                   Anzahl der Indexsätze (im 1. Satz gespeichert)
' sortiert!            Logische Hilfsvariable zur Schleifensteuerung
'
REM ====== Anweisungsteil
INPUT "Unsortierte Indexdatei: Name, Laufwerk";f1$,l1$
OPEN "R",#1,l1$+":"+f1$,8
FIELD #1,4 AS p4$,4 AS p5$
'
INPUT "Sortierte Indexdatei: Name, Laufwerk";f2$,l2$
OPEN "R",#2,l2$+":"+f2$,8
FIELD #2,4 AS p6$,4 AS p7$
'
GET #1,1                 ! Satzanzahl s% aus 1. Satz der Datei lesen
LET s%=CVL(p5$)
DIM i%(s%,2)             ! Indextabelle I dynamisch dimensionieren
FOR z%=1 TO s%           ! Index aus Datei in Tabelle i% einlesen
  GET #1,z%
  LET i%(z%,1)=CVL(p4$)
  LET i%(z%,2)=CVL(p5$)
NEXT z%
PRINT s%-1;" Sätze in Indextabelle eingelesen."
'
REPEAT
  LET sortiert!=TRUE      ! Indextabelle intern sortieren (Bubble Sort)
  FOR z%=2 TO (s%-1)
    IF i%(z%,1)>i%(z%+1,1) THEN
      SWAP i%(z%,1),i%(z%+1,1)
      SWAP i%(z%,2),i%(z%+1,2)
      LET sortiert!=FALSE
    ENDIF
  NEXT z%
UNTIL sortiert!
PRINT "Indextabelle I aufsteigend sortiert."
'
```

```
PRINT                          ! Sortierte Indextabelle in Indexdatei schreiben
PRINT "Als sortierte Indexdatei gespeichert:"
PRINT "Schlüsselfeld (KundNr.):     Adressfeld (SatzNr):"
FOR z%=2 TO s%
  LSET p6$=MKL$(i%(z%,1))
  LSET p7$=MKL$(i%(z%,2))
  PUT #2,z%
  PRINT USING "               ###                        ###",i%(z%,1),i%(z%,2)
NEXT z%
CLOSE                          ! Alle Dateien schließen
PRINT "Ende."
END
```

Zur Codierung von Programm INDSEQ_T:
Zuerst wird die gesamte externe Indexdatei in eine interne Indextabelle namens i%(,) eingelesen (FOR-Schleife).
Dann sortieren wir die Tabelle intern nach dem Sortierverfahren "Bubble Sort" (vgl. Abschnitt 3.5.3) nach Kundennummern in aufsteigender Folge.
Im Anschluß daran legen wir die Indextabelle i%(,) in einer Indexdatei namens INDS auf Diskette ab. Hier wird ein Vorteil der index-sequentiellen Datei deutlich: Es muß nur eine kleine Indexdatei sortiert werden, nicht die gesamte Datendatei.
Wie das Ausführungsbeispiel in Schritt 4. zeigt, erhält man jetzt beim Lesen über diese Indexdatei INDS eine Kundenliste, die nach Kundennummern aufsteigend sortiert ist.

3.8.4 Primärindexdatei und Sekundärindexdateien

Wie zur Kundennummer können wir auch zum Kundennamen sowie zum Kundenumsatz zusätzliche sortierte Indexdateien erstellen, um über diese Indizes dann z.B. eine sortierte Druckliste zu bekommen. Man bezeichnet diese Indizes als *Sekundärindexdateien.*

Für eine Kundendatei mit 15 Datenfeldern je Datensatz können wir eine Primärindexdatei (Ordnungsbegriff z.B. Kundennummer) und maximal 14 Sekundärindexdateien erstellen. Es sollten natürlich nur soviele Sekundärindizes angelegt werden, wie man benötigt, denn neben der Datendatei selbst müssen bei Änderungen alle Sekundärindexdateien mitgepflegt werden. Der große Vorteil der index-sequentiellen Datei besteht darin, daß *direkt* auf einen Satz sowie *sequentiell* auf eine Satzfolge zugegriffen werden kann.

3.8.5 Voll-Index und Teil-Index

Bei einem *Voll-Index* wird zu jedem Satz der Datendatei ein Eintrag in der zugehörigen Indexdatei vorgenommen. Zu unserer KUNDATEI wurde demnach ein Voll-Index angelegt.

Eine andere Möglichkeit besteht darin, in der Indexdatei nur z.B. jeden zehnten Eintrag der Datendatei zu vermerken. Dies setzt aber voraus, daß die Sätze sortiert in der Datendatei stehen.

Bei dem in der Abbildung wiedergegebenen Beispiel eines Voll-Index ist angenommen, daß in der Indexdatei die vier Adressen (1), (3), (4) und (7) auf Sätze einer Datendatei weisen, die unsortiert bzw. gestreut auf Diskette bzw. Platte gespeichert sind. Da die Sätze in der Reihenfolge in die Datendatei geschrieben werden, in der sie gerade anfallen (also seriell), spricht man auch von *indiziert-serieller* Dateiorganisation. Unsere KUNDATEI ist auf diese Art organisiert.

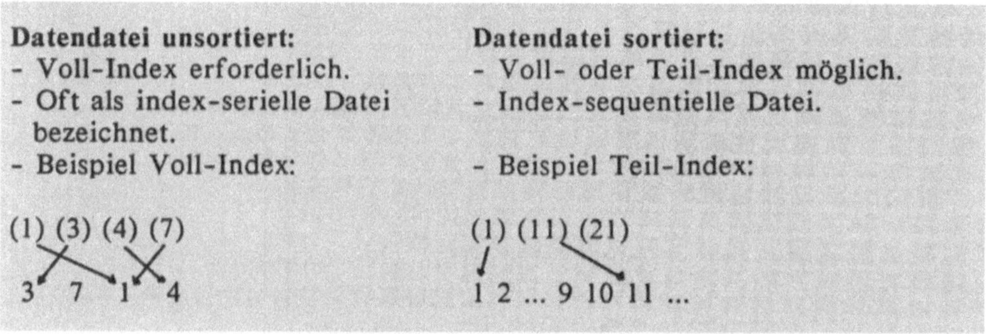

Datendatei unsortiert:
- Voll-Index erforderlich.
- Oft als index-serielle Datei bezeichnet.
- Beispiel Voll-Index:

Datendatei sortiert:
- Voll- oder Teil-Index möglich.
- Index-sequentielle Datei.
- Beispiel Teil-Index:

Voll-Index und Teil-Index an einem Beispiel

Das rechte Beispiel zeigt einen Teil-Index, bei dem im Index nur zehn Prozent aller Adressen verzeichnet sind. Das Inhaltsverzeichnis ist somit unvollständig. Gleichwohl ist der index-sequentielle Zugriff schnell: Ist der gesuchte Eintrag nicht in der Indexdatei zu finden, wird *sequentiell* in der Datendatei weitergesucht, um den Satz nach höchstens neun Zugriffen zu finden.

Der Dateizugriff bei Vorliegen eines Teil-Index läuft demnach wie folgt ab:

1. Sequentieller oder direkter Zugriff auf die Indexdatei.
2. Direktzugriff auf die Datendatei.
3. Ggf. sequentiell in der Datendatei weitersuchen.

3 Programmierkurs mit GFA-Basic

Auf Daten einer Datei muß schnell zugegriffen werden können. Geht man rein sequentiell bzw. seriell vor, so geht es zumeist sehr langsam. Verfährt man nach dem "Binären Suchen" (vgl. Abschnitt 3.5.2.2), setzt dies sortierte Daten voraus. Außerdem ist stets von neuem zu sortieren, wenn Daten hinzugefügt werden.

Mit der *geketteten Liste* (Linked List) sowie dem *binären Baum* stehen zwei Datenstrukturen zur Verfügung, bei denen neue Daten einfach hinten angehängt werden können, ohne den Gesamtdatenbestand wiederholt bewegen zu müssen.

Wenden wir uns zunächst der *geketteten Liste* bzw. Linked List (to link = verbinden, ketten) als dynamischer Datenstruktur (vgl. Abschnitt 1.3.2.3) zu. Das Programm namens LILIST_M demonstriert, wie eine Namendatei als gekettete Liste organisiert werden kann. Zu jedem Namen wird je ein Zeiger (Verweis) auf seinen Vorgänger (Vater) wie auch auf seinen Nachfolger (Sohn) gespeichert.

3.9.1 Darstellung einer geketteten Liste

Stellen wir uns die "Artikeldatei" eines etwas südlich gelegenen Obstbauern vor. Diese Datei soll hier der Einfachheit halber nur aus dem Obstnamen als Ordnungsbegriff bestehen. Sind die sechs Namen BIRNE, KIRSCHE, PFIRSICH, MIRABELLE, APFEL und PFLAUME in eine aufsteigende Sortierfolge zu bringen, dann kann dies dadurch geschehen, daß man die Sätze tatsächlich (physisch) durch ein bestimmtes Sortierverfahren (vgl. Abschnitt 3.6.3) umspeichert. Wir wollen die physische Speicherungsfolge aber behalten und dafür eine logische Speicherungsfolge über ein Zeigerfeld aufbauen, mit der man dann die sortierte Reihenfolge der Datensätze erhält.

Jeder einzelne Datensatz der Namendatei besteht demzufolge aus einem Namenfeld und einem Zeigerfeld. Eine aus diesen beiden Komponenten bestehende Datenstruktur nennt man "lineare gekettete *Liste*", da man sie sich als Linie auflisten kann.

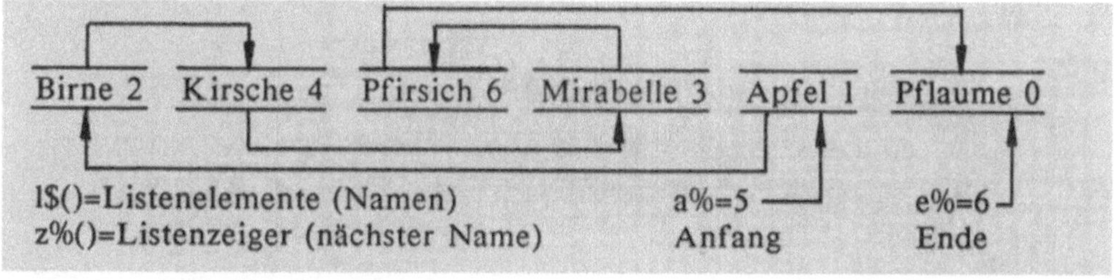

Graph einer linearen geketteten Liste mit sechs Elementen

Zur internen Speicherung der Namendatei: Im Speicher legen wir die Namen in einem Array l$() ab und die Zeiger in einem Array z%(). In der Variablen a% speichern wir den Anfangsindex der Liste und in e% den Endindex. Die Übersicht zeigt, welche Inhalte diese zur Darstellung der geketteten linearen Liste in BASIC erforderlichen vier Variablen l$(), z%(), a%, e% annehmen, wenn wir das Programm LILIST_M wie im Ausführungsbeispiel wiedergegeben laufen lassen.

Tätigkeit	l$()	z%()	a%	e%
Leere Liste mit Menüwahl 1:	Blank	0	0	0
1. Namen vorne anfügen:	BIRNE	0	1	1
2. Namen hinten einfügen:	BIRNE	2		
	KIRSCHE	0	1	2
3. Namen hinten anhängen:	BIRNE	2		
	KIRSCHE	3		
	PFIRSICH	0	1	3
4. Namen dazwischen einfügen:	BIRNE	2		
	KIRSCHE	4		
	PFIRSICH	0		
	MIRABELLE	3	1	4
5. Namen vorne anfügen:	BIRNE	2		
	KIRSCHE	4		
	PFIRSICH	0		
	MIRABELLE	3		
	APFEL	1	5	5
6. Namen hinten anhängen:	BIRNE	2		
	KIRSCHE	4		
	PFIRSICH	6		
	MIRABELLE	3		
	APFEL	1		
	PFLAUME	0	5	6

l$()=Listenelement, z%()=Listenzeiger, a%=Anfang, e%=Ende

Aufbau einer geketteten Liste an einem 6-Schritt-Beispiel

3.9.2 Erzeugen einer leeren Liste

Die Codierung zu Programm LILIST_M zeigt uns einen menügesteuerten
Ablauf, der bewußt einfach programmiert wurde. Das erste Unterprogramm "erzeugen" erzeugt eine leere Liste: Anfang a% und Ende e% der
Liste werden auf Null gesetzt und je hundert Listenelemente l$() und Li-
stenzeiger z%() dimensioniert.

```
Demonstration: Gekettete Liste (Linked List)
              als dynamische Datenstruktur.

1    Leere Liste erzeugen
2    Neue Elemente eingeben
3    Liste logisch ausgeben
4    Liste physisch ausgeben
5    Datei mit Liste laden
6    Liste in Datei speichern
Ihre Wahl (0=Ende)? 1

Liste leer dimensioniert.

Weiter mit Taste
```

3.9.3 Eingeben neuer Listenelemente

Das Unterprogramm "eingeben" von Programm LILIST_M enthält zwei
Teile:
Zunächst wird die Liste verlängert (INC e%) und das zusätzlich eingegebene Listenelement e$ hinten in der Liste angefügt (LET l$(e%)=e$). Dies
ist ein rein sequentieller Schreibvorgang.
Dann werden die Listenzeiger so umgeordnet, daß die logische Sortierung
erhalten bleibt. Dabei unterscheiden wir, ob das neue Element vorne an
die erste Position angefügt wird (LET a%=e%) oder aber an einer anderen
Position.

```
Ihre Wahl (0=Ende)? 2
Neues Element (0=Ende)? Birne
Neues Element (0=Ende)? Kirsche
Neues Element (0=Ende)? Pfirsich
Neues Element (0=Ende)? Mirabelle
Neues Element (0=Ende)? Apfel
Neues Element (0=Ende)? Pflaume
Neues Element (0=Ende)? 0

Weiter mit Taste
```

3.9.4 Liste in Sortierfolge oder Speicherfolge ausgeben

In Sortierfolge ausgeben heißt, daß die Listenelemente in l$() in der logischen Ordnung gezeigt werden, wie sie über die Zeiger vorgegeben ist. Im Unterprogramm "log_ausgeben" beginnt die Laufvariable i% mit Anfangsindex a%, um nach jeder Ausgabe "PRINT l$(i%)" durch die Anweisung LET i%=z%(i%) der Laufvariablen i% den Wert des aktuellen Zeigerfeldes zuzuweisen, z%(i%) zeigt ja immer auf den logischen Nachfolger.

Die Sortierfolge ist eine rein logische Ordnung, da die Namen in der Speicherfolge als physischer Ordnung durcheinander und unsortiert in l$() abgelegt sind. Die *logische* Ordnung wird jeweils angepaßt, während die *physische* Ordnung unverändert bleibt. Damit wird vermieden, Datensätze tatsächlich bewegen zu müssen.

```
Ihre Wahl (0=Ende)? 3

Apfel
Birne
Kirsche
Mirabelle
Pfirsich
Pflaume

Weiter mit Taste
```

Die Ausgabe der Namen in der Speicherfolge erfolgt einfach mit der Zählerschleife

```
FOR i%=1 TO e%
   PRINT l$(i%);tab(15);z%(i%)
NEXT i%
```

vom ersten bis zum letzten bzw. e%. Listenelement.

```
Ihre Wahl (0=Ende)? 4

Birne       2
Kirsche     4
Pfirsich    6
Mirabelle   3
Apfel       1
Pflaume     0

Weiter mit Taste
```

3.9.5 Gekettete Liste als Datei extern ablegen

Über Unterprogramm "speichern" wird die in den beiden Arrays l$() und
z%() intern dargestellte Liste in eine Datei mit Namen NAMDATEI geschrieben. Dabei wird der erste Datensatz wie üblich für beschreibende
Daten reserviert: für den Listenanfang a% und für das Listenende e%. Die
NAMDATEI selbst ist als sequentielle Datei organisiert.

```
Ihre Wahl (0=Ende)? 6
Dateiname? NAMDATEI
Liste auf Diskette in der Datei NAMDATEI gespeichert.

Weiter mit Taste


Ihre Wahl (0=Ende)? 0
Ende.
```

Sehen wir uns nach Verlassen von GFA-Basic den Inhalt der Datei an,
indem wir das Dateipiktogramm der NAMDATEI zweimal anklicken:

```
5,6
Birne,2
Kirsche,4
Pfirsich,6
Mirabelle,3
Apfel,1
Pflaume,0
```

- 1. Satz mit 5 als Listenanfang und 6 als Anzahl der Nutzsätze.
- 6 Nutzsätze mit jeweils zwei Datenfeldern "Bezeichnung" und "Zeiger
  auf Folgesatz".
- Komma "," als Trennungszeichen.

Aufgrund der Schreibanweisung von Programm LILIST_M

```
PRINT #1,l$(i%);",";z%(i%)
```

werden die Datenfelder jeweils durch "," getrennt, Die Datensätze hingegen werden durch CHR$(13) bzw. "Wagenrücklauf" getrennt. Sollen aus-
schließlich "," zur Trennung verwendet werden, können wir die Anweisung auch als

```
PRINT #1,l$(i%);",";z%(i%);",";
```

schreiben. Die Ausgabe der Datei am Bildschirm zeigt, daß eine sequentielle Datei Feld für Feld hintereinander beschrieben wird. Die Datensatzlänge ist dabei variabel (z.B. "BIRNE" mit 5 und "MIRABELLE" mit 9
Zeichen für das erste Feld). Eine konstante Datensatzlänge können wir
über entsprechende Stringoperationen (vgl. Abschnitt 3.2) erzeugen.

Zum Laden der Datei NAMDATEI:
Das Unterprogramm "laden" liest die gesamte Namendatei wieder in den
Hauptspeicher ein, wobei vor dem Lesevorgang zuerst durch einen Aufruf
des Unterprogramms "erzeugen" eine leere Liste erzeugt wird.

Wie diese beiden Unterprogramm zeigen, wird in unserem Demonstrati-
onsprogramm LILIST_M zur geketteten Liste der dateiweise Datenverkehr praktiziert.

Codierung zu Programm LILIST_M:

```
REM ====== LILIST_M
PRINT "Demonstration: Gekettete Liste (Linked List)"
PRINT "              als dynamische Datenstruktur."
PRINT
'
REM ====== Vereinbarungsteil
' l$(100)       Maximal 100 Elemente der linearen geketteten Liste
' z%(100)       Maximal 100 Zeiger der linearen geketteten Liste
' a%, e%        Zeiger "Anfang der Liste" und "Ende der Liste"
' h%            Hilfszeiger
' i%            Laufvariable, Listenzeiger
' f$            Dateiname zur externen Speicherung der Liste
' l$(i%)        Datensatz mit zwei Datenfeldern "Listenelement"
' z%(i%)        und "Listenzeiger"
' w%, e$        Hilfsvariablen für die Eingabe
'
REM ====== Anweisungsteil
DO
  PRINT "1     Leere Liste erzeugen"
  PRINT "2     Neue Elemente eingeben"
  PRINT "3     Liste logisch ausgeben"
  PRINT "4     Liste physisch ausgeben"
  PRINT "5     Datei mit Liste laden"
  PRINT "6     Liste in Datei speichern"
  INPUT "Ihre Wahl (0=Ende)";w%
  EXIT IF w%=0
  SELECT w%
  CASE 0
    PRINT "Programmende."
  CASE 1
    erzeugen(l$(),z%(),a%,e%)
  CASE 2
    eingeben(l$(),z%(),a%,e%)
```

```
    CASE 3
      log_ausgeben(l$(),z%(),a%)
    CASE 4
      phys_ausgeben(l$(),z%(),e%)
    CASE 5
      laden(l$(),z%(),a%,e%)
    CASE 6
      speichern(l$(),z%(),a%,e%)
    ENDSELECT
    PRINT
    PRINT "Weiter mit Taste";
    VOID INP(2)
    CLS
LOOP
PRINT "Ende."
END
'
PROCEDURE erzeugen(VAR l$(),z%(),a%,e%)     !Leere Liste erzeugen.
  IF e%<>0 THEN
    ERASE l$()                              ! Arrays löschen zum Redimensionieren.
    ERASE z%()
  ENDIF
  CLR e%,a%                                 ! Zeiger initialisieren.
  DIM l$(100)                               ! Liste mit den Listenelementen selbst.
  DIM z%(100)                               ! Zeiger auf l$().
  PRINT "Liste leer dimensioniert."
RETURN
'
PROCEDURE eingeben(VAR l$(),z%(),a%,e%)    ! Neue Listenelemente eingeben.
  LOCAL e$
  DO
    INPUT "Neues Element (0=Ende)";e$
    EXIT IF e$="0"
    INC e%
    LET l$(e%)=e$
    element_einordnen(l$(),z%(),a%,e%)        ! e$ einordnen
  LOOP
RETURN
'
PROCEDURE element_einordnen(VAR l$(),z%(),a%,e%)    ! Element sortiert einordnen.
  LOCAL i%,h%
  LET i%=a%
  WHILE e$>l$(i%) AND i%<>0
    LET h%=i%
    LET i%=z%(i%)
  WEND
  IF i%<>a% THEN
    LET z%(e%)=i%
    LET z%(h%)=e%
  ELSE
    LET z%(e%)=a%
    LET a%=e%
  ENDIF
RETURN
'
```

```
PROCEDURE log_ausgeben(VAR l$(),z%(),a%)    ! Liste in Sortierfolge ausgeben.
  LOCAL i%
  LET i%=a%
  PRINT
  WHILE i%<>0
    PRINT l$(i%)
    LET i%=z%(i%)
  WEND
RETURN
'
PROCEDURE phys_ausgeben(VAR l$(),z%(),e%)   ! Liste in Speicherfolge ausgeben.
  LOCAL i%
  PRINT
  FOR i%=1 TO e%
    PRINT l$(i%);TAB(15);z%(i%)
  NEXT i%
RETURN
'
PROCEDURE laden(VAR l$(),z%(),a%,e%)        ! Liste in Internspeicher laden.
  LOCAL i%,f$
  erzeugen(l$(),z%(),a%,e%)                 ! Leere Liste erzeugen.
  INPUT "Von welcher Datei laden";f$
  OPEN "I",#1,f$
  INPUT #1,a%,e%
  FOR i%=1 TO e%
    INPUT #1,l$(i%),z%(i%)
  NEXT i%
  CLOSE #1
  PRINT "Liste aus ";f$;" in den Hauptspeicher geladen."
RETURN
'
PROCEDURE speichern(VAR l$(),z%(),a%,e%)    ! Liste extern als Datei abspeichern.
  LOCAL i%,f$
  INPUT "Dateiname";f$
  OPEN "O",#1,f$
  PRINT #1,a%;",";e%
  FOR i%=1 TO e%
    PRINT #1,l$(i%);",";z%(i%)
  NEXT i%
  CLOSE #1
  PRINT "Liste auf Diskette in der Datei ";f$;" gespeichert."
RETURN
```

3.9.6 Zusammenfassung der Listenoperationen

In der folgenden Übersicht fassen wir die wichtigsten Listenoperationen
zusammen. Die dabei angegebenen Variablen beziehen sich wieder auf das
Beispielprogramm LILIST_M.

1. Ein Listenelement suchen (z.B. MIRABELLE):
    (1) `LET i%=a%`   Mit Anfangsindex a% beginnen.
    (2) Mit i% die Listenelemente entlanggehen, bis l$(i%)=0 ist (nicht
        gefunden) oder l$(i%)=such$ ist (gefunden).

2. Ein Listenelement ändern (z.B. MIRABELLE in MIRABELLE1):
    (1) Wie beim Suchen oben.
    (2) Inhaltsänderung vornehmen.

3. Ein Listenelement ändern (z.B. MIRABELLE in PFLAUME):
    Entsprechend dem Einfügen eines neuen Elements.

4. Zeiger i% auf Listenanfang positionieren:
    `LET i%=a%`

5. Zeiger i% auf Listenende positionieren:
    `LET i%=e%`

6. Zeiger i% auf das Nachfolge-Element positionieren:
    `LET i%=z%(i%)`   Zeigerwert wird zum Index.

7. Zeiger i% auf das Vorgänger-Element positionieren:
    (1) `LET h%=i%`   Position merken.
    (2) `LET i%=a%`   i% auf Listenanfang a% setzen.
    (3) `WHILE z%(i%)<>h%`   Suchen bis Vorgänger gefunden.
    (4)   `LET i%=z%(i%)`   Logisch nächstes Listenelement.
    (5) `WEND`   Ende der Schleife

8. Ein Listenelement löschen:
    (1) `LET i%=loesch%`   Position des zu löschenden Namens.
    (2) Mit Schritt 7 auf den Vorgänger positionieren.
    (3) `LET z%(i%)=z%(loesch%)`   z%(i%) zeigt auf Nachfolger des zu
                                          löschenden Elements. Damit wird
                                          l$(h%) "frei".

Grundlegende Operationen auf einer linearen geketteten Liste

Besonders das Zurücksetzen des Zeigers auf das Vorgänger-Element ist
umständlich, weil dabei nicht der physische, sondern der logische Vorgänger zu suchen ist.

3 Programmierkurs mit GFA-Basic

Wie die im vorhergehenden Abschnitt dargestellte zeigerverkettete Liste (Linked List) gehört auch der *Binärbaum* zu den dynamischen Datenstrukturen (vgl. Abschnitt 1.3.2.3).Der Binärbaum unterscheidet sich von der verketteten Liste nur dadurch, daß jedes Baumelement (Knoten = Node) stets *zwei* Zeiger hat: einen auf den linken und einen auf den rechten Nachfolger. Es gibt viele Arten von Bäumen. Wir gehen nur auf binäre Suchbäume in ihrer einfachsten Ausprägung ein.

3.10.1 Grafische Darstellung eines Binärbaumes

Wie das Beispiel eines Acht-Knoten-Baums zeigt, zeichnet man den Binärbaum zumeist auf dem Kopf stehend, also mit dem Baustamm bzw. der Wurzel (Root) nach oben. Der Wurzelknoten ME421000 hat zwei Zeiger 3 und 2, die auf den linken (Knoten 3) und den rechten Nachfolger (Knoten 2) verweisen. Oder anders: Die Zeiger weisen auf weitere Bäume, und zwar auf einen linken und einen rechten *Teilbaum.* Somit kann auch jeder Knoten als Wurzel eines Teilbaumes betrachtet werden. Ein Zeigerwert 0 bedeutet "Kein Nachfolger". Dabei sind Nachfolger "Söhne" und Vorgänger "Väter". Die Abbildung zeigt, daß man sich einen binären Baum grafisch als Stammbaum vorstellen kann.

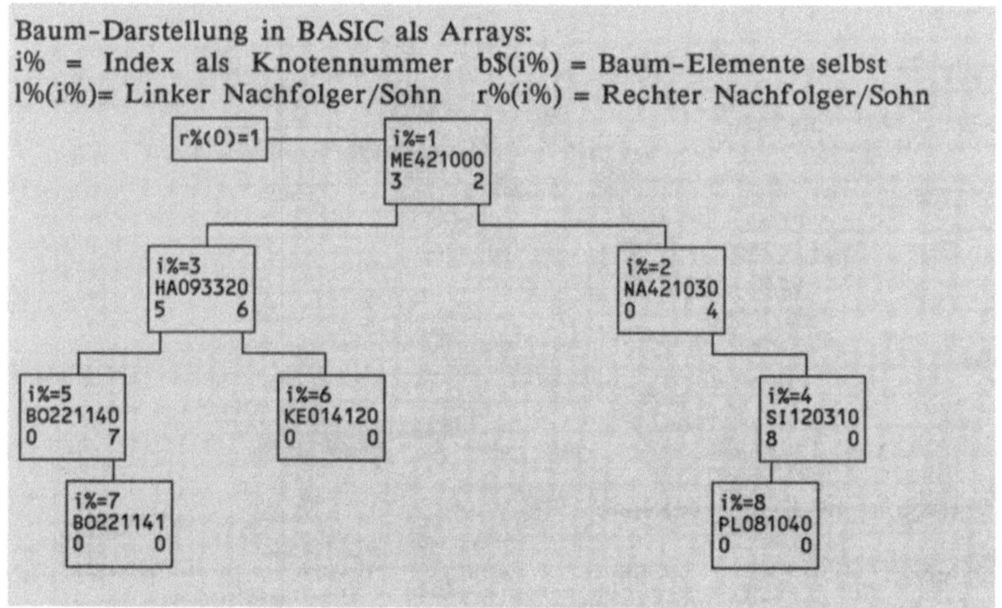

Acht Artikelnummern als Binärbaum mit acht Knoten strukturiert

Die Elemente des Suchbaumes sind nicht willkürlich angeordnet, sondern
in jedem linken Teilbaum befinden sich alle Knoten, deren Werte kleiner
sind als der Wert der zum Teilbaum gehörigen Wurzel, und im rechten
Teilbaum alle Knoten mit größeren Werten.

3.10.2 Darstellung eines Binärbaums in BASIC

Wie die meisten BASIC-Versionen hat auch das GFA-Basic keine beson-
deren Sprachelemente für Bäume.
Aus diesem Grunde müssen wir die Datenstruktur Binärbaum abstrakt
z.B. mit der Datenstruktur Array darstellen. Für jeden Baumknoten
brauchen wir mindestens drei Einträge:

    Element, linker und rechter Nachfolger.

In BASIC verwenden wir zur Binärbaum-Darstellung die Arrays $b\$(i\%)$
für Werte der Knoten und $l\%(i\%)$ und $r\%(i\%)$ für die Verweise auf den
linken und rechten Nachfolger. Extern speichern wir den Binärbaum als
sequentielle Datei in Sätzen mit den drei Datenfeldern Element, linker
Sohn und rechter Sohn.

Binärbaum im Internspeicher:

$i\%$	$b\$(i\%)$	$l\%(i\%)$	$r\%(i\%)$
0		8=n%	1
1	ME421000	3	2
2	NA421030	0	4
3	HA093320	5	6
4	SI120310	8	0
5	BO221140	0	7
6	KE014120	0	0
7	BO221141	0	0
8	PL081040	0	0

Binärbaum im Externspeicher:

Datei NUMDATEI als sequentielle Datei. Satz 0 enthält in $l\%(0)$ die Anzahl der Knoten des Baums und in $r\%(0)$ den Zeiger auf die Wurzel.

    Binärbaum mittels Array (intern) und als Datei (extern)

Das Programm BIBAUM_M demonstriert einen binären Baum in BASIC
für den Atari.
Dieser binäre Baum könnte folgenden Zweck erfüllen: Ein Unternehmen
führt *klassifizierende* Artikelnummern (vgl. Abschnitt 3.7.5); dabei steht
BO221140 für:

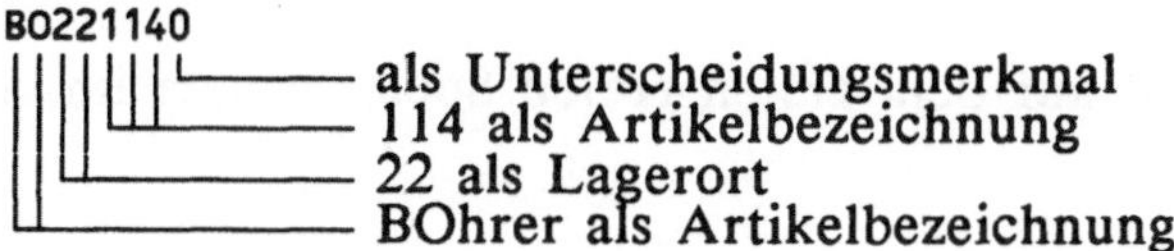

Die 8. Stelle dient zur Unterscheidung sonst identischer Artikelnummern.
Diese Artikelnummern als Ordnungsbegriff einer Indexdatei sollen nun als
Binärbaum strukturiert werden, um schnell zugreifen zu können und bei
Änderung nicht alle Nummern bewegen zu müssen.

3.10.3 Erzeugen eines leeren Binärbaums

Im Unterprogramm "leer" unseres Programms BIBAUM_M erzeugen wir
einen leeren Binärbaum. Es setzt die Felder l%(0) (Anzahl der Knoten)
und r%(0) (Zeiger auf Wurzel) auf 0.

Ausführung zu Programm BIBAUM_M:

```
Demonstration: Binärer Baum als dynamische Datenstruktur.
0  Ende
1  Leeren Binärbaum erzeugen
2  Neue Elemente eingeben
3  Baum sortiert ausgeben
4  Baum unsortiert ausgeben
5  Datei mit Baum laden
6  Baum in Datei speichern

Wahl 0-6? 1

Binärbaum leer eingerichtet.

Weiter mit Taste
```


3.10.4 Eingeben von Elementen in den Binärbaum

Mit Unterprogramm "neu" bzw. Menüwahl 2 geben wir acht Artikelnummern ein. Das Unterprogramm "unsortiert_ausgeben" bzw. Menüwahl 4

zeigt uns, wie die Baumelemente in den Arrays gespeichert werden: Sie
werden seriell gemäß der Reihenfolge der Eingabe abgelegt. Die logische
Verknüpfung geschieht nur über die Zeiger für den linken und den
rechten Nachfolger.

Das Einfügen in den Baum läuft folgendermaßen ab:

1. Das neue Element wird auf dem ersten freien Speicherplatz im Ar-
    ray abgelegt.

2. Das Unterprogramm "einfügen" stellt die logischen Verknüpfungen
    her. Es wird unter anderem die Parameter element% und z%
    übergeben. In element% wird dem Unterprogramm mitgeteilt, wo
    der neue Knoten im Array gespeichert ist. Die Variable z% dient
    hier als *Zeigervariable* (siehe 3.14.2), d.h. in ihr steht die Adresse,
    an der der eigentliche Wert zu finden ist. Über den Befehl {} wird
    dieser Wert im Unterprogramm dann direkt im Speicher geändert.
    Diese Methode mußte gewählt werden, da es in GFA-Basic nicht
    möglich ist, ein einzelnes Array-Element als Variablenparameter zu
    übergeben.

```
einfuegen (...,V:r%(zeiger%),...)
```

Um die Adresse der Variablen und nicht ihren Wert zu übergeben,
wird beim Aufruf ein V: vorangestellt. Dies ist eine Funktion, die
gerade die Adresse ergibt, an der die nachfolgende Variable (hier
r%(zeiger%) im Speicher abgelegt ist. Diese Adresse steht dann im
Unterprogramm in der Variablen z%.

```
PROCEDURE einfuegen (...,z%,...)
{z%}=element%
```

Die geschweiften Klammern bewirken nun, daß der Wert der
Variablen element% nicht z% zugewiesen, sondern an die Adresse in
den Speicher geschrieben wird, die in z% steht.

Da man in einem Binärbaum jeden Teilbaum als eigenständigen Baum
betrachten kann, zerlegen wir das Problem des Einfügens geschickt in
kleinere Teilprobleme.
Bei der Suche nach der Stelle, an der das neue Element in den Binärbaum
eingefügt werden soll, treten folgende Teilprobleme auf.

1. Der Baum, in den eingefügt werden soll, ist leer, d.h. im Programm: zeiger%=0 (Die Variable zeiger% enthält in "einfügen" den Inhalt der Adresse z%). In diesem Fall kann das neue Element an dieser Stelle angefügt werden: {z%}=element%. Da z% ein Zeiger auf die Speicherstelle einer anderen Variablen ist, wird mit dieser Zuweisung automatisch das richtige Element im Array l%() oder r%() geändert.

2. Ist der Baum nicht leer, wird festgestellt, ob das Element unter dieser Wurzel in den linken oder rechten Ast gehört. Ist dies geschehen, hat man das gleiche Problem des Einfügens vor sich wie zu Anfang, nur für einen Teilbaum. Im Programm wird an dieser Stelle wieder das Unterprogramm "einfuegen" mit neuen Parametern aufgerufen. Das Verfahren geht solange weiter, bis einmal das Ende des Baumes erreicht ist. Dann tritt das erste Teilproblem (Baum leer) auf, die Einfügestelle ist gefunden.

Es kommt hier also vor, das sich ein Unterprogramm selbst aufruft (*Rekursion* (lateinisch : recurrere für zurücklaufen). Wichtig ist dabei, daß bei jedem Aufruf lokale Variablen verwendet, die nach Beendigung des Unterprogrammes dann nicht mehr zur Verfügung stehen. So laufen die verschiedenen "Generationen" des Unterprogramms völlig unabhängig voneinander (vgl. Quicksort-Algorithmus in Abschnitt 3.5.3).
Intern werden die Variablen und Übergabeparameter bei einem Aufruf des Unterprogramms auf einem *Stack* abgelegt (s. Abschnitt 3.3.2.4). Endet das Unterprogramm, so werden sie wieder vom Stack heruntergenommen. Wir werden diesen Ablauf an einem Beispiel im nächsten Abschnitt genauer betrachten.

Ausführungsbeispiel zu den Menüpunkten 2 und 4:

```
Wahl 0-6? 2

1. Element (0=Ende)?  ME421000
2. Element (0=Ende)?  NA421030
3. Element (0=Ende)?  HA093320
4. Element (0=Ende)?  SI120310
5. Element (0=Ende)?  BO221140
6. Element (0=Ende)?  KE014120
7. Element (0=Ende)?  BO221141
8. Element (0=Ende)?  PL081040
9. Element (0=Ende)?  0

Weiter mit Taste
```

```
Wahl 0-6? 4

        Element        Sohn links        Sohn rechts

1    ME421000      3 HA093320         2 NA421030
2    NA421030      0 ~                4 SI120310
3    HA093320      5 BO221140         6 KE014120
4    SI120310      8 PL081040         0 ~
5    BO221140      0 ~                7 BO221141
6    KE014120      0 ~                0 ~
7    BO221141      0 ~                0 ~
8    PL081040      0 ~                0 ~

Ende der unsortierten Ausgabe.

Weiter mit Taste
```

3.10.5 Binärbaum sortiert ausgeben

Bei der sortierten Ausgabe der Elemente des Binärbaums wird auch wieder ein rekursiver Algorithmus verwendet. Das Problem teilt sich in die Teilprobleme

- Ausgabe des linken Teilbaumes (alle kleineren Elemente).
- Ausgabe des Wertes der Wurzel.
- Ausgabe des rechten Teilbaumes (alle größeren Elemente).

auf. Man sieht, daß auch hier wieder ein rekursiver Aufruf des Unterprogramms erfolgt, um den rechten bzw. linken Teilbaum auszugeben. Dazu ruft sich das Unterprogramm zweimal selbst auf, einmal mit dem Zeiger auf den linken Teilbaum l%() und einmal mit dem Zeiger auf den rechten Teilbaum r%(). Das geht solange, bis das Unterprogramm mit einem Zeiger aufgerufen wird, der Null ist. Dann erfolgt kein weiterer Aufruf. Im folgenden Ausführungsbeispiel wird neben den Elementen auch noch der Suchpfad mit ausgegeben. Zuerst wird im Baum entlang der Knoten 1, 3 und 5 abgestiegen, dann der Wert des Knotens 5 ausgegeben (BO221140), da der Zeiger auf den linken Nachfolger Null ist. Dann wird in den Knoten 7 abgestiegen. So kann anhand des Schaubildes (am Anfang des Abschnitts) der Weg, den das Programm im Suchbaum nimmt, verfolgt werden.

```
Wahl 0-6? 3

1    3    5
Element : B0221140
7
Element : B0221141

Element : HA093320
6
Element : KE014120

Element : ME421000
2
Element : NA421030
4    8
Element : PL081040

Element : SI120310
Ende der sortierten Ausgabe.

Weiter mit Taste
```

Wir wollen nun einmal näher betrachten was eigentlich geschieht, wenn ein rekursiver Aufruf erfolgt. Dazu muß man zunächst wissen, daß alle Übergabevariablen und alle lokalen Variablen beim Aufruf eines Unterprogramms vom Interpreter auf einem Stack (Kellerspeicher) abgelegt werden. Bei unserer Prozedur ist nur der Parameter zeiger% interessant. Die Arrays b$(), r%(), l%() werden nur übergeben, um sie nicht global benutzen zu müssen, sie werden in der folgenden Erklärung vernachlässigt.

Beim ersten Aufruf des Unterprogrammes "ausgeben" wird also der Übergabewert r%(0) auf dem Stack abgelegt:

ausgeben (r%(0)=1) | 1 | =zeiger%

Die Variable zeiger%, die in dem Unterprogramm genutzt wird, liegt immer oben auf dem Stack. Da zeiger% ungleich Null ist, folgt als nächste Aktion die Ausgabe der Variablen zeiger%. Dann wird der linke Teilbaum ausgegeben, d.h. das Unterprogramm ruft sich selbst wieder auf:

ausgeben (l%(1)=3) | 3 | =zeiger%
                              | 1 |

Der Übergabewert wird wieder auf dem Stack abgelegt, das Unterprogramm arbeitet mit einer neuen Variablen und die 1 wird nicht überschrieben. Nun folgen zwei weiter Aufrufe des Unterprogramms, bis wir ganz in den linken unteren Ast abgestiegen sind:

ausgeben (l%(3)=5)   0   =zeiger%
                                   5
ausgeben (l%(5)=0)   3
                                   1

Der Stack enthält noch alle früheren Werte von zeiger%, somit den gesamten Pfad, den wir im Baum abgestiegen sind. Da zeiger% nun aber gleich Null ist, führt das Unterprogramm keine Aktion mehr durch. Mit Beendigung der Routine (RETURN) werden alle Variablen, die beim Aufruf auf den Stack gebracht worden sind, wieder gelöscht:

RETURN   5   =zeiger%
                                   3
                                   1

Durch den RETURN-Befehl sind wir auch im Programm wieder an die Stelle gesprungen, an der der Unterprogrammaufruf erfolgt ist. Wie man sieht, hat auch zeiger% wieder den alten Wert. Wir befinden uns im Knoten mit der Nummer 5 und haben den linken Teilbaum bereits ausgegeben. Nun wird der Wert des Knoten ausgegeben (BO221140) und das Unterprogramm erneut zur Ausgabe des rechten Teilbaums aufgerufen:

ausgeben (r%(5)=7)   7   =zeiger%
                                   5
                                   3
                                   1

Die nächsten Schritte folgen nun kurz hintereinander, man kann den Ablauf mit dem Schaubild am Anfang des Kapitels verfolgen:

ausgeben (l%(7)=0)   0   Linken Teilbaum
                                   7   ausgeben.
    RETURN (zeiger%=0)   5
                                   3
                                   1

PRINT b$(7)   7   Ausgabe BO221141
                                   5
                                   3
                                   1

ausgeben (r%(7)=0)

RETURN (zeiger%=0)

0
7
5
3
1

Rechten Teilbaum
ausgeben.

An dieser Stelle werden nun die Unterprogramme (zeiger%=7 und 5) beendet. Das bedeutet wir gehen den Baum zwei Stufen hinauf und befinden uns im Knoten 3.

PRINT b$(3)

3
1

Ausgabe HA093320

Wir wollen das Beispiel hier beenden, da es sonst zu umfangreich würde. Der Rest des Baumes wird ein gleicher Weise abgearbeitet und ausgegeben. Man sieht deutlich, wie durch das Übergben der Variablen auf dem Stack ein Zurücklaufen im Baum möglich ist. Das geschieht automatisch, wir brauchen uns als Programmierer nicht darum zu kümmern.

An einem weiteren Ausführungsbeispiel zu Programm BIBAUM_M wollen wir nun veranschaulichen, daß die später eingetippte Artikelnummer NA391030 physisch als 9. Element hinten (auf den Baum bezogen: unten) angefügt, logisch jedoch über die Verkettung an die Stelle gesetzt wird, die ihrer ASCII-Codezahl entspricht.

```
Wahl 0-6? 2

9. Element (0=Ende)? NA931030
10. Element (0=Ende)? 0

Weiter mit Taste
```

```
Wahl 0-6? 4

       Element        Sohn links          Sohn rechts

  1    ME421000     3 HA093320          2 NA421030
  2    NA421030     0 ~                 4 SI120310
  3    HA093320     5 BO221140          6 KE014120
  4    SI120310     8 PL081040          0 ~
  5    BO221140     0 ~                 7 BO221141
  6    KE014120     0 ~                 0 ~
  7    BO221141     0 ~                 0 ~
  8    PL081040     9 NA931030          0 ~
  9    NA931030     0 ~                 0 ~

Ende der unsortierten Ausgabe.

Weiter mit Taste
```

```
Wahl 0-6? 3

1   3   5
Element : BO221140
7
Element : BO221141

Element : HA093320
6
Element : KE014120

Element : ME421000
2
Element : NA421030
  4   8   9
Element : NA931030

Element : PL081040

Element : SI120310
Ende der sortierten Ausgabe.

Weiter mit Taste
```

3.10.6 Binärbaum als Datei extern ablegen

Mit dem Programm BIBAUM_M können wir über die Unterprogramme
"lesen" und "speichern" den Binärbaum als sequentielle Datei laden und
speichern. Zu beachten ist, daß wir in dem ersten Datensatz als beson-
derem Satz unter 1%(0) die Knotenanzahl n% speichern.

```
Wahl 0-6? 6

Dateiname zum Speichern? NUMDATEI
Binärbaum in NUMDATEI abgespeichert.

Weiter mit Taste
```

Wir können die Datei am Bildschirm anzeigen, indem wird das zugehörige
Piktogramm zweimal schnell anklicken.

```
,8,1
ME421000,3,2
NA421000,0,4
HA093320,5,6
SI120310,8,0
BO221140,0,7
KE014120,0,0
BO221141,0,0
PL081040,0,0
```

Man erkennt, daß der erste Satz die Anzahl der nachfolgenden
Knotensätzte und einen Zeiger auf das Wurzelelement enthält. Die acht
nachfolgenden Nutzdatensätze enthalten jeweils drei Datenfelder für die
Bezeichnung und den linken und rechten Nachfolger.

Codierung zu Programm BIBAUM-M:

```
REM ====== Programm BIBAUM_M
PRINT "Demonstration: Binärer Baum als dynamische Datenstruktur."
'
REM ====== Vereinbarungsteil
DIM b$(100)               ! Maximal 100 Baumelemente bzw. Knoten
DIM l%(100),r%(100)       ! Linke und rechte Söhne als Nachfolger
' n%                      Anzahl der Baumelemente, in l%(0) abgelegt
' b$(i%),r%(i%),l%(i%)    3-Felder-Datensatz für i%. Baumelement in der Datei
' f$                      Name der sequentiellen Datei zur Speicherung des Baumes
' i%,z%                   Hilfsvariablen
'
REM ====== Anweisungsteil
DO
  PRINT "0   Ende"
  PRINT "1   Leeren Binärbaum erzeugen"
  PRINT "2   Neue Elemente eingeben"
  PRINT "3   Baum sortiert ausgeben"
  PRINT "4   Baum unsortiert ausgeben"
  PRINT "5   Datei mit Baum laden"
  PRINT "6   Baum in Datei speichern"
  PRINT
  INPUT "Wahl 0-6";z%
```

```
  PRINT
  EXIT IF z%=0
  SELECT z%
  CASE 1
    leer(l%(),r%(),n%)
  CASE 2
    neu(b$(),l%(),r%(),n%)
  CASE 3
    ausgeben(r%(0),b$(),l%(),r%())        ! Gesamten Baum sortiert ausgeben.
  CASE 4
    unsortiert_ausgeben(b$(),l%(),r%(),n%)
  CASE 5
    laden(b$(),l%(),r%(),n%)
  CASE 6
    speichern(b$(),l%(),r%(),n%)
  ENDSELECT
  PRINT
  PRINT "Weiter mit Taste";
  VOID INP(2)
  CLS
LOOP
END
'
PROCEDURE leer(VAR l%(),r%(),n%)          ! Leeren Binärbaum initialisieren
  LET n%=0                                ! Anzahl der Knoten 0
  l%(0)=0
  r%(0)=0
  PRINT "Binärbaum leer eingerichtet."
RETURN
'
PROCEDURE neu(VAR b$(),l%(),r%(),n%)      ! Neue Elemente in Binärbaum eingeben.
  LOCAL e$
  PRINT n%+1;". Element (0=Ende)";
  INPUT e$
  WHILE e$<>"0"
    INC n%                                ! Element an die erste freie Stelle
    LET b$(n%)=e$                         ! im Array speichern
    LET r%(n%)=0                          ! Vorerst hat das neue Element keinen
    LET l%(n%)=0                          ! Nachfolger
    einfuegen(n%,V:r%(0),b$(),l%(),r%())
    PRINT n%+1;". Element (0=Ende)";
    INPUT e$
  WEND
  LET l%(0)=n%                            ! Anzahl der Baumelemente merken.
RETURN
'
```

```
PROCEDURE einfuegen(element%,z%,VAR b$(),l%(),r%())  ! Rekursives Einfügen
  LOCAL zeiger%                                      ! eines Elementes
  zeiger%={z%}
  IF zeiger%=0 THEN                           ! Ist kein Nachfolger vorhanden,
    {z%}=element%                             ! dann neues Element einfügen.
  ELSE
    IF b$(element%)>b$(zeiger%) THEN          ! Im rechten Teilbaum einfügen
      einfuegen(element%,V:r%(zeiger%),b$(),l%(),r%())
    ELSE                                      ! Im linken Teilbaum einfügen
      einfuegen(element%,V:l%(zeiger%),b$(),l%(),r%())
    ENDIF
  ENDIF
RETURN
'
PROCEDURE unsortiert_ausgeben(VAR b$(),l%(),r%(),n%)
  LOCAL i%
  PRINT TAB(4);"Element","Sohn links","Sohn rechts"
  PRINT
  FOR i%=1 TO n%
    PRINT i%;TAB(4);b$(i%),l%(i%)'b$(l%(i%)),r%(i%)'b$(r%(i%))
  NEXT i%
  PRINT
  PRINT "Ende der unsortierten Ausgabe."
RETURN
'
PROCEDURE ausgeben(zeiger%,VAR b$(),l%(),r%())  ! Rekursives ausgeben des Baumes.
  IF zeiger%<>0 THEN
    PRINT zeiger%;"   ";
    ausgeben(l%(zeiger%),b$(),l%(),r%())      ! linken Teilbaum ausgeben.
    PRINT
    PRINT "Element : ";b$(zeiger%)
    ausgeben(r%(zeiger%),b$(),l%(),r%())      ! rechten Teilbaum ausgeben.
  ENDIF
RETURN
'
PROCEDURE laden(VAR b$(),l%(),r%(),n%)          ! Binärbaum aus Datei in Ram lesen
  LOCAL f$,i%
  leer
  INPUT "Dateiname";f$
  OPEN "I",#1,f$
  INPUT #1,b$(0),l%(0),r%(0)
  LET n%=l%(0)
  FOR i%=1 TO n%
    INPUT #1,b$(i%),l%(i%),r%(i%)
  NEXT i%
  CLOSE #1
  PRINT "Binärbaum eingelesen."
RETURN
'
```

```
PROCEDURE speichern(VAR b$(),l%(),r%(),n%)   ! Binärbaum extern abspeichern.
  LOCAL f$,i%
  INPUT "Dateiname zum Speichern";f$
  OPEN "O",#1,f$
  FOR i%=0 TO n%
    PRINT #1,b$(i%);",";l%(i%);",";r%(i%)
  NEXT i%
  CLOSE #1
  PRINT "Binärbaum in ";f$;" abgespeichert."
RETURN
```

Binärbäume haben zahlreiche Anwendungen, insbesondere eignen sie sich
zum Suchen (deshalb die Bezeichnung Suchbäume) sowie zum Sortieren.
Das hier wiedergegebene Beispiel gewährt allerdings nur einen sehr
flüchtigen Blick auf das sehr breite Feld der Einsatzmöglichkeiten dieser
dynamischen Datenstruktur.

Bei größeren DV-Systemen ist der Dateizugriff über einen als Binärbaum
organisierten Index sehr häufig als Bestandteil des Betriebssystems vorgesehen.

3
Programmierkurs mit GFA-Basic

Der Begriff der *Datenbank* ist äußerst vielschichtig (vgl. Abschnitt 1.3.5), hat aber stets etwas mit Dateien zu tun, die zu einem gemeinsamen Datenbestand *verkettet* sind.

Das Prinzip der verketteten Speicherung über Zeiger haben wir schon in Abschnitt 1.3.5.1 kennengelernt. Dabei wurden innerhalb einer Kundendatei in jedem Datensatz zwei zusätzliche Datenfelder mit Zeigern (sog. Zeigerfelder) angefügt.
Strukturiert man die Datensätze als "Gekettete Liste (Linked List)", dann werden damit ebenfalls Sätze innerhalb einer Datei verkettet. Auf die Datenstruktur der geketteten Liste sind wir in Abschnitt 3.9 eingegangen.
Das Verketten von Datensätzen in ein und derselben Datei nennt man auch *interne Verkettung*.

Das Prinzip der Verkettung läßt sich auch auf mehrere Dateien anwenden: Ein Datenfeld einer Datei A enthält einen Verweis (Zeiger) auf einen Satz einer Datei B. Man spricht dann von der *externen Verkettung*.

In einer *Datenbank* können beide Typen der Verkettung angewendet werden.

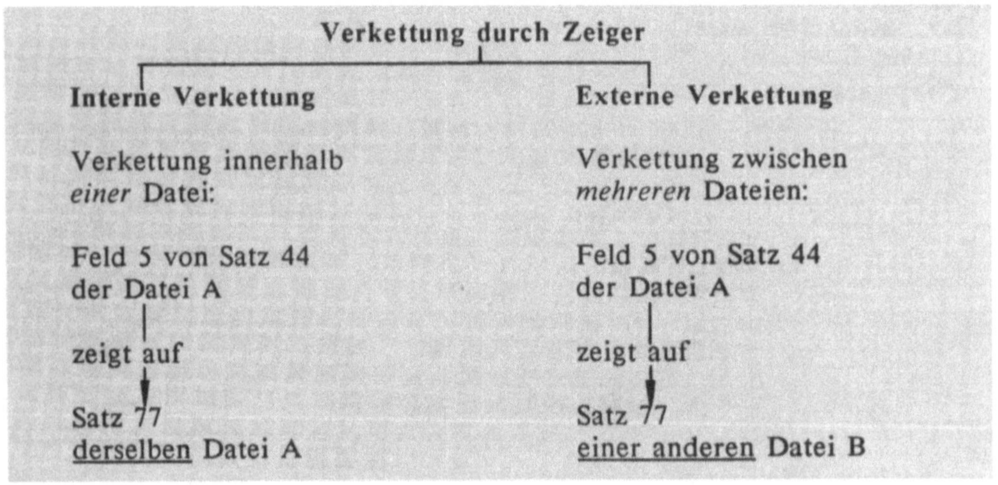

Dateiverarbeitung: Zwei Typen der Verkettung

3.11.1 Externe Verkettung von vier Dateien (Fakturierung)

Als erstes Beispiel zur Verkettung von Dateien betrachten wir eine Anwendung der Rechnungsschreibung bzw. Fakturierung.

Verkettung innerhalb einer Datei:
Beispiele:
  1) Kundendatei in Abschnitt 1.3.5.1
  2) Datensätze sortiert ausgeben anhand einer geketteten Liste (Linked List) in Abschnitt 3.9

Verkettung mehrerer Dateien:
Beispiel:
     Fakturierung mit Bestelldatei, Kundendatei, Artikeldatei und Offene-Posten-Datei.

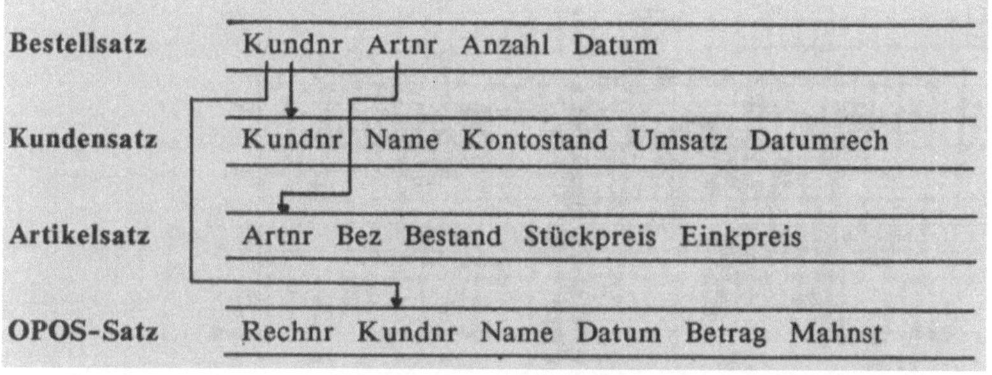

Verkettung von vier Dateien am Beispiel der Fakturierung

Die Tagesbestellungen werden in einer BESTELLDATEI erfaßt, gesammelt bzw. gestapelt, um z.B. abends zur Rechnungsschreibung verwendet zu werden. Jeder Bestellsatz umfaßt u.a. die Datenfelder KUNDNR, ARTNR, ANZAHL des bestellten Artikels und das DATUM (vereinfachende Annahme: nur ein Artikel pro Bestellung). Das Feld KUNDNR wird als *Zeiger* auf die KUNDENDATEI aufgefaßt; dieser Zeiger bewirkt, daß die entsprechenden Kundenstammdaten verfügbar sind. Die ARTNR als Zeiger dient zur Verkettung der ARTIKELDATEI: Die zugehörigen Artikelangaben können jetzt auf die Rechnung gedruckt werden. Die KUNDNR verkettet nicht nur mit der KUNDENDATEI, sondern auch mit der OFFENE-POSTEN-DATEI bzw. OPOS-DATEI. So kann man nachsehen, ob gerade offene und ungemahnte Rechnungen vorliegen, um z.B. bei "MAHNSTUFE 2" besondere Zahlungsbedingungen auf der Rechnung zu vermerken.

Datenfelder, über die Datensätze derselben oder einer anderen Datei unverwechselbar bzw. eindeutig identifiziert werden können, nennt man *eindeutige Schlüssel*. Eine Postleitzahl z.B. kann nicht als solcher Schlüssel verwendet werden (da ggf. mehrere Kunden am gleichen Ort wohnen); auch der Name ist wenig geeignet (da z.B. mehrere "Müller" existieren). Aus Gründen der Eindeutigkeit werden zumeist numerische Schlüssel definiert, wie hier die Schlüssel KUNDNR, ARTNR und RECHNR.

In einer *Stammdatei* werden Sätze zusammengefaßt, deren Anzahl sich selten ändert (vgl. Abschnitt 1.3.1.1). Demgegenüber zeichnet sich eine *Bewegungsdatei* dadurch aus, daß sich ihre Größe häufig ändert. In unserem Beispiel liegt nur mit der Bestelldatei eine Bewegungsdatei vor.

Kennzeichen:	Stammdatei:	Bewegungsdatei:
Inhalt der Sätze ändert sich ...	... häufig (z.B. Umsatz)	... selten (z.B. Datum)
Anzahl der Sätze ändert sich ...	... selten (z.B.neuer Artikel)	... häufig (z.B. Bestellungen jeden Tag)
Beispiele für Dateien:	Kundendatei, Artikeldatei, OPOS-Datei	Bestelldatei

Trennung von Stammdatei und Bewegungsdatei

3.11.2 Externe wie interne Verkettung von zwei Dateien (Literatur)

Wenden wir uns dem weiten Gebiet der Literaturdokumentation am Beispiel der Verwaltung von Büchern zu: Zunächst legen wir eine Buchdatei mit fester Datensatzlänge an. Jeder Satz weist Datenfelder wie Buchtitel, Verlag, ... auf und zusätzlich ein Zeigerfeld, dessen Inhalt (Zeiger, Pointer) auf den nachfolgenden Datensatz zeigt. Diese Buchdatei wird zunächst mit zehn Leersätzen (siehe Beispiel) als Direktzugriffsdatei angelegt.

In einer zweiten Autorendatei speichern wir Namen von Buchverfassern, wobei jeder Satz zwei zusätzliche Zeigerfelder mit Verweisen auf die Buchdatei hat: Zeiger Z1 zeigt auf die erste vom betreffenden Autor in der Buchdatei besetzte Satznummer, und Zeiger Z2 auf den letzten besetzten Satz.

Das wiedergegebene Beispiel zeigt den Inhalt dieser verketteten Dateien zu Beginn leer (Zustand (A)), mit drei Büchern von zwei Autoren (Zustand (B)) und mit vier Büchern von zwei Autoren (Zustand (C)).

Zu Zustand (A): Die Buchdatei ist leer angelegt. In Datensatz 0 ist mit $S0=1$ die erste freie Satznummer sowie mit $S1=10$ die letzte freie Satznummer vermerkt. Die Zeiger Z zeigen von Satz 1 bis Satz 10 und bilden *eine* Vollkette (0=Kettenende). Die Autorendatei ist ebenfalls leer. Für die beiden Zeiger Z1 und Z2 werden keine Leerketten aufgebaut, sondern jeweils Null eingetragen.

Zu Zustand (B): Für Autor JANOSCH werden die beiden Buchtitel GEBURTSTAG und HAU DEN LUKAS eingetragen. In Satz 0 der Buchdatei zeigt $S0=4$ nun auf den vierten Satz als ersten freien Satz. Der Titel VATER U. SOHN von Autor PLAUEN ist als dritter Satz eingetragen. Die Buchdatei enthält drei Teilketten: Sätze 1-2 für JANOSCH, Satz 3 für PLAUEN sowie Sätze 4-10 leer. Das Ende einer Kette wird durch einen Zeigerwert gleich Null vermerkt. Der Anfang einer Kette wird entweder durch einen Zeiger Z1 aus der Autorendatei, oder im Falle der Leerkette durch S1 aus Satz 0 der Buchdatei gegeben.

Zu Zustand (C): Zusätzlich wird das Buch GLIWI von JANOSCH gespeichert, und zwar als nächster freier Satz, d.h. als vierter Satz in der Buchdatei. Andere Sätze werden *nicht* bewegt, sondern nur Zeigervermerke geändert. S0 wird von 4 auf 5 erhöht, Z im zweiten Buchsatz von 0 auf 4 gesetzt. In der Autorendatei wird Z2 für JANOSCH von 2 auf 4 geändert.

Auch andere Arten des Änderungsdienstes (Löschen, Titeländern) werden ohne Bewegung der Sätze allein über die Zeigervermerke verarbeitet.

Das Beispiel zeigt, daß oft die interne und externe Verkettung gleichzeitig vorhanden sind: die Verkettung von Sätzen innerhalb einer Datei (hier in der Buchdatei) und die Verkettung zwischen Dateien (hier von der Autorendatei zur Buchdatei).

Die Verkettung von Dateien über Zeiger bringt besondere Probleme bei der Reorganisation der einzelnen Datei (z.B. Löschen eines Datensatzes, auf den von einer anderen Datei weiterhin mit einem Zeiger verwiesen wird). In jedem Fall müssen alle Zeigerverweise bei Reorganisation bzw. Änderungsdienst auf Gültigkeit überprüft werden.

Buchdatei: **Autorendatei:**

Zustand (A): leer

	Z
0 S0=1 S1=10	
1 leer	2
2 leer	3
3 leer	4
4 leer	5
5 leer	6
6 leer	7
7 leer	8
8 leer	9
9 leer	10
10 leer	0

Zustand (A): leer

	Z1	Z2
0 1 5		
1 leer	0	0
2 leer	0	0
3 leer	0	0
4 leer	0	0
5 leer	0	0

Eine Kette: 1-10

Zustand (B): 3 Bücher

	Z
0 S0=4 S1=10	
1 GEBURTSTAG	2
2 HAU DEN LUKAS	0
3 VATER U. SOHN	0
4 leer	5
5 leer	6
6 leer	7
7 leer	8
8 leer	9
9 leer	10
10 leer	0

Zustand (C): 2 Autoren

	Z1	Z2
0 3 5		
1 JANOSCH	1	2
2 PLAUEN	3	3
3 leer	0	0
4 leer	0	0
5 leer	0	0

Drei Ketten: 1-2, 3-3, 4-10

Zustand (C): 4 Bücher

	Z
0 S0=5 S1=10	
1 GEBURTSTAG	2
2 HAU DEN LUKAS	4
3 VATER U. SOHN	0
4 GLIWI	0
5 leer	6
6 leer	7
7 leer	8
8 leer	9
9 leer	10
10 leer	0

Zustand (C): 2 Autoren

	Z1	Z2
0 3 5		
1 JANOSCH	1	4
2 PLAUEN	3	3
3 leer	0	0
4 leer	0	0
5 leer	0	0

Drei Ketten: 1-2+4, 3-3, 5-10

Verkettung von Autoren- und Buchdatei intern sowie extern

3 Programmierkurs mit GFA-Basic

3.12 Unterbrechungsereignisse

Bisher mußten wir, um festzustellen, ob ein bestimmtes Ereignis eingetreten ist (wie z.B. den Druck einer Maustaste), dieses Ereignis ständig überwachen. Selbst bei der Menüverwaltung mit "ON MENU GOSUB" (siehe Abschnitt 3.4.3) war eine wiederholte Ausführung von "ON MENU" erforderlich, um gegebenenfalls eine Reaktion auszulösen. Bei einigen Ereignissen ist es jedoch möglich, den Computer so zu programmieren, daß er bei ihrem Auftreten automatisch das laufende Programm unterbricht und ein spezielles Unterprogramm anspringt. Solche Ereignisse nennt man *Unterbrechungsereignisse*, das selbständige Auslösen einer Unterbrechung *Event Trapping*.
Der Atari kennt unter GFA-Basic drei solcher Unterbrechungsereignisse, auf die er reagieren kann:

1. Auftreten eines Programmfehlers.
2. Betätigen der Break-Tastenkombination (gleichzeitiges Drücken der Control-, Alternate- und linker Shift-Taste).
3. Ablauf einer vorgegebenen Zeitspanne.

3.12.1 Fehler- und Programmabbruchbehandlung

Normalerweise führen Fehler während des Programmablaufs zum Abbruch des Programms. Manchmal kann es jedoch sinnvoll sein, Fehler programmintern zu behandeln, um beispielsweise vor Ausstieg aus dem Programm noch wertvolle Daten auf die Diskette zu retten oder vielleicht sogar die Fehlerursache beheben zu können.
Das folgende Programm FEHLER demonstriert die dazu erforderlichen Schritte.

Codierung zu Programm FEHLER:

```
REM ====== Programm FEHLER
PRINT "Demonstration der programminternen Fehlerbehandlung"
'
ON ERROR GOSUB fehler       !Fehlerbehandlungsroutine aktivieren
DIM a(10)
DIM a(20)                   !1.Fehler auslösen
PRINT
PRINT "Dimensionierungsfehler abgefangen!"
PRINT
```

```
PRINT "5/0=";5/0           !2.Fehler auslösen
PRINT "Dieser Text dürfte nicht ausgedruckt werden!"
ende:
END
'
PROCEDURE fehler
  IF ERR=14 THEN           !Feld zweimal dimensioniert
    ERASE a()
    ON ERROR GOSUB fehler
    RESUME
  ELSE                     !anderer Fehler
    PRINT
    PRINT "Fehler Nr.";ERR
    RESUME ende
  ENDIF
RETURN
```

Ausführung zu Programm FEHLER:

```
Demonstration der programminternen Fehlerbehandlung

Dimensionierungsfehler abgefangen!

5/0=
Fehler Nr.0
```

Am Programmanfang wird durch den Befehl

```
ON ERROR GOSUB Prozerdurname
```

das Unterprogramm festgelegt, das bei Auftreten eines Fehlers
angesprungen werden soll. Gleichzeitig aktiviert dieser Befehl auch die
programminterne Fehlerbehandlung und schaltet die normale ab.
Nun wird ein Fehler verursacht, indem zweimal hintereinander ein Array
mit dem gleichen Namen dimensioniert wird. An diesem Punkt wird also
in das Unterprogramm fehler verzweigt. Dort wird mittels der System-
variablen ERR festgestellt, welche Fehler aufgetreten ist. In ERR steht
eine Zahl, die den jeweiligen Fehlercode angibt (im Anhang des GFA-
Basic Benutzerhandbuches sind alle Fehler mit ihren Codes aufgelistet).
Ist ERR=14 (Feld zweimal dimensioniert), so sind wir imstande, den
Fehler zu beheben, indem wir mit "ERASE a()" die alte Dimensionierung
löschen und mit "RESUME" ins Hauptprogramm zurückkehren und die
den Fehler verursachende Anweisung nochmals ausführen. Vorher wird
aber noch einmal der ON-ERROR-Befehl ausgeführt, da nach jedem
Fehler die normale Fehlerbehandlung wieder eingeschaltet wird und es

sonst nicht möglich wäre, mehrere hintereinander vorkommende Fehler abzufangen.
Ist ERR <> 14, wird die Fehlernummer ausgegeben und das Programm beendet, indem mit "RESUME Marke" an das Programmende gesprungen wird. Der zweite im Programm ausgelöste Fehler, eine Division durch Null, veranlaßt genau dies, da sein Fehlercode die Null ist.

Es existiert noch eine Variante des RESUME-Befehls: "RESUME NEXT". Bei dieser Anweisung wird die Fehlerbehandlungsroutine verlassen und bei dem auf den fehlerhaften Befehl *folgenden* Befehl weitergemacht.
Der Befehl "ON ERROR" ist das Gegenstück zu "ON ERROR GOSUB" und schaltet die normale Fehlerbehandlung wieder ein. Diese beiden Befehle erlauben es, die Unterbrechungsfähigkeit gezielt zu steuern und etwa nur in bestimmten Programmteilen anzuwenden.
Mit der Anweisung "ERROR x" kann im Programm künstlich der Fehler mit der Nummer x ausgelöst werden, um Fehlerabfangroutinen zu testen.
Schließlich gibt es noch die Systemvariable FATAL, die dann wahr wird, wenn ein Systemfehler auftrat. In diesem Fall sind die Befehle "RESUME" und "RESUME NEXT" nicht mehr möglich.

Das Abfangen der Programmabbruchtastenkombination Control-Shift-Alternate verläuft ganz analog zur Fehlerbehandlung. Mit

```
ON BREAK GOSUB Prozedurname
```

wird sie aktiviert und die anzuspringende Prozedur festgelegt. Mit "ON BREAK" wird der normale Programmabruch wieder eingeschaltet. Im Gegensatz zur obigen Fehlerunterbrechung geschieht letzteres nicht automatisch beim Auftreten des Unterbrechungsereignisses.
Zum Schluß sei noch die Anweisung

```
ON BREAK CONT
```

erwähnt, die die Programmunterbrechungsmöglichkeit bis zum nächsten "ON BREAK" ganz abschaltet. Letzterer Befehl sollte daher nur eingesetzt werden, wenn das gesamte restliche Programm ausgetestet und gespeichert ist.

3.12.2 Zeitlich gesteuerte Unterbrechungen

Das folgende Programm HEIZUNG soll die Nachtabsenkung einer Zentralheizung simulieren. Des Nachts dreht der Computer die Heizung aus, tagsüber schaltet er sie wieder an. Im Programm wird dieser

regelmäßig wiederkehrende Schaltvorgang durch ein AFTER-Zeitspanne-GOSUB-Befehl ausgelöst, ganz unabhängig vom Hauptprogramm. Dieser Befehl bewirkt, daß *nach* der mit Zeitspanne in zweihundertstel Sekunden angegebenen Zeit zum spezifizierten Unterprogramm verzweigt wird.
Parallel zur Heizungsschaltung wird mit EVERY-Zeitspanne-GOSUB eine Uhr weitergezählt (dabei entspricht zwei Sekunden einer Stunde). Der EVERY-Befehl veranlaßt den Aufruf des angegebenen Unterprogramms *alle* Zeitspanne zweihundertstel Sekunden.

Codierung zu Programm HEIZUNG:

```
REM ====== Programm HEIZUNG
PRINT "Demonstration der EVERY- und AFTER-Befehle"
PRINT "anhand einer Heizungssteuerung"
PRINT
'
REM ====== Vereinbarungsteil
' zeit%:    Uhrzeit in Stunden
' heizung!: TRUE: Heizung an / FALSE: Heizung aus
'
REM ====== Anweisungsteil
LET zeit%=6
EVERY 400 GOSUB uhr              !Alle 2 Sekunden uhr aufrufen
LET heizung!=FALSE
schalt                          !Heizung anschalten
REPEAT                          !Warteschleife
UNTIL INKEY$<>""
EVERY STOP                      !Event-Trapping wieder ausschalten
AFTER STOP
END
'
PROCEDURE uhr
  LET zeit%=zeit% MOD 24+1
  PRINT zeit%'"Uhr"
RETURN
'
PROCEDURE schalt
  IF heizung! THEN
    AFTER 8*400 GOSUB schalt  !In 8 Stunden (6 Uhr) Heizung wieder anschalten
    LET heizung!=FALSE
    PRINT "Heizung aus!"
  ELSE
    AFTER 16*400 GOSUB schalt !In 16 Stunden (22 Uhr) Heizung wieder ausschalten
    LET heizung!=TRUE
    PRINT "Heizung an!"
  ENDIF
RETURN
```

Ausführung zu Programm HEIZUNG:

```
Demonstration der EVERY- und AFTER-Befehle
anhand einer Heizungssteuerung


Heizung an!
7 Uhr
8 Uhr
9 Uhr
10 Uhr                              23 Uhr
11 Uhr                              24 Uhr
12 Uhr                              1 Uhr
13 Uhr                              2 Uhr
14 Uhr                              3 Uhr
15 Uhr                              4 Uhr
16 Uhr                              5 Uhr
17 Uhr                              6 Uhr
18 Uhr                              Heizung an!
19 Uhr                              7 Uhr
20 Uhr
21 Uhr                              usw.
22 Uhr
Heizung aus!
```

Die in der Variablen zeit% gespeicherte Stundenzahl wird vom Unterprogramm uhr alle zwei Sekunden um eins weitergezählt und ausgegeben.
Das Unterprogramm schalt ist für die Heizungsschaltung zuständig, es wird am Programmanfang (sechs Uhr morgens) einmal vom Hauptprogramm aufgerufen, später erfolgt der Aufruf ausschließlich über die in schalt stehenden AFTER-Befehle. Je nach vorherigem Zustand der Heizung wird entweder 8 (Heizung war an) oder 16 (Heizung war aus) Stunden mit dem erneuten Aufruf gewartet. Dadurch wird erreicht, daß die Heizung immer um 6 Uhr ein- und um 22 Uhr ausgeschaltet wird.
Da die gesamte Steuerung automatisch abgearbeitet wird, besteht das eigentliche Hauptprogramm nur aus einer REPEAT-UNTIL-Schleife, die auf einen Tastendruck wartet. Theoretisch könnten aber vom Hauptprogramm währenddessen auch ganz andere Dinge ausgeführt werden, das ist ja der ganze Sinn der Unterbrechungsereignisse. Allerdings ist dabei zu beachten, daß die mit EVERY und AFTER angegebenen Unterprogramme nicht während einer Befehlsausführung angesprungen werden. Langsam arbeitende Befehle können also unter Umständen können den korrekten zeitlichen Ablauf stören.
Am Schluß des Programms wird mit "AFTER STOP" und "EVERY STOP" das Event-Trapping wieder ausgeschaltet. Die Gegenstücke zu diesen Befehlen, "AFTER CONT" und "EVERY CONT", die die Unterbrechungsfähigkeit erneut einschalten, gibt es ebenfalls. Sie werden aber im Beispielprogramm nicht verwendet.

3 Programmierkurs mit GFA-Basic

GFA-Basic wartet mit einer ganzen Reihe von Grafikbefehlen auf, um die Fähigkeiten des Atari-Computers für den Programmierer zugänglich zu machen. Der Atari unterscheidet auch nicht - wie einige andere Computer - zwischen Text- und Grafikmodus; er befindet sich vielmehr ständig in einem grafikfähigen Modus, in dem gleichzeitig auch der Text dargestellt wird. Dies erleichtert die simultane Darstellung von Text und Grafik enorm.

3.13.1 Die Grafikmodi und die Farben

Auf dem Atari existieren drei verschiedene Grafikmodi, die sich voneinander durch ihre Auflösung und die Anzahl der darstellbaren Farben unterscheiden. Die Auflösung gibt an, wieviele Bildpunkte (Englisch "pixel") maximal horizontal und vertikal dargestellt werden können. Bei der höchsten Auflösung gibt es beispielsweise 256000 Punkte, 640 in jeder Zeile und 400 in jeder Spalte.
Jeder Punkt des Ausgabebildschirms läßt sich mit zwei Koordinaten x und y gezielt ansprechen. Dabei dürfen x und y Werte zwischen Null und der um Eins verringerten horizontalen bzw. vertikalen Auflösung annehmen. Wie bei der Textausgabe mit PRINT...AT befindet sich der Koordinatenursprung (0,0) in der oberen linken Ecke, d.h., Bildpunkte mit größeren y-Werten liegen weiter unten.

Der Bildschirmspeicher hat unabhängig vom gewählten Grafikmodus eine Größe von 32000 Byte. Da aber bei höherer Auflösung mehr Speicher für die Verwaltung der großen Zahl von Bildpunkten benötigt wird, muß die Farbauswahl eingeschränkt werden.

1. **Niedrige Auflösung:**
    320 (horizontal) mal 200 (vertikal) Bildpunkte
    16 aus 512 Farben gleichzeitig darstellbar

2. **Mittlere Auflösung:**
    640 mal 200 Bildpunkte
    4 aus 512 Farben gleichzeitig darstellbar

3. **Hohe Auflösung**
    640 mal 400 Bildpunkte
    2 mögliche Farben

Die drei Grafikmodi

Der Grafikmodus kann im Desktop unter dem Menü "Extras" mit dem Menüpunkt "Voreinstellung" eingestellt werden. Dabei ist allerding zu beachten, daß der Atari selbsttätig erkennt, ob ein Farb- oder ein Schwarz-Weiß-Monitor angeschlossen ist und dementsprechend die Wahlmöglichkeiten einschränkt: Bei einem normalen Farbmonitor oder Fernseher ist nur die niedrige und mittlere Auflösung möglich, bei einem Monochrommonitor wie der SM 124 nur die hohe.
Der Editor von GFA-Basic arbeitet, unabhängig von der Einstellung, in der höchsten verfügbaren Auflösung. Diese Tatsache hat aber keinen Einfluß auf die Programmausgabe, die sich nach der Voreinstellung richtet.

Nun zu den Farben:
Der Atari erzeugt eine Farbe durch Mischen der drei Grundfarben Rot, Grün und Blau, genau wie ein Farbfernseher. So erhält ein farbiger Bildschirmpunkt durch eine hohe Rot-, eine hohe Blau- und eine niedrige Grün-Intensität beispielsweise die Farbe Violett. Der Atari kontrolliert also direkt die Farbmischung des angeschlossenen Monitors. Da es sich bei einem Computer jedoch um ein digital arbeitendes System handelt, ist die Farbintensität der drei Grundfarben nicht stufenlos steuerbar; jede Farbe kann in 8 verschiedenen Intensitätsstufen dargestellt werden. Dies führt zu 512 unterschiedlichen Farben. (8 verschiedene Rottöne multipliziert mit 8 verschiedenen Grüntönen multipliziert mit 8 verschiedenen Blautönen: 8*8*8=512.)
Diese 512 Farben lassen sich in BASIC allerdings nicht gleichzeitig auf den Bildschirm bringen. Der Programmierer muß je nach Grafikmodus eine Auswahl von 4 bzw. 16 Farben treffen (bei der hohen Auflösung sind nur die Farben Schwarz und Weiß möglich). Diese maximal 16 Farben werden in den sogenannten *Farbregistern* festgehalten; die Farbe jedes Bildschirmpunktes ist einem dieser Register zugeordnet. Mit den Befehlen

```
SETCOLOR Farbregisternummer,r,g,b
SETCOLOR Farbregisternummer,Farbwert
```

können die Rot-Grün-Blau Anteile in einem Farbregister eingestellt werden. Dabei darf für Farbregisternummer eine Zahl zwischen 0 und 15 stehen, für die Parameter r,g und b jeweils eine Zahl zwischen 0 und 7, die die Intensität des entsprechenden Farbanteils angibt (0: minimale Intensität, 7: maximale). Bei der zweiten Variante dieses Befehls stehen die RGB-Anteile codiert in dem einen Parameter Farbwert, und zwar in der Form: 256*Rotanteil + 16*Grünanteil + Blauanteil.
Mit Hilfe des SETCOLOR-Befehls kann sich der Programmierer also genau die Farben zusammenstellen, die er für seine Anwendung benötigt

und ist nicht an eine vorgegebene Farbpalette gebunden. So besteht die
Möglichkeit, sich fünf verschiedene Rottöne zu definieren oder durch die
Wahl benachbarter Farben fließende Übergänge zu gestalten.

Bei Änderung der Rot-Grün-Blau-Intensität in einem Farbregister ändert
sich die Farbe aller Objekte auf dem Bildschirm, deren Farbe diesem
Farbregister zugeordnet ist, die also mit der Farbe aus diesem Farbregister
gezeichnet worden sind. Dies bedeutet, daß die Farbe eines Objekts
keineswegs endgültig ist, sondern jederzeit durch modifizierte Farbinten-
sitäten geändert werden kann, ohne daß unbedingt das Objekt neu
gezeichnet werden müßte.

Um die gewählten Farben für die Zeichenbefehle, die in den folgenden
Abschnitten vorgestellt werden, zugänglich zu machen, benötigen wir
einen Befehl zum Einstellen einer aktuellen Zeichenfarbe:

```
COLOR Farbnummer
```

tut genau dies. Nach diesem Befehl erfolgen alle Grafikausgaben in der
angegebenen Farbe. Dabei ist Farbnummer wieder eine Zahl von 0 bis 15,
die aber leider *nicht* mit der Farbregisternummer übereinstimmt. Der Wert
für Farbnummer ist den Farbregistern aus folgende Weise zugeordnet:

Niedrige Auflösung:

SETCOLOR:	0	1	2	3	4	5	6	7	8	9	10	11	12	13	14	15
COLOR:	0	2	3	6	4	7	5	8	9	10	11	14	12	15	13	1

Mittlere Auflösung:

SETCOLOR:	0	1	2	3
COLOR:	0	2	3	1

Hohe Auflösung:

Die Farbregister sind hier nicht beliebig einstellbar.
Allerdings kann z.B. mit "SETCOLOR 0, gerade Zahl" die gesamte
Ausgabe invertiert werden (d.h., Farbe 0 wird Schwarz und Farbe 1
Weiß). Mit "SETCOLOR 0, ungerade Zahl" wird sie wieder normal.

Die Zuordnung der Farbregister zum Parameter des COLOR-Befehls

Wer sich die Umrechnung mit der Farbregisterzuordnung ersparen will,
kann statt SETCOLOR einen der folgenden Befehle verwenden:

```
VSETCOLOR Farbnummer,r,g,b
VSETCOLOR Farbnummer,Farbwert
```

Die Bedeutung der Parameter r,g,b und Farbwert ist genauso wie bei
SETCOLOR. Farbnummer ist eine Zahl von 0 bis 15, die zwar nicht mit
der Farbregisternummer übereinstimmt, aber dafür mit der in der
COLOR-Anweisung angegebenen Farbe. Wir werden in den folgenden
Programmen der Einfachheit halber nur von VSETCOLOR Gebrauch
machen.

3.13.2 Elementare Zeichenbefehle

In diesem Abschnitt werden anhand des einfachen Zeichenprogramms
ZEICHNE die elementaren Grafikbefehle erklärt. Dieses Programm ist so
ausgelegt, daß es in allen drei Auflösungen lauffähig ist. Dazu wird am
Anfang des Programms mittels der Betriebssystemfunktion XBIOS(4) die
eingestellte Auflösung ermittelt (der Umgang mit diesen Funktionen wird
im nächsten Kapitel genauer erläutert). XBIOS(4) liefert eine 0 zurück,
wenn man sich in der niedrigen Auflösung befindet, eine 1 bei der mittleren und eine 2 bei der hohen.
Jede Grafikausgabe im Programm ist mit Korrekturfaktoren versehen (das
sind die Variablen xk und yk; xk korrigiert die x-Koordinaten und yk die
y-Koordinaten). Zunächst einmal wird von der hohen Auflösung ausgegangen, d.h., xk und yk haben beide den Wert Eins. Stellt sich nun
heraus, daß aber die mittlere Auflösung eingestellt wurde (vertikale Bildschirmauflösung nur noch halb so groß), so wird yk auf 0.5 gesetzt.
Handelt es sich sogar um die niedrige Auflösung, so wird beiden
Korrekturfaktoren 0.5 zugewiesen. Da bei allen Bildschirmausgaben der
richtige Wert für die hohe Auflösung mal dem Korrekturfaktor steht,
erhält man den gewünschten Effekt. So würde beispielsweise eine Linie,
die von den Koordinaten (0,0) bis (640*xk-1,400*yk-1) gezeichnet wurde,
bei allen Auflösung von der oberen linken bis zur unteren rechten Ecke
verlaufen.
Auch bei der Textausgabe muß man aufpassen, da in der niedrigen Auflösung statt 80 nur noch 40 Zeichen in eine Zeile passen. Unter
Umständen muß also auch bei PRINT-Befehlen der momentane Grafikmodus berücksichtigt werden (siehe z.B. Unterprogramm koordinaten von
ZEICHNE).

Bei der Festlegung von xk und yk wird in der Variablen farben% die
maximal darstellbare Farbenanzahl gespeichert. Danach wird mit den

Anweisungen "LET breite%=640*xk" und "LET hoehe%=400*yk" für
spätere Zwecke die horizontale und vertikale Auflösung konkret ausgerechnet. Es sei nochmal darauf hingewiesen: Die x- und y- Koordinaten
fangen bei Null an, d.h., bei 640 Punkten pro Zeile und 400 Spalten wird
der ganz unten rechts liegender Punkt mit den Koordinaten (639,399)
angesprochen.

Die noch unbekannten Befehle im Programm ZEICHNE werden jetzt in
der Reihenfolge ihres Auftretens erklärt:

ZEICHNE ist ein sogenanntes Mal- oder Zeichenprogramm, es dient also
nur dazu, das Zeichnen von Bildern auf dem Bildschirm zu erleichtern.
Dabei fungiert die Maus als eine Art Stift, mit ihr können z.B. Punkte
gesetzt werden. Dazu eignet sich die Form des Mauszeigers, also der Pfeil,
nur wenig, brauchbarer wäre z.B. ein Fadenkreuz. Um die Gestalt des
Mauszeiger zu verändern gibt es den Befehl

```
DEFMOUSE Zahl
```

Je nach dem Wert von Zahl, der zwischen 0 und 7 liegen muß, wird eine
andere Form ausgewählt (0: Pfeil; 1: Doppelklammer; 2: Biene;
3: Zeigende Hand; 4: Offene Hand; 5: Dünnes Fadenkreuz; 6: Fettes
Fadenkreuz; 7: Umrandetes Fadenkreuz). Wir haben für das Programm die
Form 5 gewählt.

In einem Zeichenprogramm muß man auch die Zeichenfarbe wechseln
können. Dazu werden am rechten Bildschirmrand kleine, unterschiedlich
gefärbte Quadrate gemalt, so viele, wie es Farben gibt. Um nun eine
andere Farbe zu wählen, klickt man einfach das entsprechende Quadrat
mit der Maus an. Die gewählte Farbe wird Schwarz umrahmt.
Im Programm wird nach dem DEFMOUSE-Befehl in einer FOR-NEXT-
Schleife die Farbleiste gezeichnet. Die Rot-Grün-Blau Anteile werden
dabei mit RANDOM(8) zufällig bestimmt, nur die Farben 0 und 1 werden
mit Weiß und schwarz fest vorgegeben (nach der Schleife). Der Befehl

```
BOX x1,y1,x2,y2
```

zeichnet in der momentanen (mit COLOR eingestellten) Farbe ein
Rechteck mit der oberen linken Ecke bei x1,y1 und der unteren rechten
bei x2,y2. Mit ihm werden die Umrandungen der "Farbkästchen" gemalt.
Diesen Befehl gibt es in drei weiteren Variationen:

```
PBOX x1,y1,x2,y2              zeichnet ein ausgefülltes Rechteck.
RBOX x1,y1,x2,y2             zeichnet ein Rechteck mit abge-
                             rundeten Ecken.
PRBOX x1,y1,x2,y2            zeichnet ein ausgefülltes Rechteck mit
                             abgerundeten Ecken.
```

Beim Zeichnen von ausgefüllten Figuren (wie z.B. mit dem Befehl PBOX) ist folgendes zu beachten: Es wird nicht mit der momentanen Zeichenfarbe ausgefüllt, sondern mit der durch den Befehl DEFFILL eingestellten. Mit DEFFILL kann auch ein Füllmuster bestimmt werden. Der Befehl hat eine der folgenden Formen:

```
DEFFILL Farbnummer,Musterart,Musternummer
DEFFILL Farbnummer,Muster$
```

Dabei können beliebige Paramter weggelassen werden, in diesem Fall wird einfach der alte Wert beibehalten. So ändert z.B. "DEFFILL Farbnummer" nur die Farbe, aber nicht das Füllmuster. "DEFFILL ,,Musternummer" würde nur die Füllmusternummer ändern.
Der Parameter Farbnummer ist dabei wie üblich eine Zahl zwischen 0 und 15 und entspricht der Farbnummer beim COLOR-Befehl, Musterart ist eine ganze Zahl zwischen 0 und 4 und gibt die Art der Flächenfüllung an (0: Fläche mit Hintergrundfarbe füllen; 1: Fläche ganz ausfüllen; 2: Fläche punktieren; 3: Fläche schraffieren; 4: Fläche mit dem Atari-Symbol ausfüllen). Es existieren eine ganze Reihe vordefinierter Füllmuster, die alle im Anhang des GFA-Basic-Handbuches aufgeführt sind. Der Parameter Musternummer wählt eine von ihnen aus.

Will man eigene Füllmuster erstellen, muß man die zweite der oben angegebenen DEFFILL-Befehlsvariationen benutzen. Im String Muster$ ist dann codiert ein 16 mal 16 Pixel großes Füllmuster in Form von 16 im Wort-Format abgelegten Zahlen gespeichert (Zum Umwandeln von Zahlen in das benötigte Wort-Format kann gut die MKI$-Funktion verwendet werden). Die Bits des ersten Wortes geben an, welche Bildpunkte in der ersten Zeile des Füllmusters zu setzen sind, das zweite Wort gibt dies für die zweite Zeile an usw. (Ein Beispiel für selbstdefinierte Füllmuster steht in Abschnitt 3.14.3.)
Bei der niedrigen und mittleren Auflösung muß in der Füllmusterdefinition für jeden Punkt auch die Farbe angegeben werden. Da die Codierung von 4 Farben 2 Bit ($2^2=4$) und die von 16 Farben 4 Bit erfordert ($2^4=16$), kommen zu Muster$ in der mittleren Auflösung 16 Worte und in der niedrigen 3*16=48 Worte hinzu. Die Bits an der gleichen Position in den zwei bzw. vier 16-Wort-Blöcken ergeben dann die Farbregisternummer (die nicht unbedingt der mit VSETCOLOR eingestellten

Farbnummer gleicht!), wobei das Bit aus dem ersten Block die kleinste Stellenwertigkeit hat.

Ein Beispiel: Will man die Farbe des oberen rechten Punktes des Füllmusters ermitteln, muß man nachschauen, wie das ganz rechte Bit im ersten Wort der Definition gesetzt ist. Nehmen wir mal an, es sei eine 0. Nun sieht man sich das ganz rechte Bit im 17. Wort an; bei der niedrigen Auflösung auch das im 33. und 49. Seien diese weiteren Bits alle 1. Für das Farbregister ergibt sich dann in der mittleren Auflösung die binäre Zahl 10, also 2 dezimal, und in der niedrigen Auflösung die Zahl 1110, also 14 dezimal.

Zurück zum Programm:
Nachdem die Kästchenumrandung gezeichnet und mit "DEFFILL i%-1" eine neue Füllfarbe gewählt wurde, wird durch die Anweisung

```
FILL x,y,Begrenzungsfarbe
```

das Kästchen mit der Füllfarbe ausgefüllt. Der Füllvorgang beginnt an der angegebenen Koordinate und wird durch Bildpunkte mit der Begrenzungsfarbe oder dem Bildschirmrand begrenzt. Wird wie im Programm die Begrenzungsfarbe nicht genannt, so wirkt jede andere Farbe als die des Startpunkts als Begrenzungsfarbe. Da am Programmanfang der Bildschirm gelöscht wurde und die beim FILL-Befehl angegebene Koordinate innerhalb der mit BOX gezeichneten Kästchenumrahmung liegt, wird das Kästchen vollständig ausgefüllt.

Nachdem die Schleife beendet und als weitere Vorbereitung ein großes Rechteck um die spätere Zeichenfläche gezeichnet worden ist, wird das Unterprogramm farbenanzeige angesprungen. Dieses Unterprogramm tut nichts anderes als die Zeichenfarbe auf den übergebenen Wert zu setzen und in der Farbleiste das richtige Kästchen zu markieren.
Dabei kommt es allerdings zu Schwierigkeiten mit dem CLIP-Befehl. Der CLIP-Befehl ist dazu da, grafische Bildschirmausgaben auf einen bestimmten rechteckigen Bildschirmbereich zu begrenzen ("Clipping" kommt aus dem Englischen und bedeutet etwa "abschneiden"). Er wird später benutzt, um sicherzustellen, daß nicht über die Grenzen der Zeichenfläche hinaus gemalt wird. Da aber die Farbleiste außerhalb der Zeichenfläche liegt, muß, bevor dort etwas geändert werden kann, mit "CLIP OFF" das Clipping abgestellt werden. Am Ende von farbenanzeige wird mittels eines erneuten CLIP-Befehls die Grafikausgabe wieder auf die Zeichenfläche begrenzt. Vorher wird aber noch mit zwei BOX-Befehlen die Umrahmung um das Kästchen mit der alten Zeichenfarbe gelöscht und die neue Umrahmung gezeichnet. Außerdem wird sowohl die Zeichen- wie auch die Füllfarbe auf den übergebenen Wert gesetzt.

Der CLIP-Befehl tritt in vielen Variationen auf. Hier die wichtigsten:

`CLIP x1,y1 TO x2,y2`	Begrenzt Grafikausgaben auf das Rechteck mit der oberen linke Koordinate x1,y1 und der unteren rechten x2,y2.
`CLIP OFFSET x,y`	Legt den Ursprung für Grafikausgaben auf den Punkt mit den Koordinaten (x,y). Die Koordinatenangaben in Grafikbefehlen beziehen sich jetzt auf diesen Punkt.
`CLIP OFF`	Schaltet das Clipping aus.

Es sollte noch erwähnt werden, daß das Betriebsystem bei den hier vorgestellten Grafikbefehlen auch ohne Benutzung des CLIP-Befehls automatisch am Bildschirmrand clippt.

Das Programm ZEICHNE unterstützt das Zeichnen einfacher Figuren wie
Linien, Ellipsen und Rechtecke. Das Umschalten zwischen diesen
verschiedenen Möglichkeiten erfolgt durch Tastendruck: So kann man z.B.
nach dem Betätigen der Taste "L" mit der Maus Linien ziehen, indem man
im Anfangspunkt die linke Maustaste drückt, den Mauszeiger zum
Endpunkt bewegt und dort wieder losläßt. Eine andere Taste als "L"
(Linien), "E" (Ellipsen), "K" (Kästchen) oder "F" (Flächen füllen) bringt
einen zum einfachen Punkte zeichnen zurück (Ein Druck auf die rechte
Maustaste beendet das Programm).
Die eigentliche Arbeit des Hauptprogramms besteht also darin, die Tastatur und die Mausbewegungen zu überwachen und entsprechend zu
reagieren. Demzufolge ist die Hauptprogrammstruktur auch eine
REPEAT-UNTIL-Schleife mit eingeschachtelten Fallabfragen.

Am Anfang dieser Schleife wird das Unterprogramm koordinaten aufgerufen, in dem zur Orientierung unten rechts auf dem Bildschirm die
momentanen Mauszeigerkoordinaten ausgegeben werden. Da bei jeder
Ausgabe der Mauszeiger kurzeitig verschwindet, werden die Koordinaten
nur dann gedruckt, wenn sich die Position verändert hat, um ein
unnötiges Flackern zu vermeiden. Der verwendete PRINT-AT-Befehl
zeichnet unabhängig von der horizontalen Bildschirmauflösung immer 14
Spalten links vom rechten Rand, denn der Ausdruck "breite%/8" gibt die
Anzahl der in einer Zeile darstellbaren Zeichen an (Ein Zeichen des
normalen Schrifttyps ist 8 Pixel breit).

Die momentane Mausposition liefern die Funktionen

        MOUSEX   und
        MOUSEY

Der Zustand der Maustasten läßt sich aus dem Rückgabewert der
Funktion

        MOUSEK

entnehmen (0: keine Taste gedrückt; 1: linke Taste; 2: rechte Taste;
3: beide Tasten). Der Aufruf dieser drei Funktionen kann auch in einer
Anweisung zusammengefaßt werden:

        MOUSE x,y,k

Nach ihrer Ausführung steht die Position des Mauszeigers in den
Variablen x und y und der Tastenzustand in der Variablen k.

Nach dem Aufruf von koordinaten erscheint im Programmtext die erste
Fallabfrage. Sie wird nur durchlaufen, wenn der Zeichenmodus gewech-
selt wurde und sie hat die Aufgabe, die neue Wahl unten links auf dem
Bildschirm anzuzeigen.
Im Programm wird dann als nächstes überprüft, ob eine andere Zeichenfarbe angewählt wurde. Wenn ja, wird mit der neuen Farbe das Unterprogramm farbenanzeige angesprungen.
Ist dies geschehen, erfolgt die eigentliche Befehlsausführung, die
wiederum in einer Fallabrage integriert ist. Ist "Flächen füllen" gewählt
und die linke Maustaste gedrückt, braucht nur die FILL-Anweisung mit
der aktuellen Mausposition, die in den Variablen x und y abgelegt ist,
aufgerufen zu werden. Ist "Punkte zeichnen" gewählt und die Maustaste
gedrückt, so wird einfach mit dem Befehl

        PLOT x,y

an der Position (x,y) ein Punkt in der momentanen Zeichenfarbe gemalt.

Etwas komplizierter sind die drei anderen Fälle (Linien, Kästchen oder
Ellipsen zeichnen). Allerdings ähneln sie sich so stark, daß *ein* Unterpro-
gramm für die Erledigung ihrer Ausführung ausreicht.
Es soll möglich sein, die Größe bzw. Lage der entsprechenden Figur
während des Gedrückthaltens der linken Maustaste noch zu verändern, die
Figur also zu *ziehen* (wie bei einem Fenster auf dem Desktop). Erst beim
Loslassen der Taste soll sie endgültig fixiert werden.

Dazu wird im Unterprogramm zuerst untersucht, ob der Anfangspunkt der Linie bzw. die linke obere Ecke des Kästchens bzw. der Mittelpunkt der Ellipse schon gewählt wurde. Wenn nein, hat die Bool'sche Variable zieh! den Wert FALSE. In diesem Fall kann dann nämlich geprüft werden, ob etwa gerade in diesem Moment die Wahl durch Drücken der linken Maustaste vorgenommen wird. Wenn nicht, passiert nichts und das Unterprogramm ist beendet, wenn doch, dann wird zieh! auf TRUE gesetzt, die Anfangsposition (= momentane Mausposition) gemerkt und der Grafikmodus mit dem Befehl GRAPHMODE so geändert, daß ab jetzt die Grafikausgaben nicht mehr den vorherigen Bildschirminhalt überdecken, sondern invertieren. Dies ist notwendig, da die nun folgenden Ausgaben nicht endgültig sind und der derzeitige Bildschirminhalt nicht gelöscht werden soll. Erst, wenn die linke Maustaste wieder losgelassen wird, wird die gezogene Figur dauerhaft gezeichnet. Bei einer invertierenden Grafikausgabe kann eine Figur aber einfach dadurch wieder entfernt werden, indem sie nochmals gezeichnet wird. Dann wird der Hintergrund wieder so, wie er vorher war.

Der Befehl GRAPHMODE hat folgende Form:

```
GRAPHMODE n
```

Der Parameter n ist eine Zahl von 1 bis 4 und gibt an, wie alle nun folgenden Grafikausgaben mit dem alten Bildschirminhalt verknüpft werden sollen (1: alten Inhalt ersetzen; 2: OR-Verknüpfung; 3: alten Inhalt invertieren (XOR); 4: neuen Inhalt invertieren und dann OR-verknüpfen).

Ist zieh! TRUE, dann ist der Anfangspunkt der Figur schon gewählt aber die Figur noch nicht fixiert worden. Die Figur kann also noch "gezogen" werden, um sie in die endgültige Form zu bringen. Jetzt ist also eine Abfrage notwendig, ob die Maustaste immer noch gedrückt gehalten wird. Wenn ja, wird die alte Figur gelöscht (in dem sie nochmals gezeichnet wird) und eine neue mit den veränderten Mauskoordinaten gemalt. Wenn nein, wird der Grafikmodus wieder auf 1 zurückgesetzt, zieh! auf FALSE gesetzt und die Figur endgültig, d.h. überdeckend, gezeichnet.

Zum vollen Verständnis des Programms ZEICHNE fehlen jetzt nur noch zwei Anweisungen:
Der Befehl

```
LINE x1,y1,x2,y2
```

ist völlig gleichbedeutend mit dem (im Programm nicht benutzten) Befehl

```
DRAW x1,y1 TO x2,y2
```

und zeichnet eine Linie von den Koordinaten (x1,y1) zu den Koordinaten (x2,y2). Die Anweisung

```
ELLIPSE x,y,rx,ry,wa,we
```

zeichnet eine Ellipse um den Punkt (x,y) mit dem horizontalen Radius rx und dem vertikalen Radius ry. Optional können noch Anfangs- und Endwinkel wa und we angegeben werden, die es ermöglichen, nur einen Teil der Ellipse zu zeichnen (wa und we laufen von 0 bis 3600, also in ein-Zehntel-Grad-Schritten, 0 Grad liegt bei 3 Uhr, die Durchlaufrichtung ist entgegen dem Uhrzeigersinn).

Der Vollständigkeit halber seien jetzt noch ein paar Befehle und Funktionen erwähnt, die nicht in ZEICHNE benutzt werden, aber zu den elementaren Zeichenanweisungen gehören:

Der Befehl

```
CIRCLE x,y,r,wa,we
```

zeichnet einen Kreis mit dem Radius r um den Punkt (x,y). Die Parameter wa und we haben die gleiche Bedeutung wie bei ELLIPSE. Zudem existieren noch die Befehle PCIRCLE und PELLIPSE, mit denen ausgefüllte Kreis- bzw. Ellipsensegmente erzeugt werden können.

Abschließend bleibt nur die Funktion

```
POINT(x,y)
```

zu nennen, die die Farbe des Bildpunktes (x,y) als Ergebnis zurückgibt.

Codierung zu Programm ZEICHNE:

```
REM ====== Programm ZEICHNE
CLS
PRINT "    Ein einfaches Zeichenprogramm"
'
REM ====== Vereinbarungsteil
' xk,yk:              Korrekturfaktoren für die verschiedenen Auflösungen
' farben%:            maximale Farbenanzahl
' farbe%:             aktuelle Zeichenfarbe
' breite%,hoehe%:     horizontale und vertikale Auflösung
' x%,y%:              aktuelle Position der Maus
' s$:                 aktueller Zeichenmodus
' t$:                 neue Tastatureingabe
' x0%,y0%,x1%,y1%:    Anfangs- und Endpunkte der gezogenen Figuren
' zieh!:              TRUE, wenn Linie, Kästchen oder Ellipse gezogen wird
'
REM ====== Anweisungsteil
LET xk=1                      !Hohe Auflösung 640x400
LET yk=1
LET farben%=2
IF XBIOS(4)=1 THEN            !Mittlere Auflösung 640x200
  LET yk=0.5
  LET farben%=4
ENDIF
IF XBIOS(4)=0 THEN            !Niedrige Auflösung 320x200
  LET xk=0.5
  LET yk=0.5
  LET farben%=16
ENDIF
LET breite%=640*xk
LET hoehe%=400*yk
DEFMOUSE 5                    !Mauszeiger: kleines Kreuz
COLOR 1
FOR i%=1 TO farben%          !Farbkästchen am rechten Rand zeichnen
  VSETCOLOR i%-1,RANDOM(8),RANDOM(8),RANDOM(8)
  DEFFILL i%-1
  BOX breite%-20*xk,i%*20*yk,breite%-4*xk,i%*20*yk+16*yk
  FILL breite%-20*xk+1,i%*20*yk+1
NEXT i%
VSETCOLOR 0,7,7,7            !Farbe 0: Weiß
VSETCOLOR 1,0,0,0           !Farbe 1: Schwarz
BOX 10*xk,18*yk,breite%-24*xk,hoehe%-18*yk   !Zeichenfläche umrahmen
farbenanzeige(1)            !Farbe 1 als Zeichenfarbe wählen
PRINT AT(3,25);"PUNKTE";
'
REPEAT
  koordinaten
  '
  ' == EINGABEVERARBEITUNG ==
  LET t$=INKEY$
  IF t$<>"" AND t$<>s$ THEN
    PRINT AT(3,25);
    LET s$=UPPER$(t$)
    SELECT s$
```

```
      CASE "L"
        PRINT "LINIEN   ";
      CASE "K"
        PRINT "KÄSTCHEN";
      CASE "E"
        PRINT "ELLIPSEN";
      CASE "F"
        PRINT "FÜLLEN   ";
      DEFAULT
        PRINT "PUNKTE   ";
      ENDSELECT
    ENDIF
    '
    ' == FARBENWAHL ==
    IF x%>breite%-24*xk AND MOUSEK=1 AND y%>20*yk AND y%<(farben%+1)*20*yk THEN
      farbenanzeige((y% DIV (20*yk))-1)
    ENDIF
    '
    ' == BEFEHLSAUSFÜHRUNG ==
    SELECT s$
    CASE "L","K","E"              !Linien, Kästchen oder Ellipsen
      lke
    CASE "F"                      !Flächen füllen
      IF MOUSEK=1 THEN
        FILL x%,y%
      ENDIF
    DEFAULT                       !Punkte
      IF MOUSEK=1 THEN
        PLOT x%,y%
      ENDIF
    ENDSELECT
UNTIL MOUSEK=2
EDIT
'
PROCEDURE farbenanzeige(neue_farbe%)
  CLIP OFF
  COLOR 0
  BOX breite%-20*xk-1,(farbe%+1)*20*yk-1,breite%-4*xk+1,(farbe%+1)*20*yk+16*yk+1
  COLOR 1
  LET farbe%=neue_farbe%
  BOX breite%-20*xk-1,(farbe%+1)*20*yk-1,breite%-4*xk+1,(farbe%+1)*20*yk+16*yk+1
  COLOR farbe%
  DEFFILL farbe%
  CLIP 10*xk+1,18*yk+1 TO breite%-24*xk-1,hoehe%-18*yk-1
RETURN
'
PROCEDURE koordinaten
  IF MOUSEX<>x% OR MOUSEY<>y% THEN
    PRINT AT(breite%/8-14,25);"x:";x%'"y:";y%;"   ";
  ENDIF
  LET x%=MOUSEX
  LET y%=MOUSEY
RETURN
'
```

```
PROCEDURE lke
  IF zieh! THEN                 !Figur wurde gezogen
    IF MOUSEK=1 THEN            !Figur wird immer noch gezogen
      IF s$="L" THEN
        LINE x0%,y0%,x1%,y1%
        LINE x0%,y0%,x%,y%
      ELSE IF s$="K"
        BOX x0%,y0%,x1%,y1%
        BOX x0%,y0%,x%,y%
      ELSE
        ELLIPSE x0%,y0%,x1%-x0%,y1%-y0%
        ELLIPSE x0%,y0%,x%-x0%,y%-y0%
      ENDIF
      LET x1%=x%
      LET y1%=y%
    ELSE                        !Figur wird "fixiert"
      GRAPHMODE 1
      IF s$="L" THEN
        LINE x0%,y0%,x1%,y1%
      ELSE IF s$="K"
        BOX x0%,y0%,x1%,y1%
      ELSE
        ELLIPSE x0%,y0%,x1%-x0%,y1%-y0%
      ENDIF
      LET zieh!=FALSE
    ENDIF
  ELSE
    IF MOUSEK=1 THEN            !Neue Figur soll gezeichnet werden
      GRAPHMODE 3
      LET zieh!=TRUE
      LET x0%=x%
      LET y0%=y%
      LET x1%=x%
      LET y1%=y%
    ENDIF
  ENDIF
RETURN
```

Beispielhafter Bildschirminhalt von Programm ZEICHNE:

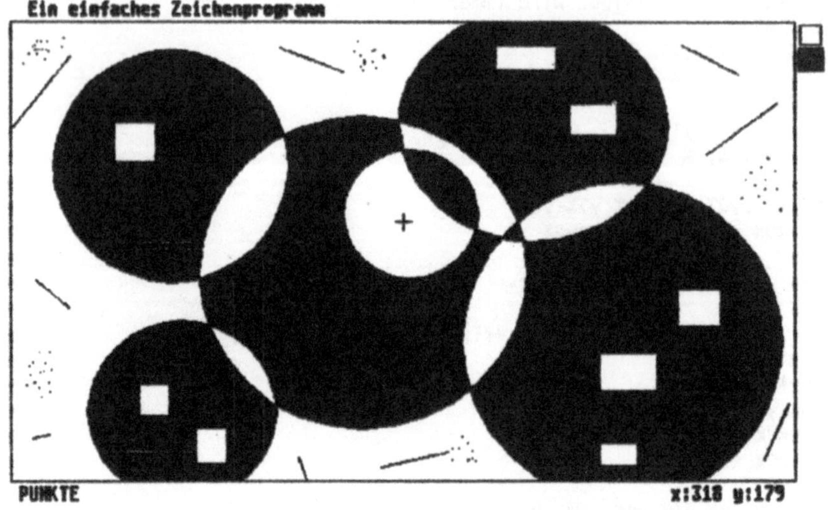

3.13.3 Weitergehende Zeichenbefehle

Den meisten Raum in diesem Abschnitt nimmt das Programm
DIAGRAMM ein, das die zu einer eingegebenen Zahlenfolge gehörenden
Linien, Balken- und Tortendiagramme zeichnet (siehe Ausführungsbeispiel). In DIAGRAMM werden einige noch unbekannte Grafikbefehle
verwendet, die, wie wir sehen werden, sehr nützlich sein können.
DIAGRAMM ist wie die meisten der im Buch angedruckten Programme
für die hohe Auflösungsstufe ausgelegt. Die am Programm ZEICHNE
aufgezeigte Vorgehensweise, um ein Programm unter allen Grafikmodi
uneingeschränkt lauffähig zu machen, wollen wir aus Gründen der Übersichtlichkeit in diesem Fall nicht wieder anwenden. Benutzer von Farb-
bildschirmen müssen also die Koordinatenangaben entsprechend ändern.

Zum Unterprogramm *werte* von DIAGRAMM (Menüwahl 1):

Bevor irgendein Diagramm überhaupt gezeichnet werden kann, muß eine
Folge von Werten eingegeben werden. Dies geschieht in der Prozedur
werte, wo zunächst nach der Anzahl gefragt wird (n%) und dann in einer
Zählerschleife die einzelnen Zahlen und die dazu gehörenden Bezeichnungen (für die Beschriftung der Diagramme) eingelesen und in w() bzw.
b$() gespeichert werden. Die Werte dürfen auch negativ sein, allerdings
kann das Tortendiagramm dann nicht mehr gezeichnet werden.

Da die Darstellung von Linien- und Balkendiagramm stets die gesamte
Bildschirmhöhe ausnutzen soll, ist es erforderlich, den größten positiven
und den kleinsten negativen Wert zu kennen. Diese Werte werden in der
Zählerschleife ermittelt und kommen in die Variabeln max bzw. min.
Dabei werden die Funktionen

```
    MAX(Liste von Ausdrücken)          und
    MIN(Liste von Ausdrücken)
```

verwendet, die den größten bzw. kleinsten der angegebenen Ausdrücke
zurückliefern (die Ausdrücke können auch vom Typ String sein). In
unserem Fall besteht die Liste nur aus zwei Ausdrücken, nämlich aus
zwei numerischen Variablen.

Um das Tortendiagramm darzustellen, benötigt man die Summe aller eingegebenen Werte. Diese Zahl wird in w(0) festgehalten.

Zum Unterprogramm *koordkreuz*:

Dieses Unterprogramm wird vor dem Zeichnen der Linien- und Balken-
diagramme aufgerufen. Es malt ein Koordinatenkreuz auf den Bildschirm
und beschriftet dieses. Dazu wird zunächst die y-Koordinate der x-Achse
berechnet und in der Variablen boden abgelegt (Diese globale Variable
wird nachher auch von anderen Programmteilen benutzt), dann wird mit
LINE-Befehlen das eigentliche Kreuz gezeichnet.
Dabei fällt auf, daß die Variablen in den Zeichenbefehlen nicht vom Typ
Ganzzahl, sondern vom Typ Real sind. Dies ist notwendig, da es bei der
Benutzung von Integervariablen in anderen Programmteilen zu Rechenungenauigkeiten kommen würde. GFA-Basic wandelt vor dem Zeichnen die
angegebenen Variablen automatisch in ganzzahlige Werte um, so daß
Realvariablen mit Kommaanteil ohne weiteres möglich sind.

Die nun folgende Beschriftung der y-Achse ist mathematisch etwas
komplizierter: Mit dem Ausdruck

```
    LET einheit=10^INT(LOG10(max-min))
```

wird die größte Zehnerpotenz berechnet, die kleiner oder gleich ist dem
maximalen Wertunterschied max-min (Ist z.B. max-min=90, käme für
einheit 10 heraus). Die Funktion LOG10 berechnet dabei den Logarithmus
zur Basis 10. (Den Logarithmus zur Basis e erhält man mit LOG.) Die
Variable einheit gibt an, wie groß der Wertunterschied zwischen den
Beschriftungspunkten der y-Achse ist.

Ist diese Berechnung geschehen, kann in einer FOR-NEXT-Schleife die Skala gezeichnet werden. Da die Laufvariable i% der Schleife keine Bildschirmkoordinate ist, sondern ein Wert relativ zum Koordinatensystem des Diagramms, wird vor dem Zeichnen mit der benutzerdefinierten Funktion y(i) die y-Komponente der Bildschirmkoordinate ausgerechnet. Am Beschriftungspunkt wird eine kurze waagerechte Linie gezeichnet und mit der Anweisung TEXT der entsprechende y-Wert gerundet ausgegeben.

Der TEXT-Befehl dient der Ausgabe von Texten an einem *beliebigen* Punkt des Bildschirms (bei PRINT war man ja an die Zeilen und Spalten gebunden). Er hat die folgende Form:

```
TEXT x,y,Länge,Text
```

Die Paramter x und y geben die Position der linken unteren Ecke des auszugebenden Textes an, mit Länge kann die Gesamtlänge der Textausgabe in Pixel eingestellt werden. Dabei wird nicht die Buchstabengröße, sondern nur die Abstände der Zeichen untereinander (wenn Länge als positive Zahl angegeben wird) bzw. die Abstände der Worte (wenn Länge negativ) verändert. Wird Länge nicht angegeben oder ist sie 0, erfolgt eine normale Ausgabe. Text selber ist wie bei der PRINT-Anweisung ein in Anführungsstrichen eingeschlossener Text oder eine Variable (numerisch oder vom Typ String).

Bei der Benutzung des TEXT-Befehls ist es vorteilhaft zu wissen, daß ein Zeichen des normalen Zeichensatzes 8 Pixel breit und 16 (bei der hohenn Auflösung) bzw. 8 Pixel (bei der niedrigen und miitleren Auflösung) hoch ist.

Zum Unterprogramm *linien* (Menüwahl 2):

Zunächst wird der horizontale Abstand der einzelnen Punkte im Diagramm ausgerechnet. Der erste Punkt hat immer die x-Koordinate 50 und der letzte die x-Koordinate 630. Insgesamt bleiben also 630-50=580 Pixel für die Darstellung. Ist n%=1, also wenn nur ein Wert zu zeichnen ist, würde in der Anweisung

```
LET abstand=580/(n%-1)
```

durch Null geteilt werden, ein Fall, der durch eine zusätzliche IF-Anweisung abgefangen werden muß. Bei n%=1 wird abstand auf einen sehr großen Wert, 9999, gesetzt, dann wird die folgende FOR-NEXT-Schleife zum Einzeichnen der Werte nämlich nur einmal durchlaufen.

Vor dieser Schleife wird aber noch mit dem Befehl DEFLINE das Aussehen der mit DRAW gezeichneten Linien verändert (DEFLINE wirkt

sich aber auch auf die anderen Zeichenbefehle aus, die mit Linien arbeiten).
Alle Parameter des Befehls

```
DEFLINE Linienart,Dicke,Anfangspunkt,Endpunkt
```

sind optional. Dabei darf Linienart einen Wert von 0 bis 6 annehmen (0: Linie mit Hintergrundfarbe (Farbnummer 0) zeichnen; 1: durchgezogene Linie; 2: gestrichelte Linie mit kleinen Lücken; 3: gepunktete Linie; 4: strichpunktierte Linie; 5: gestrichelte Linie mit großen Lücken; 6: Linienmuster: Strich-Punkt-Punkt). Der Parameter Dicke gibt die Dicke der Linie in Pixel an (muß ungerade sein), Anfangs- und Endpunkt bestimmen das Aussehen der Anfangs- und Endpunkte der Linie (0: normal (glatt) abschließen; 1: mit Pfeil versehen; 2: abrunden).

In der darauffolgenden Zeile wird der Befehl DEFTEXT benutzt, mit dem man das Aussehen der mit TEXT ausgegebenen Texte verändern kann. Er hat die folgende allgemeine Form:

```
DEFTEXT Farbnummer,Stil,Winkel,Höhe,Fontnummer
```

Farbnummer gibt die Farbe an, Stil die Schriftart (0: normal; 1: fett; 2: hell; 4: kursiv; 8: unterstrichen; 16: umrandet). Durch Addition der den Schriftarten zugeordneten Zahlen können die Schriftarten kombiniert werden. Winkel darf einen von vier Werten annehmen, der die Richtung der Textausgabe auf dem Bildschirm festlegt (0: nach rechts; 900: nach oben; 1800: auf dem Kopf stehend nach links; 2700: nach unten). Mit Höhe läßt sich die Zeichenhöhe der Ausgabe in Pixel einstellen. Schließlich gibt Fontnummmer die Nummer eines anderen Zeichensatzes an, der allerdings zuvor installiert werden muß.

In der FOR-NEXT-Schleife wird jeder Wert in Form eines kleinen ausgefüllten Kreises in das Diagramm eingezeichnet. Außerdem werden am unteren Bildschirmrand die Bezeichnungen um 90 Grad gedreht ausgegeben, damit bei großen n% noch alle unter das Diagramm passen. Zudem wird mit

```
DRAW TO x,y
```

der letzte Punkt mit dem aktuellen an der Position x,y durch eine gestrichelte Linie verbunden. Als Anfangskoordinate wird bei "DRAW TO" immer der letzte mit PLOT, LINE oder DRAW gezeichnete Punkt genommen. Da der erste Punkt keine vorherige Verbindung besitzt, wird vor der Schleife durch einen PLOT-Befehl die Anfangskoordinate des ersten DRAW-TO-Befehls auf den Endpunkt gesetzt.

Zum Unterprogramm *balken* (Menüwahl 3):

Dieses Unterprogramm zeichnet das Balkendiagramm. Wie bei linien wird
zunächst der horizontale Abstand des linken Balkenrandes zum nächsten
berechnet (die Balken grenzen alle direkt aneinander, also gibt dieser Wert
gleichzeitig auch ihre Breite an). Da der letzte Balken aber noch ganz auf
den Bildschirm passen soll, wird die Zahl 580 statt durch n%-1 durch n%
geteilt.

Die einzelnen Balken sollen einen dreidimensionalen Eindruck vermitteln
(siehe Ausführungsbeispiel), also muß neben der Frontfläche auch die
obere Fläche und die Seitenfläche gezeichnet werden (die Flächen werden
alle verschieden dunkle schattiert, um den Eindruck der Räumlichkeit
noch zu verstärken). Die hintere Kante der obere Fläche wird dabei um
10 Pixel höher gezeichnet als die Oberkante des Balkens, die hintere
Kante der rechten Seitenfläche 15 Pixel weiter rechts. Zum Zeichnen
dieser ausgefüllten Flächen wenden wir einen neuen Befehl an:

```
POLYFILL Anzahl,x(),y() OFFSET dx,dy
```

malt und füllt eine Fläche, deren Eckpunkte durch die Arrays x() und y()
gegeben sind. Der erste Punkt hat die Koordinaten (x(0),y(0)), der letzte
die Koordinaten (x(Anzahl-1),y(Anzahl-1)), denn Anzahl gibt an, aus
wievielen Eckpunkten die Figur besteht. Der erste und letzte Punkt
werden automatisch verbunden, so daß immer ein geschlossene Fläche
entsteht. Der optionale Zusatz "OFFSET dx,dy" versetzt die ganze Figur
um den Betrag dx in x-Richtung und dy in y-Richtung.

Der Befehl POLYFILL hat noch zwei nahe Verwandte, an die die
gleichen Parameter übergeben werden müssen:

POLYLINE:	Verbindet in x() und y() stehenden Punkte, ohne die entstehende Fläche auszufüllen (zeichnet also einen Polygonzug).
POLYMARK:	Zeichnet nur die Eckpunkte.

Zum Unterprogramm *torten* (Menüwahl 4):

Das Tortendiagramm soll ebenfalls einen räumlichen Eindruck vermitteln, also wird es nicht kreis-, sondern ellipsenförmig gezeichnet. Außerdem erhält die Ellipse vorne eine 20 Pixel dicke Seitenfläche.

Das Einzeichnen der Tortenstücke fängt beim Winkel Null an (bogenanfang=0), also in der drei Uhr Position. In einer FOR-NEXT-Schleife werden alle Werte durchgegangen und entsprechend ihrem relativen Verhältnis zur Gesamtsumme wird der Endwinkel des Ellipsensegments (bogenende) bestimmt, das dann mit dem bekannten ELLIPSE-Befehl gezeichnet werden kann. Wenn das Tortenstück auf der vorderen Hälfte der Torte liegt (bogenende>1800), so muß noch die seitliche Grenzlinie zwischen den benachbarten Stücken als senkrechter Strich auf der Randfläche gezeichnet werden. Um die Position dieser Linie zu berechnen, bedienen wir uns der Funktionen

```
SIN(Winkel)        und        COS(Winkel) ,
```

die den Sinus bzw. den Kosinus des angegebenen Winkels zurückgeben. Der Winkel ist dabei in Bogenmaß anzugeben (Umrechnung: Bogenmaß = Grad/180*PI). Die Konstante PI ist dem Interpreter als 3.14159... bekannt.

Das eigentlich Aufwendige in diesem Unterprogramm ist die Beschriftung der Tortenstücke, da zwischen dem Text und dem Tortenstück noch eine kurze Verbindungslinie gezeichnet wird.
Die Anfangs- und Endkoordinaten dieser Linie werden berechnet und in den Variablen x1,y1,x2 und y2 festgehalten. Die Linie soll auf die Mitte des Tortenstücks zeigen, also wird mit dem Winkel (bogenanfang+bogenende)/2 gerechnet. Je nachdem, wo der Beschriftungstext steht, muß seine Lage zur Linie variieren. Dieser Tatsache wird mit den nachfolgenden IF-Anweisung Rechnung getragen: Befindet sich der Text auf der unteren Hälfte der Torte, wird er um 16 Pixel nach unten verschoben, so daß er unterhalb der Linie erscheint. Befindet er sich auf der linken Seite, wird er um seine Länge nach links verschoben, so daß er links davon steht.

Am Ende der Schleife wird dann noch mit der Zuweisung "LET bogenanfang=bogenende" der neue Anfangswinkel für das nächste Tortenstück gesetzt.

Codierung zu Programm DIAGRAMM:

```
REM ====== Programm DIAGRAMM
PRINT "Darstellung von Linien-, Balken- und Tortendiagramm"
'
REM ====== Vereinbarungsteil
DEFFN y(w)=boden-w/(max-min)*290     !zur Berechnung der Balken- und Punkthöhe
' e%:          gewählter Menüpunkt
' n%:          Anzahl der darzustellenden Werte
' w():         Werte  (in w(0) steht die Summe)
' b$():        Bezeichnungen
' max:         größter positiver Wert
' min:         kleinster negativer Wert
' boden:       y-Koordinate der x-Achse bei Linien- und Balkendiagramm
' einheit:     Gibt an, in welchen Wertabständen Beschriftung der y-Achse erfolgt
' abstand:     Abstand der Balken bzw. Punkte
' bogenanfang,bogenende: Anfangs- und Endwinkel des aktuellen Tortenstücks
DIM x(3),y(3) !Für den Polyfill-Befehl
'
REM ====== Anweisungsteil
REPEAT
  PRINT
  PRINT "0   Programmende"
  PRINT "1   Neue Werte eingeben"
  PRINT "2   Liniendiagramm"
  PRINT "3   Balkendiagramm"
  PRINT "4   Tortendiagramm"
  INPUT "Auswahl 0-4: ",e%
  CLS
  IF e%=1 OR n%<>0 THEN
    ON e% GOSUB werte,linien,balken,torten
  ENDIF
UNTIL e%=0
EDIT
'
PROCEDURE werte
  LOCAL i%
  ERASE b$(),w()                   !vorherige Dimensionierung löschen
  PRINT
  INPUT "Anzahl der Werte: ",n%
  DIM b$(n%),w(n%)
  LET max=0
  LET min=0
  LET w(0)=0
  FOR i%=1 TO n%
    PRINT i%;". Bezeichnung, ";i%;". Wert: ";
    INPUT "",b$(i%),w(i%)
    LET max=MAX(max,w(i%))
    LET min=MIN(min,w(i%))
    LET w(0)=w(0)+w(i%)            !Gesamtsumme
  NEXT i%
  CLS
RETURN
'
```

```
PROCEDURE koordkreuz                 !Koordinatenkreuz zeichnen und beschriften
  LOCAL i
  LET boden=max/(max-min)*290+10
  LINE 40,10,40,300                  !y-Achse
  LINE 40,boden,630,boden            !x-Achse
  LET einheit=10^INT(LOG10(max-min))
  FOR i=min-min MOD einheit TO max-max MOD einheit STEP einheit
    LINE 38,FN y(i),40,FN y(i)
    TEXT 0,FN y(i)+5,0,ROUND(i,5)
  NEXT i
RETURN
'
PROCEDURE linien
  LOCAL i%,x,y,abstand
  IF n%>1 THEN
    LET abstand=580/(n%-1)
  ELSE
    LET abstand=9999
  ENDIF
  koordkreuz
  DEFFILL ,1                         !Füllmodus: vollständig ausfüllen
  DEFLINE 2                          !geschrichelte Linie
  DEFTEXT ,0,900                     !Textmodus: von unten nach oben schreiben
  LET i%=1
  PLOT 50,FN y(w(1))
  FOR x=50 TO 630 STEP abstand       !Werte durchgehen ...
    LET y=FN y(w(i%))
    DRAW  TO x,y                     !und bei jedem Verbindungslinie zum letzten
    PCIRCLE x,y,3                    !und einen kleinen Kreis zeichnen
    TEXT x+5,390,0,LEFT$(b$(i%),10)
    INC i%
  NEXT x
  DEFLINE 1                          !Linien
  DEFTEXT ,0,0                       !und Texte wieder normal
  VOID INP(2)
  CLS
RETURN
'
PROCEDURE balken
  LOCAL i%,x,y,abstand,h%
  LET abstand=580/n%
  koordkreuz
  DEFTEXT ,0,900
  LET i%=1
  FOR x=50 TO 630-abstand STEP abstand
    LET y=FN y(w(i%))
    LET h=MIN(y,boden)               !obere Kante des Balkens
    DEFFILL ,2,2                     !Füllfarbe: hell punktiert
    PBOX x,y,x+abstand,boden         !vordere Seite des Balkens zeichnen
    DEFFILL ,2,4                     !Füllfarbe: dunkler punktiert
    LET x(0)=x+abstand
    LET y(0)=y
    LET x(1)=x+abstand+15
    LET y(1)=y-10
```

```
      LET x(2)=x+abstand+15
      LET y(2)=boden-10
      LET x(3)=x+abstand
      LET y(3)=boden
      POLYFILL 4,x(),y()              !rechte Seite des Balkens zeichnen
      DEFFILL ,0                      !Füllfarbe: Weiß
      LET x(0)=x
      LET y(0)=h
      LET x(1)=x+15
      LET y(1)=h-10
      LET x(2)=x+abstand+15
      LET y(2)=h-10
      LET x(3)=x+abstand
      LET y(3)=h
      POLYFILL 4,x(),y()              !obere Fläche des Balkens zeichnen
      TEXT x+abstand DIV 2+5,390,0,LEFT$(b$(i%),10)
      INC i%
   NEXT x
   DEFTEXT ,0,0
   VOID INP(2)
   CLS
RETURN
'
PROCEDURE torten
   LOCAL i%,x1,y1,x2,y2,bogenanfang,bogenende
   IF min<0 THEN
     PRINT "Negative Werte vorhanden. Keine Ausgabe möglich!"
   ELSE
     ELLIPSE 320,220,200,100,1800,3600 !untere Kante der Torte
     DRAW 120,200 TO 120,220          !linke
     DRAW 520,200 TO 520,220          !und rechte Begrenzung
     LET bogenanfang=0
     FOR i%=1 TO n%
       LET bogenende=bogenanfang+3600*w(i%)/w(0)
       DEFFILL ,2,i% MOD 24+1         !alle punktierten Füllmuster durchgehen
       PELLIPSE 320,200,200,100,bogenanfang,bogenende !Tortenstück
       IF bogenende>1800 THEN         !Tortenstück liegt auf der vorderen Hälfte:
         LET x1=320+200*COS(bogenende/1800*PI)  !seitliche Verbindungskante
         LET y1=200-100*SIN(bogenende/1800*PI)  !zum nächsten Tortenstück
         DRAW x1,y1 TO x1,y1+20       !ist sichtbar und muß gezeichnet werden
       ENDIF
       LET x1=320+200*1.22*COS((bogenanfang+bogenende)/3600*PI)
       LET y1=200-100*1.22*SIN((bogenanfang+bogenende)/3600*PI)
       LET x2=320+200*1.05*COS((bogenanfang+bogenende)/3600*PI)
       LET y2=200-100*1.05*SIN((bogenanfang+bogenende)/3600*PI)
       DRAW x1,y1 TO x2,y2            !Beschriftungspfeile
       IF x1<320 THEN                 !Beschriftung linke Hälfte
         LET x1=x1-8*LEN(b$(i%))      !(ein Zeichen ist 8 Pixel breit)
       ENDIF
       IF y2<y1 THEN                  !Beschriftung untere Hälfte
         LET y1=y1+16
       ENDIF
       TEXT x1,y1,b$(i%)
       LET bogenanfang=bogenende      !neuer Anfangswinkel
     NEXT i%
```

```
   VOID INP(2)
    CLS
  ENDIF
RETURN
```

Ausführung zu Programm DIAGRAMM:

Liniendiagramm:

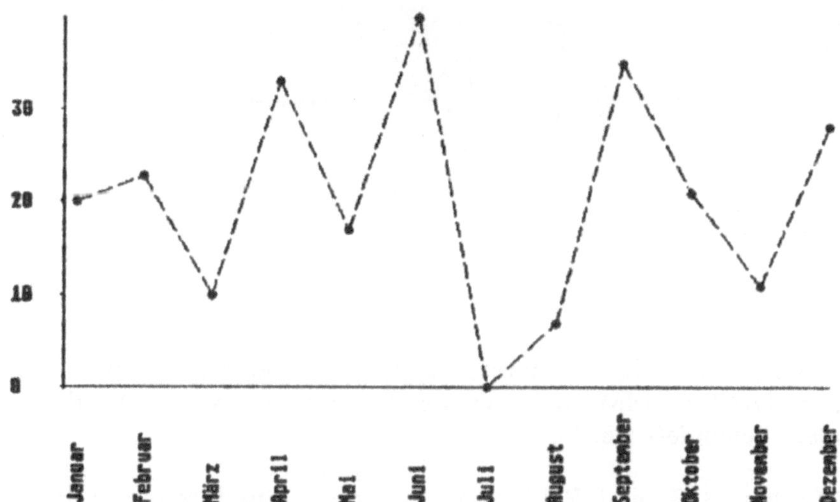

Balkendiagramm (mit anderen, teils negativen Werten):

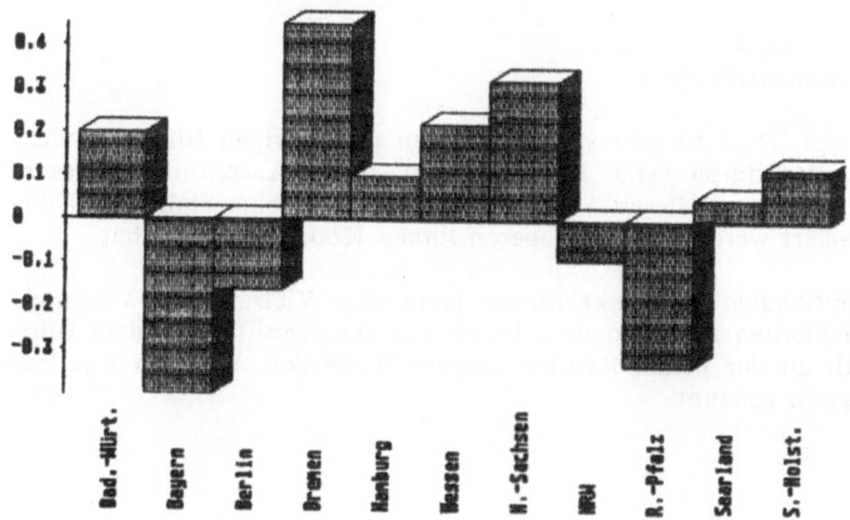

Tortendiagramm:

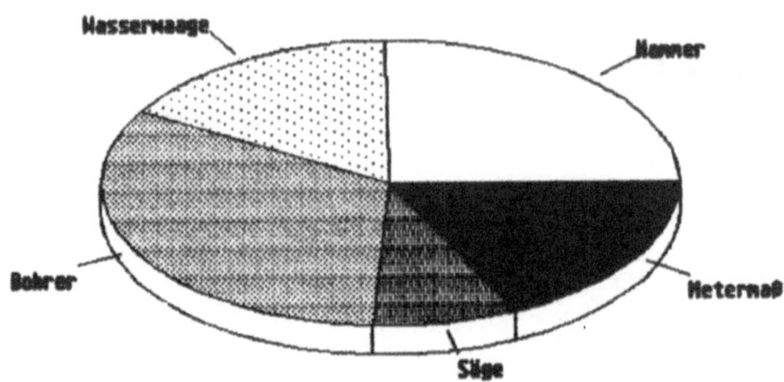

Es existieren noch einige recht interessante Grafikbefehle auf dem Atari,
die Programm DIAGRAMM nicht verwendet hat. Sie sollen an dieser
Stelle gesondert behandelt werden.

Mit den Befehlen GET und PUT können bequem (und schnell!) Bild-
schirmausschnitte verschoben werden. Dabei ist allerdings zu beachten,
daß GET und PUT kein eingestelltes Clipping berücksichtigen. Diese
beiden Befehle haben die folgende Form:

```
GET x1,y1,x2,y2,Ausschnitt$
PUT x,y,Ausschnitt$,Modus
```

Die Parameter x1,y1,x2 und y2 geben einen rechteckigen Bildschirmausschnitt an, der durch GET in die Stringvariable Ausschnitt$ gebracht
wird. Mit PUT kann dieser Ausschnitt an eine beliebige Stelle des Bildschirms plaziert werden, der die oberen linken Koordinaten x,y hat.

Mit dem optionalen Parameter Modus kann eine Vielzahl von Verknüp-
fungsmöglichkeiten zwischen dem Inhalt von Ausschnitt$ und dem Bild-
schirminhalt an der neuen Position eingestellt werden. Es seien hier nur
die wichtigsten genannt:

Modus	Effekt
3	Der Ausschnitt kommt unverändert auf den Hintergrund.
4	Alle Hintergrundpunkte werden gelöscht, die im Ausschnitt gesetzt sind.
6	Gesetzte Punkte im Ausschnitt wirken invertierend auf den Hintergrund.
7	Ausschnitt und Hintergrund werden gemischt.

Die wichtigsten Verknüpfungsmodi beim PUT-Befehl

Das Programm SCHWEIF demonstriert die Verwendung der GET- und PUT-Befehle. SCHWEIF fragt nach dem Namen seines Benutzers und druckt ihn in der Bildschirmmitte. Mit der Maus läßt sich der Name über den Bildschirm bewegen, wobei er einen Schweif hinter sich her zieht, der aus den zuletzt gezeichneten Namen besteht. Diesen Effekt erreicht man dadurch, daß man die Positionen der auf dem Bildschirm stehenden Schriftzüge in einem Array zwischenspeichert und bei jedem erneuten Zeichnen den "ältesten" Eintrag sowohl auf dem Bildschirm als auch im Array löscht.

Dieses Prinzip wurde im Programm durch die Variable $i\%$ realisiert, die den Index der Position des letzten Namens im Schweif festhält. Bei jedem Schleifendurchgang wird der Eintrag an der Position $i\%$ gelöscht und der neue Eintrag, der aus den aktuellen Mauszeigerkoordinaten besteht, dort gespeichert. Dann wird $i\%$ um Eins erhöht, wobei durch die Modulo-Operation sichergestellt wird, daß $i\%$ im Zahlenbereich von 0 bis 9 bleibt.

Im Programmcode tauchen drei neue Mausbefehle auf:

```
HIDEM
```

macht den Mauszeiger unsichtbar,

```
SHOWM
```

bringt ihn wieder zurück. Mit

```
SETMOUSE x,y,k
```

kann die Maus an die Position x,y gebracht werden und die in k codierten Maustastendrücke simuliert werden (0: keine Taste gedrückt; 1: linke Taste; 2: rechte Taste; 3:beide Tasten). Der Parameter k ist optional.

Codierung zu Programm SCHWEIF:

```
REM ====== Programm SCHWEIF
PRINT "Demonstration der GET- und PUT-Befehle"
'
REM ====== Vereinbarungsteil
' n$:            Name
' i%:            Index-Position des letzten Namens des Schweifs
DIM x%(9),y%(9)  !Koordinaten der letzten 10 gezeichneten Namen
'
REM ====== Anweisungsteil
PRINT
INPUT "Bitte Vorname eingeben: ",n$
CLS
HIDEM                             !Mauszeiger ausschalten
TEXT 320,216,n$                   !Namen in der Mitte des Bildschirms ausdrucken
SETMOUSE 320,200                  !und (unsichtbaren) Mauszeiger dorthin bewegen
GET 320,200,320+8*LEN(n$),216,a$ !zu bewegender Ausschnitt nach a$ bringen
LET i%=0
REPEAT
  LET x%=MOUSEX
  LET y%=MOUSEY
  PUT x%(i%),y%(i%),a$,4          !letzte Komponente des Schweifs löschen
  LET x%(i%)=x%
  LET y%(i%)=y%
  LET i%=(i%+1) MOD 10
  PUT x%,y%,a$,7                  !neue Komponente zeichnen
  PAUSE 2
UNTIL MOUSEK=2
SHOWM                             !Mauszeiger wieder anschalten
END
```

Ausführung zu Programm SCHWEIF:

```
        Atari Atari
   Atari         Atari
  Atari             Atari

                   Atari

                   Atari
                   Atari
```

Will man den gesamten Bildschirmspeicher schnell zwischenspeichern, so kann man sich der Befehle

```
SGET Bildschirm$          und
SPUT Bildschirm$
```

bedienen. SGET liest den gesamten Bildschirminhalt in die Stringvariable Bildschirm$ ein, SPUT schreibt den Inhalt von Bildschirm$ zurück in den Bildschirmspeicher.

Als letztes wollen wir uns der Turtle-Grafik zuwenden. Zu den Turtle-Grafik-Befehlen werden solche Befehle gerechnet, die einen imaginären Zeichnenstift, den man sich auch als Schildkröte vorstellen kann, die eine Spur hinterläßt (daher der Name), bewegen.
In GFA-Basic wird dieser Stift mittels eines einzigen Befehls gesteuert:

```
DRAW Steueranweisungen
```

Dabei ist Steueranweisungen eine Folge von Befehlen, die als String angegeben werden, sich auf die Bewegung des Stiftes beziehen und oft noch Parameter in Form von durch Kommata abgetrennten numerischen Ausdrücken benötigen. Falls die Parameter Konstanten sind, können sich auch als String angegeben werden.

Folgende Steuerbefehle gibt es:

PD	Senke den Zeichenstift.
PU	Hebe den Zeichenstift.
CO c	Nimm einen Zeichenstift der Farbe c.
FD n	Bewege den Stift n Bildpunkte nach vorne.
BK n	Bewege den Stift n Bildpunkte zurück.
LT w	Drehe um den Winkel w nach links (w in Grad).
RT w	Drehe um den Winkel w nach rechts.
SX s	Skaliere die Bewegung in x-Richtung um den Faktor s.
SY s	Skaliere die Bewegung in y-Richtung um den Faktor s. Die Skalierung durch SX und SY wirkt sich nur auf FD und BK aus.
MA x,y	Bewege den Stift an die Position x,y.
DA x,y	Bewege den Stift gesenkt an die Position x,y (d.h, zeichne eine Linie zum Punkt x,y).
MR x,y	Bewege den Stift x Bildpunkte in x-Richtung und y Bildpunkte in y-Richtung.
DR x,y	Wie MR, nur mit gesenktem Stift.
TT w	Drehe auf den Winkel w (0 Grad ist bei 12 Uhr, Drehsinn ist der Uhrzeigersinn).

Die Steuerbefehle für den DRAW-Befehl im Überblick

Um den Stift zum Punkt x,y zu bewegen und ihn auf die Winkelposition w zu drehen, kann zur Abkürzung auch der Befehl

```
SETDRAW x,y,w
```

verwendet werden. Außerdem gibt es noch die DRAW-Funktion, um den momentanen Zustand des Zeichenstiftes zu ermitteln.

```
DRAW(i)
```

liefert für i=0 die x-Position, für i=1 die y-Position, für i=2 den momentanen Winkel, für i=3 die x-Skalierung, für i=4 die y-Skalierung und für i=6 einen Wahrheitswert, der angibt, ob der Stift gehoben oder gesenkt ist (TRUE: Stift unten, FALSE: Stift oben).

Im Programm TURTLE wird der DRAW-Befehl angewandt, um den sogenannten "Baum des Pythagoras" zu zeichnen (s. Ausführung). Dieser

Baum entsteht dadurch, daß man in einem rechtwinkligem Dreieck die Seitenquadrate einzeichnet und jedes Kathetenquadrat wieder als Hypothenusenquadrat eines neuen, kleineren Dreiecks auffaßt usw. Dieses Problem läßt sich mit der Turtle-Grafik sehr schön rekursiv lösen.

Im Programm werden zunächst die Winkel des Dreiecks festgelegt. Die Variable w1 kann einen beliebigen Wert zwischen 0 und 90 Grad annehmen, in der Programmcodierung ist er gerade so groß gewählt, daß sich die Seitenvergältnisse 3:4:5 ergeben. Dann wird mit Hilfe der Kosinus-Funktion die Faktoren ausgerechnet, um den die linke (s1) bzw. rechte (s2) Kathete kleiner ist als die Grundseite.
Nachdem der Zeichenstift in eine günstige Ausgangslage gebracht worden ist, erfolgt der Aufruf des Unterprogramms quadrat mit einer Anfangsseitenlänge von 80 Bildpunkten. Die Prozedur quadrat zeichnet ein Quadrat der angegebenen Kantenlänge an der momentanen Stiftposition und ruft sich dann rekursiv selbst noch zwei Mal auf, um die Kathetenquadrate zu zeichnen. Vor diesen Aufrufen muß jedoch der Zeichenstift in die richtige Position gebracht werden. Anschließend wird er wieder an die Ausgangslage zurückbewegt, da sonst die Rekursion nicht korrekt funktioniert.
Die Rekursion bricht ab, wenn die Kantenlänge kleiner oder gleich Zwei ist. Probieren Sie aber ruhig mal andere Werte aus !

Codierung zu Programm TURTLE:

```
REM ====== Programm TURTLE
PRINT "Programm zum Zeichnen des Baumes des Pythagoras mit Turtle-Grafik"
'
REM ====== Vereinbarungsteil
' w1:  linker unterer Winkel des Dreiecks
' w2:  rechter unterer Winkel des Dreiecks
' s1:  Skalierung der linke Kathete
' s2:  Skalierung der rechten Kathete
' kl:  momentane Kantenlänge
'
REM ====== Anweisungsteil
LET w1=53.13010236
LET w2=90-w1
LET s1=COS(w1*PI/180)
LET s2=COS(w2*PI/180)
SETDRAW 250,380,0                        !Anfangspunkt
quadrat(80)                              !Anfangskantenlänge: 80 Pixel
VOID INP(2)
END
'
```

```
PROCEDURE quadrat(kl)
  IF kl>2 THEN
    DRAW "PD FD",kl,"RT 90 fd",kl,"RT 90 fd",kl,"RT 90 FD",kl !Quadrat zeichnen
    DRAW "PU RT 90 FD",kl,"LT",w1
    quadrat(kl*s1)                          !linkes Kathetenquadrat zeichnen
    DRAW "RT 90 FD",kl*s1
    quadrat(kl*s2)                          !rechtes Kathetenquadrat zeichnen
    DRAW "BK",kl*s1,"LT",90-w1,"BK",kl      !zurück zur Ausgangsposition
  ENDIF
RETURN
```

Ausführung zu Programm TURTLE:

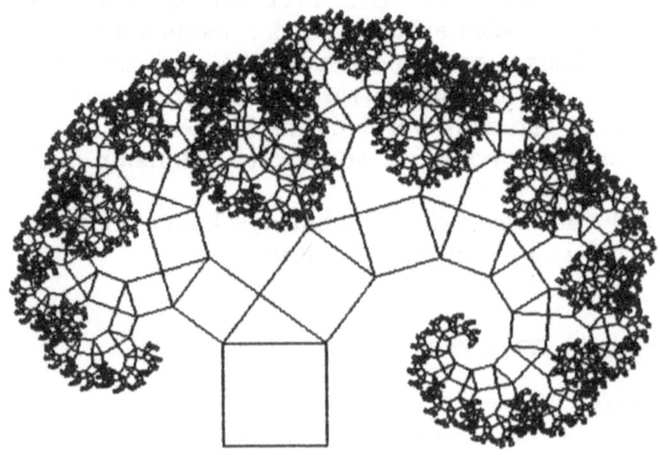

3.14 Maschinennahe Programmierung und Tonerzeugung

Wir haben bisher den Grund-Wortschatz von GFA-Basic kennengelernt
und können damit eigentlich jedes Programmierproblem lösen. Es gibt jedoch noch zusätzliche Befehle und Tricks, die helfen, einige Dinge etwas
eleganter und auch schneller zu programmieren.
Um diese neuen Befehle verstehen zu können, ist etwas Hintergrund-
wissen erforderlich, was z.B. die Organisation von Variablen oder den
Speicheraufbau betrifft.

3.14.1 Variablenorganisation

3.14.1.1 Der direkte Speicherzugriff

GFA-Basic unterstützt Byte-, Word-, Integer-, Real-, Boolean- und
Stringvariablen sowie ein- oder mehrdimensionale Felder aller Variablentypen. Die Inhalte der Variablen werden in einem bestimmten
Speicherbereich abgelegt und die Adresse, bei der der Wert nachher zu
finden ist, wird mit dem Namen der Variablen verbunden. So ist es dem
Interpreter möglich, zu jeder Variablen, die benutzt wird, den
zugehörigen Wert sofort bereitzuhalten. Die Zuordnung einer
Speicheradresse zu einer Variablen kann über die Funktion VARPTR
abgefragt werden :

```
LET adresse% = VARPTR(a%)
PRINT adresse%
```

Mit Hilfe der Funktion VARPTR gibt dieses Beispiel die Adresse aus, an
der der Wert der Variablen a% abgelegt ist. Eine Adresse bezeichnet einen
bestimmten Platz im Hauptspeicher und hat immer eine Länge von vier
Bytes. Sie kann damit einfach in Integer-Variablen gespeichert werden,
hier wurde adresse% für diesen Zweck benutzt. Man sollte die Namen für
Variablen, die Adressen enthalten, sprechend wählen, damit keine Ver-
wechslungen auftreten. Die Funktion VARPTR kann auch mit V: abgekürzt werden.

Da a% eine Variable vom Typ Integer ist, belegt sie vier Bytes im Speicher und VARPTR(a%) liefert genau die Adresse, an der das erste Byte
abgelegt ist. Wollen wir den Wert der Variablen a% aus dem Speicher
auslesen, so benutzen wir die Funktion PEEK. Sie gibt zu einer angegebenen Adresse den Wert zurück, der dort gespeichert ist, und zwar genau
ein Byte. Um alle vier Bytes auszulesen, müssen wir eine Zählerschleife
laufen lassen:

```
    FOR adr%=adresse% TO adresse%+3
       PRINT PEEK(adr%)
    NEXT adr%
```

Diese Schleife gibt alle vier Bytes, die den Wert von a% darstellen, aus.
Aus den vier Werten läßt sich nun der Wert von a% errechnen. Um uns
diese Rechnung zu ersparen stellt Basic eine Funktion zur Verfügung, die
den Wert direkt ausrechnet, nämlich LPEEK.

```
    PRINT LPEEK(adresse%)
```

Diese Funktion liest die vier Bytes der Integer-Variablen und errechnet
den Wert, den sie darstellen. Für das Auslesen von zwei Bytes, also einem
Wort, wird die Funktion DPEEK verwendet.
Um nun auch Werte direkt in den Hauptspeicher **schreiben** zu können,
gibt es die Befehle POKE, DPOKE und LPOKE, die an einer angegebenen Adresse einen Wert ablegen. Dabei schreibt POKE nur ein Byte,
DPOKE zwei und LPOKE vier Bytes.

```
    LPOKE adresse%,17000
```

Diese Zeile schreibt den Wert 17000 umgewandelt in vier Bytes in den
Speicherbereich, an dem der Wert von a% gespeichert ist (siehe Beispiel
oben). Also haben wir den Wert der Variablen a% geändert, ohne sie
direkt beim Namen genannt zu haben. Außer PEEK und POKE existieren
noch weitere Befehle und Funktionen zum direkten Speicherzugriff, die
Werte in verschiedenen Formaten verarbeiten. Der folgende Befehl
bewirkt genau dasselbe wie der oben aufgeführte LPOKE-Befehl:

```
    LONG{adresse%}=17000
```

Der Befehl LONG schreibt einen Wert im 4 Byte Integer-Format in den
Speicher. Die Adresse muß in geschweiften Klammern angegeben werden.
Es gibt nun für die verschiedenen Datenformate unterschiedliche Funk-
tionen, mit denen man aber prinzipiell genauso umgehen kann wie mit
LONG. Im folgenden Beispiel wird LONG nicht als Befehl, sondern als
Funktion benutzt:

```
    PRINT LONG{adresse%}
```

Dieses Beispiel entspricht dem der LPEEK-Funktion von oben. Wie nützlich es sein kann zu wissen, wo die Variablen im Speicher abgelegt sind,
werden wir im Verlaufe dieses Kapitels noch sehen. Hier noch eine
Übersicht über alle Befehle und Funktionen zum direkten Speicherzugriff:

Ein Byte:
```
    POKE adr,wert                    wert=PEEK(adr)
    SPOKE adr,wert                   wert=BYTE(adr)
    BYTE(adr)=wert
```

Zwei Byte Integer ohne Vorzeichen:
```
    DPOKE adr,wert                   wert=DPEEK(adr)
    SDPOKE adr,wert                  wert=CARD(adr)
    CARD(adr)=wert
```

Zwei Byte Integer mit Vorzeichen:
```
    INT(adr)=wert                    wert=INT(adr)
```

Vier Byte Integer:
```
    LPOKE adr,wert                   wert=LPEEK(adr)
    SLPOKE adr,wert                  wert=LONG(adr)
    LONG(adr)=wert                   wert={adr}
    {adr}=wert
```

Acht Byte Fließkommazahl im GFA-Basic 3.0 Format:
```
    FLOAT(adr)=wert                  wert=FLOAT(adr)
```

Vier Byte Fließkommazahl im IEEE Single Format:
```
    SINGLE(adr)=wert                 wert=SINGLE(adr)
```

Acht Byte Fließkommazahl im IEEE Double Format:
```
    DOUBLE(adr)=wert                 wert=DOUBLE(adr)
```

String, der mit einem Null-Byte endet:
```
    CHAR(adr)=string                 string=CHAR(adr)
```

Befehle und Funktionen zum direkten Speicherzugriff.

Bestimmte Speicherbereiche sind vor dem Beschreiben durch einen
POKE-Befehl geschützt, man kann diese Bereiche nur mit SPOKE,
SDPOKE und SLPOKE beschreiben (Supervisormodus des Prozessors).
Sonst funktionieren diese Befehle genau wie die bereits beschriebenen
POKE-Befehle.

3.14.1.2 Strings und Arrays im Speicher

Bei Strings und Arrays ist die Organisation etwas komplizierter als bei
einfachen Datentypen. Da sie unterschiedlich lang sein können, werden
zusätzliche Informationen wie Länge (bei Strings) oder Dimension (bei

Arrays) benötigt. Darum wird für String- und Array-Variablen jeweils ein *Descriptor-Block* angelegt, der diese Informationen enthält. Er ist sechs Bytes lang und folgendermaßen aufgebaut:

Der Descriptor einer Stringvariablen enthält in den ersten vier Bytes die Adresse, an der der eigentliche String gespeichert ist. Die restlichen zwei Bytes enthalten die Länge des Strings. Der Descriptor kann also getrennt von den Stringdaten im Speicher liegen.

Bei einem Array enthalten die ersten vier Bytes die Adresse der Daten, die beiden letzten Bytes geben an, wieviele Dimensionen das Array hat. Zusätzlich sind im Datenbereich dann noch Informationen über die Anzahl der Elemente in jeder Dimension abgelegt.

Descriptorblock des Strings:

4 Bytes	Adresse des Datenblocks
2 Bytes	Länge des Strings

Datenblock:

n Bytes	String mit Länge n.
4 Bytes	Backtrailer (Adresse des Desciptorblocks)

Organisation von Stringvariablen

Descriptorblock des Arrays:

4 Bytes	Adresse des Datenblocks
2 Bytes	Anzahl der Dimensionen (1–65535)

Datenblock:

2 Bytes	Anzahl Elemente in der 1. Dimension
...	...
2 Bytes	Anzahl Elemente in der letzten Dim.

Daten pro Element:

1 Bit	Bool'sche-Variablen
1 Byte	Byte-Variablen
2 Bytes	Word-Variablen
4 Bytes	Integer-Variablen
8 Bytes	Real-Variablen
6 Bytes	String-Variablen (Descriptor)

Elemente spaltenweise gespeichert (der erste Index läuft zuerst).

Organisation von Arrays

Für einfache Variablen hatten wir die Funktion VARPTR kennengelernt.
Bei Strings liefert sie die Adresse des Datenblocks. Bei Arrays ist es erforderlich, die Indizes des Elementes, dessen Adresse man erfahren
möchte, mit anzugeben.
Die Adresse des Descriptorblocks kann man über die Funktion ARRPTR
erfahren. Sie funktioniert nur für Strings und Arrays, da nur diese Datentypen einen Descriptor besitzen.

```
PRINT VARPTR(a$)
PRINT LPEEK(ARRPTR(a$))
```

Die beiden Befehlszeilen geben die gleiche Adresse aus, die erste direkt
über VARPTR und die zweite durch Auslesen der ersten vier Bytes des
Descriptorblocks.

```
PRINT VARPTR(x%(0,0))
PRINT LPEEK(ARRPTR(x%()))
```

Auch hier wird in beiden Fällen die gleiche Adresse ausgegeben. An diesem Beispiel sieht man auch, daß bei der Funktion ARRPTR im Gegensatz zur Funktion VARPTR kein spezielles Element angegeben wird, der
Descriptorblock gilt ja für das ganze Array.

Das Programm ARRAYDC zeigt noch einmal, wie ein Array im Speicher
liegt. Es gibt den Descriptor- sowie den Datenblock des Arrays mit den
zugehörigen Adressen aus. Gleichzeitig wird in diesem Programm die
Funktion ARRPTR verwendet, um die Adressen im Speicher zu erfahren.

Codierung des Programms ARRAYDC:

```
REM ====== Programm ARRAYDC
PRINT "Descriptor-Block eines Integer-Arrays:"
'
REM ====== Vereinbarungsteil
DIM a%(1,2)                              ! Integer-Array
' desc_adresse%,array_adresse%           Adressen im Hauptspeicher.
' dim%                                   Anzahl Dimensionen
' d%(dim%)                               Anzahl Elemente pro Dimension
' i%                                     Laufvariable
'
REM ====== Anweisungsteil
'
FOR j%=0 TO 1
  FOR i%=0 TO 2
    LET a%(j%,i%)=RANDOM(100)            ! Array mit Zufallswerten vorbelegen.
  NEXT i%
NEXT j%
'
```

```
LET desc_adresse%=ARRPTR(a%())              ! Adresse des String-Descriptors
LET array_adresse%=LPEEK(desc_adresse%)     ! Adresse der Arraydaten
LET dim%=DPEEK(desc_adresse%+4)             ! Anzahl Dimensionen
DIM d%(dim%)                                ! Array für Anzahl der Werte pro
'                                           ! Dimension
PRINT
PRINT "Adresse des Descriptor Blocks          : ";desc_adresse%
PRINT
PRINT "Speicherstelle","Inhalt"
PRINT "--------------",STRING$(41,"-")
PRINT desc_adresse%;"-";desc_adresse%+3,
PRINT "Zeiger auf Array-Daten = 4 Bytes : ";array_adresse%
PRINT desc_adresse%+4;"-";desc_adresse%+5,
PRINT "Anzahl der Dimensionen = 2 Bytes : ";dim%
PRINT
FOR i%=1 TO dim%                            ! Anzahl der Elemente für
  LET d%(i%)=LPEEK(array_adresse%)          ! jede Dimension einlesen.
  PRINT array_adresse%;"-";array_adresse%+1,
  PRINT d%(i%)
  LET array_adresse%=array_adresse%+4
NEXT i%
'
FOR i%=0 TO d%(1)-1                         ! Ausgabe der Arrayelemente
  FOR j%=0 TO d%(2)-1
    PRINT array_adresse%;"-";array_adresse%+3,
    PRINT "a%(";j%;",";i%;") = ";LPEEK(array_adresse%)
    LET array_adresse%=array_adresse%+4
  NEXT j%
NEXT i%
PRINT
PRINT "Taste drücken..."
VOID INP(2)
END
```

Ausführung zu Programm ARRAYDC:

```
Descriptor-Block eines Integer-Arrays:

Adresse des Descriptor Blocks              : 210588

Speicherstelle  Inhalt
--------------  --------------------------------------------
210588-210591   Zeiger auf Array-Daten = 4 Bytes : 210600
210592-210593   Anzahl der Dimensionen = 2 Bytes : 2

210600-210601   3
210604-210605   2
210608-210611   a%(0,0) = 30
210612-210615   a%(1,0) = 89
210616-210619   a%(0,1) = 49
210620-210623   a%(1,1) = 68
210624-210627   a%(0,2) = 38
210628-210631   a%(1,2) = 12

Taste drücken...
```

3.14.2 Zeiger

Im vorliegen Kapitel haben wir gesehen, wie GFA-Basic seine Variablen
organisiert, und wie man mit VARPTR und ARRPTR feststellt, wo eine
Variable im Speicher abgelegt ist. Der Name der Funktion VARPTR sagt
schon, das der Rückgabewert ein Zeiger auf eine Variable ist (VARiable
PoinTerR). Diesen Zeiger kann man auch noch durch eine andere
Funktion erhalten, sie wird etwas anders als andere Funktionen
geschrieben, es wird einfach ein "*" einem Variablennamen vorangestellt.

```
LET zeiger%=*a%
```

entspricht "LET zeiger%=VARPTR(a%)". Dieses gilt bei den Datentypen
Integer Real und Boolean, jedoch nicht bei Strings und Arrays. Dort
liefert die Funktion die Adresse des Descriptors, also den gleichen Wert
wie die Funktion ARRPTR. Man bezeichnet eine Variable wie zeiger%
auch als Zeigervariable, weil sie als Wert die Speicheradresse einer
anderen Variablen hat. Man sagt auch, zeiger% *zeigt* auf a%.

Interessant wird das Ganze durch einen Befehl, der es erlaubt, über die
Zeigervariable eine Zuweisung durchzuführen.

```
*zeiger%=1000
```

Der * am Anfang der Zeile ist ein *Befehl*, darum ist dieses keine gewöhnliche Zuweisung und darf nicht mit der beschriebenen Funktion "*" verwechselt werden. Da es sich um einen Befehl handelt, darf auch kein LET dort stehen, denn es ist immer nur ein Befehl pro Zeile erlaubt. Der * sagt dem Interpreter, daß der Inhalt der nachfolgenden Variablen als Adresse zu sehen ist, und der Wert 1000 nicht etwa in diese Variable, sondern in der Speicherbereich, auf den sie zeigt, zu laden ist.

Da zeiger% die Adresse enthält, an der a% abgelegt ist, wird durch die Anweisung der Variablen a% der Wert 1000 zugewiesen. GFA-Basic stellt dabei automatisch fest, um was für einen Variablentyp es sich dabei handelt und wandelt in diesem Fall die 1000 in vier Bytes (a% Integer) um, bevor sie in den Speicher geschrieben wird.
Zeiger lassen sich bei allen Variablentypen in dieser Form verwenden, auch bei Strings und Arrays.

Das Programm ZEIGER demonstriert die Zuweisung über einen Zeiger, es wird der Wert der Variablen a% über eine Zeigervariable geändert. Die Funktion TYPE dient dazu, eine Typbestimmung durchzuführen. Sie hat als Argument eine Zeigervariable und liefert den Typ der Variablen, auf die gezeigt wird.

ptr% zeigt auf	TYPE(ptr%) liefert
Real-Variable	0
String-Variable	1
Integer-Variable	2
Bool'sche-Variable	3
Real-Array	4
String-Array	5
Integer-Array	6
Bool'sches-Array	7
Word-Variable	8
Byte-Variable	9
Word-Array	12
Byte-Array	13
Fehler	-1

Rückgabewerte der Funktion TYPE

Codierung zu Programm ZEIGER:

```
REM ====== Programm ZEIGER
PRINT "Demonstration von einfachen Zeigern:"
PRINT
'
REM ====== Vereinbarungsteil
' a%                              Integer-Variable
' zeiger%                         Integer-Variable, dient als Zeiger-Variable
'
REM ====== Anweisungsteil
LET a%=1024
LET zeiger%=*a%                         ! zeiger% zeigt auf a%
'
PRINT "Zeiger auf a% hat den Wert : ";zeiger%
PRINT "entspricht VARPTR(a%)       : ";VARPTR(a%)
PRINT "Wert von a% ist             : ";LPEEK(zeiger%)'
PRINT
'
*zeiger%=2048                           ! entspricht LET a%=2048
PRINT "Befehl:  *zeiger%=2048"
PRINT "Wert von a% nun             : ";a%
PRINT "Typbestimmung ergibt        : ";TYPE(zeiger%)
'
END
```

Ausführung zu Programm Zeiger:

```
Demonstration von einfachen Zeigern:

Zeiger auf a% hat den Wert : 209526
entspricht VARPTR(a%)      : 209526
Wert von a% ist            : 1024
Befehl:  *zeiger%=2048
Wert von a% nun            : 2048
Typbestimmung ergibt       : 2
```

3.14.3 Bit-Operationen

Die Version 3.0 von GFA-Basic stellt eine Menge von Funktionen bereit,
die es erlauben, direkt auf einzelne Bits zuzugreifen. Es ist möglich, ein
Bit zu setzen, zu löschen oder abzufragen. Außerdem können noch
mehrere Bits gleichzeitig verschoben werden.

Ein Bit eines Ausdrucks kann durch die Funktion BSET gesetzt werden.
Dabei müssen als Argumente der Ausdruck und die Bitposition angegeben
werden. Die Zählung beginnt bei der ganz rechten Dualstelle. Das nieder-
wertigste Bit hat also die Position 0. Die folgenden Beispiele bedienen

sich der BIN$-Funktion, die die Dualdarstellung einer Zahl als String ergibt. Das erste Argument muß ein Integer-Ausdruck sein und wird umgewandelt, das zweite Argument gibt an wieviele Stellen der Rückgabestring haben soll. Erwähnt seien noch die Funktionen OCT$ und HEX$, die den angegebenen Ausdruck in seine oktale bzw. hexadezimale Darstellung umwandeln und als String zurückgeben.

Mit Hilfe der BIN$-Funktion wird in den folgenden Beispielen gezeigt, welche Wirkung die Bit-Operationen haben:

```
LET a|=BSET(5,1)
PRINT BIN$(a|,8)
```

Das Beispiel setzt im Wert 5 das Bit an der Position 1 und weist ihn der Variablen a| zu. Der Wert von a| wird dann in Binärdarstellung ausgegeben. Hier noch einmal in einer Übersicht, was auf Bitebene geschehen ist:

5_{10} = 00000101_2 — Position 1 wird gesetzt durch BSET(5,1)

00000111_2 Neuer Wert ist nun Dezimal 7.

Die tiefgestellten Werte geben jeweils die Basis an bezüglich der die Zahl dargestellt ist, eine 2 bedeutet z.B. Basis 2 also das Dualsystem.

Die Funktion BCLR wird genauso benutzt, sie löscht ein Bit in einem numerischen Ausdruck. Mit BCHG kann ein Bit geändert werden, d.h. ist es 1, so wird es zu 0 und umgekehrt. Die letzte Funktion dieser Gruppe ist BTST. Mit ihr kann geprüft werden, ob ein Bit gesetzt ist, sie hat als Rückgabewert einen Wahrheitswert:

```
PRINT BTST(5,0)
```

Das Beipiel gibt -1 (TRUE) aus, da das Bit in der Position 0 gesetzt ist. Hier noch eine Übersicht über die bis jetzt besprochenen Bit-Operationen:

```
BSET(Ausdruck,Bitposition)        Setzen eines Bits.
BCLR(Ausdruck,Bitposition)        Löschen eines Bits.
BCHG(Ausdruck,Bitposition)        Invertieren eines Bits.
BTST(Ausdruck,Bitposition)        Testen eines Bits.
```

Einfache Bit-Operationen

Eine weitere Gruppe von Funktionen zur Bearbeitung eines Wertes auf Bitebene sind die Schiebe- und Rotierfunktionen. Mit ihnen kann ein Wert bitweise nach rechts oder links geschoben oder rotiert werden:

```
LET a|=SHL|(5,3)
PRINT BIN$(a|,8)
```

Die Funktion SHL schiebt die Bits des numerischen Ausdruckes nach links, in diesem Fall um drei Stellen. Es muß zusätzlich ein Typzeichen mit angegeben werden, damit festgelegt ist, wieviele Bits geschoben werden sollen. Hier noch einmal genauer was passiert:

$$5_{10} = 00000101_2 \quad \text{Um 3 Stellen nach links schieben.}$$

$$00101000_2 \quad \text{Neuer Wert ist Dezimal 40.}$$

Wie wir sehen können, sind alle Bits um drei Stellen nach links gerückt worden. Bei einem Schiebebefehl werden die Stellen ganz links herausgeschoben, sie verschwinden, dafür tauchen rechts neue Stellen mit dem Wert 0 wieder auf. Bei einer Rotierfunktion hingegegen werden die Bits links heraus und rechts wieder hereingeschoben, es gehen keine Stellen verloren. Für das Schieben und Rotieren nach rechts gilt dasselbe. Hier ein Beispiel für eine Rotation rechts herum:

```
LET a|=ROR|(5,2)
PRINT BIN$(a|,8)
```

Es werden alle Bits um zwei Stellen nach recht rotiert:

$$5_{10} = 00000101_2$$

$$01000001_2 \quad \text{Neuer Wert ist Dezimal 65 Dezimal}$$

Bevor wir uns einem Beispielprogramm zuwenden, noch eine Übersicht über alle Schiebe- und Rotierfunktionen:

Anzahl Stellen:	32 Bits	16 Bits	8 Bits
Schieben			
nach links	SHL	SHL&	SHL|
nach rechts	SHR	SHR&	SHR|
Rotieren			
nach links	ROL	ROL&	ROL|
nach rechts	ROR	ROR&	ROR|

Schiebe- und Rotierfunktionen

Das folgende Beispielprogramm soll noch einmal die Funktionsweise von verschiedenen Bit-Operationen verdeutlichen. Es werden zwei Variablen benutzt, die jeweils 16 Bit lang sind (Typzeichen &). Diesen Variablen wird zunächst der Wert 101 zugewiesen, a& in herkömmlicher Weise und b&, indem die Bits einzeln mit der BSET-Funktion gesetzt werden.

In der darauf folgenden Zählerschleife wird der Wert von a& jeweils um ein Bit nach links geschoben und b& um eine Stelle nach links rotiert.

Das Ausführungsbeispiel zu BIT zeigt, daß die Bits in der Variablen a& links verschwinden, während sie bei b& rechts wieder auftauchen. Zusätzlich wird das Bit an der Position 0 in b& mit der BCHG-Funktion invertiert, sodaß nach Ablauf der Schleife der gesamte Wert invertiert worden ist.

Die einzelnen Werte, die b& annimmt, werden auch noch in einem String f$ zusammengepackt, so daß f$ nach Ende der Schleife eine gültige Füllmusterdefinition enthält. Dieses Füllmuster wird dann noch mit einem einfachen PBOX-Befehl auf den Bildschirm gebracht.

```
REM ====== Programm BIT
PRINT "Demonstration von Bit-Operationen:"
PRINT
'
REM ====== Vereinbarungsteil
' a&,b&                       Integer-Variable 16 Bits lang
'
REM ====== Anweisungsteil
LET a&=101
'
LET b&=0
LET b&=BSET(b&,0)            ! Bits 0,2,5,6 in b& setzen
LET b&=BSET(b&,2)           ! Ergibt 1+4+32+64 = 101
LET b&=BSET(b&,5)
LET b&=BSET(b&,6)
'
' Hier haben a& und b& den gleichen Wert
'
PRINT BIN$(a&,16),BIN$(b&,16)
'
```

```
FOR i%=1 TO 16
  f$=f$+MKI$(b&)
  LET a&=SHL&(a&,1)              ! Bits in a& nach links schieben
  LET b&=ROL&(b&,1)              ! Bits in b& nach links rotieren
  LET b&=BCHG(b&,0)              ! Bit 0 in b& invertieren
  PRINT BIN$(a&,16),BIN$(b&,16)
NEXT i%
'
DEFFILL 1,f$
PBOX 50,320,330,380
'
END
```

Ausführung zu Programm BIT:

```
Demonstration von Bit-Operationen:

0000000001100101          0000000001100101
0000000011001010          0000000011001011
0000000110010100          0000000110010111
0000001100101000          0000001100101111
0000011001010000          0000011001011111
0000110010100000          0000110010111111
0001100101000000          0001100101111111
0011001010000000          0011001011111111
0110010100000000          0110010111111111
1100101000000000          1100101111111111
1001010000000000          1001011111111110
0010100000000000          0010111111111100
0101000000000000          0101111111111001
1010000000000000          1011111111110011
0100000000000000          0111111111100110
1000000000000000          1111111111001101
0000000000000000          1111111110011010
```

3.14.4 Schnelles Bewegen von Speicherbereichen

In vielen Anwendungen kommt es vor, daß größere Mengen von Daten
einfach nur umgeladen, kopiert oder verschoben werden müssen. Meistens
sind es Arrays, die diese Daten enthalten. Die konventionelle Methode,
diese Aufgaben zu lösen, ist, eine oder mehrere Zählerschleifen mit einer
eingelagerten Zuweisung zu konstruieren.

```
FOR i%=1 TO 40000
  LET t%(i%)=s%(i%)
NEXT i%
```

Diese Zählerschleife kopiert den Inhalt des Arrays s%() in das Array t%(). Sie benötigt nicht unerheblich viel Zeit, was recht störend ist. Zum Glück gibt es in GFA-Basic aber einen Befehl, der solche Aufgaben in einem Bruchteil der Zeit erledigt. Mit BMOVE können beliebige Hauptspeicherbereiche schnell kopiert werden. Man muß dazu die Anfangsadressen der Speicherbereiche, zwischen denen kopiert werden soll, und die Länge des zu kopierenden Bereiches angeben.

Um z.B. ein Array zu kopieren, kann man diese Adressen durch die bereits beschriebenen Funktionen ARRPTR und VARPTR erhalten. Die Länge ergibt sich aus der Anzahl der zu kopierenden Elemente und dem Typ der Arrayelemente. Für unser Beispiel der Zählerschleife von oben müßte der entsprechende BMOVE-Befehl so lauten:

```
BMOVE VARPTR(s%(0)),VARPTR(t%(0)),40001*4
```

Die Adressen der Arrays hätten auch mit der ARRPTR-Funktion ermittelt werden können. Die Länge des zu kopierenden Bereiches ergibt sich aus 40001 Elementen, da das Array mit dem Index 0 beginnt, mal 4 Bytes pro Element, da sie vom Typ Integer sind.
Der BMOVE-Befehl ist wesentlich schneller als die Zählerschleife, man muß nur mit den Werten, die man angibt, vorsichtig sein, denn es wird nicht geprüft, ob die Grenzen der Arrays überschritten werden, oder was für einen Typ die Arrayelemente haben.

Das folgende Programm zeigt noch einmal anschaulich, wie groß der Geschwindigkeitsunterschied zwischen beiden Methoden ist. Es wird zunächst ein Bildschirm mit einer Graphik erzeugt. Dann wird der Bildschirm mit einer Zählerschleife direkt ausgelesen (LPEEK), gelöscht und aus den zwischengespeicherten Werten wieder aufgebaut. Dabei wird die benötigte Zeit mit Hilfe der TIMER-Funktion gemessen und dann ausgegeben. Anschließend wird die gleiche Aufgabe mit dem BMOVE-Befehl durchgeführt. Vergleichen Sie die beiden Zeiten !

Ausführung zu Programm QUICKMEM:

```
Schnelles Verschieben von Hauptspeicherbereichen:


Ausführungszeit der konventionellen Schleife : 10.165 Sekunden.
Taste drücken ...

Ausführungszeit der Verschiebung mit BMOVE   : 0.095 Sekunden.
Taste drücken ...
```

Codierung zu Programm QUICKMEM:

```
REM ====== Programm QUICKMEM
'
REM ====== Vereinbarungsteil
DIM z%(8000)                           ! Array zum Zwischenspeichern
' i%                                   Laufvariable
' langsam, schnell,zeit                Variablen zur Zeitmessung
' b%                                   Adresse des Bildschirmspeichers
'
REM ====== Anweisungsteil
'
LET b%=XBIOS(3)                              ! Ermitteln der Adresse
'                                            ! des Bildschirmspeichers
grafik                                       ! Schöne Grafik malen
'
PRINT "Schnelles Verschieben von Hauptspeicherbereichen:"
PRINT
'
LET zeit=TIMER                               ! Zeitmessung
FOR i%=0 TO 8000                             ! Bildschirm in z%() speichern
  LET z%(i%)=LPEEK(b%+i%*4)
NEXT i%
CLS                                          ! Bildschirm löschen
FOR i%=0 TO 8000                             ! Bildschirm wieder aufbauen
  LPOKE (b%+i%*4),z%(i%)
NEXT i%
LET langsam=(TIMER-zeit)/200
PRINT "Ausführungszeit der konventionellen Schleife : ";langsam;" Sekunden."
PRINT "Taste drücken ..."
VOID INP(2)
'
LET zeit=TIMER                               ! Zeitmessung
BMOVE b%,VARPTR(z%(0)),32000
CLS
BMOVE VARPTR(z%(0)),b%,32000
LET schnell=(TIMER-zeit)/200
PRINT "Ausführungszeit der Verschiebung mit BMOVE   : ";schnell;" Sekunden.  "
PRINT "Taste drücken ..."
VOID INP(2)
'
END
'
PROCEDURE grafik                             ! Grafik aufbauen
  LOCAL x%,y%
  CLS
  FOR x%=0 TO 619 STEP 20                     ! Bildschirm mit Kästen füllen
    FOR y%=19 TO 400 STEP 20
      LET w=RANDOM(x% DIV 10)
      SETDRAW x%,y%,0
      DRAW "LT",w,"fd 20 rt 90 fd 20 rt 90 fd 20 rt 90 fd 20"
    NEXT y%
  NEXT x%
RETURN
```

3.14.5 Schneller Diskettenzugriff

Die Methode des schnellen Diskettenzugriffs hat den gleichen Hintergrund wie die des schnellen Verschiebens von Speicherbereichen. Man umgeht Strukturen wie Schleifen, die langsam ablaufen, indem man die zu speichernden Daten direkt ausliest und als einen Block verarbeitet. Befinden sich unsere Daten in einem Array d%(5000), so müßte normalerweise zum Abspeichern des Arrays eine Zählerschleife konstruiert werden:

```
OPEN "O",#1,"DATEI.DAT"
FOR i%=0 TO 5000
    PRINT #1,d(i%)
NEXT i%
CLOSE #1
```

Diese Schleife hat eine relativ lange Ausführungszeit, weil beim Schreiben in die sequentielle Datei ein hoher Aufwand erforderlich ist die Daten zu organisieren. Es wird außerdem jeder der 5000 Sätze einzeln geschrieben.

Mit dem Befehl BSAVE können beliebige Bereiche des Hauptspeichers als eine Datei auf die Diskette geschrieben werden. Diese Datei ist nicht in Sätze unterteilt. Sie muß nicht extra geöffnet werden, der Dateiname wird im Befehl direkt mit angegeben. Außerdem muß die Anfangsadresse und die Länge des zu speichernden Bereiches bekannt sein. Für das Beispiel von oben lautet der entsprechende BSAVE-Befehl:

```
BSAVE "DATEI.DAT",VARPTR(d(0)),5001*8
```

Er speichert die 5001 Elemente des Arrays d() als Datei ab. Zusätzlich wird noch die Anfangsadresse des Speicherbereiches automatisch mit auf die Datei geschrieben. Die so gespeicherte Datei kann nur mit den Befehlen BLOAD bzw. BGET wieder geladen werden.

```
BLOAD "DATEI.DAT",VARPTR(e(0))
```

Die angegebene Adresse ist bei BLOAD optional, wird sie nicht angegeben, so wird der Datenblock an die durch den BSAVE-Befehl mit abgespeicherte Adresse geladen. Das Beispiel füllt das Array e() mit den Werten aus der Datei.

Mit den Befehlen BLOAD und BSAVE kann allerdings immer nur die gesamte Datei auf einmal geladen oder gespeichert werden. Will man nur Teile der Datei lesen, oder stückweise schreiben, so bedient man sich der Befehle BPUT und BGET.

Hier muß die Datei vor dem Zugriff wieder mit einem OPEN-Befehl geöffnet werden.

```
OPEN "I",#1,"DATEI.DAT"
BGET #1,VARPTR(a(0)),100*8
CLOSE #1
```

Dieses Beispiel liest die ersten 800 Bytes der Datei DATEI.DAT in das Array a() ein. Um die Datei nicht nur starr von vorne nach hinten lesen zu können, gibt es die Befehle SEEK und RELSEEK zum Positionieren des Dateizeigers in der Datei. Der Befehl SEEK setzt den Dateizeiger absolut, d.h. auf ein bestimmtes Byte innerhalb der Datei. Mit RELSEEK kann der Zeiger relativ zum augenblicklichen Standpunkt vor- oder zurückgeschoben werden.

```
OPEN "I",#1,"DATEI.DAT"
SEEK #1,8*100
GET #1,VARPTR(a(0)),8*50
RELSEEK #1,8*100
GET #1,VARPTR(a(50)),8*10
CLOSE #1
```

Das Beispiel positioniert zunächst den Dateizeiger auf das 800. Byte der Datei, liest dann 400 Bytes ein, verschiebt den Dateizeiger um 800 Bytes zum Ende der Datei und liest weitere 80 Bytes ein.

BSAVE "Dateiname",Adresse,Länge	Speichern einer Datei mit dem angegebenen Dateinamen. Kein OPEN erforderlich.
BLOAD "Dateiname",[Adresse]	Laden einer Datei, die mit BSAVE abgespeichert worden ist.
BGET #Kanalnummer,Adresse,Länge	Laden eines Datenblocks einer Datei ab Dateizeiger in angegebener Länge.
BPUT #Kanalnummer,Adresse,Länge	Speichern eines Datenblocks in eine Datei ab Dateizeiger.
SEEK #Kanalnummer,Abs. Byteadresse	Dateizeiger absolut positionieren.
RELSEEK #Kanalnummer,Rel. Byteadresse	Dateizeiger relativ zur aktuellen Position verschieben.

Dateibefehle mit direktem Speicherzugriff

Der Vorteil der Speicherung mit BSAVE/BPUT und des Ladens mit BLOAD/BGET liegt vor allem in der Geschwindigkeit. Wie bei den

Befehlen zur Speicherverschiebung wird auch bei diesen Befehlen keinerlei Prüfung der angegebenen Parameter durchgeführt, man sollte also vorsichtig sein.

Das Programm QUICKDSK demonstriert wie leistungsfähig die Befehle sind indem es den Bildschirmspeicher als Datei speichert, und ihn mit BGET stückweise wieder einlädt. Die Geschwindigkeit mit der das durchgeführt wird ist beachtlich.

Codierung zu Programm QUICKDSK:

```
REM ====== Programm QUICKDSK
'
REM ====== Vereinbarungsteil
' b%                              Zeiger auf Bildschirmram
'
REM ====== Anweisungsteil
LET b%=XBIOS(3)                   ! Ermitteln der Adresse des Bildschirmram
grafik                            ! Schöne Grafik malen
'
PRINT "Schnelles Speichern und Laden von der Diskette."
PRINT
BSAVE "BILD.DAT",b%,32000         ! Speichert das Bild als Datei
CLS
'
PRINT "Bildschirmspeicher in BILD.DAT gespeichert."
PRINT "Drücken Sie eine Taste, um die Datei wieder zu laden..."
VOID INP(2)
BLOAD "BILD.DAT",b%               ! Lädt die Datei in den Bildschirmram
'
PRINT "Drücken Sie eine Taste, um die Datei stückweise zu laden..."
VOID INP(2)
CLS
OPEN "I",#1,"BILD.DAT"            ! Lädt die obere und untere Hälfte
BGET #1,b%+16000,16000            ! des Bildes vertauscht.
BGET #1,b%,16000
CLOSE #1
END
'
PROCEDURE grafik
  LOCAL i%
  FOR i%=0 TO 360 STEP 2          ! Malt Quadrate um einen Mittelpunkt gedreht
    SETDRAW 320,200,0
    DRAW "LT",i%,"fd 199 rt 90 fd 199 rt 90 fd 199 rt 90 fd 199"
  NEXT i%
RETURN
```

Die aufgebaute Bildschirmgrafik wird zunächst mit einem BSAVE-Befehl abgespeichert. Danach wird der Bildschirm gelöscht und die Datei mit BLOAD wieder geladen. Zur Demonstration des BGET-Befehls wird danach erst die zweite Hälfte der Datei geladen, und zwar oben in den Bildschirm. Die erste Hälte der Datei wird in den unteren Teil des Schirmes gebracht.

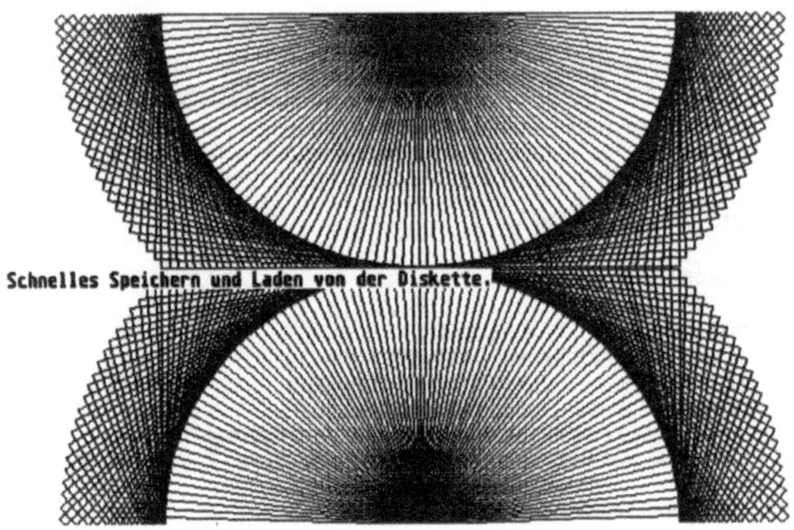

3.14.6 Betriebssystemaufrufe

Das Betriebssystem eines Rechners ist normalerweise in mehrere Schichten aufgeteilt, die aufeinander aufbauen. Es gibt nur eine hardwareabhängige Schicht, auf die dann alle anderen Schichten zurückgreifen. Beim Atari gibt es auch so ein Schichtenmodell, daß im folgenden grob dargestellt ist:

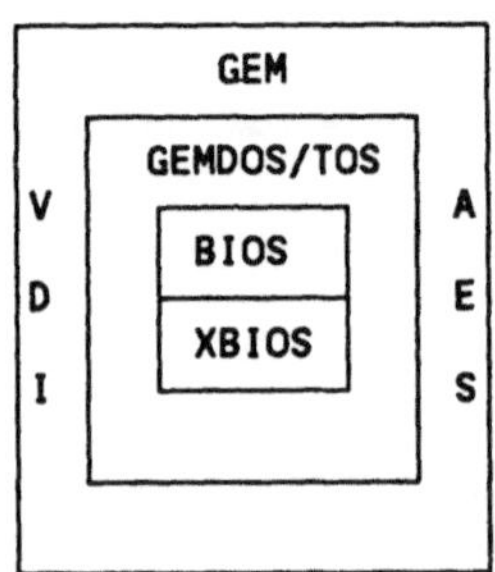

Den Kern des Betriebssystems des Atari bilden das **BIOS** (Basic Input-Output System) und das **XBIOS** (Extended BIOS). Sie enthalten alle Routinen, die die Hardware, wie Tastatur, Diskettenlaufwerke, serielle Schnittstelle, parallele Schnittstelle und Bildschirm direkt ansprechen. Auf diese Programme bauen die anderen Ebenen des Betriebssystems auf. Das

GEMDOS spricht die Hardware also nicht direkt an, sondern nutzt die durch BIOS und XBIOS bereitgestellten Routinen. So muß bei einer Änderung der Hardware nur an einer Stelle im BIOS oder XBIOS geändert werden, das Betriebssystem wird so nur minimal hardware-abhängig.

Das **GEMDOS** (GEM Disk Operating System) hat Aufgaben, die eine Ebene höher liegen, z.B. Ausgabe eines Zeichens an eine Ausgabeeinheit, Verwaltung des Speichers und die gesamte Dateiverwaltung mit der Pflege der Verzeichnisse u.s.w.

GEM (Graphics Environment Manager) bezeichnet die gesamte Software, die zum Betrieb der grafischen Benutzeroberfläche nötig ist. Es ist aufgeteilt in das AES (Application Environment System) und das VDI (Virtual Device Interface).

Wir wollen hier nur auf einfache Betriebssystemaufrufe eingehen, um das Prinzip zu erklären. GFA-Basic bietet mehrere Befehle an, um die Betriebssystemroutinen direkt aufrufen zu können. Den Aufruf des XBIOS haben wir in einigen Beispielprogrammen schon kennengelernt. Dort wurde die Adresse des Bildschirmspeichers, der ja nicht immer an der selben Stelle im Speicher liegt, durch den Aufruf

```
LET b%=XBIOS(3)
```

festgestellt. Eine weitere Routine, die sehr nützlich sein kann, ist

```
LET a%=XBIOS(4)
```

Sie liefert einen Wert für die gerade eingestellte Bildschirmauflösung (s. Abschnitt 3.13.2).

Um eine Betriebssystemroutine aufzurufen, muß man wissen, ob es sich um eine BIOS, XBIOS oder GEMDOS-Routine handelt und welche Funktionsnummer die Routine hat. Bei einigen Routinen können zusätzlich noch Parameter angegeben werden.

BIOS (Funktion [,Parameterliste])	Aufruf des BIOS.
XBIOS (Funktion [,Parameterliste])	Aufruf des XBIOS.
GEMDOS (Funktion [,Parameterliste])	Aufruf des GEMDOS/TOS.
GEMSYS (Funktion)	Aufruf des AES.
VDISYS (Funktion)	Aufruf des VDI.

Betriebssystem- und GEM-Aufrufe

GFA-Basic bietet in der Version 3.0 einen vollständigen Befehlssatz, um
AES-Bibliotheken aufzurufen. Für die Beschreibung der einzelnen
Funktionen des Betriebssystems möchten wir jedoch auf weiterführende
Literatur verweisen.

3.14.7 Tonerzeugung

Der Atari bietet die Möglichkeit, über 3 Tongeneratoren Geräusche und
Töne zu erzeugen. Jeder dieser 3 Generatoren erzeugt eine Grund-
schwingung, zu der noch jeweils ein Rauschen hinzugeschaltet werden
kann. Um verschiede Klangfarben erzeugen zu können, wird diese
Grundschwingung bei Bedarf durch einen Hüllkurvengenerator geleitet.
Unter einer Hüllkurve versteht man das sich ändernde Lautstärke-
verhalten eines Klanges, vom Zeitpunkt des Anklingens bis zum
Ausklingen. Ein Ton kann z.B. langsam einschwingen, bis er die maximale
Lautstärke erreicht hat und dann plötzlich aufhören, oder schnell laut
werden und langsam ausschwingen.

Zum Spielen von Tönen wird in GFA-Basic der Befehl SOUND benutzt.

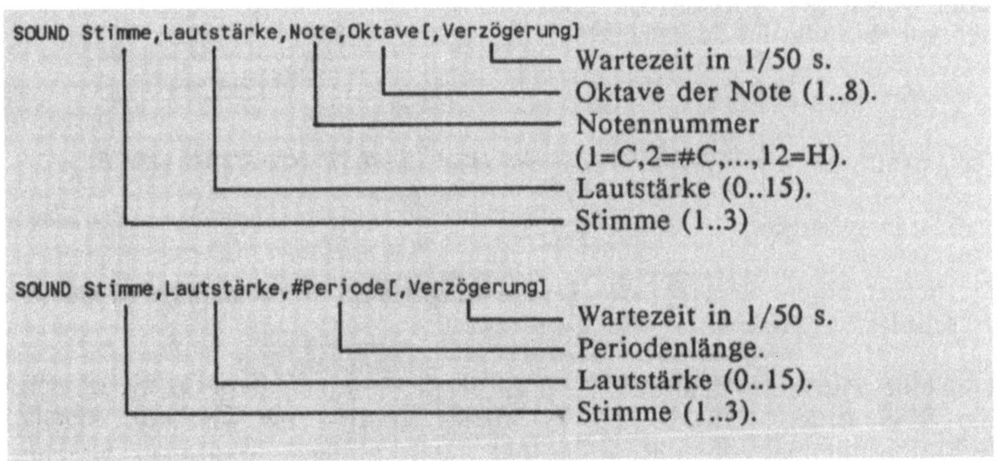

Formate des SOUND Befehls

Man kann einen Ton zum einen durch Angabe der Notennummer und der
Oktave und zum anderen durch Angabe der Periode spielen. Die Periode
kann aus der Frequenz des zu spielenden Tones errechnet werden. Es gilt:
Periode=ROUND(125000/Frequenz). Durch Angabe der Periode kann also
der Ton auch jede Frequenz zwischen den Tönen der Tonleiter annehmen.

Der Parameter Verzögerung dient dazu, die weitere Programmausführung eine bestimmte Zeit anzuhalten. Erst nach Ablauf dieser Zeit wird das Programm fortgeführt.

Zum Ändern der Klangfarbe der Töne wird der Befehl WAVE benutzt. Mit ihm kann die Hüllkurve sowie für jede Stimme ein Rauschgenerator eingestellt werden.

```
WAVE Stimme,Hüllkurve,Hüllkurvenform,Hüllkurvendauer,Verzögerung
```

Dabei errechnet man *Stimme* als Summe aus verschiedenen Werten:

- 1 : Einschalten der Stimme 1
- 2 : Einschalten der Stimme 2
- 4 : Einschalten der Stimme 3
- 8 : Einschalten des Rauschgenerators für Stimme 1
- 16 : Einschalten des Rauschgenerators für Stimme 2
- 32 : Einschalten des Rauschgenerators für Stimme 3
- 256*Periode des Rauschgenerators (0..31)

Will man die Stimme 1 und 3 sowie den Rauschgenerator für Stimme 3 mit Periode 12 einschalten, ergibt sich für den Parameter *Stimme*:

1 + 4 + 32 + 256*12 = 3109.

Der Wert für *Hüllkurve* gibt an, welche der drei Stimmen durch die Hüllkurve bearbeitet werden soll. Wie bei *Stimme* ergibt sich dieses Zahl als Summe aus:

- 1 : Stimme 1 mit Hüllkurve unterlegen.
- 2 : Stimme 2 mit Hüllkurve unterlegen.
- 4 : Stimme 3 mit Hüllkurve unterlegen.

Es ergeben sich also Werte von 0 bis 7 für den Parameter *Hüllkurve*.

Eine wichtige Einstellungsmöglichkeit bietet *Hüllkurvenform*. Mit diesem Parameter kann eine von 15 möglichen Hüllkurvenformen gewählt werden. Einige der Hüllkurven wiederholen sich fortlaufend, andere brechen nach einem Durchlauf ab. Im der folgenden Tabelle ist der Hüllkurvenverlauf grafisch dargestellt.

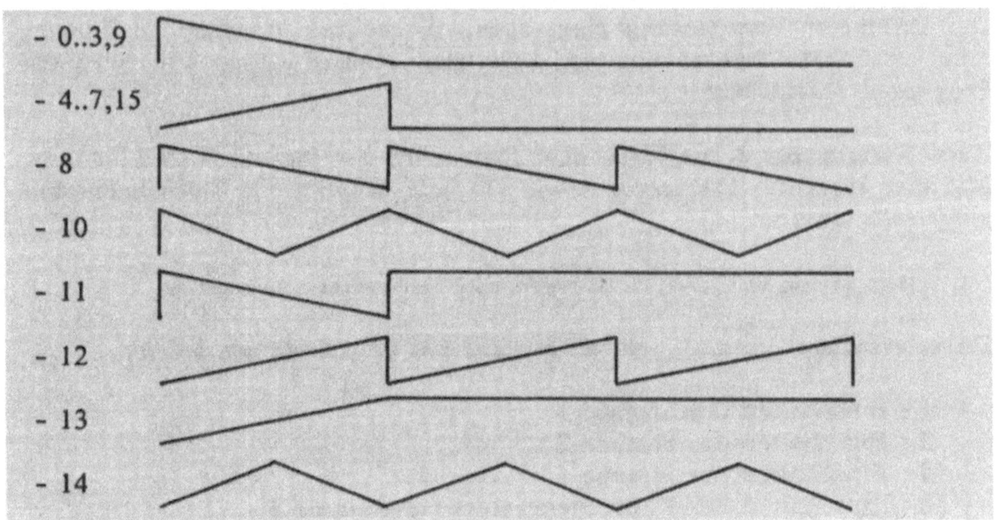

Hüllkurvenformen

Mit der *Hüllkurvendauer* wird bestimmt, wie lang *ein* Durchlauf der
Hüllkurve dauern soll. Dieser Parameter kann Werte von 0 bis 65535
annehmen, wobei ein großer Wert für eine lange Hüllkuvendauer steht.
Welche Werte hier zu wählen sind, hängt zum einen von der gewählten
Hüllkurvenform und zum anderen vom gewünschten Effekt ab. Ein Wert
von 20000 entspricht etwa 2.7 Sekunden. Wählt man die Dauer sehr kurz,
so kommen manchmal recht interessante Klänge zustande.

Verzögerung gibt auch hier an, wie lange gewartet werden soll, bis mit
der Programmausführung fortgefahren wird.

Insgesamt sind die Möglichkeiten der Tonerzeugung auf dem Atari eher
bescheiden, vor allem die geringen Einstellungsmöglichkeiten der Hüllkurve schränken den "Musiker" doch ein.

An dieser Stelle soll noch ein kleines Programm zum Experimentieren mit
den Parametern vorgestellt werden. Das hier abgedruckte Programm ist
eine etwas abgemagerte Version des Programms, das auf der Diskette
geliefert wird. Es ermöglicht das Einstellen der Parameter mit den
Funktionstasten. Die Tastatur ist dabei wie eine Klaviatur zu spielen,
allerdings nur mit zwei Oktaven.

Codierung zu Programm PIANO:

```
REM ====== Programm PIANO
'
REM ====== Vereinbarungsteil
DIM n%(255)                              ! Array für die Notenwerte.
DIM o%(255)                              ! Array für die Oktavwerte.
DIM min%(10)                             ! Minimalwerte der Parameter
DIM max%(10)                             ! Maximalwerte der Parameter
DIM zl%(10)                              ! Zeile für die Bildschirmausgabe
DIM w%(10)                               ! Parameterwerte
DIM zs%(10)                              ! Schrittwert für Parameter
'
REM ====== Anweisungsteil
'
noten:
DATA 9,49,113,50,119,101,52,114,53,116,54,122,255,117
DATA 56,105,57,111,112,158,129,39,43,35,13,255,127,0
parameter:
DATA 0,15,15,1,0,31,16,1,0,65535,17,100,0,1,18,1
'
LET okt%=4
LET not%=1
REPEAT                                   ! Einlesen der Notenwerte
  READ a%                                ! und Oktavwerte
  IF a%=255 THEN
    INC okt%
    LET not%=1
  ELSE
    LET n%(a%)=not%
    LET o%(a%)=okt%
    INC not%
  ENDIF
UNTIL a%=0
'
RESTORE parameter                        ! Werte für die Parameter
FOR i%=1 TO 4                            ! einlesen
  READ min%(i%)
  READ max%(i%)
  READ zl%(i%)
  READ zs%(i%)
NEXT i%
'
LET stimm%=1                             ! Stimme 1 für die Tonausgabe
LET w%(3)=10000                          ! Hüllkurvendauer initialisieren
bild                                     ! Bildschirm aufbauen
VOID XBIOS(35,30,5)                       ! Autorepeat einstellen
SPOKE &H484,PEEK(&H484) AND NOT 1        ! Tastaturclick abstellen
'
REPEAT
  LET a%=INP(2)                          ! Tastaturabfrage
  IF n%(a%)>0 THEN                       ! Handelt es sich um eine Note?
    SOUND 1,15,n%(a%),o%(a%),0           ! Note spielen
    WAVE stimm%+w%(4)*stimm%*8+256*w%(4),1,w%(1),w%(3)
  ELSE
    IF a%>186 AND a%<195 THEN            ! Taste für Parameteränderung?
      LET a%=a%-186                      ! Umrechnen des Tastencodes
      LET i%=(a%+1) DIV 2
      IF EVEN(a%) AND w%(i%)<max%(i%) THEN  ! Gerade Tasten zählen herunter
        LET w%(i%)=w%(i%)+zs%(i%)        ! Parameter erhöhen
      ENDIF
```

```
      IF ODD(a%) AND w%(i%)>min%(i%) THEN          ! Ung. Tasten zählen herauf
        LET w%(i%)=w%(i%)-zs%(i%)                  ! Parameter erniedrigen
      ENDIF
      PRINT AT(25,zl%(i%));w%(i%);"         "      ! Neuen Wert ausgeben.
    ENDIF
  ENDIF
UNTIL a%=32
SPOKE &H484,PEEK(&H484) OR 3                       ! Tastaturclick einschalten
WAVE 0,0
END
'
PROCEDURE bild
  CLS
  PRINT "Demonstration zur Tonerzeugung : PIANO"
  PRINT
  PRINT "   1   2       4   5   6       8   9       R   '   #"
  PRINT
  PRINT " TAB Q   W   E   R   T   Z   U   I   O   P   Ü   +    RET DEL"
  PRINT AT(1,15);
  PRINT "Hüllkurvenform          : ";w%(1)
  PRINT "Rauschfrequenz          : ";w%(2)
  PRINT "Hüllkurvendauer         : ";w%(3)
  PRINT "Rausch an/aus           : ";w%(4)
  PRINT AT(1,23);
  PRINT "  F1    F2      F3    F4      F5    F6      F7    F8      F9    F10"
  PRINT "  - Form +      - Freq. +      - Dauer +      aus R. an    ---------"
RETURN
```

Das Programm PIANO auf der Diskette zum Buch ist etwas umfangreicher, was die Bildschirmausgabe angeht. Hier ein kleiner Vorgeschmack:

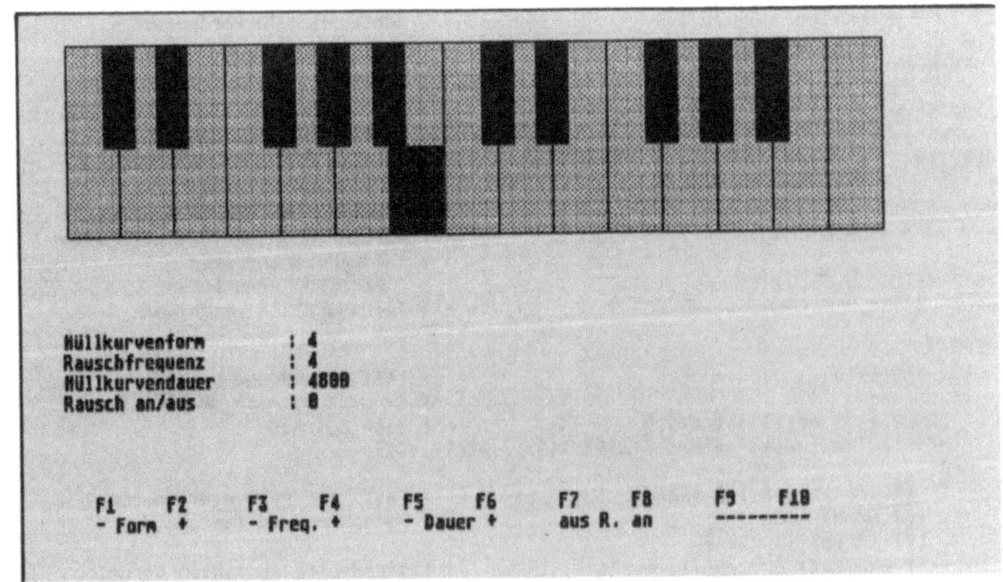

Atari ST ASCII-Tabelle

Z.	Dez	Z.	Dez	Z.	Dez	Z.	Dez	Z.	Dez	Z.	Dez	Z.	Dez	Z.	Dez
	0		32	@	64	`	96	Ç	128	á	160	א	192	α	224
⇧	1	!	33	A	65	a	97	ü	129	í	161	ב	193	β	225
⇩	2	"	34	B	66	b	98	é	130	ó	162	ג	194	Γ	226
◇	3	#	35	C	67	c	99	â	131	ú	163	ד	195	π	227
◇	4	$	36	D	68	d	100	ä	132	ñ	164	ה	196	Σ	228
▨	5	%	37	E	69	e	101	à	133	Ñ	165	ו	197	σ	229
▨	6	&	38	F	70	f	102	å	134	ª	166	ז	198	µ	230
▨	7	'	39	G	71	g	103	ç	135	º	167	ח	199	τ	231
✓	8	(	40	H	72	h	104	ê	136	¿	168	ט	200	Φ	232
◷	9	)	41	I	73	i	105	ë	137	⌐	169	י	201	Θ	233
♣	10	*	42	J	74	j	106	è	138	¬	170	ך	202	Ω	234
♪	11	+	43	K	75	k	107	ï	139	½	171	כ	203	δ	235
♪	12	,	44	L	76	l	108	î	140	¼	172	ל	204	φ	236
♪	13	-	45	M	77	m	109	ì	141	¡	173	ם	205	φ	237
♫	14	.	46	N	78	n	110	Ä	142	«	174	מ	206	∈	238
Λ	15	/	47	O	79	o	111	Å	143	»	175	ן	207	∩	239
▯	16	0	48	P	80	p	112	É	144	ã	176	נ	208	■	240
¦	17	1	49	Q	81	q	113	æ	145	õ	177	ס	209	±	241
2	18	2	50	R	82	r	114	Æ	146	Ø	178	ע	210	≥	242
3	19	3	51	S	83	s	115	ô	147	ø	179	ף	211	≤	243
4	20	4	52	T	84	t	116	ö	148	œ	180	פ	212	⌠	244
5	21	5	53	U	85	u	117	ò	149	Œ	181	ץ	213	⌡	245
6	22	6	54	V	86	v	118	û	150	À	182	צ	214	÷	246
7	23	7	55	W	87	w	119	ù	151	Ã	183	ק	215	≈	247
8	24	8	56	X	88	x	120	ÿ	152	Õ	184	ר	216	°	248
9	25	9	57	Y	89	y	121	Ö	153	¨	185	ש	217	•	249
ə	26	:	58	Z	90	z	122	Ü	154	´	186	ת	218	·	250
⅃	27	;	59	[	91	{	123	¢	155	†	187	[illegible]	219	√	251
c	28	<	60	\	92	|	124	£	156	¶	188	[illegible]	220	∩	252
⅃	29	=	61	]	93	}	125	¥	157	©	189	§	221	²	253
✗	30	>	62	^	94	~	126	ß	158	®	190	∧	222	³	254
▮	31	?	63	_	95	Δ	127	ƒ	159	™	191	∞	223	¯	255

Programmverzeichnis (nach Seitenzahlen)

Programmverzeichnis (nach Programmnamen)

Sachwortverzeichnis